Forum für Verhaltenstherapie und psychosoziale Praxis
Band 36

Salutogenese

Zur Entmystifizierung der Gesundheit

von

Aaron Antonovsky

Deutsche erweiterte Herausgabe
von
Alexa Franke

Deutsche Gesellschaft für Verhaltenstherapie
Tübingen
1997

Aus dem Amerikanischen übersetzt von Alexa Franke und Nicola Schulte

Die Originalausgabe erschien unter dem Titel
"Unraveling the Mystery of Health -
How People Manage Stress and Stay Well"
© 1987 Jossey-Bass Publishers, San Francisco

Die Deutsche Bibliothek - CIP-Einheitsaufnahme

Antonovsky, Aaron
Salutogenese : zur Entmystifizierung der Gesundheit / von Aaron Antonovsky. Dt. erw. Hrsg. von Alexa Franke. Deutsche Gesellschaft für Verhaltenstherapie. Tübingen. [Dt. Übersetzung von Alexa Franke & Nicola Schulte]. - Tübingen : Dgvt-Verl., 1997
   (Forum für Verhaltenstherapie und psychosoziale Praxis ; Bd. 36)
   Einheitssacht.: Unraveling the mystery of health <dt.>
   ISBN 3-87159-136-X

© 1997 dgvt-Verlag, Tübingen
Deutsche Gesellschaft für Verhaltenstherapie (DGVT)
Postfach 13 43
72003 Tübingen

Umschlagbild: Klaus Peter Knabe, Dortmund
Satz: VMR Monika Rohde, Bonn
Druck: Offsetdruck Niethammer GmbH, Reutlingen
Bindung: Buchbinderei Seisser, Jettingen

ISBN 3-87159-136-X

Im Gedenken an meine Eltern
Isaac und Esther,
die im Alter von 94 und 89 Jahren starben.
Sie zeigten mir, was das Kohärenzgefühl ist.

Inhaltsverzeichnis

Vorwort zur deutschen Herausgabe 11

Über den Autor 13

Vorwort des Autors 15

1. Gesundheit und Krankheit neu betrachtet 21
    Kontinuum oder Dichotomie? 22
    Geschichte oder Krankheit? 23
    Gesundheitsfaktoren und Risikofaktoren 24
    Der Stressor: Pathogenetisch, neutral oder salutogenetisch? .. 26
    Adaptation oder Wunderwaffe? 27
    Der „abweichende Fall" oder Bestätigung der Hypothese? 28
    Pathogenese und Salutogenese: eine komplementäre Beziehung .. 29

2. Das Konzept des Kohärenzgefühls 33
    Verstehbarkeit, Handhabbarkeit, Bedeutsamkeit 34
    Beziehungen zwischen den drei Komponenten 36
    Grenzen 39
    Das starke und das rigide SOC 40
    Stressoren als generalisierte Widerstandsdefizite 43

3. Ähnlichkeiten des Konzepts mit anderen Auffassungen zur Gesundheit 47
    Widerstandsfähigkeit 48
    Das Permanenzgefühl 52
    Domänen des sozialen Klimas 53
    Verletzlich, aber unbesiegbar 55
    Die familiäre Konstruktion von Wirklichkeit 56
    Vergleiche 58
    Partielle Affinitäten 63

4. Ein neues Meßinstrument für das Konzept 71

Die Pilotstudie 72
Das Entwerfen des Fragebogens 79
Psychometrische Eigenschaften 83
Beziehungen zwischen den Komponenten des SOC 88

5. Die Entwicklung des Kohärenzgefühls im Verlauf des Lebens 91

Lebenserfahrungen und ihr Kontext 91
Säuglingsalter und Kindheit 95
Adoleszenz 100
Erwachsenenalter 105
Dynamik des SOC 114
Die Möglichkeit intentionaler Modifikation 118

6. Wege zu erfolgreichem Coping und zu Gesundheit 123

Stressoren und Spannung 124
Definition des Problems 128
Die Auflösung von Spannung 130
Der Umgang mit Emotionen 138
Auswirkungen auf die Gesundheit 140

7. Die Lösung des Geheimnisses: offene Forschungsthemen ... 149

Das SOC als Gruppeneigenschaft 154
Gesundheit und Wohlbefinden 161
Zustand, Eigenschaft oder Dispositionale Orientierung? 163

Alexa Franke:
Zum Stand der konzeptionellen und empirischen Entwicklung des Salutogenesekonzepts 169

Kohärenzgefühl und andere ressourcenorientierte Konzepte 169
Zum Stand der Konstruktvalidierung 172
Messung des Kohärenzgefühls und Normwerte 173
Kohärenzgefühl im soziodemographischen Kontext 177
Kohärenzgefühl – Gesundheit – Krankheit 182
Zur Wirkungsweise des Kohärenzgefühls 184
Ethische und gesellschaftspolitische Aspekte des Salutogenesekonzepts ... 188

Anhang ... 191

- A 1 Der Fragebogen zum Kohärenzgefühl ... 191
- A 1-1 Fragebogen zur Lebensorientierung ... 192
- A 1-2 Kodifizierung der Items ... 196
- A 1-3 Auswertungsschema ... 198
- A 2 Kopie des salutogenetischen Modells aus *Health, Stress and Coping* (Antonovsky 1979, S. 184/85) ... 199
- A 3 Kopie des Zitats von Oliveri & Reiss, 1984; vgl. S. 63 ... 202

Literatur

Zu den Kapiteln von Aaron Antonovsky ... 203
Zum Kapitel von Alexa Franke ... 212

Glossar

Englisch – Deutsch ... 217
Deutsch – Englisch ... 220

Vorwort zur deutschen Herausgabe

Zehn Jahre liegen zwischen dem Erscheinen der englischen Originalausgabe dieses Buches und seiner deutschen Übersetzung. Dies ist eine lange Zeit und da ist die Frage angebracht, ob es sich überhaupt noch um eine aktuelle Veröffentlichung handeln kann. Doch auch heute, wo alles scheinbar so schnell geht und neues Wissen alten Kenntnisstand in immer kürzerer Frist Makulatur werden läßt, ist der wahre Fortschritt eine Schnecke. Und so hat es lange gedauert, bis Antonovskys Konzept der Salutogenese auch in Deutschland so viel Vertrauen gewonnen hatte, daß es der Übersetzung und Herausgabe für würdig befunden wurde.

Ich freue mich ganz besonders, daß das Buch im DGVT-Verlag erscheint. Aaron Antonovsky ist nur einmal in seinem Leben öffentlich in Deutschland aufgetreten, und dies bei einem Kongreß für Klinische Psychologie und Psychotherapie der DGVT in Berlin 1990. In seiner letzten Veröffentlichung (Antonovsky 1995), in der er sich mit der Frage von Moralität und Gesundheit auseinandersetzt, zitiert er einige Passagen aus dem damals in Berlin gehaltenen Vortrag (Antonovsky 1993), und es wird darin deutlich, was er uns schon im privaten Gespräch in Berlin anvertraute: daß es für ihn eine enorme Belastung und Herausforderung war, in Deutschland zu sprechen. Die Erfahrungen mit Nazideutschland und dem Holocaust haben ohne Frage Antonovskys Konzeption des *sense of coherence* (SOC) beeinflußt. Er hatte den Mut klarzustellen, daß moralisch verwerfliches Handeln nicht eine Frage der Gesundheit, sondern der Moral ist oder, anders formuliert, daß sich der Unmoralische, der Täter, der Mörder durchaus guter Gesundheit erfreuen kann. Ich bin überzeugt, daß wir Deutschen auch aus diesem Grund einen besonderen Anlaß haben, uns mit Antonovskys Konzept der Salutogenese auseinanderzusetzen.

Ein weitaus prosaischerer Grund für eine deutsche Herausgabe ist, daß sich, im Tempo der Schnecke zwar, aber doch mit einer deutlichen Spur, das Salutogenesekonzept in Deutschland auszubreiten beginnt. In der Klinischen Psychologie, der Psychosomatik, der Gesundheitsförderung, im Bereich der Jugendhilfe und der Geriatrie beruft man sich auf Antonovsky, Salutogenese und Kohärenzgefühl, aber dies leider oft, ohne die Originalliteratur zu kennen.

Es besteht die Gefahr, daß das Konzept zwar in aller Munde ist, dort aber eher zerredet als konzeptionell weiterentwickelt wird. Antonovskys Konzept ist nicht fertig; es beinhaltet Unklares, Widersprüchliches und manches scheint nicht zu Ende gedacht. Aber er hat uns auf jeden Fall ein Kernkonzept hinterlassen, das es wert ist, weiter ausdifferenziert und erforscht zu werden. Dies wird aber nur gehen, wenn einem breiten Publikum die grundlegende Literatur zur Verfügung steht.

Ich hoffe, daß die vorliegende Übersetzung geeignet ist, Antonovsky den Leserinnen und Lesern im deutschen Sprachraum nahezubringen. Bei der Übersetzung der zentralen Begriffe habe ich mich an der bisherigen Literatur zu orientieren versucht.

Doch dies war schwierig. So wurde zum Beispiel in 26 deutschsprachigen Publikationen *sense of coherence* siebenmal als *Kohärenzsinn* übersetzt, fünfmal als *Kohärenzerleben*, neunmal als *Kohärenzgefühl*, zweimal als *Kohärenzempfinden,* und dreimal beließ man es bei dem Begriff SOC. Ähnlich heterogen sind die Übersetzungen für andere zentrale Termini. Beim *sense of coherence* habe ich mich nach mehrmaligen Veränderungen und vielen Diskussionen für die Übersetzung als *Kohärenzgefühl* entschieden. Wir haben kein deutsches Wort, das vergleichbar dem englischen *sense* sowohl die perzeptorische als auch die kognitive und emotionale Seite des Begriffs umfaßt. Am ehesten sind all diese Aspekte nach meinem Sprachempfinden noch im Wort *Gefühl* enthalten, wenn man sich nicht ausschließlich auf den emotionalen Gehalt dieses Wortes bezieht, sondern es mehr in dem Sinne gebraucht, in dem wir alle ab und an das Gefühl haben, daß am Nachmittag die Sonne scheint, irgend etwas nicht ganz richtig ist oder die Dinge sich schon so entwickeln, wie man das aus früheren guten Erfahrungen kennt. Die Übersetzung der weiteren Fachausdrücke ist aus dem Glossar ersichtlich; es liegt jeweils in alphabetischer Reihenfolge sowohl für die englischen als auch für die deutschen Begriffe vor.

Selbstverständlich habe ich mich bemüht, Antonovskys Stil so gut wie möglich ins Deutsche zu übertragen. Lediglich bei Zitaten und Literaturangaben habe ich korrigierend eingegriffen, denn Antonovsky war diesbezüglich eher kreativ als pingelig, und so hatten sich im englischen Original einige Fehler eingeschlichen.

Den Wunsch, Antonovskys Hauptwerk zu übersetzen und auf Deutsch herauszubringen, hatte ich schon lange. Hätte ich gewußt, wieviel Arbeit ein solches Unternehmen macht, hätte ich es sicher nicht begonnen. Ich möchte mich vor allem bei Otmar Koschar dafür bedanken, daß er die Übersetzung ermöglicht und in allen Stadien hilfreich begleitet hat. Er war davon überzeugt, daß es sich um eine Aufgabe handelt, die Engagement und Mühe lohnt, und hatte damit entscheidenden Anteil daran, daß ich durchgehalten habe. Ein besonderer Dank gilt Frau Nicola Schulte, die die erste Fassung der Übersetzung machte, viele Alternativen vorschlug und das Manuskript durch alle Veränderungsphasen hindurch begleitete und in seine Endfassung brachte. Die Diplompsychologinnen Karin Nachbar und Helle Bovensmann leisteten wertvolle und überaus geduldige Hilfe beim Lektorat; auch bei ihnen möchte ich mich ganz herzlich bedanken genauso wie bei Andrea Sacher von der Redaktionskommission der DGVT für die hilfreiche Durchsicht.

Dortmund, im Juli 1997 *Alexa Franke*

Literatur

Antonovsky, A. (1993). Gesundheitsforschung versus Krankheitsforschung. In: Franke, A. & Broda, M. (Hrsg.): *Psychosomatische Gesundheit. Versuch einer Abkehr vom Pathogenese-Konzept.* Tübingen: DGVT, 3–14

Antonovsky, A. (1995). The Moral and the Healthy: Identical, Overlapping or Orthogonal? *Isr. J. Psychiatry Relat Sci, 32(1)* 5–13

Über den Autor

Aaron Antonovsky wurde 1923 in Brooklyn geboren. Nach dem Besuch des Brooklyn-College begann er ein Studium der Geschichte und Wirtschaft an der Yale-Universität. Dieses mußte er während des Zweiten Weltkriegs für den Dienst in der US-Armee unterbrechen. Eher zufällig kam er durch ein Referat und eine Nebenverdienstarbeit mit Hollingshead, der Medizinsoziologie und der Streßforschung in Kontakt. 1952 erwarb er in der Abteilung für Soziologie der Yale-Universität seinen M.A., 1955 einen Ph.D. Von 1955 bis 1959 unterrichtete er Abendklassen am Brooklyn-College, 1956 wurde er Leiter der Forschungsabteilung des Anti-Diskriminierungsausschusses des Staates New York. 1959 bis 1960 war er Fulbright Professor für Soziologie an der Universität Teheran.

1960 emigrierte er gemeinsam mit seiner Frau Helen, einer Entwicklungspsychologin, nach Israel. In Jerusalem übernahm er zunächst eine Stelle als Medizinsoziologe am Institut für angewandte Sozialforschung. Neben der Lehre wandte er sich hier vor allem der Streßforschung und der Erforschung latenter Funktionen der Institutionen des Gesundheitswesens zu. Thematische Schwerpunkte waren: Epidemiologie der Multiplen Sklerose; psychosoziale Risiken jüdischer Emigranten aus den USA in Bezug auf koronare Herzerkrankungen; präventives Zahnpflegeverhalten; ethnische Unterschiede in der Verarbeitung der Menopause bei in Israel lebenden Frauen. Unter diesen befanden sich auch Frauen, die in nationalsozialistischen Konzentrationslagern überlebt hatten. Daß sie es geschafft hatten, ihr Leben neu aufzubauen, empfand er als Wunder – und der Erforschung dieses Wunders, des Wunders des Gesundbleibens, widmete er von da an seine Arbeit und sein Engagement.

Ab 1972 hatte er entscheidenden Anteil am Aufbau einer gemeindeorientierten medizinischen Fakultät an der Ben-Gurion-Universität des Negev. Er war zuständig für die verhaltenswissenschaftlichen und soziologischen Anteile des Curriculums und stand neun Jahre dem Zulassungsausschuß vor, für den er ein Auswahlverfahren entwickelte, in dem es mehr auf Einstellung, Engagement und Verantwortungsübernahme als auf Schulnoten und Testergebnisse ankam.

1977/78 und 1983/84 übernahm er im Rahmen von Forschungssemestern eine Gastprofessur an der Abteilung für Public Health der Universität Berkeley. Seine letzten Forschungsarbeiten befaßten sich mit den Auswirkungen der Pensionierung auf die Gesundheit.

Aaron Antonovsky starb am 7. Juli 1994 in Beer-Sheba (Israel).

Alexa Franke

Vorwort des Autors

Im Jahre 1970 geschah etwas, das zu einer absoluten Kehrtwendung in meiner Arbeit als Medizinsoziologe führte. Ich war mitten in der Datenanalyse einer Untersuchung über die Adaptation von Frauen verschiedener ethnischer Gruppen in Israel an das Klimakterium. Eine dieser Gruppen bestand aus Frauen, die zwischen 1914 und 1923 in Mitteleuropa geboren worden waren und die somit 1939 zwischen 16 und 25 Jahre alt gewesen waren. Aus einem Grund, an den ich mich niemals so recht erinnern konnte, hatten wir eine simple Ja-Nein Frage zum Aufenthalt in einem Konzentrationslager gestellt. Stellen Sie sich eine Tabelle vor, in der die Werte zur emotionalen Gesundheit einer Gruppe von Überlebenden des Konzentrationslagers mit denen einer Kontrollgruppe verglichen werden. Die plausible Stressor-Hypothese wird jenseits des .001 Niveaus bestätigt. Bei Betrachtung der Prozentsätze nichtbehinderter Frauen sehen wir, daß 51 Prozent der Frauen der Kontrollgruppe gegenüber 29 Prozent der Überlebenden über eine insgesamt recht gute emotionale Gesundheit verfügten. Konzentrieren Sie sich nicht auf die Tatsache, daß 51 eine weitaus größere Zahl ist als 29, sondern bedenken Sie, was es bedeutet, daß 29 Prozent einer Gruppe von Überlebenden des Konzentrationslagers eine gute psychische Gesundheit zuerkannt wurde. (Die Daten zur physischen Gesundheit erzählen dieselbe Geschichte.) Den absolut unvorstellbaren Horror des Lagers durchgestanden zu haben, anschließend jahrelang eine deplazierte Person gewesen zu sein und sich dann ein neues Leben in einem Land neu aufgebaut zu haben, das drei Kriege erlebte ... und dennoch in einem angemessenen Gesundheitszustand zu sein! Dies war für mich die dramatische Erfahrung, die mich bewußt auf den Weg brachte, das zu formulieren, was ich später als das salutogenetische Modell bezeichnet habe und das 1979 in *Health, Stress and Coping* veröffentlicht wurde.

Einige Leser und Leserinnen kennen das Buch sicherlich. Für die anderen lassen Sie mich die Argumentation rekapitulieren. Mein Ausgangspunkt waren Daten, die zeigen, daß sich zu jedem beliebigen Zeitpunkt wenigstens ein Drittel und mit einer guten Wahrscheinlichkeit die Mehrheit der Bevölkerung einer jeden modernen Industriegesellschaft in einem – nach diversen vernünftigen Definitionen – morbiden, pathologischen Zustand befindet. Krankheit ist somit keine relativ seltene Abweichung. Eine pathologische Orientierung versucht zu erklären, warum Menschen krank werden, warum sie unter eine gegebene Krankheitskategorie fallen. Eine salutogenetische Orientierung, die sich auf die Ursprünge der Gesundheit konzentriert, stellt eine radikal andere Frage: Warum befinden sich Menschen auf der positiven Seite des Gesundheits-Krankheits-Kontinuums oder warum bewegen sie sich auf den positiven Pol zu, unabhängig von ihrer aktuellen Position?

So wie es durch voluminöse Literatur angeregt wird, zog ich als erste Antwort in Betracht, daß sie wenig Erfahrungen mit Lebensstressoren – von mikrobiologischen bis zu soziokulturellen – hatten. Aber, so behauptete ich, diese Hypothese ist nicht haltbar. Im menschlichen Leben sind Stressoren omnipräsent. Dennoch überleben viele Menschen, wenn auch bei weitem nicht die meisten, sogar mit einer hohen Stressorbelastung und kommen sogar gut zurecht. Abgesehen von Stressoren, die den Organismus direkt zerstören, ist es nicht vorhersehbar, wie sich die Gesundheit von Menschen entwickelt. *Dies ist das Geheimnis, das die salutogenetische Orientierung zu enträtseln versucht.* Die Konfrontation mit einem Stressor, so nahm ich an, resultiert in einen Spannungszustand, mit dem man umgehen muß. Ob das Ergebnis pathologisch sein wird, neutral oder gesund, hängt von der Angemessenheit der Spannungsverarbeitung ab. Damit wird die Untersuchung der Faktoren, die die Verarbeitung von Spannung determinieren, zur Schlüsselfrage der Gesundheitswissenschaften.

Da ich mich nicht für die Untersuchung von Krankheiten interessierte (so wichtig diese Frage als solche auch ist), formulierte ich als vorläufige Antwort auf die Frage das Konzept der *generalisierten Widerstandsressourcen* (*GRRs*): Geld, Ich-Stärke, kulturelle Stabilität, soziale Unterstützung und dergleichen, also jedes Phänomen, das zur Bekämpfung eines weiten Spektrums von Stressoren wirksam ist. Unter Berücksichtigung der Literatur diskutierte ich eine Vielzahl von generalisierten Widerstandsressourcen von Immunverstärkern bis zur Magie. Was aber fehlte, war ein Auswahlkriterium, mittels dessen man ein Phänomen als eine generalisierte Widerstandsressource identifizieren konnte, ohne abzuwarten, ob es wirkte, oder, besser noch, mit dessen Hilfe man verstehen konnte, wie ein Phänomen als generalisierte Widerstandsressource wirkte.

Die Antwort, die ich auf die salutogenetische Frage entwickelte, war das Konzept des Kohärenzgefühls (SOC). Das allen generalisierten Widerstandsressourcen Gemeinsame – so mein Ansatz – ist, daß sie es leichter machen, den zahllosen Stressoren, von denen wir fortwährend bombardiert werden, einen Sinn zu geben. Dadurch, daß sie einen fortlaufend mit solchen sinnhaften Erfahrungen versorgen, schaffen sie mit der Zeit ein starkes Kohärenzgefühl. Dieses zentrale Konzept des Buches wurde als *eine globale Orientierung* definiert, *die das Maß ausdrückt, in dem man ein durchdringendes, andauerndes aber dynamisches Gefühl des Vertrauens hat, daß die eigene interne und externe Umwelt vorhersagbar ist und daß es eine hohe Wahrscheinlichkeit gibt, daß sich die Dinge so entwickeln werden, wie vernünftigerweise erwartet werden kann.*

Der restliche Teil von *Health, Stress and Coping* beschäftigte sich weitgehend mit der Zusammenfassung empirischer Belege, die die SOC-Gesundheits-Hypothese plausibel erscheinen ließen. Es gab Untersuchungen, deren Befunde bekannte Variablen mit Gesundheit in Zusammenhang brachten, ohne Erklärungen anzubieten. Andere Untersuchungen schlugen ad-hoc-Erklärungen solcher Zusammenhänge vor. Ich nahm an, daß das SOC-Konstrukt in beiden Fällen angemessener zu einem Verständnis der Daten beitragen könnte. Noch wichtiger war, daß das Modell die Möglichkeit eröffnete, eine beträchtliche Zahl anscheinend disparater Befunde und Ideen zu integrieren.

Dieses ist, kurz gesagt, das salutogenetische Modell. Das Buch schien zur richtigen Zeit herausgekommen zu sein. Ernüchterung über die zunehmend teurere Technologie des medizinischen Versorgungssystems, Besorgnis über die immer weniger humanen

Untertöne bei der Ausrichtung auf die organische Krankheitspathologie, die Anfänge einer Selbsthilfebewegung, ein wachsendes Bewußtsein über die Rolle sozialer Faktoren bei der Entstehung von Wohlbefinden – all dieses diente der Vorbereitung für eine ernsthafte Untersuchung der Ursprünge von Gesundheit. Das Wort *Salutogenese* hat noch einen langen Weg vor sich, bevor es so alltäglich wird wie *Entfremdung*; und zu meinem Leidwesen wird das Kohärenzgefühl noch allzu häufig als Kontrollgefühl oder Kohäsionsgefühl bezeichnet. Aber die Konzepte beginnen zu greifen, die Denkweise ist vertrauter geworden.

Health, Stress and Coping wurde als Kulminationspunkt geschrieben, als eine Zusammenfassung der Vielzahl von Forschungsproblemen, mit denen ich gut ein Jahrzehnt gerungen hatte. Ich hatte keine klar umrissene Zielgruppe vor Augen. Das Buch stellte ein Modell und ein Arbeitsprogramm vor. Das vorliegende Buch greift die einzelnen Punkte dieses Programms auf. Wer intellektuell neugierig ist und sich für die historische Entwicklung des salutogenetischen Modells interessiert, sollte das erste Buch lesen, aber zum Verständnis dieses Buchs ist solche Vorbereitung kaum nötig.

Da ich mich mehr mit einem Problem als mit einer Disziplin befasse, wendet sich dieses Buch an eine sehr breite Leserschaft. Erstens und hauptsächlich richtet es sich vielleicht an diejenigen in dem neuen und sich rapide ausdehnenden Bereich, der meistens Verhaltensmedizin genannt wird (Matarazzo et al., 1984; Gentry, 1984): Sozial-, Entwicklungs- und Klinische Psychologen sowie Sozialarbeiter, die als Forscher, Lehrende und Therapeuten direkt mit menschlichen Kämpfen in einer streßhaften Welt konfrontiert sind. Ich fände auch den Gedanken erfreulich, daß das Buch für die wichtig wird, die meine eigene primäre Bezugsgruppe ausmachen: die Medizinsoziologen. Ich finde es ein wenig besorgniserregend, daß wir die Themen von Stressoren und Coping, die so eindeutig in makrostrukturellen und gesellschaftlichen Zusammenhängen verwurzelt sind, weitgehend den Psychologen überlassen haben, die relevante, aber andere Fragen stellen. Sozialepidemiologen (oder zumindest diejenigen, die sich nicht – wie man so witzelt – als selbst von Alter und Sex ausgemergelt definieren) und andere im Bereich der öffentlichen Gesundheit werden, so glaube ich, meine Arbeit als hilfreich für ihre Anliegen finden. Noch eine andere Gruppe hatte ich beim Schreiben dieses Buchs im Blick: Krankenschwestern, die gerade die faszinierenden Wirren bei der Ausformulierung einer neuen beruflichen Identität durchleben, sind vielleicht für meine Ideen und meinen Denkansatz offener als irgend jemand sonst. Aus demselben strukturellen Grund werden Studierende, die Bücher verschlingen und sich noch nicht paradigmatisch abgeschottet haben, und die sich unabhängig von ihrem Fachgebiet mit Gesundheit und Krankheit befassen, auf das Buch reagieren. Und schließlich höre ich trotz vieler Entmutigungen nicht auf zu hoffen, daß zumindest einige Ärzte mehr als die Krankheit sehen werden. Mir gefällt der Gedanke, daß insbesondere die Ärzte in der Primärversorgung (aber auch solche in Bereichen wie Rehabilitation und Geriatrie) feststellen werden, daß das Buch ihnen wirksames Handwerkszeug für das Verstehen und vielleicht sogar für das Handeln liefert.

Worum geht es dann in dem Buch? Lassen Sie mich einen knappen Überblick geben. In Kapitel Eins beginne ich mit einer ausführlichen Erklärung darüber, warum ich mehr denn je davon überzeugt bin, daß die salutogenetische Orientierung, das Denken in Termini des Geheimnisses einer Bewegung zum Gesundheitspol des Gesundheits-Krankheits-Kontinuums, ein signifikant und radikal anderer Ansatz der Erforschung von Gesundheit und Krankheit ist als die pathogene Orientierung. Ich gehe bei dieser Erklärung vor allem auf die Implikationen für Forschung und konzeptuelles Verständnis ein, aber ich bin sicher, daß die klinischen Implikationen auch deutlich werden.

In Kapitel Zwei versuche ich mein gegenwärtiges Verständnis des SOC-Konzepts zu erläutern. Dieses ist aus einer Reihe von biographischen Interviews entstanden, aus der Diskussion mit vielen Kollegen und Kolleginnen und daraus, daß ich es mit den von anderen veröffentlichten Ideen verglichen und ihnen gegenüber abgegrenzt habe. Die drei Komponenten des Konzepts – Verstehbarkeit, Handhabbarkeit und Bedeutsamkeit – werden vorgestellt, das Konzept der Grenzen wird eingeführt und die Unterscheidung zwischen einem starken und einem rigiden SOC beleuchtet. Dieses Kapitel beinhaltet auch eine Rekonzeptualisierung des Stressor-Konzepts als *generalisiertes Widerstandsdefizit* und seine Integration mit dem Konzept der generalisierten Widerstandsressourcen. Streßhafte Lebenssituationen werden von streßhaften Lebensereignissen unterschieden.

Kapitel Drei würdigt Entwicklungen, die für mich höchst erfreulich gewesen sind. Es handelt sich um die Arbeiten anderer, die die salutogenetische Frage stellen und/oder Antworten vorschlagen, die zumindest teilweise mit dem SOC-Konzept kompatibel sind. Die Untersuchungen von Thomas Boyce, Suzanne Kobasa, Rudolf Moos, David Reiss und Emmy Werner erhalten im Verlauf der Diskussion von Konzepten wie Widerstandsfähigkeit, Resilienz, Unbesiegbarkeit und Permanenz besondere Aufmerksamkeit.

In Kapitel Vier wenden wir uns dann von der theoretischen Entwicklung und konzeptuellen Klärung ab, hin zum Problem der empirischen Überprüfung des salutogenetischen Modells. Die Beweise für die Plausibilität des Modells in *Health, Stress and Coping*, insbesondere im sechsten Kapitel, bestanden weitgehend aus einer post hoc Re-Interpretation der Ergebnisse pathogenetisch orientierter Studien. Diese, so schrieb ich, wären ausreichend, „einen ersten augenscheinlichen Plausibilitätsbeleg" (1979, S. 161) für die SOC-Gesundheits-Hypothese aufzustellen. In der Zwischenzeit ist eine beachtliche Zahl von Studien erschienen, die diesen meines Erachtens unterstützen. Aber es ist an der Zeit, die Hypothese zu überprüfen und nicht einfach nur ihre Plausibilität zu bestätigen. Obwohl ich davon begeistert bin, eine Vielzahl von Methoden zur Überprüfung des Modells anzuwenden, liegt meine eigene Kompetenz in der Verwendung von Fragebogen. Das Kapitel berichtet detailliert, wie ein geschlossener Fragebogen zur Messung des SOC entwickelt wurde – eine Geschichte, die selten sorgfältig erzählt wird. Im Verlauf dieser Geschichte werden direkte Zitate aus Tiefeninterviews vorgestellt, damit das Konzept lebendig wird. Das Kapitel schließt mit Belegen für die Reliabilität und Validität des Fragebogens.

In Kapitel Fünf diskutiere ich die Muster der Kindererziehung und die subkulturellen und kulturellen Muster sozialer Organisationen, die die generalisierten Widerstandsressourcen aufbauen, aus denen ein starkes SOC hervorgeht. Dieser Sozialisationsprozeß wird im Rahmen des Lebenszyklus von der frühen Kindheit bis zum Erwachsenenalter vorgestellt. Die Frage, wie sich das SOC ausbildet, bringt uns zu einem Thema, das meiner Erfahrung nach für viele, die sich von dem Konzept angesprochen fühlen, höchst verwirrend ist: die Dynamik des SOC im Erwachsenenalter und insbesondere die Frage der geplanten Modifikation und Anwendung der Theorie durch Praktiker.

Die Überlegungen zur Dynamik des SOC führen zu Kapitel Sechs, das sich mit den Wegen beschäftigt, auf denen SOC und Gesundheit miteinander verbunden sind. Nachdem dann das duale Problem, das beim Coping mit streßhaften Lebensereignissen auftritt, nämlich die instrumentelle Problemlösung und die Emotionsregulierung, herausgearbeitet wurde, wird ein dreistufiger primärer Bewertungsprozeß beschrieben, der uns dann zu der Auswahl einer angemessenen Coping-Strategie, zu Handlung und Feedback-Evaluation führt. Generalisierte Widerstandsressourcen werden als *potentielle* Ressourcen definiert, die die Person mit einem starken SOC mobilisieren und dann bei der Suche nach einer Lösung für das instrumentelle Problem anwenden kann. Der nächste Abschnitt konzentriert sich darauf, inwieweit die Stärke des SOC eine wesentliche Bedeutung bei der Regulation der durch die Konfrontation mit Stressoren erzeugten emotionalen Spannung hat. Das zentrale Thema des Kapitels ist der Prozeß, wie die Transformation von Spannung in Streß verhindert werden kann. Im letzten Abschnitt dieses Kapitels wende ich mich direkt, wenn auch etwas beklommen, neurophysiologischen, endokrinen und immunologischen Mechanismen zu, über die das SOC die Gesundheit beeinflußt.

Dies führt uns in Kapitel Sieben zu einer relativ kurzen Diskussion von vier Themen, die für mich sehr wichtig und interessant sind, auch wenn sie für das salutogenetische Modell keine zentrale Bedeutung haben. Das erste Thema ist, wie die fundamentale Bedeutung des SOC-Konzepts in den Kontext des Problems einzuordnen ist, das sich in allen Wissenschaften als äußerst relevant darstellt: das Problem der „Ordnung aus dem Chaos", um es mit dem Titel des Buchs eines Nobelpreisträgers auszudrücken (Prigogine und Stengers, 1984). Das zweite ist, ob es sinnvoll ist, vom SOC als einer Gruppeneigenschaft zu sprechen, Charakteristikum nicht nur von Individuen, sondern von sozialen Systemen wie Familie, Gemeinde, soziale Klasse und Nation. Die dritte Frage ist, wie das SOC mit anderen Elementen des Wohlbefindens als der Gesundheit in Verbindung steht, zum Beispiel mit Glücklichsein, Moral, Lebenszufriedenheit oder Erfolg im Beruf. Schließlich versuche ich zu erklären, warum ich zwar ein Verständnis des SOC als Zustands-Charakteristikum eindeutig ablehne, es aber wichtig finde, es nicht als Persönlichkeitseigenschaft sondern – so wie ich es nenne – dispositionelle Orientierung zu betrachten. In dieser Diskussion betone ich zum einen die soziokulturellen Ursprünge des SOC und treffe zum anderen eine klare Unterscheidung zwischen Orientierung und offenem Verhalten.

Ein abschließendes Wort noch, bevor ich mich der eigentlichen Materie zuwende. Ich bin selbstverständlich davon überzeugt, daß das salutogenetische Modell sehr stichhaltig ist. Wir sind jetzt an einem Punkt, an dem diese Überzeugung empirisch überprüft werden muß. Wohin solche Forschung das Modell in den nächsten zehn Jahren führen wird, kann nicht vorhergesagt werden. Wenn es irgendeinen Grund gegeben hat, der mich motiviert hat, dieses Buch zu schreiben, so ist es der, daß ich diejenigen, die bereits bei der Arbeit sind, bestärken möchte – um in den Köpfen derjenigen, die die Begeisterung über das Geheimnis der Gesundheit mit mir teilen, Ideen zu entzünden.

In *Health, Stress and Coping* habe ich meinen Dank gegenüber denen ausgedrückt, deren Arbeit ausschlaggebend für mich war. Ich bin ihnen weiter zu Dank verpflichtet. Wiederholen möchte ich nur die Namen von Hans Selye und John Cassel, die ihre fruchtbare Arbeit bis kurz vor ihrem Tod weitergeführt haben. Ich möchte jedoch die Aufmerksamkeit der Leserinnen und Leser auf Kapitel Drei „Ähnlichkeiten des Konzepts mit anderen Auffassungen zur Gesundheit" richten. Die intellektuellen und oft persönlichen Begegnungen mit den Kolleginnen und Kollegen, deren Arbeit ich in diesem Kapitel diskutiere, haben in den letzten Jahren Spaß gemacht und mich herausgefordert. Ich habe von ihnen gelernt, auch, wenn ich glaube, daß sie falsch liegen.

Das Buch wurde während eines entspannten Forschungsjahres an der School of Public Health der Universität von Kalifornien in Berkeley geplant. Es war wieder eine Freude, Gast von Leonard Syme zu sein und meine Ideen sowohl in unseren Gesprächen als auch in dem Seminar, das er für mich arrangierte, zu überprüfen. Zufällig erhielt ich beim Schreiben der letzten Zeilen dieses Buchs einen Brief von einem Teilnehmer des Seminars, das ich 1977/78 in Berkeley gegeben hatte. Er bezieht sich auf die Salutogenese und Kohärenz und schreibt: „Ich muß sagen, daß sie meine Lebensausrichtung beeinflußt hat. (...) Ich berate gegenwärtig eine staatliche Einrichtung für Entwicklungsstörungen vorwiegend unter dem Aspekt der Stärken und ‚Widerstandsressourcen', weniger der Störung. (...) [Wie aufregend ist es], das Lachen im Gesicht unserer Kinder zu sehen, wenn sie feststellen, wie gut sie wirklich sind, wenn auch anders". Wenn meine Lehre und mein Schreiben solche Wirkung haben, bin ich gut belohnt worden.

Obgleich das Textverarbeitungssystem die Schreibmaschine ersetzt hat, ist der Mensch noch nicht ersetzt worden. Mein aufrichtigster Dank an Milka Sampson, die es hervorragend geschafft hat, aus meinem Gekritzel ein fertiges Manuskript zu erstellen – und das, obwohl sie nicht in ihrer Muttersprache arbeitete.

Und vor allem muß ich Helen meinen Dank aussprechen. Auf einer tieferen Ebene habe ich von ihr gelernt, wie unwichtig es ist, die Kontrolle zu haben, wenn es einen geliebten anderen Menschen gibt, dem man vertraut und mit dem man zusammenlebt. In der konkreten Arbeit war es Helen, die den Begriff „das Kohärenzgefühl" vorschlug, der genau das ausdrückt, was ich sagen wollte. Als Entwicklungspsychologin mit anthropologischer Ausbildung war sie eine äußerst kompetente professionelle Kritikerin. Sie urteilte kompromißlos und glasklar, sagte mir die kritischen Dinge in ihrer überaus sanften Art und machte dazu noch Vorschläge zur Problemlösung – diese außerordentliche Kombination war ungemein hilfreich. Wenn das Schreiben dieses Buchs mir Lebenserfahrungen gebracht hat, die mein eigenes SOC gestärkt haben, dann habe ich dies zu einem großen Teil Helen zu verdanken.

Beersheba, Israel
Dezember 1986 *Aaron Antonovsky*

1 Gesundheit und Krankheit neu betrachtet

Nahezu jede Woche werde ich mit Schriften konfrontiert, bei denen ich denke: „Mein Gott, hätte der Autor doch nur salutogenetisch gedacht." Eins der letzten Beispiele, möglicherweise ein etwas pikantes, stammt von Laudenslager und anderen (1983), die sich mit den immunsuppressiven Auswirkungen von Schockbehandlung an Ratten unter verschiedenen psychosozialen Bedingungen beschäftigten. Ihre Daten unterstützen die Hypothese, daß einem unausweichbaren Schock ausgesetzte Ratten gegenüber drei Vergleichsgruppen – ausweichbarer Schock, eingeschränkte Kontrollgruppe und Kontrollgruppe im Heimkäfig – den geringsten Grad an Lymphozytenproliferation, somit die höchste Immunsuppression, aufweisen würden. Auf dieses Ergebnis konzentriert sich die gesamte Diskussion der Autoren. Bei der Darstellung der Daten bemerken sie jedoch nebenbei, daß bei dem ersten Maß zur Lymphozytenproliferation kein signifikanter Unterschied zwischen den drei Kontrollgruppen nachgewiesen werden konnte, während bei dem zweiten Maß die Gruppe, die dem Schock ausweichen konnte, den höchsten Wert erzielte. Sie wich damit signifikant sowohl von der Gruppe mit einem unausweichbaren Schock als auch von der eingeschränkten Kontrollgruppe ab.

„Die Fähigkeit, Kontrolle über den Stressor auszuüben, verhinderte somit vollständig die Immunsuppression", schreiben die Autoren richtig (S. 569). Dieses meines Erachtens höchst aufregende Ergebnis wird in der Diskussion nicht berücksichtigt. Offensichtlich kann ein Schock als Stressor einen gesunden Einfluß auf einen Organismus haben, vorausgesetzt, man kann ihm entfliehen. Bedenkt man allerdings lediglich die pathogenen Folgen, so entgeht einem die durch diesen Befund erschlossene Perspektive[1].

Die Behauptung, daß die salutogenetische Orientierung nicht nur die andere Seite der pathogenetischen Orientierung darstellt, sondern sich vielmehr radikal unterscheidet und von mindestens gleichwertiger Bedeutung ist, muß anhand mehrerer Fragen überprüft werden:

Erstens: Liefert sie einen starken Impuls, Daten anders zu betrachten als ein pathogenetisch orientierter Forscher seine Daten gewöhnlicherweise analysieren würde? Zweitens: Führt sie zu der Formulierung anderer entscheidender Fragen und Hypothesen? Und drittens, und vielleicht am wichtigsten: Liefert sie die Basis für Hypothesen, die mit den aus einer pathogenetischen Orientierung abgeleiteten konkurrieren, so daß eine Überprüfung beider Ansätze gewährleistet ist? Diese Prüffragen sind

---

1. Dies ist keine Haarspalterei. Selbst in einer Zeitschrift, die als gesundheitsorientiert gelten kann, wird auf das Papier von Laudenslager nur insofern eingegangen, als die Immunsuppression hervorgehoben wird und nicht der von mir oben erwähnte Punkt (*Investigations*, 1984).

im Hinblick auf die Forschung formuliert. Analoge Fragestellungen lassen sich auf die Arbeit des Praktikers anwenden.

Lassen Sie mich bezüglich der beiden Quellen der salutogenetischen Orientierung ganz unmißverständlich sein. Die erste ist die grundsätzliche Annahme von Heterostase, Unordnung und ständigem Druck in Richtung auf zunehmende Entropie als *dem* prototypischen Charakteristikum des lebenden Organismus. Diese Annahme steht in krassem Gegensatz zur pathogenetischen Orientierung, welche davon ausgeht, daß hin und wieder „normalerweise selbstregulierende, homöostatische Prozesse entreguliert werden" (Schwartz, 1979, S. 565). Sie veranlaßte mich, epidemiologische Daten zu Gesundheit und Krankheit eingehender zu betrachten, wobei ich zu der unausweichlichen Schlußfolgerung kam, daß Krankheit, wie auch immer sie definiert sein mag, keineswegs ein unübliches Ereignis ist[2].

Es mag wohl sein, daß der pessimistische Zuschnitt meines Naturells und meiner philosophischen Lebenseinstellung – die zweite Ursache – diese fundamentale Annahme geformt und meine Interpretation der Daten beeinflußt haben. Aber persönliche Motivationen sind irrelevant für die Behauptung, wenn sie tatsächlich die Prüfung anhand der obigen Fragen besteht.

In Kapitel Zwei von *Health, Stress and Coping* (Antonovsky, 1979, S. 36-37) habe ich mich ansatzweise mit dem Argument der „anderen Seite der Medaille" auseinandergesetzt. Lassen Sie mich nun zu einigen wesentlich ausgereifteren Argumentationen kommen, die mein Engagement für die salutogenetische Orientierung verstärkt haben. Ich möchte dabei auf sechs Aspekte eingehen.

Kontinuum oder Dichotomie?

Der erste Aspekt mag durchaus dazu führen, daß einige, die auf *Health, Stress and Coping* besonders enthusiastisch reagiert haben, nun den Rückzug antreten. Sie haben hineininterpretiert, was sie sich wünschten, ohne zu sehen, was ich wirklich sagen wollte. Sicher liegt der Fehler zum Teil bei mir, denn wenn ich hin und wieder neu lese, was ich geschrieben habe, oder mir gelegentlich selbst zuhöre, was ich über das Buch sage, so finde ich Hinweise, daß ich die salutogenetische Frage etwa folgendermaßen formuliere: „Wie ist es zu erklären, daß es überhaupt jemand jemals schafft?" oder „Wie können wir eher Gesundheit als Krankheit erklären?". Vor dem Hintergrund der (meiner Auffassung nach höchst begrüßenswerten) Entwicklung der holistischen Gesundheitsbewegung und der ansteigenden Akzentuierung von Gesundheitserhaltung und -förderung wurden solche Formulierungen so interpretiert, als gehörte ich auch in dieses Lager. So schmeichelhaft dies auch sein mag, es ist unverdient, da es von einer Fehlinterpretation rührt.

Im großen und ganzen ist die gesundheitsorientierte Sicht genau wie die traditio-

---

2. Es gibt keinen Grund, zusätzliche Daten zu denjenigen im Kapitel 1 von *Health, Stress and Coping* darzustellen, wenngleich ich solche kenne. Man könnte einen Rückgang in kardiovaskulär bedingter Mortalität konstatieren (nicht zwangsläufig in Morbidität), aber auch AIDS erwähnen, chronische Schmerzen, Herpes und Gewalt. Die These, daß Abweichung „normal" ist (Antonovsky, 1979, S.15), bliebe bestehen.

nelle krankheitsorientierte Denkrichtung der Schulmedizin auf der Annahme einer fundamentalen Dichotomie zwischen gesunden und kranken Menschen begründet. Diejenigen, die die erste Position einnehmen, würden ihre Aufmerksamkeit und Ressourcen darauf richten, Menschen gesund zu erhalten, sie vor Krankheit zu bewahren. Die Vertreter letzteren Standpunkts konzentrieren sich auf die Behandlung der Kranken, wobei sie bestrebt sind, Tod und Chronifizierung vorzubeugen und, wenn möglich, Gesundheit wiederherzustellen. Erstere argumentieren, es sei wesentlich effizienter, die Energien in die Erhaltung der Gesundheit zu investieren; letztere erwidern – soweit überhaupt ein Dialog stattfindet –, daß sich keine humane Gesellschaft dem Leiden derjenigen verschließen kann, die gegenwärtig krank sind.

Beide lassen dabei außer acht, daß die von ihnen geteilte dichotome Prämisse eine weniger potente Grundannahme ist als das von mir sogenannte Gesundheits-Krankheits-Kontinuum. Wir sind alle sterblich. Ebenso sind wir alle, solange noch ein Hauch von Leben in uns ist, in einem gewissen Ausmaß gesund. Der salutogenetische Ansatz sieht vor, daß wir die Position jeder Person auf diesem Kontinuum zu jedem beliebigen Zeitpunkt untersuchen. Epidemiologische Forschung würde sich auf die Verteilung von Gruppen auf dem Kontinuum konzentrieren. Klinische Mediziner würden dazu beitragen wollen, daß sich einzelne Personen, für die sie verantwortlich sind, in Richtung des Gesundheitspols verändern.

Cosers (1963) Studie zweier Krankenstationen exemplifiziert die Konsequenzen der Übernahme des einen oder anderen Ansatzes. In beiden Fällen waren die Patienten extrem krank, recht nahe am Krankheitspol des Kontinuums. Auf der einen Station jedoch wurden sie vom Personal als Sterbefälle bezeichnet, man konzentrierte sich auf Adrettheit, Sauberkeit, Ordnung und das Gewähren von Trost (in dieser Reihenfolge). Im anderen Fall wurde die Station offiziell als Rehabilitationszentrum definiert. Gemäß eines Diktums der klassischen Soziologie gilt: „Werden Situationen von Menschen als real definiert, sind sie real in ihrer Konsequenz". Da sich die Studie auf das Problem der Entfremdung des Personals konzentrierte, war das Hauptergebnis, daß die Entfremdung bei den Schwestern der „Sterbestation" am größten war. Es werden uns keine Informationen über die Auswirkungen auf den Gesundheitszustand der Patienten geliefert. Ich wäre allerdings überrascht, wenn die Unterschiede in Hinblick auf Schmerzmedikation, Sterberaten und eventuell sogar Wiedergesundung nicht augenfällig wären.

Geschichte oder Krankheit ?

Die Übernahme des dichotomen Denkansatzes tendiert unweigerlich zu einer eingeschränkten Sicht des „Herzinfarkts auf 504", wie es in der Alltagssprache des Klinikpersonals heißt. Es handelt sich um eine in zweifachem Sinn eingeschränkte Sichtweise. Erstens wird die Aufmerksamkeit auf die Pathologie gerichtet, nicht auf den Menschen mit einem bestimmten medizinischen Problem. Dieser Ansatz ist vermutlich in medizinischen Notfällen, wie sie in Fernsehdramen beliebt sind, gerechtfertigt und wirksam. Aber in den meisten Fällen ist Blindheit gegenüber dem Kranksein der Person, ihrer gesamten Lebenssituation und ihrem Leiden nicht nur inhuman. Sie führt vielmehr zu einem Verkennen der Ätiologie des Gesundheitsstatus der Person. Zweitens wird der Pathogenetiker zu einem beschränkten Spezialisten für eine bestimmte Krankheit, anstatt daß er ein Verständnis von Ent-Gesundung gewinnen würde, ganz zu schweigen von Gesundheit[3]. Er mag von dieser Krankheit leben, essen, atmen und träumen; er lernt nichts, liest nichts und redet von nichts anderem als dieser Krankheit. Weder auf der persönlichen noch auf der strukturellen Ebene gibt es eine Kommunikation zwischen dem Krebsspezialisten und dem Spezialisten für koronare Krankheiten. Daß beide sich mit Phänomenen befassen, die einen gemeinsamen Namen tragen – Krankheit – und insofern etwas gemeinsam haben müssen, wird mißachtet.

Ich möchte klarstellen, daß es mir hierbei nicht um die Frage menschlicher Sensibilität geht. Der pathogenetisch orientierte Kliniker ist mit gleicher Wahrscheinlichkeit mitfühlend wie der salutogenetisch orientierte. Dem ersteren werden jedoch zwangsläufig Daten von großer ätiologischer Signifikanz entgehen, welche letzterem, der die Geschichte der Person erfragt, verfügbar werden. Auf dieselbe Weise wird ein Forscher, während er nach dem spezifischen Krankheitserreger sucht, daran gehindert, von Fortschritten auf anderen Gebieten zu erfahren. Und noch einmal: diejenigen, die sich auf die Prävention spezifischer Krankheiten konzentrieren, tragen dieselben Scheuklappen.

Das Konzept der Geschichte entstammt Cassells profunder Analyse (1979) des medizinischen Begriffs der Kausalität. In dieser berichtet er von einem älteren Patienten, der wegen eines ernstzunehmenden fortgeschrittenen Knieleidens stationär behandelt wurde. Identifikation der Symptome, diagnostische Hypothesen, deren Bestätigung und Einleitung angemessener Therapiemaßnahmen erfolgten kurz hintereinander, was zur Entlassung führte – und kurz darauf zur Wiedereinweisung. Denn was nur zufällig durch einen Medizinstudenten in Erfahrung gebracht wurde, war, daß dieser ältere Herr ein Jahr zuvor Witwer geworden und in diese fremde Stadt gezogen war, in der er weder Freunde noch Verwandte hatte, nur über ein geringes Einkommen verfügte und im vierten Stock eines Hauses ohne Fahrstuhl wohnte. Das Knieproblem war sehr real und sehr ernst. Es war der derzeitige Anlaß zur Einweisung gewesen; das nächste Mal hätten es Unterernährung, Lungenentzündung oder Depressionen und Suizidversuch sein können. Der salutogenetische Ansatz gibt keine Gewähr für die Problemlösung der komplexen Kreisläufe im menschlichen Leben, aber selbst im schlechtesten Fall führt er zu einem tiefergehenden Verständnis und Wissen und damit zu einer Voraussetzung, sich dem gesunden Pol des Kontinuums nähern zu können.

Gesundheitsfaktoren und Risikofaktoren

Die pathogene Orientierung hat sich der Annahme verschrieben, daß Krankheiten durch Erreger ausgelöst werden – mikrobiologische, psychosoziale, chemische oder welche auch immer – einzeln, wie in der Virentheorie oder multifaktoriell, wie die differenzierteren Ansätze meinen. Das Typ-A-Verhaltensmuster trägt zu koronarer Herzkrankheit bei, erlernte Hilflosigkeit zu Depression oder Internalisierung von

---

3. Im Original: disease / dis-ease / health ease; vgl. Glossar (Anm. d. Übers.)

Feindseligkeit zu Krebs, um nur einige derzeit aktuelle Beispiele zu nennen. Hypothesen werden nicht nur wie oben aufgezeigt in Hinblick auf spezifische Krankheiten formuliert, sondern in überwältigendem Maß in Bezug auf Risikofaktoren. Der Risikofaktor, der Stressor, hat die Vorstellungskraft erobert. Man denke beispielsweise an die immensen Investitionen in die Skala zur Messung von Lebensereignissen von Holmes und Rahe (1967) im Bereich der Streßforschung.

Im Gegensatz hierzu wird man durch die salutogenetische Orientierung dazu veranlaßt, über die Faktoren nachzudenken, die zu einer Bewegung in Richtung auf das gesunde Ende des Kontinuums beitragen. Wichtig ist, daß es sich hierbei oftmals um *verschiedene* Faktoren handelt. Man bewegt sich nicht allein dadurch in diese Richtung, daß man ein geringes Maß an Risikofaktoren A, B oder C aufweist. Im Bereich der Streßforschung wird der Gedanke am ehesten verständlich, wenn man der Zentrierung auf Stressoren die Ausrichtung auf Coping-Mechanismen entgegensetzt. Aber selbst in diesem Bereich fragt man am häufigsten, wie man einen gegebenen Stressor bewältigt anstatt zu fragen, welche Faktoren nicht nur als Puffer wirken, sondern direkt zur Gesundheit beitragen. Im Bereich der Industriesoziologie ist hinlänglich bekannt, daß es Faktoren gibt, die zur Zufriedenheit am Arbeitsplatz beitragen und andere, davon abweichende, die zur Unzufriedenheit beitragen. Die Hypothesen werden durch die Formulierung der Fragestellung determiniert, die man formuliert: in Richtung auf Pathologie oder auf Gesundheit.

Lassen Sie mich einige Beispiele anführen. Dirks, Schraa und Robinson (1982) formulierten Hypothesen, mit denen sie vorhersagten, wer von 587 an schwerem chronischen Asthma leidenden Patienten innerhalb von sechs Monaten nach Entlassung wieder in das Krankenhaus eingewiesen werden würde. Die Daten bestätigen ihre Annahme, daß Angst- und Panik- Reaktionen im MMPI und die Fehlinterpretation von Symptomen gute Prädiktoren sind. Sie richten ihr Augenmerk demzufolge auf das maladaptive, pathologische Ergebnis. Aber 68 Prozent der Patienten wurden nicht rehospitalisiert. Wären die Forscher salutogenetisch orientiert gewesen, hätten sie vermutlich nach Hypothesen über Stärken gesucht, um vorherzusagen, wer aus dieser schwerkranken Population *nicht* wieder eingewiesen würde.

In ähnlicher Weise identifizierten Zimmermann und Hartley (1982) die 14 Prozent weiblicher Beschäftigter mit Bluthochdruck aus vier Konzernen. Sie erhielten Daten auf 40 Variablen, die nahezu alle Hypothesen zur Vorhersage der Hypertonie beinhalten. Geradezu beiläufig erfahren wir, daß nur sechs Prozent der Arbeiterinnen in den zwei gewerkschaftlich organisierten Firmen Bluthochdruck hatten, gegenüber 25 Prozent aus nicht organisierten Betrieben. Wir wissen natürlich nicht, ob die erstgenannten „kompensierten" und depressiv anstatt hypertonisch waren. Dies würde nur aus einer auf ganzheitliche Gesundheit ausgerichteten Studie ersichtlich. Wir können die Autoren nicht darum bitten, ihr Interesse an Hypertonie aufzugeben. Aber wir können ihnen verraten, daß sie eine Menge hätten erfahren können, wenn sie Hypothesen zur Vorhersagbarkeit *normaler* Blutdruckwerte formuliert hätten.

In den letzten Jahren, in denen ich KollegInnen den salutogenetischen Ansatz eindringlich nahegebracht habe, war ich erstaunt und erfreut über die Fruchtbarkeit der Hypothesen, die auf die Frage entstehen, welche Faktoren als prädiktiv für ein gutes Ergebnis angesehen werden. Und ich bin ehrlicherweise doppelt erfreut, wenn das

Kohärenzgefühl für diese Frage als relevant eingestuft wird. Doch sogar wenn dies nicht der Fall ist, hat die Berücksichtigung gesundheitsfördernder Faktoren unausweichlich in vielversprechende Richtungen geführt. Ich habe weitgehend Erfahrungen mit KollegInnen aus der Forschung gemacht; aber ich habe so eine Ahnung, daß der Ansatz in den Händen der Kliniker nicht weniger fruchtbar sein könnte.

Der Stressor: Pathogenetisch, neutral oder salutogenetisch?

Aus dem Vorherigen geht implizit hervor, daß die pathogene Orientierung Stressoren stets als pathogenetisch betrachtet, als Risikofaktoren, die im besten Falle reduziert werden können oder gegen die man sich impfen oder die man abpuffern kann. Tatsächlich ist bei einigen Stressoren – beispielsweise der Axt, die einem auf den Kopf fällt – mit hoher Wahrscheinlichkeit vorhersagbar, daß sie gesundheitszerstörend sind, unabhängig von den Bewältigungsstrategien, über die man verfügt. Die Annahme jedoch, daß „Stressoren immanent schädlich sind", ist wenig stichhaltig.

Nachdem ich ausgiebig die Allgegenwart von Stressoren diskutierte (1979, S. 93–96), machte ich deutlich, warum ich diese Annahme für irreführend hielt. Im Zusammenhang mit meiner Unterscheidung zwischen Anspannung und Streß verwies ich auf Selyes Konzepte des Eustressors und der Potenzierung. Der damalige Punkt braucht hier nicht weiter ausgeführt zu werden, aber ich möchte anmerken, daß zu meinem Bedauern relativ wenige Menschen der meiner Ansicht nach wichtigen und fruchtbaren Unterscheidung Beachtung geschenkt haben; zumindest schließe ich dies aus den Reaktionen auf mein Buch. Das Thema wird im gegenwärtigen Kontext – der Argumentation für die Bedeutung der salutogenetischen Orientierung – deshalb wieder aufgegriffen, weil es sich in der Tat um ein Verständnis handelt, das dieser Orientierung entstammt. Wenn man pathogenetisch denkt, entwirft man Studien und Experimente, in denen man Hypothesen testet, daß Stressoren pathogenetisch sind. (Manchmal fügt man hinzu: „soweit sie nicht abgepuffert werden"). Salutogenetisches Denken ermöglicht die Untersuchung der Konsequenzen aus den an den Organismus gestellten Anforderungen, auf die er keine direkt verfügbaren oder automatischen adaptiven Reaktionen hat, auf Stressoren also, wenn es aus theoretischer Sicht gute Gründe gibt, positive Konsequenzen für die Gesundheit vorherzusagen.

Es wäre natürlich besonders wertvoll, wenn Studien von vornherein in Hinblick auf diese Bedingungen konzipiert würden. Zumindest jedoch sollten Forscher offen sein, ihre Resultate auch auf eine solche Möglichkeit hin anzusehen. Leider ist dies selten der Fall, selbst dann, wenn einem die Daten ins Auge springen. Das zu Beginn dieses Kapitels geschilderte Beispiel über die unter Schock stehenden Ratten liefert einen solchen einschlägigen Fall. Meine Neuberechnung (1979, S. 167) der Daten aus der bekannten Studie über Schwangerschaftskomplikationen von Nuckolls, Cassel und Kaplan (1972) legt nahe, daß ein hohes Ausmaß an Stressoren bei gleichzeitigem hohen Ausmaß an sozialer Unterstützung gesundheitsfördernd ist; ein Aspekt, den die Autoren nicht bemerkten. Kürzlich erschien zum ersten Mal *Advances*, die Zeitschrift des „Institute for the Advancement of Health", und zeigt ein außerordentliches wissenschaftliches Bemühen, das Verständnis der Interaktionen von Geist und Körper und ihrer Auswirkungen auf Gesundheit und Krankheit zu fördern. Jedes Kapitel enthält Abstracts von mehr als zwanzig kürzlich veröffentlichten Studien. Vergeblich sucht man hier nach mehr als ein oder zwei Verweisen auf Begriffe wie *Eustressor, Potenzierung* oder *Aktivierungsreaktion. Moderatoren, Puffer, Mitigatoren*, ja: aber der Stressor, der Zerstörer der Homöostase, wird nach wie vor als unausweichliches Pech angesehen. Richtig ist, daß Cannon, Selye und viele andere auf den funktionalen Charakter der Streßreaktion aufmerksam gemacht haben, nämlich darauf, den Körper zu mobilisieren. Aber auch wenn er daran gehindert werden kann, zerstörerische Konsequenzen auszulösen, ist der Stressor selbst stets unglücklich. Salutogenese ermöglicht die Rehabilitation der Stressoren im menschlichen Leben.

Adaptation oder Wunderwaffe?

Das zweite Argument für die Stärke der salutogenetischen Orientierung konzentrierte sich auf die Frage der Ätiologie und der Diagnose. Ich schlug vor, daß wir eine adäquatere Diagnose erzielen können, wenn wir die Geschichte der *Person* – wohlgemerkt nicht die des *Patienten*, da die Salutogenese uns zwingt, den Menschen auf einem Kontinuum zu betrachten – mehr verstehen als den oder die Erreger, die eine spezielle Krankheit ausgelöst haben. Ich wende mich nun den therapeutischen Implikationen der beiden Orientierungen zu. Die pathogenetische Orientierung bringt Forscher, Praktiker und Politiker dazu, sich auf spezifische diagnostizierte Krankheiten oder auf die Prävention spezifischer Krankheiten zu konzentrieren, insbesondere bei Individuen oder Gruppen mit hohem Risiko. Auf der sozialen Ebene führt dies zu Feldzügen gegen die Krankheit X, Y oder Z. Hieraus entsteht die Atmosphäre, vor der Dubos (1960) so überzeugend gewarnt hat: „die Fata Morgana der Gesundheit". Die eher pessimistische Salutogenese bringt uns dazu, uns auf das umfassende Problem der aktiven Adaptation an eine unweigerlich mit Stressoren angefüllte Umgebung zu konzentrieren. Der Schlüsselbegriff heißt *Negative Entropie* und er löst die Suche nach nützlichen Inputs in das soziale System, die physikalische Umgebung, den Organismus und niedere Systeme bis hin zur Zellebene aus, um dem immanenten Trend zur Entropie entgegenzuwirken. Nicht zufällig und mit beachtlicher Bedeutung öffnet dies den Weg für die Kooperation von biologischen und psychosozialen Wissenschaftlern. Auf der Suche nach Heilmethoden für spezifische Krankheiten tendiert man dazu, innerhalb der Grenzen der Pathophysiologie zu bleiben. Wenn man nach effektiver Adaptation des Organismus sucht, kann man sich über den postkartesianischen Dualismus hinausbewegen und sich Phantasie, Liebe, Spiel, Bedeutung, Willen und soziale Strukturen ansehen, die die Adaptation fördern. Oder, wie ich es am liebsten sage, die Theorien erfolgreichen Copings.

Das vielleicht beste und mit Sicherheit das dramatischste Beispiel, das ich bezüglich des Unterschieds zwischen den beiden Orientierungen anführen kann, beruht nicht auf wissenschaftlichen Studien, sondern auf einem persönlichen Erlebnis. Im November 1982 unterrichtete ich medizinische Studienanfänger in Interviewtechniken. Ort war eine Säuglingsklinik, die unwillige Interviewpartnerin eine 26-jährige Mutter, die ihr drei Wochen altes Baby mitgebracht hatte, während ihre 14 Monate alte Tochter hinter ihr her trottete. Die Krankenschwester erzählte uns, daß ihr Widerstand verständlich war: zu Hause warteten ihre vier älteren Kinder. Nach einigen Worten über die ohne Zwischenfälle verlaufene Geburt schwieg sie auf die nächste Frage des Studenten nach der Anwesenheit ihres Ehemannes bei der Entbindung. Glücklicherweise hatte der Student gelernt, geduldig zu warten und nonverbal sein Interesse auszudrücken. Die Frau erzählte ihm daraufhin in kaum vernehmbaren Worten, daß ihr Ehemann etwa vier Monate zuvor in den Kämpfen im Libanon getötet worden sei. Damit war eine Beziehung hergestellt, und sie sprach fast eine Stunde lang. Zunächst entstand ein Bild, das unseren Erwartungen entsprach. Der schreckliche Schicksalsschlag konnte nicht rückgängig gemacht werden. Aber die Abteilung für Rehabilitation des Verteidigungsministeriums hatte bereits ihren Umzug in eine geräumige Wohnung, eine angemessene Rente, finanzielle Zusicherungen für die Ausbildung ihrer Kinder und ähnliches arrangiert. Die Diagnose war erstellt worden, die Therapie entworfen.

Doch der Student, der mit Cassels Konzept der Geschichte vertraut war, hatte gelernt, wie man ein Bild von der Lebenssituation der Person erhält, und er förderte geduldig zutage, was bislang niemand erfahren hatte. Als Kind war Frau R. von ihrem Vater vergewaltigt worden. Mit 16 schwanger geworden, hatte sie keine andere Wahl als den Mann zu heiraten, dessen Tod sie zur Kriegsheldin gemacht hatte. Sie wurde oft geschlagen, als Gebärmaschine behandelt und nur gelegentlich finanziell versorgt. Der Tod war das Beste, was ihr je in ihrem Leben widerfahren war. Zum ersten Mal in ihrem Leben hatte sie die Möglichkeit – nicht mehr als das – ein menschenwürdiges Leben zu führen. Offensichtlich reichte ihre Kraft nicht aus, diese Möglichkeit in die Realität umzusetzen. Die ihr verschriebene Therapie, die Lösung finanzieller Probleme, war zwar notwendig, aber alles andere als ausreichend. Sie war eine Wunderwaffe, aber keine adäquate Basis für aktive Adaptation.

An dieser Stelle ist ein äußerst wichtiger Einschub erforderlich. Ich bin mir völlig darüber im klaren, daß eine Implikation des salutogenetischen Ansatzes für die institutionelle Organisation des Gesundheitssystems einer Gesellschaft die endlose Expansion sozialer Kontrolle in den Händen derjenigen ist, die dieses System beherrschen. Zola (1972) und andere haben uns auf diese Gefahr aufmerksam gemacht. Als jemand, der MedizinstudentInnen in Verhaltenswissenschaften unterrichtet, spüre ich seit langem, wie gefährlich es ist, ihnen beibringen zu müssen, daß geradezu alles im Leben eines Patienten relevant für ihr Funktionieren als Ärzte ist. Ich weiß keinen einfachen Ausweg, wie man mit diesem hartnäckigen Widerspruch umgehen kann. Die Richtung der Antwort, insofern es überhaupt eine gibt, liegt exakt in der Frage, wer das System dominiert. Und dies sowohl auf der institutionellen als auch auf der unmittelbaren zwischenmenschlichen Ebene der Arzt-Patient-Beziehung. Aber, so wichtig dieses Thema auch ist, ich kann hier nicht mehr als auf seine Existenz aufmerksam machen.

Der „abweichende Fall" oder Bestätigung der Hypothese?

Schließlich möchte ich die Aufmerksamkeit auf ein unglückseliges Nebenprodukt wissenschaftlicher Methodologie lenken, das von der pathogenetischen Orientierung ignoriert wird. Der gute Wissenschaftler formuliert eine Hypothese, wenn er dafür eine Grundlage hat, unterwirft sie rigorosen Prüfungen und jubiliert, wenn sie bei wiederholtem Testen bestätigt wird. Wenn die Zusammenhänge zwischen Rauchen und Lungenkrebs oder Rasse und Hypertonie wiederholt und auf verschiedenen Wegen untersucht worden sind und dem Kriterium biologischer Plausibilität genüge getan ist, können wir von Kausalität sprechen, Gruppen mit hohem Risiko identifizieren und Lösungen vorschlagen. Die vermutlich erfolgreichste Hypothese dieser Art im psychosozialen Bereich ist die Verknüpfung des Typ-A-Verhaltensmusters mit koronaren Erkrankungen.

Und dennoch wird nur ein Teil der Varianz erklärt, auch wenn die statistische Relation zwischen Risikofaktor und gesundheitlichen Auswirkungen auf dem Computerausdruck als $p = .0000$ erscheint. Der Pathogenetiker ist mit einer Bestätigung von Hypothesen zufrieden; der Salutogenetiker betrachtet, ohne die Bedeutung des Erfahrenen zu verschmähen, den abweichenden Fall. Welche Schwarzen leiden nicht an Hypertonie? Welche Personen vom Typ A bekommen keine koronaren Erkrankungen? Welche Raucher bekommen keinen Lungenkrebs?

Die Studie von Shekelle et al. (1981) ist ein klassisches Beispiel für den pathogenen Ansatz. Ich zitiere sie, weil ich sie für eine wichtige Studie halte, obwohl weitere Daten erforderlich sind, bevor wir ihre Hypothesen mit ruhigem Gefühl vollständig akzeptieren können. Sie untersuchten Depression, gemessen mit dem MMPI, als Prädiktor für Krebsmortalität. Anhand von Daten aus einer prospektiven 17-Jahres-Längsschnittstudie fanden sie heraus, daß die Wahrscheinlichkeit, an Krebs zu sterben, für die als depressiv klassifizierten Personen mehr als doppelt so hoch war wie für die nichtdepressiven. Die relativen Risiken der beiden Gruppen sind signifikant unterschiedlich. Aber wir sprechen von einer Krebssterblichkeit von 7,1 respektive 3,4 Prozent. Von den 379 als depressiv definierten Männern starb die überwiegende Mehrheit weder an Krebs noch an anderen Ursachen. Der abweichende Fall ist also, wie so oft, in der überwiegenden Mehrheit. Was hat ihn geschützt? Ich gehe davon aus, daß wir, sobald wir einmal diese Frage stellen, damit beginnen können, Hypothesen zu generieren, um die Salutogenese zu erklären und Methodologien zu ihrer Überprüfung zu entwickeln. Jedoch, wenn wir uns mit der wichtigsten Bestätigung unserer Eingangshypothese zufrieden geben, kommen wir gewöhnlich nicht weiter.

Pathogenese und Salutogenese: eine komplementäre Beziehung

Ich kann nun zusammenfassen, was unter der salutogenetischen Orientierung verstanden wird. Sie rührt aus dem fundamentalen Postulat, daß Heterostase, Altern und fortschreitende Entropie die Kerncharakteristika aller lebenden Organismen sind. Daraus folgt:
1. Sie führt uns dazu, die dichotome Klassifizierung von Menschen als gesund oder krank zu verwerfen, und diese statt dessen auf einem multidimensionalen Gesundheits-Krankheits-Kontinuum zu lokalisieren.
2. Sie verhindert, daß wir der Gefahr unterliegen, uns ausschließlich auf die Ätiologie einer bestimmten Krankheit zu konzentrieren, statt immer nach der gesamten Geschichte eines Menschen zu suchen – einschließlich seiner oder ihrer Krankheit.

3. Anstatt zu fragen: „Was löste aus (oder „wird auslösen", wenn man präventiv orientiert ist), daß eine Person Opfer einer gegebenen Krankheit wurde?", das heißt, anstelle uns auf Stressoren zu konzentrieren, werden wir eindringlich zu fragen gemahnt: „Welche Faktoren sind daran beteiligt, daß man seine Position auf dem Kontinuum zumindest beibehalten oder aber auf den gesunden Pol hin bewegen kann?". Das heißt, wir stellen Copingressourcen ins Zentrum unserer Aufmerksamkeit.
4. Stressoren werden nicht als etwas Unanständiges angesehen, das fortwährend reduziert werden muß, sondern als allgegenwärtig. Darüber hinaus werden die Konsequenzen von Stressoren nicht notwendigerweise als pathologisch angenommen, sondern als möglicherweise sehr wohl gesund – abhängig vom Charakter des Stressors und der erfolgreichen Auflösung der Anspannung.
5. Im Gegensatz zu der Suche nach Lösungen nach Art der Wunderwaffe müssen wir nach allen Quellen der negativen Entropie suchen, die die aktive Adaptation des Organismus an seine Umgebung erleichtern können.
6. Letztlich führt uns die salutogenetische Orientierung über die in pathogenetischen Untersuchungen erworbenen Daten dadurch hinaus, daß sie immer die in solch einer Untersuchung ermittelten abweichenden Fälle ins Auge faßt.

Ich vertraue darauf, daß diese Diskussion und die angeführten Beispiele sowohl Forschern als auch Praktikern zumindest Denkanstöße gegeben haben und daß sie die Basis meiner Behauptung verdeutlicht haben, daß die salutogenetische Orientierung nicht lediglich die andere Seite der Medaille ist und den drei vorgeschlagenen Prüffragen standhält (Daten aus einem anderen Blickwinkel zu betrachten; andere Fragen zu formulieren; alternative Hypothesen vorzuschlagen). Ich denke tatsächlich, daß die pathogenetische Orientierung, die vielen Fortschritten in Wissen und Praxis zugrunde liegt, nur einen geringen Teil der uns vorliegenden Daten erklären kann. Darüber hinaus hat ihre nahezu totale Dominanz über unser Denken viele einschränkende Konsequenzen. Nachdem ich somit einen eindeutigen Standpunkt bezogen habe, möchte ich klarstellen, daß ich auf keinen Fall die völlige Aufgabe der pathogenetischen Orientierung propagiere: Es ist beispielsweise wichtig, die Arbeit an der Theorie, Prävention und Therapie von Krebs fortzusetzen, pathogene Konsequenzen von Stressoren zu berücksichtigen und nach Wunderwaffen Ausschau zu halten. Ich plädiere vielmehr dafür, die beiden Orientierungen als komplementär zu betrachten und dafür, daß die intellektuellen und materiellen Ressourcen ausgeglichener verteilt werden, als dies gegenwärtig der Fall ist.

Sollte ich die wichtigste Konsequenz der salutogenetischen Orientierung in einem Satz zusammenzufassen, so würde ich sagen: Salutogenetisches Denken eröffnet nicht nur den Weg, sondern zwingt uns, unsere Energien für die Formulierung und Weiterentwicklung einer Theorie des Coping einzusetzen. Nachdem ich diese Orientierung eingeschlagen hatte, begann ich zu gegebener Zeit, das Konzept des Kohärenzgefühls als Kern der Antwort auf die salutogenetische Frage zu formulieren. Ich bin überzeugt, daß diese Antwort wertvoll ist. Aber in der Wissenschaft ist die Frage immer wichtiger als eine auf sie gegebene Antwort. Ich wende mich nun meinem gegenwärtigen Verständnis des SOC-Konzepts und anderen Elementen des salutogenetischen Modells zu.

Bevor ich damit beginne, möchte ich jedoch einen Punkt klarstellen. Ich habe zuvor auf meine pessimistische Neigung verwiesen. Die der Salutogenese zugrunde liegende Prämisse ist in der Tat pessimistisch, doch paradoxerweise ist die Perspektive, die sie eröffnet, zwar ohne Illusion, aber alles andere als düster. Dies wurde in einem Buch von Fries und Crapo (1981) besser in Worte gefaßt als ich es hätte tun können. Leser von *Health, Stress and Coping* werden sich vielleicht an einen Verweis auf Oliver Wendell Holmes' „wundervollen Einspänner" (Antonovsky, 1979, S. 195) erinnern. Ich war versucht gewesen, das Gedicht, dem dieses entstammt, vollständig zu zitieren, hatte mich aber dagegen entschieden; irrtümlicherweise hatte ich angenommen, daß sich die meisten meiner Leser aus ihren Schultagen daran erinnern würden[4]. Wie ich erfreut feststellte, haben Fries und Crapo der Versuchung nachgegeben. Dadurch ist ihre sehr ernsthafte biologische Studie von einem Geist durchdrungen, der sehr mit der Salutogenese übereinstimmt. Zusammengefaßt argumentieren sie, daß die menschliche Überlebenskurve trotz der festgelegten Altersspanne des menschlichen Organismus und trotz „spontaner molekularer Abbauprozesse, die der endlichen Rate von Entropieproduktionen in metabolisierenden Systemen inhärent sind" (S. 39) und die den unvermeidlichen Alterungsprozessen zugrunde liegen, immer mehr in Form eines rechten Winkels verläuft. Menschen mit geeigneten sozialen und individuellen Verhaltensmöglichkeiten können somit so wie Holmes' Diakonen-Kutsche bis ganz kurz vor dem Ende der ihnen biologisch zugeteilten Zeitspanne ein Leben voller Vitalität führen.

Es tut nichts zur Sache, daß ich Fries und Crapos optimistische Lesart der Daten nicht teile und daß ich für mögliche Umkehrungen in der Abnahme säkulärer Trends von Morbidität und Mortalität sensibler bin als sie. Wir teilen, so glaube ich, die Annahme, daß wir unser Verständnis von Coping erweitern können, wenn wir unsere Augen für die Realität weit offenhalten. Ihre Lösungen sind nicht meine. Aber wieder einmal ist die Frage das wichtigste.

---

4. Antonovsky bezieht sich hier auf das Gedicht „The Deacon's Masterpiece; or: 'The Wonderful One Hoss Shay'" von O. Wendell Holmes. „Der Wunderbare Einspänner" lief 100 Jahre ohne Probleme und blieb dann plötzlich stehen. (Anm. d. Übers.)

2 Das Konzept des Kohärenzgefühls

Sollte es, als ich die Bedeutung der salutogenetischen Frage betonte, so ausgesehen haben, als sei ich bezüglich meiner eigenen Antwort auf sie zurückhaltend, so war dies unbeabsichtigt. Solange mich nicht Daten dazu zwingen, meine Position teilweise oder ganz zu ändern, bin ich davon überzeugt, daß das Kohärenzgefühl eine Hauptdeterminante sowohl dafür ist, welche Position man auf dem Gesundheits-Krankheits-Kontinuum erhält, als auch dafür, daß man sich in Richtung des gesunden Pols bewegt. Es ist wahr, daß bislang weder ich noch andere das Modell unmittelbar empirischer Überprüfung unterzogen haben – ein Aspekt, auf den ich zurückkommen werde. Gleichzeitig haben mich sowohl thematisch verwandte empirische Studien als auch die Reaktionen vieler Kolleginnen und Kollegen auf mein 1979 erschienenes Buch in meiner Überzeugung bestärkt. Immer und immer wieder wurde mir gesagt: „Deine Kohärenzgefühl-Theorie macht Sinn"[1].

Warum ist sie dann um alles in der Welt bisher noch nicht überprüft worden? Ich muß zugeben, daß die Antwort teilweise auf meinen Neid auf die in der Physik zu findende Arbeitsteilung zurückzuführen ist. Ich war versucht zu sagen: „Ich bin der Theoretiker, jetzt ist es an Euch Experimentatoren, die Überprüfungen zu machen." (Was mir natürlich, sollten häßliche Fakten mit der Theorie nicht konform sein, erlauben würde zu sagen, daß die Überprüfung nicht gut durchgeführt war.) Teilweise liegt sie auch in der kräftezehrenden Arbeit an einer Schule für Medizin in Beersheba. Aber der hauptsächliche Teil der Antwort liegt darin, daß zentrale konzeptuelle Aspekte zu klären waren, bevor ich mich an die empirische Arbeit begeben konnte. Daß dies länger gedauert hat als angenommen, ist kaum überraschend.

Ich wende mich jetzt dem konzeptionellen Fortschritt zu, den ich meines Erachtens erreicht habe. Fünf Punkte werde ich diskutieren:
1. die drei bisher identifizierten Komponenten des SOC,
2. die Beziehungen zwischen den drei Komponenten,
3. das Konzept der Grenzen,
4. das starke und das rigide SOC und
5. Stressoren als generalisierte Widerstandsdefizite.

---

1. Im Original Wortspiel: „Your sense of coherence theory makes sense." (Anm. d. Übers.)

Verstehbarkeit, Handhabbarkeit, Bedeutsamkeit

Die Definition und anschließende Diskussion des SOC (1979, S. 123) verdeutlichen, daß das Konzept ursprünglich im wesentlichen kognitiv konzipiert war. Beeinflußt durch die Informationstheorie unterteilte ich die Wahrnehmung von Stimuli in Information und Rauschen. Ich schrieb über eine „Art, die Welt (...) als vorhersehbar und verstehbar wahrzunehmen", über „Form und Struktur", über „Gesetzmäßigkeit".

Obwohl das Konzept vorläufig befriedigend war, fühlte ich mich noch nicht in der Lage, es ohne weitere Klärung zu operationalisieren. Wir begannen eine Reihe von weitgehend unstrukturierten Tiefeninterviews mit 51 sehr unterschiedlichen Personen. Alle hatten zwei gemeinsame Charakteristika: sie hatten ein schweres Trauma erlebt und es wurde von ihnen berichtet, daß sie erstaunlich gut zurecht kämen. Die Leitfrage der Interviews war, wie sie selbst ihr Leben sahen. Aufgrund der Analyse der Protokolle stuften wir 16 Personen als solche mit einem starken SOC ein und elf am anderen Ende der Skala.

Ich überprüfte dann die Protokolle dieser beiden Extremgruppen, indem ich nach Themen schaute, die konsistent in der einen Gruppe zu finden waren, und die in der anderen merklich fehlten. Wiederholt war ich in der Lage, drei solcher Themen auszumachen, die ich nunmehr als die drei zentralen Komponenten des SOC erachte. Ich nenne sie Verstehbarkeit, Handhabbarkeit und Bedeutsamkeit. Die Personen, die wir als mit einem starken SOC ausgestattet identifiziert hatten, lagen in diesen Komponenten hoch, ganz im Gegensatz zu denjenigen, bei denen wir ein schwaches SOC festgestellt hatten. Details dieser Pilotstudie sowie Zitate aus den Interviews folgen in Kapitel Vier.

Verstehbarkeit ist in der Tat der gut definierte, explizite Kern der ursprünglichen Definition. Sie bezieht sich auf das Ausmaß, in welchem man interne[2] und externe Stimuli als kognitiv sinnhaft wahrnimmt, als geordnete, konsistente, strukturierte und klare Information und nicht als Rauschen – chaotisch, ungeordnet, willkürlich, zufällig und unerklärlich. Die Person mit einem hohen Ausmaß an Verstehbarkeit geht davon aus, daß Stimuli, denen sie in Zukunft begegnet, vorhersagbar sein werden oder daß sie zumindest, sollten sie tatsächlich überraschend auftreten, eingeordnet und erklärt werden können. Es ist wichtig darauf hinzuweisen, daß hier nichts über die Erwünschtheit von Stimuli impliziert ist. Tod, Krieg und Versagen können eintreten, aber solch eine Person kann sie sich erklären.

Da wir bei der Klassifikation der Befragten die ursprüngliche Definition zugrunde legten, war es nicht überraschend, daß die Verstehbarkeit so klar als Komponente identifiziert wurde. Der zweite Aspekt wurde zumindest angedeutet durch den Satz: „Eine hohe Wahrscheinlichkeit, daß die Dinge sich so gut entwickeln werden, wie vernünftigerweise erwartet werden kann" (1979, S. 123). Die Betonung blieb jedoch kognitiv, was sich eher in dem Ausdruck: „Eine solide Fähigkeit, die Realität zu be-

---

2. Als Soziologe war ich über die Aufmerksamkeit erfreut, die in der Stressliteratur sowohl der Mikro- als auch der Makro-Ebene des sozialen Umfelds in Hinblick auf Stressoren und Copingressourcen zuteil wird. Dennoch hat es mich in den letzten Jahren erstaunt, daß viele vergessen zu haben scheinen, daß ein Mann namens Freud je gelebt hat und daß interne Stimuli und Konflikte omnipräsent sind.

urteilen" (S. 127) zeigt als in dem emotionaleren, Vertrauen ausdrückenden: „Die Dinge werden sich schon regeln." Aber das in den Interviews auffallendste Thema – zumindest was die Häufigkeit anbelangt –, das durchgängig von denjenigen vorgebracht wurde, die als niedrig im SOC eingestuft worden waren und niemals von den Befragten mit hohem SOC, war das des Pechvogels, des *shlimazl* (der, dem die Suppe über den Frack gegossen wird). In der gelegentlichen Extremversion hatte es einen Hauch von Paranoia. Die Dinge sind einem zugestoßen, ausnahmslos unglückselige Dinge, und so wird es im Leben weitergehen. Am anderen Extrem werden Ereignisse im Leben als Erfahrungen gewertet, mit denen man umgehen kann, als Herausforderungen, die angenommen werden können. Im schlimmsten Fall – und erinnern Sie sich, daß diese Menschen sehr schwere Erfahrungen gemacht hatten – lassen sich das Ereignis oder seine Konsequenzen ertragen.

Ich nannte diese zweite Komponente Handhabbarkeit und definierte sie formal als das Ausmaß, in dem man wahrnimmt, daß man geeignete Ressourcen zur Verfügung hat, um den Anforderungen zu begegnen, die von den Stimuli, mit denen man konfrontiert wird, ausgehen. „Zur Verfügung" stehen Ressourcen, die man selbst unter Kontrolle hat oder solche, die von legitimierten anderen kontrolliert werden – vom Ehepartner, von Freunden, Kollegen, Gott, der Geschichte, vom Parteiführer oder einem Arzt – von jemandem, auf den man zählen kann, jemandem, dem man vertraut. Wer ein hohes Ausmaß an Handhabbarkeit erlebt, wird sich nicht durch Ereignisse in die Opferrolle gedrängt oder vom Leben ungerecht behandelt fühlen. Bedauerliche Dinge geschehen nun einmal im Leben, aber wenn sie dann auftreten, wird man mit ihnen umgehen können und nicht endlos trauern.

Die dritte Komponente, Bedeutsamkeit, deutete sich ebenfalls in der ursprünglichen Diskussion an, als ich vor „einer zu starken Betonung des kognitiven Aspekts des Kohärenzgefühls" (1979, S. 127) warnte und darauf verwies, wie wichtig es ist, „als Teilnehmer in die Prozesse, die das eigene Schicksal und die alltägliche Erfahrung bilden", (S. 128) involviert zu sein. Aber die Bedeutung dieser Komponente wurde erst durch die Auswertung der Interviewprotokolle ersichtlich. Ich erachte sie heute als diejenige, die das motivationale Element repräsentiert. Diejenigen, die nach unserer Einteilung ein starkes SOC hatten, sprachen immer von Lebensbereichen, die ihnen wichtig waren, die ihnen sehr am Herzen lagen, die in ihren Augen „Sinn machten" – und zwar in der emotionalen, nicht nur der kognitiven Bedeutung des Terminus. Ereignisse, die sich in diesen Bereichen abspielten, wurden tendenziell als Herausforderung und als wichtig genug angesehen, emotional in sie zu investieren und sich zu engagieren. Kurz nachdem ich mein Buch geschrieben hatte, wurde ich auf Frankls (1975) Werk aufmerksam, und es beeinflußte zweifellos die Wahl der Bezeichnung dieser Komponente. Im Gegensatz hierzu gaben diejenigen, denen wir ein schwaches SOC zuerkannt hatten, kaum einen Hinweis darauf, daß ihnen irgend etwas im Leben bedeutsam schien. Hiervon abgesehen gestanden sie widerstrebend zu, daß dieser oder jener Lebensbereich wichtig sei, aber nur in dem Sinn, daß er ihnen ermüdende Lasten auferlegte, unwillkommene Anforderungen, auf die sie gerne verzichtet hätten. Formal bezieht sich die Komponente der Bedeutsamkeit des SOC auf das Ausmaß, in dem man das Leben emotional als sinnvoll empfindet: daß wenigstens einige der vom Leben gestellten Probleme und Anforderungen es wert sind, daß man Energie in sie investiert, daß man sich für sie einsetzt und sich ihnen verpflichtet, daß sie eher willkommene Herausforderungen sind als Lasten, die man gerne los wäre. Dies bedeutet nicht, daß jemand mit einem hohen Ausmaß an Bedeutsamkeit glücklich ist über den Tod eines Nahestehenden, über die Notwendigkeit, sich einer schweren Operation zu unterziehen oder darüber, gefeuert zu werden. Aber wenn solch einer Person diese unglücklichen Erfahrungen auferlegt werden, nimmt sie die Herausforderung bereitwillig an, wird ihr eine Bedeutung beimessen können und ihr Möglichstes tun, sie mit Würde zu überwinden.

Ich kann nun das SOC wie folgt neu definieren:
Das SOC (Kohärenzgefühl) ist eine globale Orientierung, die ausdrückt, in welchem Ausmaß man ein durchdringendes, andauerndes und dennoch dynamisches Gefühl des Vertrauens hat, daß
1. die Stimuli, die sich im Verlauf des Lebens aus der inneren und äußeren Umgebung ergeben, strukturiert, vorhersehbar und erklärbar sind;
2. einem die Ressourcen zur Verfügung stehen, um den Anforderungen, die diese Stimuli stellen, zu begegnen;
3. diese Anforderungen Herausforderungen sind, die Anstrengung und Engagement lohnen.

Beziehungen zwischen den drei Komponenten

Die Spezifizierung der drei Komponenten des SOC fördert ein Problem zutage, mit dem ich mich in meinem Buch aus dem Jahre 1979, in dem das Konzept als ein einheitliches betrachtet wurde, nicht beschäftigt habe: das Problem nämlich, in welcher Beziehung sie zueinander stehen. Bei der Diskussion der Verbindungen zwischen generalisierten Widerstandsressourcen (GRRs) und dem SOC hatte ich erstere als Phänomene definiert, die einem Gruppen ähnlicher Lebenserfahrungen bereiten, die „durch Konsistenz, Partizipation bei der Gestaltung des Ergebnisses und einer Balance zwischen Überlastung und Unterforderung gekennzeichnet sind" (S. 187). Derlei wiederholte Lebenserfahrungen bilden das SOC aus. Man mag einwenden, daß ich schon früher gesehen hätte, daß sie eng miteinander respektive mit Verstehbarkeit, Bedeutsamkeit und Handhabbarkeit verbunden sind, wenn ich über diese Gruppen von Erfahrungen nachgedacht hätte. Die implizite Annahme war, daß ein GRR notwendigerweise alle drei Typen von Erfahrungen bietet.

Im großen und ganzen meine ich, daß dies tatsächlich der Fall ist, und daß es daher theoretisch vernünftig wäre anzunehmen, daß die drei Komponenten unauflöslich miteinander verwoben sind. Und in der Tat waren bei der nationalen Befragung in Israel, auf die ich weiter unten eingehen werde, die Interkorrelationen zwischen den Komponenten empirisch sehr hoch. Aber sie waren nicht perfekt. Tatsächlich kann man sich Situationen vorstellen, in denen die Erfahrungen einer Person sie dazu bewegen werden, hohe Werte in einer Komponente und niedrige in einer anderen zu haben. Dies mag nicht nur für eine sehr spezifische, vorübergehende Situation zutreffen, sondern auch für eine generelle Lebenssituation. So kann man sich zum Beispiel in einer sozialen Rolle befinden, die einen mit Lebenserfahrungen von Konsistenz und einer angemessenen Balance zwischen Überlastung und Unterforderung versorgt, die aber nicht die Erfahrung der Teilhabe an der Gestaltung von Ergebnissen bietet, weil die eigenen Potentiale ignoriert werden. Dies ist die klassische Situation der heutigen Mittelschichtshausfrau. Sich in einer solchen Rolle zu befinden und entsprechende Erfahrungen zu machen, würde dazu führen, daß man hohe Werte in den Komponenten Verstehbarkeit und Handhabbarkeit des SOC erzielt, aber niedrige in Bedeutsamkeit.

Lassen Sie uns nun diese Frage untersuchen, indem wir die acht möglichen Typen betrachten, die bei Dichotomisierung der drei Komponenten entstehen (siehe Tabelle 1).

Tabelle 1: Dynamischer wechselseitiger Zusammenhang der SOC-Komponenten

	Komponente			
Typus	*Verstehbarkeit*	*Handhabbarkeit*	*Bedeutsamkeit*	*Vorhersage*
1	hoch	hoch	hoch	stabil
2	niedrig	hoch	hoch	selten
3	hoch	niedrig	hoch	Veränderung nach oben
4	niedrig	niedrig	hoch	Veränderung nach oben
5	hoch	hoch	niedrig	Veränderung nach unten
6	hoch	niedrig	niedrig	Veränderung nach unten
7	niedrig	hoch	niedrig	selten
8	niedrig	niedrig	niedrig	stabil

Die beiden Typen (1 und 8), die in allen drei Komponenten entweder hohe oder niedrige Werte haben, machen keine Probleme. Wir können voraussehen, daß sie ein recht stabiles Muster aufweisen, nachdem sie die Welt entweder als sehr kohärent oder inkohärent ansehen. Aber wie sieht es mit den anderen Kombinationen aus? Zwei weitere (2 und 7), so meine ich, sind kaum zu finden: diejenigen, die ein geringes Ausmaß an Verstehbarkeit mit einem hohen an Handhabbarkeit kombinieren. Mir scheint eindeutig, daß ein hohes Ausmaß an Handhabbarkeit stark von einem hohen Maß an Verstehbarkeit abhängt. Eine Voraussetzung für das Gefühl, daß man über Ressourcen verfügt, um vor Anforderungen bestehen zu können, ist, daß man eine klare Vorstellung von eben diesen Anforderungen hat. In einer Welt zu leben, die man für chaotisch und unberechenbar hält, macht es höchst schwer zu glauben, daß man gut zurecht kommt.

Ein hohes Ausmaß an Verstehbarkeit jedoch bedeutet nicht notwendigerweise, daß man glaubt, die Dinge gut handhaben zu können. Dies bringt uns zu den Typen 3 und 6. Ich betrachte sie als inhärent instabil. Ein hohes Ausmaß an Verstehbarkeit in Kombination mit einem niedrigen an Handhabbarkeit bedingt einen starken Veränderungsdruck. Die Richtung der Veränderung wird durch die Komponente der Bedeutsamkeit bestimmt. Wenn man die Dinge sehr ernsthaft angeht und glaubt, die Probleme, mit denen man konfrontiert ist, zu verstehen, wird man sehr motiviert sein, Ressourcen ausfindig zu machen und man wird diese Suche ungern aufgeben, bevor man sie gefunden hat. Ohne irgendeine solche Motivation jedoch hört man auf, auf Reize zu reagieren, und die Welt wird bald unverständlich; man wird auch nicht dazu angetrieben, nach Ressourcen zu suchen. Eine Kodierung für diese beiden Typen wäre wie folgt:

$V_{hoch} + H_{niedr.} + B_{hoch} \longrightarrow V_{hoch} + H_{hoch} + B_{hoch}$

$V_{hoch} + H_{niedr..} + B_{niedr.} \longrightarrow V_{niedr.} + H_{niedr.} + B_{niedr.}$

Aus der Betrachtung der beiden letzten Typen wird gleichermaßen der zentrale Stellenwert der Komponente der Bedeutsamkeit ersichtlich. Selbst wenn man hohe Werte sowohl in Verstehbarkeit als auch in Handhabbarkeit aufweist, die Spielregeln also kennt und glaubt, daß man Ressourcen zur Verfügung hat, um erfolgreich zu spielen, wird man ohne ein tatsächliches Interesse (Typ 5) bald mit seinem Verständnis in Verzug geraten und die Verfügungsgewalt über seine eigenen Ressourcen verlieren. Im Gegensatz dazu ist jemand mit niedrigen Werten in Verstehbarkeit und Handhabbarkeit aber hohen in Bedeutsamkeit (Typ 4) vielleicht der interessanteste Fall. Er ist wahrscheinlich ein tiefgründiger Mensch, der sich intensiv um Verstehen bemüht und nach Ressourcen sucht. Es gibt zwar keine Erfolgsgarantie, aber es gibt eine Chance. Dies ist genau die Geschichte von Viktor Frankl und einer erstaunlichen Anzahl anderer, wenn auch nicht der Mehrheit, in Auschwitz und dem Warschauer Ghetto. Es ist auch die Geschichte von vielen, wenn auch nicht den meisten, in Synanon (Yablonsky, 1965; Antze, 1979). Die Kodifizierung für diese beiden Typen wäre wie folgt:

$V_{hoch} + H_{hoch} + B_{niedr.} \longrightarrow V_{niedr.} + H_{niedr.} + B_{niedr.}$

$V_{niedr.} + H_{niedr.} + B_{hoch} \longrightarrow \;?$

Sofern sich aus diesem kleinen Spiel eine Erkenntnis gewinnen läßt, so scheint es die zu sein, daß die drei Komponenten des SOC zwar alle notwendig, aber nicht in gleichem Maße zentral sind. Die motivationale Komponente der Bedeutsamkeit scheint am wichtigsten zu sein. Ohne sie ist ein hohes Ausmaß an Verstehbarkeit und Handhabbarkeit wahrscheinlich von kurzer Dauer. Die Person, die sich engagiert und sich kümmert, hat die Möglichkeit, Verständnis und Ressourcen zu gewinnen. Verstehbarkeit scheint in der Reihenfolge der Wichtigkeit an nächster Stelle zu stehen, da ein hohes Maß an Handhabbarkeit vom Verstehen abhängt. Das bedeutet nicht, daß Handhabbarkeit unwichtig ist. Wenn man nicht glaubt, daß einem Ressourcen zur Verfügung stehen, sinkt die Bedeutsamkeit, und Copingbemühungen werden schwächer. Erfolgreiches Coping hängt daher vom SOC als Ganzem ab.

Grenzen

Kapitel Fünf von *Health, Stress and Coping* bezieht sich sowohl im Titel als auch in wiederholten Verweisen auf das SOC als eine „generalisierte Art, die Welt und das eigene Leben in ihr zu sehen". In unseren Tiefeninterviews fanden wir jedoch immer wieder Personen, die unserer Klassifizierung zufolge ein starkes SOC hatten, die aber nicht die gesamte sie umgebende objektive Welt als kohärent ansahen. Es wurde klar, daß wir alle Grenzen ziehen. Was sich außerhalb dieser Grenzen abspielt, kümmert uns einfach nicht sehr und ist für uns nicht wichtig, egal ob verstehbar, handhabbar und bedeutsam oder auch nicht. Für eine Person mag der Bereich sehr breit, für eine andere relativ eng sein. Der Begriff der Grenzen bedeutet, daß man nicht notwendigerweise das Gefühl haben muß, das gesamte Leben sei verstehbar, handhabbar und bedeutsam, um ein starkes SOC zu haben. Es erscheint recht logisch, daß Menschen wenig in nationale oder internationale Politik investieren mögen, für Kunst oder Religion stocktaub sind, wenig kompetent in handwerklichen oder kognitiven Dingen, sich kaum für örtliche Bürgerinitiativen oder gewerkschaftliche Aktivitäten und so weiter interessieren, und dennoch über ein starkes SOC verfügen.

Entscheidend ist, ob es bestimmte Lebensbereiche gibt, die von subjektiver Bedeutung für die Person sind. Wenn dem nicht so ist, dann ist – wie in obiger Diskussion über die Beziehungen zwischen den Komponenten gezeigt wurde – die Wahrscheinlichkeit für ein starkes SOC gering. Gibt es jedoch solche Bereiche, dann stellt sich die Frage, ob die Person diese als verstehbar, handhabbar und bedeutsam ansieht.

Nachdem dies klar ist, muß ich zwei weitere Dinge festhalten. Erstens halte ich es nicht für möglich, ein starkes SOC aufrechtzuerhalten, wenn man die Grenzen so eng zieht, daß die folgenden vier Bereiche jenseits der Bedeutungsgrenze liegen: die eigenen Gefühle, die unmittelbaren interpersonellen Beziehungen, seine wichtigste eigene Tätigkeit und existentielle Fragen (Tod, unvermeidbares Scheitern, persönliche Fehler, Konflikte und Isolation). Zu viel von unseren Energien und ein zu großer Teil unseres Selbst sind so unausweichlich mit diesen Bereichen verbunden, daß sich ihre Signifikanz nicht leugnen läßt. Tut man dies, so hat man per Definition ein niedriges Ausmaß an Bedeutsamkeit. Aber wenn man ihnen zugesteht, daß sie im eigenen Leben wichtig sind, so bleibt immer noch die Frage, ob sie auch sinnhaft sind insofern, als daß sie als Herausforderungen wahrgenommen werden, für die sich ein Energieaufwand lohnt. In Hinblick auf die Haupttätigkeit muß angemerkt werden, daß es sich hier nicht notwendigerweise um eine Frage von intrinsischer Befriedigung handelt (was für Intellektuelle häufig so zentral ist). Es mag sein, daß man wenig Freude an seiner Arbeit empfindet, beispielsweise daran, den Haushalt zu führen, zur Schule zu gehen oder bei der Armee zu sein. Aber wenn man davon überzeugt ist, daß die Arbeit Bedeutung hat, weil man damit die geliebte Familie unterstützt, die Kinder versorgt, sich auf eine Karriere vorbereitet oder das eigene Land schützt, kann man dennoch über ein starkes SOC verfügen.

Zweitens bedeutet das Setzen enger Grenzen – insbesondere dann, wenn man seine Beziehung zu der größeren sozialen Umgebung ausklammert – nicht, daß die reale Welt das eigene Leben nicht objektiv beeinflussen wird. Die unpolitischste Person der Welt kann eingezogen, in den Krieg geschickt und getötet werden. Ein Mangel an

Interesse daran, ob die Wasserversorgung in der eigenen Gemeinde Fluorzusätze enthält, wird den Effekt auf die Zähne der eigenen Kinder nicht abwenden. Ich habe mit Absicht diese beiden Beispiele mit gesundheitlichen Konsequenzen gewählt. Ich behaupte keinesfalls, daß das SOC die einzige Variable ist, welche die Gesundheit beeinflußt.

Es gibt noch eine weitere Implikation des Konzepts der Grenzen, auf die ich aufmerksam machen möchte. Pearlin (1980, S. 185) erörtert die Möglichkeit, bestimmte Lebensbereiche an „einen marginalen Platz in seinem Leben" zu verbannen als eine Möglichkeit, Distreß zu vermeiden[3]. In einem anderen Zusammenhang wird Polanyi von Gatlin (1972, S. 109) zitiert mit dem Hinweis auf „das Prinzip der Grenzkontrolle". Es kann durchaus sein, daß eine der effektivsten Methoden, mit denen eine Person mit einem starken SOC ihre Sicht der Welt als kohärent aufrechterhält, darin besteht, bezüglich der Lebensbereiche innerhalb der für signifikant befundenen Grenzen flexibel zu bleiben. Spürt man, daß die Anforderungen in einem bestimmten Bereich weniger verstehbar oder handhabbar werden, so kann man entweder temporär oder permanent den Rahmen des relevanten Bereichs enger stecken – immer vorausgesetzt, daß hiervon nicht die vier oben genannten entscheidenden Lebensbereiche betroffen sind. Und indem behutsam, zunächst probeweise und später vielleicht auf Dauer, die Grenze erweitert wird, um neue Lebensbereiche einzubeziehen, kann ein starkes SOC verstärkt werden. Forschungen zum Austritt aus dem Erwerbsleben liefern ein gutes Beispiel für die Möglichkeiten dieser Flexibilität in beide Richtungen. Eine Person mit starkem SOC kann mit ihrem Rentenantritt ihre eigene Rolle in der Welt bezahlter Arbeit ausklingen lassen, während sie sich in neuen Lebensbereichen wie kommunaler oder künstlerischer Tätigkeit engagiert.

Der SOC-Fragebogen, der weiter unten vorgestellt wird, berücksichtigt diesen Aspekt der Flexibilität von Grenzen nicht. Er sollte transkulturell auf die Lebenssituation aller Erwachsenen anwendbar sein und wurde deshalb auf die vier Bereiche, die ich als absolut entscheidend erachte, begrenzt. Zukünftige empirische Forschung wird vielleicht gut daran tun, ein solches Flexibilitätsmaß einzuschließen.

Das starke und das rigide SOC

In *Health, Stress and Coping* (S. 158-159) sprach ich kurz das an, was ich als falsches SOC bezeichnete, obwohl es angemessener wäre, von einem *rigiden* oder *nicht authentischen* SOC zu sprechen. Ich spürte intuitiv, daß es eine Möglichkeit geben mußte, zwischen dem ausgeglichenen Zutrauen einer Person mit einem sehr starken SOC und der Rigidität des nicht-authentischen SOC zu unterscheiden. Als jemand, der überwiegend groß angelegte Fragebogenuntersuchungen durchgeführt hatte, stellte ich mir die Lösung für das Problem, das sich aus der Unterscheidung ergab, einfach vor: ich würde diejenigen mit sehr hohen Skalenwerten eliminieren. Nach meinem

---

3. Pearlins Beispiel bezieht sich auf die Arbeitswelt. Wie bereits angedeutet, zweifle ich sehr daran, daß man so einfach ausklammern kann, womit man den Großteil seiner wachen Zeit verbringt. Was man jedoch tun kann, ist, wie vorgeschlagen, ihm eine andere Bedeutung zu geben. Scheitert man dabei, so wird das eigene SOC beeinträchtigt.

Gefühl mußte etwas daran falsch sein, jemanden als Person mit einem sehr starken SOC einzustufen, der behauptet, nahezu alles zu verstehen, der meint, es gebe für fast jedes Problem eine Lösung, und für den Zweifel nicht tolerierbar sind. Und tatsächlich gaben in den diversen Studien, die bisher mit dem SOC-Fragebogen durchgeführt wurden, vier bis fünf Prozent der Befragten eine hohe SOC-Antwort auf fast jedes Item. Diese konnten leicht ohne Probleme für die Studie herausgenommen werden.

Ich hatte auch die leise Hoffnung, daß solche Leute „von selbst verschwinden" würden. Für jemanden, dem alles verstehbar erschien, würde Langeweile zu einem profunden Stressor werden, der wahrscheinlich das Gefühl für die Bedeutsamkeit erodieren ließe. Ich dachte dabei an Mr. Jones in Conrads[4] *Victory*, einem perfekten Exemplar dieses Typus. Wenn man meint, alle Probleme ließen sich lösen, drängt sich auf einmal die Realität auf und man ist erschüttert. Die Adaptation an die sich verändernde Wirklichkeit ist ebenfalls bei totaler libidinöser Besetzung der gegenwärtigen Realität verstümmelt. Dies wird gut zu beobachten sein, wenn man diese Menschen über einen längeren Zeitraum verfolgt. Es wird jedoch zu jedem gegebenen Zeitpunkt Menschen geben, die darauf bestehen, daß geradezu alles verstehbar, handhabbar und bedeutsam ist. Das grundlegende theoretische Problem der Unterscheidung zwischen Stärke und Rigidität wird durch die mechanische Lösung, diejenigen mit sehr hohen Werten zu ignorieren, nicht behoben. Und mich interessiert das theoretische, nicht das technische Problem. Der erste Hinweis auf eine Lösung des theoretischen Problems ergab sich aus den Überlegungen zum Datenmaterial über den Gesundheitsstatus von Gruppen wie den Mormonen (siehe beispielsweise Lyon et al., 1978). Wenn man tief in einer Struktur verwurzelt ist, die in der Geschichte seit langem ihre Fähigkeit zum Überleben unter Beweis gestellt hat und die die zentrale Quelle des eigenen SOC ausmacht, so verfügt man höchstwahrscheinlich eher über ein starkes als über ein rigides SOC. Die Antworten auf neue Adaptationsprobleme können jederzeit in das bewährte erprobte und überprüfte Bezugssystem eingefügt werden. Im Gegensatz dazu wird der einsame Mensch oder derjenige, der sich zu einer neuen kurzlebigen Lehre hingezogen fühlt, die ihm in einem Satz von Antworten eine vermeintliche Lösung für die schreckliche Furcht vor dem Nichts bietet, wenn er sich nur fest an diesen Rettungsring klammert, voraussichtlich in den immerwährenden Wogen des Lebens ertrinken.

Dieser Gedankengang führte wiederum zu einer Überlegung über Kohuts (1982) Unterscheidung zwischen dem Gefühl des Selbst und dem Gefühl der Identität (wobei Kohut selbst nicht von *Gefühl*[5] spricht). Während ersteres sich auf die grundlegenden Schichten der Persönlichkeit bezieht, die einen zentralen Zweck, einen Sinn für unvergängliches Gleichsein, für Kontinuität, vermitteln, bezieht sich Identität auf den Komplex sozialer Rollen des Individuums. Ein starkes Selbst ermöglicht eine stabile Identität, aber es ist nicht grundsätzlich abhängig von der expliziten Identität, in der sich das Selbst zu einem beliebigen Zeitpunkt manifestiert. Sollte eine höhere Macht intervenieren, so wird man voraussichtlich alternative Identitäten suchen und finden. Sollte man feststellen, daß der spezifische Komplex von Rollen das Selbst nicht mehr

---
4. Joseph Conrad, englischer Schriftsteller polnischer Herkunft (Anm. d. Übers.)
5. „sense of"

adäquat widerspiegelt, so wird man stark genug sein, ihn aufzugeben und alternative Identitäten ausfindig zu machen. In unseren Termini formuliert wird demnach die Person mit einem starken Selbst und einer stabilen Identität ein starkes SOC aufweisen. Sie wird sich voraussichtlich in Arbeit und Liebe engagieren, wird, um mit Freud zu sprechen, kathexische[6] Investitionen erbringen, immer vorausgesetzt, die soziale Struktur und der kulturelle Kontext erleichtern die Identität.

Die Person mit einem schwachen Selbst und schwacher Identität wird natürlich ein schwaches SOC haben. Aber wie Kohut zeigt, kann sich eine Person mit schwachem Selbst wie verblendet in rigider Weise an einer vorgegebenen Identität festbeißen, in dem Bestreben, die schrecklichen Ängste zu zerstreuen, die sich ihrer gerade wegen ihres schwachen Selbst bemächtigen. Solch eine Person würde ein rigides SOC aufweisen, dessen beträchtliches Ausmaß an Verstehbarkeit, Handhabbarkeit und Bedeutsamkeit keine Substitutionen zulassen. Die einzige Möglichkeit zur Identifikation solcher Personen scheinen mir qualitative Tiefeninterviews. (Ein erschreckendes, wenn auch extrem subjektives und vermutlich verzerrtes Bild wird in einem sehr persönlichen Bericht über die Zeugen Jehovas gezeichnet [Harrison, 1978].)

Wir alle kennen streng religiöse Menschen, wahre Gläubige. Manche sind auf geradezu hysterische Weise rigide. Viele andere jedoch sind ausgeglichen und leben mit sich selbst in Frieden, auch wenn sie alle Antworten zu kennen scheinen. Liegt hier nicht ein Paradox vor? Haben sie nicht eher ein rigides als ein starkes SOC, das leicht zerbröseln kann, wenn sie sich an neue Bedingungen anpassen müssen? Die für mich aufschlußreichste theoretische Erklärung entnehme ich Koestlers (1967) Diskussion der biologischen Hierarchien, das heißt der Beziehungen zwischen Systemen, die ihrerseits Subsysteme größerer Systeme konstituieren. Sein Schlüsselsatz, der das Geheimnis erfolgreicher Adaptation und das Überleben solcher Hierarchien enthüllt, und der später auch auf soziale Systeme angewendet wird, findet sich erstmals auf Seite 42: „*feste Regeln*, die jedoch Raum für *flexible Strategien* lassen und von *Feedback* geleitet werden". Oder, wie er es in seinem Anhang mit dem Titel „Allgemeine Eigenschaften offener hierarchischer Systeme" ausdrückt:

> „3.2 Die Regeln, die als *Kanon* des Systems bezeichnet werden, bestimmen seine invarianten Eigenschaften, seine strukturelle Konfiguration und/oder seine Funktionsweise.
> 3.3. Während der Kanon die zulässigen Schritte im Aktivitätsbereich des Holons definiert, wird die strategische Auswahl des im Rahmen der zulässigen Wahlmöglichkeiten tatsächlich ausgeführten Schrittes durch die Kontingenzen der Umgebung bestimmt" (S. 342).

Der wahre Gläubige, der eher ein starkes als ein rigides SOC hat, ist folglich alles andere als ein Automat. Er oder sie ist in der Tat fundamentalen Prinzipien und festen Regeln verpflichtet und wird durch sie geleitet. Aber bezüglich der Strategien, die in

---

6. Nach Freuds Ansicht wird Triebenergie kanalisiert oder positiv an Ziele gebunden, die Lust und Befriedigung verschaffen. Je größer der Lustgewinn, desto stärker die Kathexis. (Anm. d. Übers.)

verschiedenen Umgebungen angewandt werden, kann es eine beachtliche individuelle Autonomie geben. Wenn das übergeordnete System – in unserem Fall die Kirche, die philosophische Ausrichtung, die Partei – in der Vergangenheit erstarrt solche Autonomie verbietet und Feedback ignoriert, dann wird das SOC des wahren Gläubigen in der Tat rigide sein, oder andernfalls wird die Transformation nicht toleriert.

Gatlins Arbeit (1972), die mich zu Koestler führte, ging, da sie von der Informationstheorie beeinflußt war, das Thema in einer Art an, die meinem eigenen Denken entsprach. Gespeicherte Information bedeutet geringere Entropie (höhere Ordnung) – wie in einer sehr gut geordneten Bibliothek (vgl. Gatlin S. 48–49). Wenn neue Bücher eintreffen, wenn also die Umgebung sich verändert, gibt es einen Zuwachs an potentieller Information und parallel dazu einen Zuwachs an Entropie. Gatlins Lösung für optimales Funktionieren und Überleben ist die Minimax-Lösung der Spieltheorie (S. 110), d.h. eine flexible Balance zwischen Geschlossenheit und Offenheit des Systems. Die Person mit einem rigiden SOC hält an Koestlers Kanon bzw. Gatlins gespeicherter Information fest. Die Person mit einem starken SOC sucht nach einer Balance zwischen Regeln und Strategien, zwischen gespeicherter und potentieller Information. Sie vertraut darauf, daß mit der neuen Information etwas Sinnvolles anzufangen ist. Sie empfindet kaum eine Gefahr dabei, die Welt als Herausforderung zu betrachten und Feedback gegenüber aufgeschlossen zu sein.

Stressoren als generalisierte Widerstandsdefizite

Wir wenden uns nunmehr dem letzten Thema zu, das in Zusammenhang mit der konzeptuellen Klärung des salutogenetischen Modells angesprochen werden muß. In dem Diagramm auf den Seiten 184–185 von *Health, Stress and Coping*[7], welches das Modell zusammenfaßt, ist die Stressorvariable am Rand lokalisiert, da ich meinen Schwerpunkt auf Copingressourcen und das SOC legte. Definiert als „Herausforderungen, für die es keine unmittelbar verfügbaren oder automatisch adaptiven Reaktionen gibt" (S. 72), ist die wichtigste Auswirkung von Stressoren, daß sie einen Spannungszustand erzeugen. Aber es gab verschiedene Hinweise darauf, daß Stressoren auch anders sinnvoll betrachtet werden können. Auf Seite 188 wird auf umwälzende Stressoren Bezug genommen, die „in ihrem Gefolge eine Vielzahl an unvorhersehbaren Erfahrungen mit sich bringen. Demzufolge führen sie zwangsläufig zu einer signifikanten Schwächung des eigenen SOC". Darüber hinaus merkte ich auf Seite 119 an, daß „die Abwesenheit einiger generalisierter Widerstandsressourcen (GRRs) zu einem Stressor werden kann".

Trotz dieser Einblicke war ich noch nicht zu meiner heutigen Sicht der Dinge gelangt. Die Argumentation, daß eine generalisierte Widerstandsressource definitionsgemäß Lebenserfahrungen schafft, die durch Konsistenz, Partizipation an der Gestaltung des Outcomes und eine Balance zwischen Überbelastung und Unterforderung charakterisiert sind und auf diese Weise ein starkes SOC verursacht oder verstärkt, kann ebenso auf Stressoren angewendet werden. Ich schlage daher vor, von einem

---

7. Vgl. Kopie des Diagramms im Anhang, S. 199

einheitlichen Konzept von „übergeordneten psychosozialen generalisierten Widerstandsressourcen-Widerstandsdefiziten" (GRR-GRD) zu sprechen. Hinsichtlich aller Aspekte – Reichtum, Ichstärke, kulturelle Stabilität und so weiter – kann eine Person auf einem Kontinuum plaziert werden. Je höher man sich auf dem Kontinuum befindet, desto wahrscheinlicher wird man solche Lebenserfahrungen machen, die einem starken SOC förderlich sind; je weiter unten man sich befindet, desto höher ist die Wahrscheinlichkeit, daß die Lebenserfahrungen, die man macht, einem schwachen SOC dienen. Zusammengefaßt kann ein Stressor somit als ein Merkmal definiert werden, das Entropie in das System bringt, das heißt eine Lebenserfahrung, die durch Inkonsistenz, Unter- oder Überforderung und fehlende Teilhabe an Entscheidungsprozessen charakterisiert ist.

Die Attraktivität dieser neuen Konzeptualisierung besteht meiner Ansicht nach nicht nur darin, daß sie ökonomisch ist. Sie verleiht unserem Verständnis von Stressoren eine zusätzliche Dimension. Um aber eine fruchtbare Diskussion über die GRR-GRDs zu erzielen, müssen drei in der Literatur genannte Typen von Stressoren unterschieden werden: chronische Stressoren, wichtige Lebensereignisse und die akuten täglichen Widrigkeiten. Diese drei gehen natürlich ineinander über, scharfe Grenzen können nicht gezogen werden, aber nichtsdestotrotz unterscheiden sie sich qualitativ.

Der chronische Stressor ist ähnlich wie die GRR eine Lebenssituation, Bedingung oder ein Charakteristikum, dem eine Schlüsselfunktion in der Beschreibung des Lebens einer Person zukommt. Ich glaube, dies ist exakt das, was Fried (1982) als endemischen Streß bezeichnet, den er als „das Phänomen andauernden oder anwachsenden Mangels, anhaltenden Verlusts bzw. dauerhafter Depression und die kontinuierliche Erfahrung inadäquater Ressourcen oder Rollenangebote" (S. 6) definiert. Ich vermute, daß man zu jedem „chronischen", also zu jedem anhaltenden, relativ permanenten und kontinuierlichen Phänomen – dem eigenen historischen Kontext, der Kultur, der Gruppenzugehörigkeit, der sozialen Rolle, der interpersonellen Situation, dem Temperament und der Persönlichkeit – die gleiche zentrale Frage stellen kann: Inwieweit trägt es zu Lebenserfahrungen bei, die für das eine oder andere Ende der drei Kontinua, die zu einem starken bzw. schwachen SOC beitragen, charakteristisch sind? Wenn es zu ersterem tendiert, ist das Phänomen ein GRR, im anderen Fall ein GRD. In jedem Fall aber sind chronische Ressourcen bzw. chronische Stressoren, die in der Lebenssituation der Person verankert sind, generalisiert und langlebig. Sie sind die primären Determinanten des SOC-Niveaus.

Die Menschen erleben aber auch herausragende Ereignisse, die in Zeit und Raum spezifiziert werden können. Dies sind die Stressoren, die die Streßforscher ausgehend von der Arbeit von Holmes und Rahe (1967) so sehr beschäftigt haben. Diese einzelnen Ereignisse – Tod eines Angehörigen, Scheidung, Kündigung, Familienerweiterung, Karrieresprung, Pensionierung – möchte ich als *Streß-Lebensereignisse* bezeichnen. Auch wenn solche Ereignisse erwartet werden und gleichsam termingerecht eintreffen, entsprechen sie recht gut der definitorischen Forderung nach Nichtvorhandensein automatischer Reaktionen. Ein solches Ereignis ist nicht an sich wichtig, sondern wichtig sind die vielen aus ihm erwachsenden Konsequenzen. Während sich streßhafte Lebenssituationen negativ auf das SOC auswirken, kann eine solche Vorhersage für die Streß-Lebensereignisse nicht getroffen werden. Sie und die ihnen folgenden Ereignisketten rufen Anspannung hervor. Ob die Ergebnisse schädlich, neutral oder förderlich sein werden, wird durch die Stärke des SOC der Person bestimmt, die die jeweiligen Ereignisse erlebt. Dieser Proceß wird in Kapitel Sechs detailliert geschildert.

Die oben erwähnten Ereignisse, alle aus der Holmes-Rahe-Liste, haben alle recht hohe Werte als „lebensverändernde Einheiten". Es gibt jedoch viele einzelne Ereignisse in unserem Leben, positive wie negative, die in der Holmes-Rahe-Liste oder sonstwo als Stressoren angesehen worden sind und die manchmal (wenn sie negativ sind) als „tägliche Widrigkeiten" bezeichnet werden. Sie mögen dem Kriterium einer Anforderung entsprechen, auf die es keine automatisch adaptive Reaktion gibt – beispielsweise das Durchfallen bei der Führerscheinprüfung, ein ungewöhnliches Kompliment oder eine Beleidigung von seinem Vorgesetzten, ein kleinerer Unfall seines Kindes oder dessen Erfolg im Schultheater. Aber ich muß gestehen, daß diese Ereignisse mich kaum interessieren, weil ich nicht sehe, daß sie in irgendeiner Weise Einfluß auf das SOC oder den Gesundheitsstatus haben können. Wenn jemand einerseits ständig mit zahlreichen täglichen Widrigkeiten (oder Vergnügen) zu tun hat, so wäre meine Vermutung, daß diese aus einer fundamentaleren Lebenssituation, d.h. einer chronischen Ressource oder einem chronischen Stressor herrühren. Wenn die Ereignisse andererseits gelegentlich und idiosynkratisch auftreten, können sie wahrlich ignoriert werden, auch wenn sie Adaptation erfordern.

Lazarus, der das Konzept der täglichen Widrigkeiten in die Streßforschung eingeführt hat, scheint ihm gegenüber ambivalent zu sein. Einerseits tendiert er dazu, sich auf das unmittelbare, einzelne Ereignis zu konzentrieren, andererseits schließt er jedoch chronische Umweltbedingungen, andauernde Besorgnisse und leidvolle emotionale Reaktionen ein (Lazarus, 1984a, S. 376). An späterer Stelle (S. 379) ist er nahe an meiner Position, wenn er die Hypothese aufstellt, daß „die starken Belastungen, die wesentliche Bedeutung für die langfristigen Werte und Ziele eines Menschen haben [und die] ein Grundmuster an Verletzbarkeit herausbilden" höchst wichtig sind.

Diese Rekonzeptualisierung hat bedeutsame methodische Implikationen. Die Holmes-Rahe-„Social Readjustment Rating Scale" entstand so wie die vielen anderen Versionen, die seitdem verwandt worden sind, aus einer pathogenen Orientierung. Stressoren wurden als gesundheitsschädlich angenommen. Andere begrenzten diese Hypothese auf negative Ereignisse und Ausgänge oder unkontrollierte und unerwartete Ereignisse. All diese Ansätze hatten den gemeinsamen Fehler, daß sie nicht spezifizierten, *warum* dies so sein sollte. Mein Vorschlag des salutogenetischen Modells geht einher mit einer Konzentration auf die generalisierten Widerstandsressourcen, die, wie oben definiert, ein starkes SOC schaffen, das entscheidend für die Fähigkeit einer Person ist, gut mit Anspannung umzugehen. Widerstrebend gestand ich zu, daß Stressoren weiterhin gemessen werden müßten, aber auch ich spezifizierte nicht, warum. Subsumiert man Stressoren, insbesondere die chronischen, endemischen Stressoren, unter das übergeordnete verbindende Konzept der GRR-GRDs, so schafft man eine theoretische Grundlage für die Konstruktion eines Meßgeräts, das die Ressourcen und die Stressoren – könnte ich doch hierfür ein einziges Wort prägen! – über das SOC mit dem gesundheitlichen Zustand verknüpft.

Lassen Sie mich ein Beispiel dafür geben, welchen Unterschied die Anwendung dieses Ansatzes bei der Analyse eines bestimmten Datensatzes bewirken könnte. Das

Beispiel stammt aus der Arbeit eines Kollegen, der wichtige Beiträge zur Streß- und Gesundheitsforschung geleistet hat, die im folgenden Kapitel diskutiert werden. Moos und seine Kollegen vom Social Ecology Laboratory der Stanford University haben sich viele Jahre mit der Erforschung verschiedener sozialer Umgebungen beschäftigt. In dieser Arbeit identifizierten sie zehn Dimensionen aus drei Bereichen, die nutzbringend für eine fundamentale Beschreibung vieler verschiedener Umgebungen angewendet werden können. In einer neueren Studie (Billings und Moos, 1982) wandten sie diesen Ansatz auf die Erforschung von Arbeitsplatzumgebungen an. Sie wollten erforschen, „in welchem Ausmaß Arbeits- und Familienressourcen die Beziehungen zwischen Arbeitsstressoren und individueller Anpassung abmildern" (S. 218).

Vier Subkategorien der *Work Environment Scale* wurden als Maß für Arbeitsstressoren zusammengefaßt: hoher Arbeitsdruck, starke Kontrolle durch Vorgesetzte, fehlende Autonomie und fehlende Klarheit. Drei andere Subskalen zur Messung von Berufsinvolviertheit, Zusammenhalt unter den Kollegen und Unterstützung durch Vorgesetzte wurden als Maß für die Arbeitsressourcen zusammengefaßt. Entsprechend einem Ansatz, der generell als Pufferhypothese bezeichnet wird, werden folglich Stressoren und Ressourcen konzeptuell und operational unterschieden. Die Daten belegen tatsächlich, daß im allgemeinen sowohl Ressourcen als auch Stressoren direkte (jeweils positive bzw. negative) Auswirkungen auf das persönliches Funktionieren haben. Darüber hinaus federn die Ressourcen die Wucht der Arbeitsstressoren ab.

Aber lassen Sie uns die zwei zusammengesetzten unabhängigen Variablen näher betrachten. Können sie wirklich konzeptuell voneinander getrennt werden? Wenn geringe Autonomie ein Stressor ist, ist dann nicht hohe Autonomie eine Ressource? Gilt dies nicht auch für geringe und ausgeprägte Klarheit, für starke und geringe Kontrolle? (Die vierte Subskala, Arbeitsdruck, ist problematischer, da sie nicht inhärent entweder Stressor oder Ressource ist.) Wenn ein hohes Maß an Involviertheit eine Ressource ist, ist dann geringe Involviertheit nicht ein Stressor? Kann nicht dasselbe über hohen und niedrigen Zusammenhalt unter den Kollegen und starke und geringe Unterstützung durch Vorgesetzte gesagt werden?

Ich möchte an dieser Stelle nicht auf die Grundannahmen eingehen, auf denen die zehn Dimensionen von Moos ausgewählt wurden. Wie ich weiter unten zu zeigen versuchen werde, glaube ich, daß zwischen seinem Ansatz und dem SOC zumindest ein hoher Grad an Kompatibilität besteht. Hier habe ich mich statt dessen auf die Möglichkeit konzeptueller Bereicherung konzentriert, die sich aus der konzeptuellen Integration von Stressoren- und Ressourcenkonzepten ergeben würde. Ob eine Analyse, die einen einzigen Index verwendet, tatsächlich zu einem adäquateren Verständnis der sozialen Wirklichkeit führen könnte, bleibt abzuwarten. Mir scheint, die Anstrengung lohnt sich. Moos selbst geht in einem späteren Aufsatz (1984, S. 7) auf denselben Punkt ein, wenn er schreibt: „Wir identifizierten die Orientierungen in Richtung auf Kohäsion und Unabhängigkeit als zwei der wichtigsten Ressourcen der sozialen Umgebung. (...) Umgekehrt (...) ist geringe Gewichtung dieser Faktoren eine signifikante Ursache für Streß".

3 Ähnlichkeiten des Konzepts mit anderen Auffassungen zur Gesundheit

Die geistigen Anregungen, die ich vielen Kolleginnen und Kollegen verdanke, habe ich in *Health, Stress and Coping* deutlich herausgestellt. Auch wenn meine eigene Forschung – zumindest aus der Retrospektive – über viele Jahre hinweg eine recht klare Linie aufweist, die letztlich zum salutogenetischen Modell führte, hätte ich dieses Modell nicht entwickeln können, wenn ich nicht von Selye, Dubos, Holmes und Rahe, Kohn, Cassel und vielen anderen viel gelernt hätte. Trotzdem stand ich nach Beendigung des Buches nicht nur mit Hochstimmung, sondern auch mit einem Gefühl relativer Isolation da. Dadurch, daß ich die salutogenetische Frage gestellt hatte, hatte ich mich sowohl von meiner eigenen Arbeit als auch von der Arbeit nahezu jedes anderen entfernt.

Abgesehen von einigen Forschern aus dem Bereich der Entwicklung im Kindesalter, die sich in den frühen fünfziger Jahren auf „mentale Gesundheit" konzentriert hatten (die sich für gewöhnlich als deckungsgleich mit den eigenen Wertvorstellungen herausstellte), konzentrierten sich alle anderen darauf, Pathologie zu erklären. Darüber hinaus intensivierte das Kohärenzgefühl als Antwort auf die salutogenetische Frage das Gefühl der Isolation. Die Erforschung sozialer Unterstützung kam zu der Zeit gerade in Mode. Im großen und ganzen wurde soziale Unterstützung jedoch als eine intervenierende Variable betrachtet, die als Puffer gegen Lebensereignisse mildernden Einfluß auf das Entstehen von Krankheit hat. Alternativ hierzu wurde der Mangel an sozialer Unterstützung als pathogenetisch bewertet. Niemand suchte nach einer integrierten Antwort, die die Lokalisierung auf dem Gesundheits-Krankheits-Kontinuum erklären konnte.

Sechs Jahre später fühle ich mich nun nicht länger allein. Meine Frage wird vermehrt gestellt, und es wird ernsthaft nach Antworten gesucht, die zumindest teilweise dem SOC-Konzept entsprechen. Ich will hiermit nicht sagen, daß das salutogenetische Modell mittlerweile die Forschung und das Denken in den sozialwissenschaftlichen Disziplinen, die sich mit Gesundheit und Krankheit beschäftigen, dominiert. Soweit ist es leider noch nicht. Aber es sind zunehmend Elemente, Varianten und Alternativen aufgetaucht. Das zeigt sich nicht allein darin, daß mein Buch für ein akademisches Werk zum bescheidenen Bestseller geworden ist, in den Einladungen, die ich für Vorträge und Veröffentlichungen erhalten habe und in den Reaktionen des Publikums auf das, was ich zu sagen hatte. Wichtiger sind seriöse Veröffentlichungen von Kolleginnen und Kollegen. Ich wende mich nun im folgenden solchen Arbeiten zu, und zwar sowohl in Hinblick auf Konvergenz als auch auf Diskrepanz und Widerspruch.

Nachdem ich, wie ich glaube, Neuland betreten habe, bin ich nun sehr gefährdet, allüberall Echos meiner Ideen zu hören. So war ich überrascht und erfreut, in Eriksons

Buch: „Der vollständige Lebenszyklus" (1982)[1] in seiner Diskussion der Integrität, die er als die dominante syntonische Eigenschaft in der letzten Lebensphase ansieht, auf folgenden Satz zu stoßen (S. 64–65): „Dieses ist im einfachsten Sinn natürlich ein Empfinden von *Kohärenz* und *Ganzheitlichkeit*, das ohne Zweifel unter solch terminalen Bedingungen, die den *Verlust von Bindungen* in allen drei organisierenden Prozessen, dem Soma (...), der Psyche (...) und dem Ethos beinhalten, und in denen damit die Gefahr eines plötzlichen und nahezu vollständigen Verlusts aller verantwortlichen Funktionen im generativen Zusammenspiel droht, hochgradig gefährdet ist." (Hervorhebungen im Original). Ich weiß nicht, ob Erikson den Begriff „Kohärenzgefühl" von mir übernommen hat. Aber seine Diskussion der Integrität, in der er Ausdrücke verwendet wie „eine Tendenz, die Dinge zusammenzuhalten" und „eine Verbundenheit mit dem, was in vergangenen Zeiten Ordnung geschaffen hat", hat sicher viel mit meinen Formulierungen gemein, einschließlich der Ähnlichkeit zwischen dem, was ich als rigides SOC bezeichne und dem, was Erikson eine „Pseudointegration als Schutz gegen nagende Verzweiflung" nennt.

In ähnlicher Weise höre ich es läuten, wenn ich bei Cassell (1976, S. 35) lese: „Wie Lévi-Strauss ausgeführt hat, bemüht sich das normale Denken kontinuierlich darum, das Universum zu *verstehen*, obwohl dessen Dynamik nicht *kontrolliert* werden kann und die Ereignisse sich der Enthüllung ihrer *Bedeutung* widersetzen" (Hervorhebungen Antonovsky). Wie kann man sich stärker auf Verstehbarkeit, Handhabbarkeit und Bedeutsamkeit beziehen als in diesem Satz? Aber ich muß der Versuchung widerstehen, selbst wenn ich davon überzeugt bin, daß wir dieselbe Sprache sprechen. Ich werde daher meine Ausführungen über Konvergenzen auf die Arbeit einiger Personen beschränken, deren Ideen relativ ausführlich beschrieben und klar formuliert sind und die mit meinen eigenen eine hohe Kompatibilität haben. Dies geschieht in der Hoffnung, daß die Leserinnen und Leser sich in ihrem eigenen Denken und Forschen dieser aus meiner Sicht vielversprechenden wachsenden Gruppe anschließen.

Widerstandsfähigkeit

Ich halte es für sehr angemessen, diese Diskussion mit dem Werk von Suzanne Kobasa einzuleiten, das sie von Maddis existentieller Persönlichkeitstheorie ausgehend entwickelt hat. Ende 1981 fragte mich ein Doktorand, inwieweit das SOC-Konzept mit Kobasas Konzept der Widerstandsfähigkeit zusammenhänge. Ich konnte darauf nur antworten, daß ich es nicht kenne und las ihre ersten beiden Forschungsberichte. Erfreut stellte ich fest, daß sie im Januar 1979 (also bevor sie mein Buch kennen konnte) ihr Problem klar definiert hatte (Kobasa, 1979, S. 2): „Die Existenz von Personen mit hohen Streßwerten, die nicht krank werden (...) ist in der populären und wissenschaftlichen Literatur über Streß und Krankheit übersehen worden". In dieser und einer Reihe späterer Veröffentlichungen haben sich Kobasa und ihre KollegInnen weiter

---

1. Antonovsky zitiert den Buchtitel „The Life Cycle Completed" hier falsch als „Re-view of the completed life cycle". Ob dies – vielleicht in ironischer Absicht – gewollt war, ist unklar. (Anm. d. Übers.)

auf die salutogenetische Frage konzentriert, das Konzept der Widerstandsfähigkeit fortentwickelt und es empirisch überprüft.

Kobasa betrachtet ihr Persönlichkeitskonzept Widerstandsfähigkeit als Einheit aus drei unauflöslich miteinander verflochtenen Komponenten: Engagement, Kontrolle und Herausforderung.

Diese werden von ihr wie folgt definiert:

Engagement

➤ Personen mit starkem Engagement tendieren dazu, sich bei allem, was sie tun, stark einzubringen, statt die Dinge in einer distanzierten, formalen Art anzugehen (Kobasa und Maddi, 1982, S. 1).
➤ Engagement ist die Fähigkeit, an die Wahrheit, Bedeutung und den Wert dessen zu glauben, wer man ist und was man tut ... mit der Tendenz, sich in die vielen Lebenssituationen einschließlich Arbeit, Familie, zwischenmenschliche Beziehungen und soziale Institutionen zu involvieren ...; ein allumfassendes Zielbewußtsein (Kobasa, 1982b, S. 6).

Wie die erste Definition andeutet, wird ein geringes Maß an Engagement als Entfremdung verstanden. (Lange bevor der Begriff *Salutogenese* geprägt wurde, hatten wir vermutet, daß Engagement und Entfremdung ein Kontinuum bilden und darauf gedrängt, daß ersteres untersucht werden müsse; vgl. Antonovsky und Antonovsky, 1974). Und in der Tat besteht Kobasas operationale Erfassung von Engagement aus achtzehn Items für Entfremdung, alle mit negativem Vorzeichen; je zur Hälfte beziehen sie sich auf die Entfremdung von der Arbeit und die Entfremdung von sich selbst. Die Skala fragt nach dem Grad von Übereinstimmung mit Items wie:

➤ Ich frage mich, warum ich überhaupt arbeite.
➤ Der größte Teil des Lebens wird mit sinnloser Aktivität verschwendet.
➤ Der Versuch, sich selbst zu verstehen, ist Energieverschwendung.

In einer ihrer Untersuchungen jedoch wurde eine Skala mit zwölf Items konstruiert, in die Items aus den obigen Entfremdungsskalen eingingen, außerdem Items aus einer Skala zur „Vegetativität versus Vigorosität", die Einstellungen wie Apathie, Gleichgültigkeit, Ziellosigkeit enthielt, sowie bedauerlicherweise auch Items aus einer Skala zur Machtlosigkeit; bedauerlich deshalb, da Kobasa selbst Machtlosigkeit eher als einen Ausdruck geringer Kontrolle als geringen Engagements ansieht.[2] Nichtsdestotrotz schreibt sie selbst in dieser Studie: „Hohe Übereinstimmungswerte in den zwölf

---

2. Geht man von den sechs Varianten der Entfremdung aus, die der führende Wissenschaftler auf diesem Gebiet identifiziert hat (Seemann, 1983), so ist Kobasas Terminus Engagement (bei geringer Ausprägung) eindeutig verwandt mit Selbstentfremdung, Normlosigkeit, kultureller Entfremdung und sozialer Isolation. Seemans Machtlosigkeit entspricht exakt Kobasas Kontrolle, während seine Bedeutungslosigkeit keine Parallele in Kobasas Arbeit hat. Auch ihre Herausforderung hat keine Parallele in Seemans Arbeit.

Items dieser Skala signalisieren ein Fehlen jener Form von Beteiligung, die durch das Gefühl entsteht, daß das, was man tut oder tun könnte, bedeutsam und relevant ist" (Kobasa, 1982a, S. 712).

Kontrolle

➤ Menschen mit einem hohem Ausmaß an Kontrolle glauben und handeln so, als ob sie die Ereignisse ihrer Erfahrung beeinflussen können, anstelle angesichts äußerer Einflüsse machtlos zu sein (Kobasa und Maddi, 1982, S. 1).
➤ Personen mit Kontrolle suchen Erklärungen dafür, warum etwas geschieht, nicht nur in Handlungen anderer oder im Schicksal, sondern auch unter Berücksichtigung ihrer eigenen Verantwortlichkeit. (...) Sie fühlen sich in der Lage, eigenständig effektiv zu handeln (Kobasa, 1982b, S. 9).

Kobasa hat in Begriffen der amerikanischen Mittelschicht gedacht und dort auch ihre empirische Forschung durchgeführt. Daher rührt ihre Betonung, daß Menschen „die Ereignisse ihrer Erfahrung beeinflussen", und ihre Verwendung einer Skala zur Messung der externalen Kontrollüberzeugung sowie einer Machtlosigkeits-Skala zur Messung der Kontrolle. Die aus fünfzehn negativ gepolten Items bestehende Machtlosigkeits-Skala erfragt das Ausmaß an Zustimmung mit Items wie:

➤ Sich selbst als freien Menschen zu sehen, führt zu großer Frustration und zu Schwierigkeiten.
➤ Die meisten meiner Aktivitäten sind von den Anforderungen der Gesellschaft bestimmt.

Die Skala zur Kontrollüberzeugung stellt die Wahl zwischen dreiundzwanzig Aussagenpaaren wie zum Beispiel: „Langfristig bekommen die Menschen den Respekt, der ihnen in dieser Welt zusteht", versus: „Unglücklicherweise bleibt die Arbeit eines einzelnen häufig unbemerkt, so sehr er sich auch bemüht."
    Kobasas Konzeptualisierung und Messung der Kontrolle sind fest in der sehr umfassenden Literatur zur Kontrollüberzeugung verwurzelt. Sie sind für die entsprechenden Gruppen von ManagerInnen und RechtsanwältInnen, mit denen sie gearbeitet hat, und in einem allgemeineren Sinne für eine Kultur angemessen, die auf Individualismus und freiem Unternehmertum basiert. In diesem Sinne betrachtet sind widerstandsfähige Menschen solche, die die Idee ablehnen, daß Glück, Zufall oder unfreundliche mächtige Andere das eigene Schicksal bestimmen, und die optimistisch daran glauben, daß sie es so, wie sie es sich wünschen, Sinn gestalten können.

Herausforderung

▶ Personen mit hohem Ausmaß an Herausforderung betrachten Veränderungen im Leben eher als Norm denn als Ausnahme und antizipieren diese Veränderungen als einen Stimulus für Wachstum und nicht als Sicherheitsgefährdung (Kobasa und Maddi, 1982, S. 1).

▶ Aus der Perspektive der Herausforderung kann ein Großteil der Störung, die mit dem Eintreten eines streßhaften Lebensereignisses einhergeht, als eine Möglichkeit und ein Ansporn für die persönliche Weiterentwicklung antizipiert werden. (...) Personen, die die Herausforderung willkommen heißen (...), zeichnen sich durch Offenheit oder kognitive Flexibilität und durch Ambiguitätstoleranz aus (Kobasa, 1982b, S. 7-8).

Um die Komponente der Herausforderung zu illustrieren, führt Kobasa als Beispiel jemanden an, der seine Arbeit verliert. Obwohl über diese Wendung der Ereignisse nicht unbedingt erfreut, wird die widerstandsfähige Person die Gelegenheit nutzen, über alternative und befriedigendere Arbeit nachzudenken und sie als Herausforderung werten. Im Kontext ihrer Untersuchung über RechtsanwältInnen (Kobasa 1982a, S. 709) gibt es eine implizite Verbindung der Herausforderungskomponente mit der Unterscheidung zwischen transformationalem und regressivem Coping. Ersteres bezieht sich darauf, die streßhafte Situation als Gelegenheit für die persönliche Weiterentwicklung zu nutzen.

In ihren früheren Studien verwandte Kobasa die fünfzehn Items umfassende Sicherheits-Skala eines von ihr und Maddi entwickelten Inventars zur Evaluation von Lebenszielen[3] als operationale Definition für Herausforderung. Zustimmung zu Aussagen wie den folgenden deutete darauf hin, daß ein Proband einen niedrigen Wert für Herausforderung aufwies:

▶ Die Jungen schulden den Alten vollständige finanzielle Sicherheit.
▶ Öffentlich subventionierte medizinische Versorgung ist das Recht aller.
▶ Jeder nach seinen Fähigkeiten, jedem nach seinen Bedürfnissen.

In der AnwältInnenstudie wurden jedoch vierzehn Items zur Erfassung regressiver Coping-Strategien im Umgang mit häuslichem Streß und Streß bei der Arbeit verwandt (ich wurde wütend, ich rauchte mehr, ich wurde apathisch oder gleichgültig). Wie unten deutlich werden wird, war Kobasa sich des andauernden methodologischen Problems hinsichtlich der Operationalisierung der Herausforderungskomponente bewußt.

Zusammengefaßt: Fasziniert durch die häufig übersehene Tatsache, daß einige Menschen trotz hoher Streßbelastung ihren Gesundheitsstatus aufrechterhalten oder sogar verbessern, schlägt Kobasa ein dreigeteiltes Modell der Widerstandsfähigkeit als Erklärungskonzept vor, bestehend aus Engagement, Kontrolle und Herausforderung.

---

3. „California Life Goals Evaluation Schedules" (Kobasa und Maddi, 1982, S. 4)

Das Permanenzgefühl

Zufällig war ich auf den ersten Forschungsbericht von Thomas Boyce (Boyce et al., 1977) gestoßen und hatte mir seinen Befund gemerkt, daß stabile familiäre Routine und Rituale in negativer Beziehung zu Atemwegserkrankungen bei Kindern stehen. Aber erst als ich seine zwei späteren Veröffentlichungen (Boyce et al., 1983; Jensen et al., 1983) las, nahm ich Kontakt zu ihm auf und schrieb ihm, daß wir offenbar dieselbe Sprache sprächen. Seitdem hat es weiteren persönlichen Austausch gegeben, in dessen Verlauf der Glaube gewachsen ist, daß wir die gleiche Frage stellen und eine Antwort vorschlagen, die in dieselbe Richtung geht.

Als Pädiater begann Boyce sich für die Bedingungen zu interessieren, die es Kindern erleichtern, gesund zu bleiben. Seine medizinische Ausbildung führte ihn zu der Annahme, daß „familiäre Routine eine biologische, entwicklungsbedingte Fundierung in einer dem Menschen eigenen Prädisposition zu rhythmischer Aktivität haben kann" (Boyce et al., 1983, S. 195). Das Kind, das in einer Umgebung aufwächst, in der es viele „beobachtbare, sich wiederholende Verhaltensweisen gibt, die zwei oder mehr Familienmitglieder einbeziehen und die in vorhersehbarer Regelmäßigkeit im täglichen und allwöchentlichen Familienleben auftreten" (Jensen et al., 1983, S. 202), ist – so nahmen Boyce und seine Kollegen an – wahrscheinlich das gesündere Kind.

Die Veröffentlichungen von 1983 gingen noch einen Schritt weiter. Bei der Diskussion von Ritualen und in Anlehnung an soziologische und anthropologische Literatur taucht mehrfach das Wort *Bedeutung* auf. Darüber hinaus wird festgestellt, daß „rituelles Handeln die zufriedenstellende Verarbeitung" einer Krise ermöglicht. Der alle Veröffentlichungen durchziehende Schwerpunkt jedoch liegt auf Routinen, während andere Elemente nur angedeutet werden.

Später haben Boyce und seine Kollegen den Begriff des *Permanenzgefühls* als Namen für ihr zentrales Konstrukt übernommen. Dieses wird als „der Glaube oder die Wahrnehmung, daß bestimmte zentrale, wertvolle Elemente der Lebenserfahrung stabil und überdauernd sind" (Boyce, Schaefer und Uitti, 1985, S. 1281) definiert. Der Artikel betont stark, daß dieser Glaube dem Leben Bedeutsamkeit verleiht.

Trotz des Hinweises in der früheren Schrift, daß etablierte Routinen einem häufig Werkzeuge zum Umgang mit Problemen liefern, nimmt die obige Definition keinen Bezug zu diesem Aspekt der Art und Weise, die Welt zu betrachten. In der Diskussion des Instruments jedoch, das zur Messung des Permanenzgefühls entwickelt wurde, wird eine Komponente des Konstrukts als „das Bewußtsein des *Selbst* als zuverlässig und konsistent" (S. 1281) spezifiziert. Später (S. 1285) wird festgestellt, daß „unsere Befunde konsistent mit neueren Studien (...) zu Beherrschung und Selbstwertgefühl sind". Außerdem sollte beachtet werden, daß die Bewegung von einer Konzentration auf Rituale hin zu einem Denken in Begriffen von Permanenz und Kontinuität impliziert, daß nicht alle Lebensveränderungen notwendigerweise streßhaft oder gesundheitsschädlich sind, sondern nur solche, die die Gefühle von Permanenz verletzen.

Zusammengefaßt hat Boyce, ausgehend von einer biologischen Prämisse der Rhythmizität, die er mit der Annahme eines menschlichen Bedürfnisses nach Kontinuität verbindet, ein Modell entwickelt, das drei Komponenten enthält: repetitive Verhaltensweisen, für wertvoll erachtete Lebenserfahrungen und das Bewußtsein von sich selbst als kompetent und zuverlässig. Diese Komponenten bilden laut Boyce die Basis dafür, daß man sich auf die Gesundheit zubewegt.

Domänen des sozialen Klimas

Es wurde bereits an früherer Stelle im Zusammenhang mit der konzeptuellen Zusammenfassung von Ressourcen und Stressoren auf das Werk von Rudolf Moos und seinen Kollegen hingewiesen.[4] Wir wenden uns nun in relativ kurzer Form seinem Gesamtwerk zu. Das von ihm entwickelte Modell kann meines Erachtens in seinen Grundzügen als geistesverwandt mit dem salutogenetischen Modell interpretiert werden. Obwohl er als klinischer Psychologe weit stärker als ich dazu tendiert, sich um mentale Gesundheit, Aufgabenbewältigung und soziales Funktionieren zu kümmern, und obwohl er auch oft gezwungen ist, mit Pathologiedaten auszukommen, ist seine zentrale Frage die der Gesundheit. Er fragt, wie „die meisten Menschen akzeptable Lösungen für schwierige Situationen entwickeln, und es einige gar schaffen, nicht nur zu überleben, sondern angesichts überwältigender Notlagen sogar zu reifen" (Moos, 1984, S. 6–7).

Das Diagramm, das sein Modell zusammenfaßt, besteht aus fünf „Panel" genannten Gruppen:

▶ Panel V heißt „Gesundheit und Wohlbefinden" (Moos 1985) oder, an anderer Stelle, „Gesundheit und gesundheitsbezogene Kriterien" und repräsentiert die Ebene persönlichen Funktionierens des Individuums.
▶ Panel IV bezieht sich auf den Reaktionsprozeß des Organismus auf Stimuli und beinhaltet sowohl die kognitive Bewertung und das Copingverhalten als auch emotionale Reaktionen; diesen wird ein unmittelbarer Einfluß auf die Gesundheit zugesprochen.
▶ Panel III beinhaltet sowohl „streßhafte Lebensumstände" als auch „Ressourcen des sozialen Netzwerks", die die Variablen aus Panel IV beeinflussen und die ihrerseits durch sie beeinflußt werden. (Moos bezieht in sein gesamtes Diagramm nicht nur direkte und indirekte Folgen für die letztendliche Ergebnisvariable ein, sondern auch Feedback, reziproke Effekte einer Variable auf eine andere). Wenn ich Panel III korrekt interpretiere, so meint es genau das, was ich als die Lebenserfahrungen einer Person bezeichne. Daß diese Interpretation angemessen ist, wird aus der Betrachtung von Panel I und II ersichtlich, deren Untersuchung das zentrale Anliegen von Moos' Forschungsprogramm war.
▶ Die Panel I und II werden als das „Umweltsystem" (physikalische, politische, suprapersonale Faktoren und solche des sozialen Klimas) beziehungsweise das „persönliche System" (soziodemographische Faktoren, Selbstkonzept, Gesund-

---
4. Diese Idee wurde auch von Boyce, Schaefer und Uitti vorgebracht (1985, S. 1280), die schreiben: „(...) Es ist auch plausibel anzunehmen, daß die gesundheitlichen Effekte sowohl von streßhaften Ereignissen als auch von sozialer Unterstützung teilweise durch ihre Tendenz zu erklären sind, das Kontinuitäts- oder Permanenzgefühl eines Kindes entweder zu schwächen oder zu stärken."

heitsstatus und Faktoren des persönlichen Funktionierens) bezeichnet. Mit anderen Worten: dies sind die soziostrukturellen, kulturellen, psychologischen und physikalischen Charakteristika der externen und internen Umgebungen einer Person, die die Stressoren und die Ressourcen bilden, die Lebenserfahrungen, mit denen wir konfrontiert werden.

Es ist jedoch nicht nur diese allgemeine Ähnlichkeit zwischen unseren beiden Modellen, die mich veranlaßt hat, Moos' Studien in dieses Kapitel über Konvergenzen aufzunehmen. Vielmehr ist es die substantielle Analyse der Bereiche des Umweltsystems, die Moos im Laufe von Jahren entwickelt hat. Ausgehend von der Untersuchung psychiatrischer Behandlungssettings haben Moos und seine Kollegen die Lernumgebungen in High School-Klassenräumen und in studentischen Wohngemeinschaften, Einrichtungen der Gesundheitsversorgung, Arbeits- und Familienumgebungen und so weiter untersucht. Ihre grundlegende konsistente Frage lautete: „Was sind die Charakteristika, die menschlichen Lebenszusammenhängen zugrunde liegen, und wie können solche Zusammenhänge als dynamische Umgebungssysteme konzeptualisiert werden?" (Moos, 1984, S. 6).

Basierend auf diesen Arbeiten identifizierte und operationalisierte Moos zehn Dimensionen. Diese zehn Dimensionen charakterisieren eine große Spannbreite sozialer Klimata, die zu drei grundlegenden Domänen zusammengefaßt werden. Die drei Beziehungsdimensionen nennt er Beteiligung, Gruppenkohäsion und Unterstützung. Die drei Dimensionen der Persönlichkeitsentfaltung oder Zielorientierung werden Autonomie, Aufgabenorientierung und Arbeitsdruck genannt. Die vier Dimensionen zu Systemerhalt und Systemveränderung werden Klarheit, Kontrolle, Innovation und angenehme äußere Umgebung genannt.[5]

„Beziehungsdimensionen" schreibt Moos, „bemessen das Ausmaß, in dem Menschen miteinander zu tun haben und einander unterstützen". Er gebraucht auch Begriffe wie *Expressivität*, *Engagement* und *Motivation*. „Dimensionen der Persönlichkeitsentfaltung oder Zielorientierung bemessen die zugrunde liegenden Ziele, auf die hin ein spezifisches Setting ausgerichtet ist". Wie immer die Aufgabe dann lautet, hängt ihre Lösung von diesen Dimensionen ab. „Dimensionen des Erhalts und der Veränderung des Systems beschäftigen sich mit dem Grad der Struktur, Klarheit und Offenheit für Veränderungen des Settings." Nach Moos kanalisieren die Dimensionen der Persönlichkeitsentfaltung oder Zielorientierung die Richtung der Veränderung, während die anderen beiden Dimensionen die innere Verpflichtung, das Ausmaß der Veränderung und die damit verbundenen persönlichen Kosten beeinflussen (Moos, 1985, S. 366–367).

Der aufmerksame Leser wird bemerkt haben, was auf den ersten Blick ein wich-

---

5. Bei der Anwendung seines allgemeinen Modells auf die Entwicklung einer Skala zum familiären Umfeld (Moos und Moos, 1981) verwendet Moos geringfügig abweichende Bezeichnungen für die zehn Dimensionen. „Die Beziehungsdimensionen werden mit den Subskalen zu Kohäsion, Expressivität und Konflikt gemessen (...). Die Dimensionen der Persönlichkeitsentfaltung oder Zielorientierung werden mit den Subskalen zu Unabhängigkeit, intellektuell-kultureller Orientierung, Aktivitäts-Rekreativitäts-Orientierung und moralisch-religiöse Gewichtung gemessen. (...) Die Systemerhaltungs-Dimensionen werden mit den Subskalen Organisation und Kontrolle gemessen" (S. 1–2).

tiges Charakteristikum von Moos' Analyse des Umweltsystems zu sein scheint (Panel I). Die drei von ihm beschriebenen Bereiche werden explizit als *objektive* Charakteristika der sozialen Umwelt definiert. Aber wie bereits bei der Erörterung der Ressourcen und Stressoren der Arbeitsumgebung angemerkt wurde, stammten Moos' Daten aus der Wahrnehmung seiner Probanden. Es gibt keinen inhärenten Grund dafür, daß eine Umwelt nicht in diesen Begriffen auf der Basis von Beobachtungen eines unabhängigen Betrachters untersucht werden kann. Theoretisch ließe sich gut behaupten, daß solche „objektiv bestätigten" Charakteristika der Umwelt aussagekräftigere Prognosen über den Gesundheitsstatus erlauben als die subjektive Wahrnehmung derjenigen, die in das Milieu eingebunden sind. Es ließe sich aber genauso stichhaltig mit dem Gegenteiligen argumentieren. Beide Ansätze sind eine Untersuchung wert.[6]

Moos hat somit die Hypothese vertreten, daß die subjektive Wahrnehmung des Umweltsystems Lebenserfahrungen mit Ressourcen und Stressoren hervorbringt (Panel III), die ihrerseits das eigene Coping (Panel IV) und letztlich den Gesundheitsstatus (Panel V) beeinflussen.

Verletzlich, aber unbesiegbar

Als ich Emmy Werner während ihres Israelbesuchs vor einigen Jahren erstmals begegnete, hatte sie den dritten Band ihrer Langzeitstudie aller Kinder, die 1955 auf der Insel Kauai geboren worden waren, noch nicht veröffentlicht (Werner und Smith, 1982). Obwohl ich mich in der Kindesentwicklung, ihrem Spezialgebiet, nur sehr wenig auskannte, gab es zwischen uns ein Gefühl grundsätzlicher Verständigung. Ich merkte, daß wir dieselbe Frage stellten und uns bei ihrer Beantwortung in die gleiche Richtung bewegten. Als später ihr Buch erschien, das den Höhepunkt eines der aufregendsten Forschungsprojekte markiert, die ich kenne, war ich überzeugt, daß ich recht gehabt hatte.

In seinem Vorwort zu dem Buch schildert Garmezy ausführlich die Aufregung, die das Manuskript innerhalb einer Gruppe von Kollegen auslöste, die sich im *Palo Alto Center for Advanced Studies in the Behavioral Sciences*[7] zusammengefunden hatte, um „streßresistente" Kinder zu untersuchen. Er bezieht sich auf das von Lois Murphy Jahrzehnte zuvor als Frage formulierte Paradox, wieso eine erfolgsorientierte Gesellschaft wie die USA sich auf so überwältigende Weise dem Studium der Pathologie widmen könne. „Es ist nur möglich," schreibt er (S. xvii), „wenn Praktiker und Forscher im Bereich der psychischen Gesundheit durch Interesse, Investition und Ausbildung dazu prädisponiert sind, allüberall Abweichung, Psychopathologie und Schwäche zu sehen" – mit anderen Worten, durch die Dominanz der Pathogenese. „Wir sind", so schließt er „an der Schwelle zu einem *Zeitgeist*". Wäre ich doch nur so optimistisch wie Garmezy! Mag seine Einschätzung im Hinblick auf die psychische

---
6. Zur Betrachtung dieses Aspekts in einem benachbarten Gebiet vgl. Kohn (1985, S.4), der schreibt: „Meine zweite Voraussetzung ist, daß (...) Analysen der Beziehung zwischen Arbeit und Persönlichkeit mit den *objektiven* Arbeitsbedingungen beginnen sollten (...) anstatt mit der *subjektiven* Bewertung dieser Bedingungen durch die Arbeitenden".
7. Palo Alto Zentrum für Studien in den Verhaltenswissenschaften

Gesundheit und auf Entwicklungsprozesse bei Kindern einiges Wahres enthalten, so trifft dies kaum auf die physische Gesundheit von Erwachsenen zu. Nach dieser Feststellung halte ich es nichtsdestoweniger für wichtig, den Leser im Kontext meiner Diskussion über Konvergenzen, auf die Arbeit von Werner und Smith aufmerksam zu machen.

Zwei frühere Werke von Werner hatten sich auf den Katalog von Distreß und seiner Korrelate konzentriert, die sie in dem 17-Jahres Follow-up der Kohorte von Kauai-Kindern gefunden hatte. Der dritte Band wendet sich der salutogenetischen Frage zu.

„Doch gab es andere, ebenso *verletzliche* – Armut, biologischen Risiken und familiärer Instabilität ausgesetzt und von Eltern mit geringer Schulbildung oder ernsthaften psychischen Problemen aufgezogen –, die dennoch *unbesiegbar* blieben und sich zu kompetenten und autonomen jungen Erwachsenen entwickelten. (...) Dieser Bericht ist eine Darstellung unserer Suche nach den Wurzeln ihrer Unverwüstlichkeit, nach den Quellen ihrer Kraft" (S. 3).

Die Forscher identifizierten 42 Mädchen und 30 Jungen, die im Alter von zwei Jahren mindestens vier der Faktoren aufwiesen, die laut vorhergehenden Untersuchungen deutliche Risikofaktoren für Gesundheitsprobleme und Verhaltensstörungen waren, die aber dennoch mit achtzehn Jahren gut zurechtkamen. Sie wurden mit zwei Kontrollgruppen von Kindern mit gleichem Hintergrund und gleichen Charakteristika verglichen, die im Alter von zehn bzw. achtzehn Jahren ernsthafte Probleme entwickelt hatten.

Ich werde nicht auf die faszinierenden Details dieser Ergebnisse eingehen, kann aber nicht widerstehen, einige Stellen zu zitieren:

„... eine stärkere internale Kontrollüberzeugung, ein positiveres Selbstkonzept, eine sorgsamere, verantwortungsbewußte und erfolgsorientierte Lebenseinstellung (...) ein Kohärenzempfinden in ihrem Leben und die Fähigkeit, eine Anzahl informeller Quellen der Unterstützung anzuzapfen" (S. 154).

„Im Haushalt gab es Regeln und eine Struktur, aber Erkundungsfreiraum und weniger räumliche Enge (...) ein informelles, generationsübergreifendes Netzwerk von Verwandten, Peers und Älteren, die ähnliche Werte und Überzeugungen teilten, und bei denen die unverwüstlichen Jugendlichen in Zeiten von Krisen und größeren Rollenübergängen Rat und Unterstützung suchten" (S. 156).

Die familiäre Konstruktion von Wirklichkeit

Auf die Arbeit von David Reiss (1981) machte mich erstmals einer seiner Freunde und Kollegen aufmerksam, dem ich mein eigenes Modell erläuterte. Er betonte die große Kompatibilität unserer beiden Ansätze. Ungeduldig erwartete ich die Muße eines bevorstehenden Forschungssemesters, in dem ich mich vollständig auf das umfangreiche, komplexe und anspruchsvolle Werk von Reiss würde konzentrieren können. Ausgangspunkt von Reiss' fünfzehnjähriger Forschungsarbeit war sein Interesse an den Informationsverarbeitungsprozessen in Familien mit einem schizophrenen Kind. Im Verlauf seiner Studien entwickelte er ein Modell darüber, wie Familien ihre Welt wahrnehmen und ihr Bedeutung verleihen.

Reiss schreibt über das konstante Bombardement durch unzählige Stimuli von innen und außen; über die Möglichkeit, sich zunächst in Panik treiben zu lassen und anschließend in Unsicherheit aufzulösen; über das Entwickeln von Filtern und die Möglichkeit, die Stimuli zu organisieren. „Wir können innerhalb der Stimuli Muster erkennen und ein Maß von Verständnis gewinnen; wir können sie zu uns in Beziehung setzen und so einen Maßstab für ihre Bedeutung gewinnen" (S. 155). Und auf derselben Seite fährt er fort: „Die Familie hat für jedes ihrer Mitglieder eine zentrale Rolle bei der Bereitstellung von Verständnis und Bedeutung des Universums der Stimuli übernommen (...) ein Muster von Erklärungen, das als primärer Organisator der internen und externen Erfahrungen dient". Der Problemlösestil einer Familie ist eine Konsequenz einer Gruppe von überdauernden Annahmen, die zusammengenommen ihre Konstruktion von Realität konstituieren.

Reiss identifiziert drei entscheidende Dimensionen der Realitätskonstruktion: Konfiguration, Geschlossenheit und Koordination. Konfiguration ist durch die Wahrnehmung strukturierter Muster anstelle von chaotischen, unorganisierten Stimuli definiert, als „Ordnung, Organisation und Kohärenz" (S. 74), als eine Vorstellung, daß „die Welt von einem zugrunde liegenden und stabilen Set entdeckbarer Prinzipien regiert" wird (S. 249). An späterer Stelle verwendet er erneut den Begriff *Kohärenz*, als er fragt, ob die Familie annehme, daß es „eine erfahrbare, strukturelle Kohärenz, die der erlebten Welt zugrunde liegt und sie erklärt" (S. 209), gibt.

Leider unterscheidet Reiss nicht exakt zwischen Konfiguration und Geschlossenheit. So schreibt er (S. 108): „Wir haben Konfiguration definiert als die Widerspiegelung des familiären Gefühls von Optimismus und Beherrschung in einer neuen und mehrdeutigen sozialen Situation (...). Die neue soziale Welt ist geordnet und kann erkundet werden". Das Konzept von Beherrschung scheint auch in der Geschlossenheit, der zweiten Dimension, die er an keiner Stelle formal definiert, enthalten zu sein. Als am charakteristischsten für die „normale" Familie, die gut zurechtkommt, beschreibt Reiss „verzögerte Geschlossenheit"[8] als einen Verhaltensstil, der zur erfolgreichen Lösung aktueller Probleme zurückliegende Erfahrungen und Wissen nutzt und Kooperation organisiert (S. 80). Obwohl hier eher auf Verhalten als auf eine Realitätskonstruktion Bezug genommen wird, ist eindeutig impliziert, daß eine Familie mit „verzögerter Geschlossenheit" davon ausgeht, daß dieser Stil natürlich ist und sehr förderlich für gutes Zurechtkommen. Verzögerung kann leicht toleriert werden, weil das Vertrauen vorhanden ist, daß Probleme gelöst werden können. Im Gegensatz dazu hat – so wie ich Reiss verstehe – die durch „vorzeitige Geschlossenheit"[9] charakterisierte Familie starke Angst vor ihrer Unfähigkeit, Probleme zu lösen und ergreift besorgt, ja nahezu hysterisch, die erste sich bietende Lösung, da sie nicht aus einem reichhaltigen Repertoire an erfolgreich gelösten Problemen schöpfen kann.

Reiss' dritte Dimension, Koordination, wird ebenfalls nicht formal definiert, ihre

---
8. Original: „delayed closure".
9. Original: „premature closure".

Bedeutung ist aber klar. Er unterscheidet zwischen drei Glaubensmustern. Zunächst gibt es die isolierte Familie, deren Mitglieder es für richtig halten, ihre eigenen Wege zu gehen und voneinander entfernt zu bleiben. Ihre Wahrnehmungswelt beinhaltet keine enge Bindung. Zweitens gibt es das Muster eines „rauhen und simplen" Konsenses (S. 75), eines Glaubens an Übereinstimmung um der Übereinstimmung willen und eine Furcht vor Uneinigkeit, damit eine fragile Balance nicht zerstört wird. Drittens glaubt auch die „normale" Familie an den Konsens, aber auf einem profunderen Niveau. Es handelt sich um einen Konsens, der aus einem Prozeß des Teilens erwächst, wobei die einzelnen Mitglieder und ihre Verschiedenheiten berücksichtigt werden. Dieser Familientyp betrachtet den spezifischen Beitrag jedes einzelnen Mitglieds als essentiell für den Umgang mit Problemen.

Reiss beschreibt dann die Realitätskonstruktion der „umgebungssensitiven Familie", die ein jeweils hohes Ausmaß an Konfiguration, verzögerter Geschlossenheit und komplexer Koordination aufweist. Es würde zu weit führen, Reiss' geniales und komplexes empirisches Werk, in dem er ein aussagekräftiges und überprüfbares Modell entwickelt hat, sowie die Anwendungsmöglichkeiten dieses Modells auf die Untersuchung von familiärem Umgang mit Krisen und gesundheitlichen Auswirkungen zu diskutieren. Aber die Relevanz seiner Arbeit für ein Kapitel, das Konvergenzen gewidmet ist, sollte klar sein.

Vergleiche

Tabelle 2 faßt die „Schlüsselwörter" der fünf KollegInnen, deren Arbeit erörtert wurde, zusammen. Ich gehe davon aus, daß die Zusammenfassungen deutlich gemacht haben, daß wir alle das zentrale Anliegen teilen, die salutogenetische Frage zu stellen. Kobasa, Boyce und Werner haben dies auf sehr explizite Weise getan. Moos und Reiss tun dies zaghafter, noch ein wenig durch ihren klinischen Hintergrund gezügelt. In ähnlicher Weise teilen wir alle die Grundannahme, daß die Art, wie man seine Welt sieht – oder besser, in Reiss' Begriff: die eigene Realitätskonstruktion –, ein entscheidender Faktor für Coping und Gesundheit ist. Dies ist explizit bei Kobasa und Reiss, implizit dagegen im Werk der anderen. Ich wende mich nun dem Ausmaß zu, in dem ihre Antworten auf die salutogenetische Frage identisch, fast identisch oder kompatibel mit meiner eigenen Antwort sind oder ob sie im Widerspruch zu ihr stehen: dem SOC und seinen drei Komponenten. Aus diesem Grund habe ich ihre Konzepte meinem gegenübergestellt.

Tabelle 2: Komponenten des SOC und fünf vergleichbare Modelle

Kohärenz-gefühl	Kobasa	Boyce	Moos	Werner	Reiss
Bedeutsamkeit	Engagement		Beziehung		Koordination
	Selbst-Involviertheit; geringe Entfremdung	als zentral bewertete Elemente der Lebenserfahrung	Kohäsion, Autonomie, Unterstützung	Netzwerk mit gleichen Werten und Grundannahmen	komplexer Prozeß des Teilens zur Entwicklung eines Konsens
Verstehbarkeit	Heraus-forderung		Systemerhalt		Konfiguration
	Veränderung ist die Norm	beobachtbare, sich wiederholende Verhaltensweisen; Vorhersagbarkeit; Regelmäßigkeit	Klarheit, Organisation, Konsistenz	Struktur und Regeln	Ordnung, Organisation, Kohärenz
Handhab-barkeit	Kontrolle		Zielorientierung		Geschlossenheit
	internale Kontrolle; geringe Machtlosigkeit	Wahrnehmung der eigenen Person als kompetent und zuverlässig	Unabhängigkeit, Arbeitsdruck, Belastung	internale Kontrolle	Optimismus, Beherrschung; kooperatives Problemlösen

In Kapitel Zwei stellte ich die *Bedeutsamkeit*, die motivationale Komponente des SOC, als seine zentrale Komponente vor, da sie den Antrieb liefert, das Verständnis der eigenen Welt und der einem zur Verfügung stehenden Ressourcen zu verbessern. Hier schien der größte Unterschied zwischen diesem Konzept und den fünf Modellen zu liegen. Nur Kobasa scheint mit dem Begriff *Engagement* exakt das Gleiche zu meinen. Doch merkwürdigerweise scheinen wir alle, welche Worte wir auch verwenden, über exakt dasselbe zu sprechen.

Zur Diskussion der Konsequenzen eines erstarrten Rituals siehe Antonovsky (1985, 1986), in denen das Beispiel älterer Juden verwendet wird, die für Kinder, die sich nicht mehr dafür interessieren, eine Passah-Zeremonie durchführen.

Als ich *Bedeutsamkeit* definierte, schrieb ich über Bereiche des Lebens, die einen emotional berühren, die einem etwas bedeuten und in denen das, was geschieht, als Herausforderung betrachtet wird, das ein Engagement lohnt. Kobasa schreibt über

Selbst-Engagement und leidenschaftliches Involviertsein ins eigene Leben. Sicher, die vier anderen beziehen sich nicht unmittelbar auf die Orientierung einer Person, darauf, wie die Welt betrachtet wird. Im Gegensatz zu Kobasa jedoch, die die Quellen des Engagement nicht berücksichtigt, sprechen sie alle in enger Übereinstimmung mit dem, was ich über die Quellen der Bedeutsamkeit geschrieben habe, vom sozialen Klima, – um den Ausdruck von Moos zu verwenden – das bestimmte Arten von Lebenserfahrungen begünstigt. In Kapitel Fünf, in dem die Quellen der Bedeutsamkeit erörtert werden, werde ich auf Erfahrungen der Teilnahme an Veränderungsprozessen hinweisen und darauf, wie man anderen wichtigen Personen wertvolle Lösungsmöglichkeiten entlockt.

Boyce schreibt über zentrale, wertvolle Elemente der Lebenserfahrungen; er betont die Bedeutsamkeit von Ritualen, an denen alle Familienmitglieder partizipieren, und von anhaltenden Erfahrungen, die einem ein Gefühl für den eigenen Wert vermitteln. Sehr stark im Einklang mit dieser Betonung familiärer Erfahrung diskutiert Reiss bei der Betrachtung der Koordination den komplexen Prozeß des Teilens, in dem sich eine gesunde Familie zur Entwicklung eines Konsenses engagiert; ein Prozeß, bei dem der Wert und Beitrag jedes einzelnen Mitglieds betont wird. Werner beschreibt – wenn auch weniger explizit – das durch gemeinsame Werte und Annahmen charakterisierte soziale Netzwerk, das hilft, die Entstehung einer verletzbaren aber unbesiegbaren Person zu erklären. Und Moos schließlich spricht bei der Ausarbeitung seiner Beziehungsdimensionen von Beteiligung, Unterstützung, Engagement und Motivation.

Die zweite Komponente des SOC, *Verstehbarkeit*, befindet sich bis auf eine verblüffende Ausnahme (Kobasa) durch und durch mit der Arbeit der besprochenen KollegInnen im Einklang. In *Health, Stress, and Coping* wurde diese Komponente, die bedeutet, daß die Welt als geordnet, vorhersehbar und erklärbar wahrgenommen wird, als der eigentliche Kern des SOC vorgestellt. Diese Zentralität wird in der Arbeit von Boyce besonders deutlich. Routine, Ritual und verhaltensmäßige Rhythmizität – zusammengefaßt: das Permanenzgefühl –, gewährleisten zweifellos, daß die Welt als verstehbar wahrgenommen wird. Fast zu sehr sogar, wie ich Boyce zu verstehen gab. Mir schien, daß er die Möglichkeit vernachlässigte, daß Routinen rigide und pervasiv werden können und damit Ereignisse mit unvorhersehbarem Ausgang und Überraschungen unmöglich machen. Letztlich verändert sich die Welt andauernd, und dies besonders für Kinder, denen ja die besondere Aufmerksamkeit von Boyce gilt. Ich schlug den Begriff *harmonische Kontinuität* als Ersatz für *Permanenz* vor, um die Gefahr erstarrter Ritualisierung zu vermeiden und organisches Wachstum sowie die Integration von Lebensveränderungen wie Heirat, Geburt, Auszug der Kinder oder Pensionierung zu ermöglichen. Anders ausgedrückt: Permanenz mißachtet sowohl die Effekte von Veränderungen, die einen hinsichtlich der Handhabbarkeit überraschen als auch die Effekte von Ritualen, die dem Bedeutsamkeitsgefühl nicht mehr entsprechen.[10]

---

10. Zur Diskussion der Konsequenzen eines erstarrten Ritals siehe Antonovsky (1985, 1986), in denen das Beispiel älterer Juden verwendet wird, die für Kinder, die sich nicht mehr dafür interessieren, eine Passah-Zeremonie durchführen.

Soweit ich es beurteilen kann, besteht dieses Problem in den Formulierungen von Moos, Werner und Reiss nicht. Moos berücksichtigt diesen Aspekt ausdrücklich bei der Diskussion der Dimensionen von Systemerhaltung- und Systemveränderung. Er fragt nicht nur nach dem Ausmaß, in dem die Umgebung zu Klarheit, Konsistenz und Organisation versus Konfusion beiträgt; eine nicht unbedeutendere Dimension ist das Ausmaß der Offenheit des Systems für Veränderungen. Einer von Werners Schlüsselbegriffen ist *Struktur und Regeln.* Wenn sie betont, daß Kinder in umfassenden Netzwerken leben sollen, deren Mitglieder alle an ähnlichen Werten und Annahmen festhalten, schlägt sie darüber hinaus gleichsam ein dynamisches aber stabiles Umfeld mit gutem Feedback vor, das die Basis dafür liefert, die Welt als vorhersehbar zu betrachten. Reiss' Ausführungen zur Konfiguration stimmen schließlich nahezu wortgleich mit meiner Komponente der Verstehbarkeit überein.

In dieser Hinsicht weicht Kobasas Modell dagegen beträchtlich von meinem Ansatz ab. Ihr Konzept der Herausforderung betont als die normative Lebensweise eine Orientierung in Richtung auf Veränderung anstatt auf Stabilität. Der Widerspruch ist am schärfsten, wenn man Kobasas operationale Definition der Herausforderung betrachtet, die Sicherheitsskala, aus der ich oben einige Items zitiert habe. Ich bin mir nicht sicher, wie eine Person, die einen hohen Wert für Verstehbarkeit aufweist, diese Items, die im Grunde Werturteile darstellen, beantworten würde. Sicher kann man ihnen durchaus zustimmen; ich persönlich tue dies auch. Ich hätte demnach einen niedrigen Wert für Herausforderung.

Es wird den Leser folglich nicht erstaunen, daß ich erfreut war, als ich erfuhr, daß in Kobasas ersten beiden Veröffentlichungen mit empirischen Daten die Sicherheitsskala, die die Herausforderungskomponente der Widerstandsfähigkeit mißt, keinen Vorhersagewert für Gesundheit hat. Es deutete sich sogar an, daß das Gegenteil zutreffen könnte (Kobasa, 1979; Kobasa, Maddi und Courington, 1981). In einem persönlichen Brief an mich äußerte Kobasa, daß sie selbst sich über die Unzulänglichkeit der Sicherheitsskala in Hinblick auf die Messung dessen, was sie als *Herausforderung* bezeichnet, im klaren ist: „Was ich zu messen versuche", schreibt sie, „ist nicht bloße Abenteuerlust oder der Spaß am Chaos. Entscheidend ist für mich die Fähigkeit der Person, Veränderungen, das Unerwartete und Unvorhersehbare als Chance aufzufassen (...) und es in etwas ‚Kohärentes' umzuwandeln." Wenn dies tatsächlich der Fall ist, dann besteht sicherlich viel größere Übereinstimmung zwischen uns, als es zunächst schien. Und tatsächlich hat Kobasa in der revidierten Version des Inventars zur Messung der Widerstandsfähigkeit (Kobasa, 1985) nahezu alle Items gestrichen, die den Wunsch nach Sicherheit ablehnen und stärker solche Items betont, die geschlossene, unzweideutige Situationen, Inflexibilität und Intoleranz gegenüber Ambiguität ablehnen; zum Beispiel: „Wer sich selbst als freien Menschen begreift, wird sich nur frustriert und unglücklich fühlen." Der Akzent, den ich auf die Verstehbarkeit setze, würde im Modell der Widerstandsfähigkeit nach wie vor fehlen. Ich betrachte diese Akzentuierung als essentiell. Will man, um mit Kobasa zu sprechen, Ereignissen als Herausforderungen begegnen, muß man glauben, daß diese Ereignisse geordnet und verstehbar sind oder es zumindest werden können. Ich halte es für wahrscheinlich, daß weitere empirische Studien und konzeptuelle Klärungen zu einer noch größeren Konvergenz zwischen dem Modell der Widerstandsfähigkeit und dem SOC führen werden.

Der vielleicht größte Unterschied zwischen dem SOC und den anderen hier vorgestellten Ansätzen betrifft die Komponente der Handhabbarkeit. Aber dieser Unterschied ist kulturell bedingt. Da ich ein wenig Ausbildung und Felderfahrung in Anthropologie habe und da ich seit vielen Jahren in Israel lebe – nachdem ich zuvor viele Jahre in Amerika verbracht habe –, bin ich mir vielleicht mehr als meine KollegInnen dessen bewußt, daß es viele mögliche kulturelle Wege zu einem Gefühl von Handhabbarkeit gibt. Unser aller Anliegen ist ein Gefühl des Vertrauens, daß man mit den Problemen im Leben zurecht kommen kann. Aber bezüglich der Natur dieses Gefühls unterscheiden wir uns tendenziell.

Kobasas Gebrauch von Rotters Skala der Kontrollüberzeugungen und Werners positive Gewichtung der internalen Kontrollüberzeugung weichen explizit von meinem Ansatz ab. Diese sehr kulturgebundene Skala hat nur für zwei Möglichkeiten Platz: entweder *ich* kontrolliere die Dinge, oder jemand bzw. etwas „von außen" tut dies. Sie postuliert ein fundamentales Mißtrauen in Macht, die in der Hand von irgend jemand anderem liegt. Solch eine Haltung mag in einer Kultur, die auf Individualismus und freier Marktwirtschaft aufbaut, angemessen sein, solange sie nicht paranoid ausartet. Aber es gibt nicht nur diese beiden Alternativen. Man mag sowohl einen hohen Wert für meine Handhabbarkeit aufweisen wie für Kobasas Kontrolle, wenn man den legitimierten anderen genauso wie sich selbst vertraut. Es bedeutet nicht, daß man keine Verantwortung übernimmt; genau das Gegenteil ist wahr. Es bedeutet, daß Macht nicht in den eigenen Händen liegen muß, mit Ausnahme eben jener Macht, anderen die Legitimität zu erteilen oder zu entziehen.

Wenn Kobasa im Zusammenhang mit der Herausforderungskomponente darüber schreibt, wie man sich von Ereignissen nicht zum Opfer machen läßt und ein Gefühl dafür hat, daß man schon zurechtkommen wird, ist dies ganz in Übereinstimmung mit dem Gefühl der Handhabbarkeit. Dieser Aspekt tritt in den Werken der anderen Autoren wesentlich weniger deutlich zutage. Boyce geht, wie bereits erwähnt, nur kurz auf zufriedenstellendes Handhaben ein. Moos betont, wenn er die Dimensionen der Zielorientierung diskutiert, Autonomie und Unabhängigkeit, wobei er die Möglichkeit der wechselseitigen Abhängigkeit und des vertrauensvollen Sich-Verlassens auf die Ressourcen anderer übersieht. Reiss kommt mit seiner Idee, daß nicht der einzelne, sondern die Familie sich mit einem Problem auseinandersetzt und ein Gefühl für Optimismus und Beherrschung hat, meinem Ansatz am nächsten. Aber damit volle Übereinstimmung entstehen könnte, müßten meine KollegInnen ihr Konzept von: „Ich kontrolliere Ressourcen, mit denen ich schon gut zurechtkommen werde" erweitern auf: „Mir stehen Ressourcen zur Verfügung – eigene oder solche von zuverlässigen und vertrauenswürdigen Menschen, mit denen ich schon gut zurechtkommen werde."

In einer erfreulichen und bedeutsamen Veröffentlichung, die für dieses Thema außerordentlich wichtig ist, unterscheiden Weisz, Rothbaum und Blackburn (1984) „zwei grundsätzliche Wege zu einem Gefühl der Kontrolle". Der erste ist jener, auf den sich amerikanische ForscherInnen konzentriert haben – beispielhaft veranschaulicht in Rotters Konzept. Es gibt aber auch eine Alternative, die am Beispiel der japanischen Kultur verdeutlicht werden kann. Was die AutorenInnen als „sekundäre Kontrolle" bezeichnen, ermöglicht die Vorbereitung auf künftige Ereignisse: man erlangt „*vorhersehbare sekundäre Kontrolle*", indem man nicht erfüllbare Erwartungen unterbindet und dadurch, daß man sich mit mächtigen anderen Personen identifiziert und „auf diese Weise *stellvertretende sekundäre Kontrolle* erlangt (...), um sein Gefühl der Stärke oder Macht zu intensivieren". Sie schreiben auch davon, „Beweggründe und Sinn in Ereignissen zu finden, die nicht geändert werden können" (alle Zitate S. 955–956). In dem Aufsatz und den beiden anschließenden Kommentaren von japanischen Forschern wird die Unterscheidung der beiden Wege hin zu einem Gefühl der Kontrolle vergleichend an amerikanischen und japanischen Praktiken der Kindererziehung, Religion, Arbeit und Psychotherapie veranschaulicht.

Demnach ergibt sich für uns alle das Problem, das Konzept des Handhabbarkeitsgefühls – oder wie immer wir es bezeichnen – so zu verstehen, daß es in seiner sozialpsychologischen Bedeutung nicht kulturabhängig ist.

Ich hatte dieses Kapitel über die Konvergenzen gerade abgeschlossen, als ich auf eine empirische Studie von dreißig Familien aufmerksam wurde, die Oliveri und Reiss (1984) durchführten. Sie verwendeten die Family Environment Scale von Moos und Reiss' Verfahren des Kartensortierens. Auf theoretischer Basis gehen die Autoren von einer engen Verbindung zwischen den beiden mit diesen Verfahren gemessenen Gruppen von Dimensionen aus.[11]

Die Parallelen zwischen meiner eigenen Arbeit und der von Reiss bzw. Moos, die ich in Tabelle 2 zusammengefaßt habe, stimmen zwar nicht vollständig, aber doch zum großen Teil mit Reiss' Interpretationen überein. Darüber hinaus fand Reiss in dieser Studie keine Korrelationen zwischen seinen Maßen und denen von Moos, ein empirischer Befund, der seiner Auffassung nach am besten mit methodologischen Gründen erklärt werden kann. Es würde hier zu weit führen, die Diskrepanzen im einzelnen zu analysieren. Ich wollte hier auf Konvergenzen hinweisen.

Ein abschließendes Wort ist noch angebracht. Wir haben alle mit der Aufgabe gerungen, ein prädiktives Modell für Gesundheit zu entwickeln. Fragt man sich aber, ob es Vorhersagemodelle sind, die *erklären*, wie Widerstandsfähigkeit, das Permanenzgefühl und so weiter zu erhöhter Gesundheit beitragen, so zieht man den kürzeren. Nur Boyce geht auf diesen Aspekt ein, indem er ein biologisch determiniertes Bedürfnis annimmt. In Kapitel sechs werde ich mich mit dieser Frage eingehender beschäftigen. Dies sollte nicht als Kritik oder als Anzeichen für grundlegende Fehler in den Modellen gewertet werden, sondern als Hinweis darauf, wieviel Arbeit noch zu tun bleibt.

Partielle Affinitäten

Mit der Diskussion dieser fünf Modelle ist die gesamte Geschichte noch nicht erschöpft. In den letzten sechs bis sieben Jahren haben mehrere Forscher an Themen gearbeitet, die in dem einen oder anderen Aspekt dem salutogenetischen Modell nahestehen. Ich werde hier einige dieser Studien knapp kommentieren.

---

11. Da beide Verfahren nicht ins Deutsche übersetzt wurden, schien eine ausführliche Übersetzung der im englischen Original folgenden detaillierten Skalenvergleiche nicht sinnvoll. (Für Interessierte siehe Originaltext von Antonovsky im Anhang A 3, S. 202)

In der Periode zwischen dem Erscheinen von *Life Stress and Bodily Disease* (Wolff 1949), der nach Selyes Pionierarbeit ersten größeren Studie über den Streßvorgang, und des ersten von Dohrenwend und Dohrenwend herausgegebenen Bandes (1974), wurde die Forschung von dem Denken dominiert, daß psychosozialer Streß zu Krankheit führt. Obwohl ich mich dem Konzept der Widerstandsressourcen näherte, konzentrierte sich mein eigener Aufsatz in dem Buch der Dohrenwends ebenso wie der fast aller anderen auf Stressoren. Aber das Feld begann sich zu verändern. Als Dohrenwend und Dohrenwend (1981) das zweite Buch herausgaben, hatte eine sehr wichtige Akzentverschiebung stattgefunden, die sich besonders treffend im Begriff der *Mediatoren* ausdrückt. Dieses Wort wurde von Rabkin und Struening (1976) in ihrem in *Science* erschienenen Aufsatz geprägt. Zwei miteinander verbundene aber unterscheidbare Hauptrichtungen begannen in der Arbeit über Stressoren gleich wichtig zu werden. Lazarus' folgend, – den man auch als *Mr. Coping* bezeichnen könnte, wenn man seine richtungweisenden Beiträge seit den frühen sechziger Jahren bis heute betrachtet – untersuchten immer mehr Studien die Puffereffekte, die Interaktionen oder, in Lazarus' Terminologie, die transaktionale Beziehung zwischen Stressoren und Copingstilen, Mustern, Ressourcen und so weiter (vgl. Monat und Lazarus, 1977). Zum zweiten wurde soziale Unterstützung ein Modethema. (Es wäre unmöglich, aus der mittlerweile gewaltigen Menge an Literatur zu zitieren. Ich halte die Übersicht von Broadhead et al., 1983 für die relevanteste und kompetenteste)[12].

Zum überwiegenden Teil aber ist die Literatur über Streß[13] pathogenetisch orientiert, unabhängig davon, ob die *Mediatoren* als Puffer oder als direkt Verantwortliche für ein geringeres Krankheitsausmaß betrachtet werden. (Als eine gute theoretisch fundierte integrierende Zusammenfassung dieser Literatur siehe Levis [1979, S. 5] „theoretisches Modell für psychosozial vermittelte Krankheit"; es umfaßt sowohl europäische als auch amerikanische Arbeiten und ist medizinisch gut fundiert). Darüber hinaus beschäftigt sich ein großer Teil dieser Literatur mit psychischer Krankheit – oder, um genauer zu sein, mit depressiven Symptomen – als abhängiger Variable. Ich lese daher diese Arbeiten zwar mit großem Interesse und lerne viel aus ihnen, möchte sie aber nicht unter „Konvergenzen" fassen. Vielmehr möchte ich hier auf einige Studien aufmerksam machen, die eine salutogenetische Frage stellen und Antworten vorschlagen, auch wenn diese vom SOC abweichen.

Obwohl Leo Srole ein langjähriger Freund und Verfasser der ersten Entfremdungsskala ist, erfuhr ich zu meinem Bedauern erst aus der Veröffentlichung der 1974 durchgeführten Replikationsstudie[14] zur psychischen Gesundheit einer großstädtischen Bevölkerung (Srole und Fischer, 1980) von einem viel früheren Aufsatz (Srole, 1967), der vom Ansatz her salutogenetisch ist und einen Anflug des SOC-Konzepts hat. Als er über den *Krieg gegen die Armut* schrieb, analysierte er erneut die Mid-

---

12. Zum derzeitigen Kenntnisstand vgl.: Röhrle, B.: Soziale Netzwerke und soziale Unterstützung. Weinheim: Psychologie Verlags Union, 1994. (Anm. d. Übers.)
13. Im Original „life stress process"-Literatur; dieser von Pearlin, Lieberman, Menaghan, und Mullan (1982) geprägte Begriff hat sich im Deutschen nicht durchgesetzt (Anm. d. Übers.).
14. L. Srole et.al. (1962) führten eine der frühesten und populärsten Studien zur sozialen Epidemiologie psychischer Krankheiten durch, die sogenannte Midtown Manhatten Studie (Anm. d. Übers).

town-Daten und suchte nach einer Erklärung für den pathogenetischen Befund, daß 47,3% der Personen aus der Armutsschicht bezüglich der psychischen Gesundheit der Kategorie „beeinträchtigt" zugeordnet waren. Danach verlagerte er die Aufmerksamkeit auf „diejenigen, die in dem spezifischen Sinn abweichen, daß sie ohne oder mit nur schwachen offensichtlichen Anzeichen oder Symptomen psychischer Beeinträchtigung durch die Wirren [gravierender Armut] gelangt sind". Srole fragte, wer diese Menschen sind, „die im Netz der Armut gefangen sind, aber psychisch intakt bleiben" (S. 135). Unter Berufung auf seine persönliche und intellektuelle Vertrautheit mit Winnebago-Indianern und der Geschichte europäischer Juden nannte er drei soziokulturelle Schlüsselressourcen, von denen er annahm, daß sie zu einer „eugenischen Stärkung und Immunisierung gegenüber der potentiell zerschmetternden Wucht extremer, von außen kommender Not" (S. 137) beitragen: eine stoische Kraft – ein „Sei erwachsen"-Ethos; enge Familienbindungen und ein Gefühl besonderer Gruppenidentität. Srole geht nicht der Frage nach, wie diese Ressourcen in handlungsfähige Copinginstrumente umgesetzt werden. (Hätte er dies getan oder hätte ich seine Studie zum Zeitpunkt ihrer Veröffentlichung gelesen, so wäre das SOC-Konzept womöglich ein Jahrzehnt zuvor entstanden).

Die Unterscheidung wurde von Danish und D'Augelli 1980 klar getroffen. Sie zeigen auf, daß die dominante Denkrichtung in der Prävention – sowohl in der primären, als auch in der sekundären und tertiären (in ihrem Fall hinsichtlich der Psychopathologie) – ein homöostatisches oder Gleichgewichtsmodell menschlichen Funktionierens annimmt. Das Ziel der Intervention ist die Aufrechterhaltung des Gleichgewichts oder, falls dies zerstört wurde, die Wiederherstellung der Situation, die bestand, bevor das Problem aufkam. Das von ihnen als Gegenvorschlag angebotene Modell menschlicher Entwicklung setzt Wachstum und Veränderung voraus und erfordert die Spezifikation von Zielen (in meiner Terminologie zum Beispiel die Bewegung auf den Gesundheitspol des Gesundheits-Krankheits- Kontinuums). Dies bringt sie zu der Argumentation, daß Krisen nicht nur „per definitionem nicht als pathologisch oder problematisch betrachtet werden, [sondern daß] Wachstum ein Stadium des Ungleichgewichts oder der Krise voraus geht, das als Grundlage weiterer Entwicklung dient" (S. 109).

Vaillant, ein Psychiater, hat sich geschickt mit „guter psychischer Gesundheit" als einer Vorhersagevariable für ein gesundes Überleben beschäftigt. Aus einer höchst beachtlichen Reihe von Publikationen über eine in den vierziger Jahren begonnene prospektive 40-Jahres-Studie zur Entwicklung männlicher Collegestudenten wurden viele Erkenntnisse über den Zusammenhang zwischen psychischer und körperlicher Krankheit gewonnen. Die für meine Zwecke wichtigste Lektion aus dem Werk findet sich in einem kurzen Aufsatz von 1979. Hier konzentriert er sich auf eine Untergruppe von 95 gesunden jungen Männern, über die er schreibt: „Ich war sehr beeindruckt, welch geringe Auswirkungen Streß per se auf ihr Leben hatte" (S. 732). Beim Versuch, nicht nur Überleben zu erklären, sondern hervorragende Gesundheit bis weit über das 50. Lebensjahr hinaus, hypostasiert Vaillant als wirksamsten Prädiktor den Abwehrmechanismus, der sich im Erwachsenenalter als dominant manifestiert. Als die entscheidende Variable zur Erklärung von Gesundheit betrachtet er die Art, wie sich eine Person unbewußt an Stressoren anpaßt, nicht das Vermeiden von Streß oder einen bewußten Copingprozeß. Er identifiziert „eine vierte und höchst erwünschte Gruppe von Abwehrmechanismen. Die reifsten Mechanismen beinhalten Humor, Altruismus, Sublimation und Suppression. (...) Zwanzig (80 Prozent) der 25 Männer, die sich vor dem 47. Lebensjahr überwiegend reifer Abwehrmechanismen bedienten, blieben über das 55. Lebensjahr hinaus bei bester Gesundheit; niemand von ihnen starb oder wurde chronisch krank". Dies ist ein weitaus höherer Anteil gesunder Menschen als bei denjenigen, die weniger reife Abwehrmechanismen benutzten. Reife Abwehrmechanismen, so fährt Vaillant fort, „erleichtern denjenigen, die sie nutzen, die Verbindung zu anderen Menschen, (...) [denn] sie machen seine oder ihre soziale Umgebung vorhersehbarer und unterstützender" (S. 733).

Hat Vaillant mit dem psychoanalytischen Konzept der Abwehrmechanismen und dem Stellen einer salutogenetischen Frage Antworten angedeutet, die zumindest mit dem SOC kompatibel sind, so hat Thomas dasselbe in einer ähnlichen Studie getan, aber in einer völlig anderen psychologischen Tradition, derzufolge Temperament als Ausdruck einer angeborenen biologischen Veranlagung gesehen wird. Die Studie war ursprünglich „konzipiert, um in der Jugend auftretende Prädiktoren für vorzeitiges Erkranken bzw. einen frühen Tod zu bestimmen" (Betz und Thomas, 1979, S. 81). An einer Kohorte von 1337 MedizinstudentInnen der John Hopkins Universität, die zwischen 1948 und 1964 ihr Studium abschlossen, wurde ein umfangreicher Satz biologischer und psychologischer Daten gesammelt. Den Probanden wurde jährlich ein Fragebogen zugeschickt. Ende der siebziger Jahre wurden die Daten analysiert, um „das Individuum als biologisch-kulturellen Organismus mit einer inhärenten, charakteristischen Art, seine Erfahrungen zu machen und sich mit den Ereignissen seines Lebens auseinanderzusetzen, darzustellen" (S. 81). Als Organisationsprinzip für die Daten diente das Konzept des Temperaments als einer Disposition, die mit der Geburt gegeben ist und über die Zeit konstant bleibt.

Zwei frühere Studien, mit Teilstichproben von 45 und 127 Personen aus der ursprünglichen Kohorte (Betz und Thomas, 1979), konzentrierten sich darauf, Methoden zu spezifizieren, die eine Klassifizierung der Probanden in Alpha-, Beta- und Gamma-Temperaments-Typen auf der Basis der während des Studiums gesammelten Daten ermöglichte. Die Ergebnisse verweisen auf eine signifikant höhere Anfälligkeit des „unregelmäßig-unausgeglichenen" Gamma-Typs für ernsthafte Funktionsstörungen und Tod als des „langsam-soliden" Alpha- oder des „schnellen-leichtfüßigen" Beta-Typs. Ein Satz aber kündigt eine spätere Arbeit an: „Zusätzlich scheinen die Probanden der Beta-Temperament-Gruppe am meisten Durchhaltevermögen und Resistenz gegenüber Krankheiten zu haben" (S. 88).

In diesem Papier zitiert Thomas (1982) die Lexikondefinition des zentralen Konzepts *Durchhaltevermögen (Stamina)*: „Die physische oder moralische Kraft, die erforderlich ist, um Krankheit, Ermüdung oder Entbehrung zu widerstehen; Ausdauer. Abgeleitet von *stamen* (...) der Lebensfaden". Er rückt hier ein wenig von der in der früheren Veröffentlichung formulierten Betonung der Konstitution ab. Die Diskussion spricht von Individuen, die „mit unterschiedlichen Möglichkeiten und Empfänglichkeiten geboren werden, die die Lebenserfahrungen dann in einen Schutzschild oder in bestimmte Anfälligkeiten umzuformen vermögen. (...) Das Kaleidoskop-Modell geht davon aus, daß *viele* genetische und umweltbezogene Faktoren in die Formel für die Gesundheit hineinspielen. (...) Das Muster verändert sich laufend" (S. 75). Unglücklicherweise jedoch widmet Thomas den Großteil seines Papiers dem Aufzeigen der Charakteristika derjenigen, die mit Suizidalität, Krebs oder einer Herzerkrankung geschlagen sind, und entwickelt das Konzept des Durchhaltevermögens nicht weiter. Zumindest aber haben Thomas und ihre Kollegen damit begonnen, das pathogenetische Modell aufzugeben und einen Begriff vorgeschlagen, der sich in der Zukunft sehr wohl als nützlich herausstellen kann.

Auf den ersten Blick scheinen eine Reihe theoretischer Entwicklungen und empirischer Studien aus dem Bereich der sozialen Lerntheorie und der kognitiv orientierten Verhaltenstherapie wenig mit Salutogenese und dem SOC zu tun zu haben. Dennoch stelle ich fest, daß ich diese Studien mit einem Gefühl von Verwandtschaft lese. Banduras Theorie der Selbstwirksamkeit (1977), die das Engagement bezüglich jeder Art von Verhalten einschließlich des Gesundheitsverhaltens zu erklären versucht, könnte sehr wohl ausgeweitet und auf erfolgreiches Coping von Stressoren angewandt werden. Ist es zu weit hergeholt, vorzuschlagen, daß die drei Bedingungen für wirksames Verhalten in Banduras Theorie (vgl. Saltzer, 1982) den drei Komponenten des SOC analog sind? Erstens der Glaube, daß das beabsichtigte Ergebnis eines bestimmten Verhaltens für einen selbst von Wert ist (das entspricht der Bedeutsamkeit); zweitens der Glaube, daß das Ausführen dieses Verhaltens tatsächlich zu diesem Ergebnis führen wird (das entspricht der Verstehbarkeit); und drittens der Glaube, daß man dieses Verhalten erfolgreich ausführen kann (das entspricht der Handhabbarkeit).

Die nach Bandura „hoch wirksame" Person ist anerkanntermaßen mit derjenigen verwandt, die in Rosenbaums Terminologie ein hohes Ausmaß an „gelerntem Ressourcenreichtum" hat (Rosenbaum, 1983). Rosenbaum stellte Seligmans Arbeit über erworbene Hilflosigkeit auf den Kopf und postuliert, daß „normale" Individuen ein grundlegendes Verhaltensrepertoire erwerben, das ihnen erlaubt, erfolgreich mit hohen Risikofaktoren umzugehen. Genau genommen konzentriert er sich allein auf die kognitiv-emotionale Umstrukturierung interner Ereignisse wie Emotionen, Schmerz oder unerwünschte Gedanken und nicht darauf, wie Ressourcen eingesetzt werden können, um die externalen Faktoren zu verändern, die den internen Streß verursacht haben können. Ich kann zugegebenermaßen wenig substantielle Ähnlichkeit zwischen der emotional-kognitiven Struktur der internen und externen Umgebung, so wie sie in den Komponenten des SOC zum Ausdruck kommt, und Rosenbaums Techniken zum Umgang mit Stressoren (Selbstinstruktion, Problemlösestrategien, Aufschub von Belohnungen und selbstregulierende internale Ereignisse) entdecken. Ersteres bezieht sich auf das eigene Glaubenssystem über das Wesen der Dinge; letzteres bezieht sich darauf, was man tut. Aber es gibt eine Verbindung zwischen den beiden insofern, als daß ein Glaubenssystem implizit dem Handlungssystem zugrunde liegt (und daß ein Handlungssystem an einen Glauben zurückkoppelt und ihn beeinflußt).

Meichenbaum und seine Kollegen konzentrierten sich ebenfalls auf den Erwerb von Copingfertigkeiten; zum Beispiel Selbstentspannung, Problemlösen und Selbstinstruktionen. Diese Strategien wurden zunächst intuitiv und empirisch abgeleitet. Im Laufe der Behandlung von Patienten mit den verschiedenartigsten Problemen wurde ein allgemeines Behandlungsparadigma des Streßimmunisierungstrainings entwickelt. Später wurde dieses Paradigma in einer Theorie verankert, die deutlich Lazarus' transaktionaler Sicht von Streß verpflichtet ist. An dieser Stelle ist die erste Phase von Meichenbaums therapeutischem Ansatz, die Konzeptualisierung, von Interesse (Meichenbaum und Cameron, 1983). Was, so fragen Meichenbaum und Cameron, sind die „stillschweigenden Annahmen und Überzeugungen, die habituelle Wege der Selbst- und Weltkonstruktionen entstehen lassen?" (S. 7). Aber bereits im Vorfeld dieser Phase erinnern einige der „allgemeinen Überlegungen" an die Komponenten des SOC: Entwickle eine kooperative Arbeitsbeziehung mit dem Klienten; sei sensibel für den persönlichen oder kulturellen Stil des Patienten, wie zum Beispiel hinsichtlich Kontrolle und Gelassenheit, definiere das Problem als eine Herausforderung; schaffe ein Gefühl von Neugier und Abenteuer. Dies sind lediglich Hinweise; die Erörterung der Konzeptualisierung enthält weit deutlichere Parallelen zum SOC. Meichenbaum und Cameron sprechen von der grundlegenden Notwendigkeit, „die Determinanten des Problems zu identifizieren" (S. 13) und dies über einen „Übersetzungsprozeß", der das „verworrene Problemverständnis" der Klienten reduziert und sie mit einem „konzeptionellen Bezugsrahmen" (S. 26–27) ausstattet. Auf dieser Grundlage kann „ein Plan für geordnetes adaptives Reagieren" entwickelt werden, und der Klient kann Sicherheit über seine Copingmöglichkeiten gewinnen (S. 28). Schließlich betonen sie, daß „die Klienten während des gesamten Prozesses dieser Rekonzeptualisierung mitarbeiten [sollten]" (S. 29). Obgleich das Stadium der Konzeptualisierung auf eine therapeutische Situation mit einem konkreten Problem bezogen ist, zielt es zumindest implizit darauf ab, beim Klienten das Gefühl für Verstehbarkeit, Handhabbarkeit und Bedeutsamkeit zu stärken.

Wenden wir uns abschließend der Arbeit von Shalit (1982) zu. Im Verlauf seiner langjährigen Forschungsarbeiten in Schweden, die sich zum größten Teil mit der effektiven Leistung im Militär befaßten, hat Shalit Lazarus' Arbeit zum Coping genutzt, verfeinert und erweitert. Er verwandte dabei Begriffe, die weitgehend mit dem SOC-Modell kompatibel sind. Sein Modell zur Integration von Bewertung (AIM)[15] geht von der Annahme aus: „Je kohärenter das Bild, das sich ein Individuum von seiner Situation oder Umgebung machen kann, desto größer seine Möglichkeit, in seiner Umgebung zu handeln bzw. mit ihr zu interagieren" (S. 4). Demzufolge beginnt der Prozeß der Bewertung mit der Beurteilung der Eindeutigkeit und Sicherheit des Stimulus, oder mit dem, was Shalit „Kohärenz" nennt. „Die streßhafteste Bedingung (...) ist die Unfähigkeit zu klären, was die Umgebung ausmacht. Dies ist die grundlegende Hürde, der universelle und primäre Streßfaktor" (S. 7). Diese Bewertung erlaubt es, zu dem überzugehen, was Lazarus das Stadium der primären Bewertung nennt; Shalit nennt dies „Valenz", kennzeichnend für den Wert, die Bedeutsamkeit, Relevanz oder Gefährlichkeit bzw. Gutartigkeit der Situation. Nachdem man beschlossen hat, daß die Situation tatsächlich bedeutsam ist, geht man zur Copingeinschätzung über, „der Bewertung der Kongruenz zwischen wahrgenommenen Ressourcen und den wahrgenommenen Anforderungen der Situation" (S. 9). Da Shalit sein Augenmerk auf das tatsächliche Verhalten in konkreten Situationen richtet, spricht er noch von einem letzten Stadium der „Statusbewertung", das für die jeweilige Situation und die erneute Bewertung nach der adaptiven Reaktion relevant ist. Uns interessieren hier jedoch die

---

15. AIM = Appraisal Integration Model

ersten drei Stadien. Sie weisen eindeutige Parallelen zu Verstehbarkeit, Bedeutsamkeit und Handhabbarkeit auf. Shalit hat sich mit der Entwicklung und Anwendung eines Fragebogens zur Messung der Bewertungsstadien beschäftigt, außerdem damit, sein Modell (mit vielversprechenden Ergebnissen) empirisch zu überprüfen und es auf Gruppen anzuwenden. Er hat sich nicht mit der Frage einer generalisierten Eigenschaftscharakteristik (im Gegensatz zu einer Zustandscharakteristik), die als Bewertungsstärke bezeichnet werden könnte, befaßt. Wir unterscheiden uns in einem wichtigen Punkt insofern, als er davon ausgeht, daß man nur, wenn man eine angemessene Ebene der Verstehbarkeit (in seiner Terminologie: Kohärenz) erreicht hat, entscheiden kann, ob die Situation bedeutsam ist (Valenz hat), wohingegen es für mich klar scheint, daß man sich sehr in einer Situation oder einem Lebensbereich engagieren kann, den man als chaotisch wahrnimmt. Trotz dieser Unterschiede sind wir unverkennbar mit den gleichen Problemen beschäftigt und bewegen uns bei der Suche nach Antworten in eine ähnliche Richtung.

Der Leser wird nun sicher verstehen, warum ich mich nicht länger isoliert fühle. Ich habe mich – hoffentlich mit einigem Erfolg – bemüht, nicht der Versuchung zu erliegen, allüberall Salutogenese und das Kohärenzempfinden zu vermuten. Nichtsdestotrotz und angesichts dessen, daß ich wahrscheinlich wichtige Studien übersehen habe, scheint die Tatsache, daß die Studien von Kobasa, Boyce, Moos, Werner und Reiss geradezu unmittelbar und die Studien im letzten Kapitel nur geringfügig weniger für mein Modell von Belang sind, auf einen bedeutsamen Trend in diesem Forschungsbereich hinzudeuten. Ich habe nicht die geringste Illusion, daß sich ein neuer Zeitgeist durchgesetzt hat. Pathogenese und Risikofaktoren bestimmen nach wie vor in überwältigendem Maße die Streßforschung und verschlingen den Hauptteil der Ressourcen. Dennoch: Wir befinden uns nicht mehr im Jahre 1978.

Hier noch eine abschließende Bemerkung, derer der Leser sich vielleicht nicht bewußt ist. Obwohl mich recht wenig beschäftigt, ob meine Schriften der Soziologie, Epidemiologie oder welchem Fach auch immer zugeordnet werden, definiere ich mich selbst als Soziologen, und meine wichtigste Bezugsgruppe ist die Gemeinschaft der Soziologen. Trotz der Tatsache jedoch, daß die Medizinsoziologie in Europa und Amerika eine führende Teildisziplin ist, konnte ich bis auf eine frühe Studie von Srole keine Arbeit irgendeines weiteren Soziologen in dieses Kapitel aufnehmen. Dies empfinde ich als bedauerlich, denn eine soziologische Perspektive kann sicherlich viel zur Klärung der salutogenetischen Frage und der Suche nach Antworten beitragen. Genau das gleiche gilt auch für die medizinische Anthropologie.

4 Ein neues Meßinstrument für das Konzept

„Es gibt demnach viele kulturelle Wege zu einem starken Kohärenzgefühl", schrieb ich (1979, S. 156). Als jemand, dessen Leben in zwei verschiedenen Kulturen verwurzelt ist, dessen Forschung sich auf soziale Schichten und ethnische Subgruppen konzentrierte und der ausgiebig gereist ist, habe ich mich stets davor gehütet zu glauben, die Welt werde durch eine Stichprobe amerikanischer PsychologiestudentInnen repräsentativ abgebildet. Desgleichen ist mir völlig bewußt, daß es weit mehr als eine potente Methodologie in der Wissenschaft gibt. Nachdem jedoch das salutogenetische Modell entwickelt worden war, und ich der Versuchung widerstanden hatte, seine empirische Überprüfung anderen zu überlassen, stand ich vor der Frage, welche Methodologie ich wählen sollte. Für jemanden wie mich, der in seiner Laufbahn weitgehend Umfrageforschung durchgeführt hatte, lag es nur nahe, in deren Terminologie zu denken. Das unmittelbare Ziel wurde die Erstellung eines Fragebogens zur Messung des Kohärenzgefühls, um die zentrale Hypothese testen zu können, daß das SOC mit dem Gesundheitsstatus in kausalem Zusammenhang steht. Mit diesem Thema beschäftigt sich dieses Kapitel.

Gleich zu Beginn muß ich aber betonen, daß es viele alternative Möglichkeiten zur legitimen Messung des SOC und zur Überprüfung des Modells gibt. *„Unsere Perspektive ist nur ein Teil einer Myriade unzähliger möglicher Handlungen in der Soziologie, keineswegs die einzig richtige Handlung.* Die Arbeitsteilung innerhalb der Soziologie bedarf *aller* Perspektiven verschiedener Stile sowohl der theoretischen als auch der empirischen Auseinandersetzung mit Forschungsdaten". Dies vertritt Glaser (1978, S. 3), der gemeinsam mit Strauss die Grounded Theory entwickelte. Ich stimme mit dieser Haltung gänzlich überein. Ich habe viel von ihrer Arbeit und derjenigen ihrer Kollegen gelernt, insbesondere durch ihre ertragreiche Anwendung in der Gesundheitsforschung (vgl. zum Beispiel Strauss, 1975), und wäre erfreut, wenn ihre Perspektive und ihre Techniken auf die salutogenetische Frage angewendet würden. Ganz ähnlich würde eine nach den Regeln der Ethnomethodologie phänomenologische Beschreibung von Menschen mit starken und schwachen SOCs unsere Kenntnisse bereichern. Das gleiche gilt für strukturierte Interviews, für die Technik, die zur Identifizierung des Typ-A-Verhaltensmusters verwendet wird, oder für projektive Tests. Nur wenn wir verschiedene Methodologien anwenden, können wir lernen und Fortschritte machen.

Nachdem ich dies klar gemacht habe, kann ich mich nun der von mir ausgewählten Methodologie zuwenden.

Die Pilotstudie

Man kann nicht sagen, daß das SOC nach der Fertigstellung von *Health, Stress and Coping* nur eine vage, intuitive Ahnung war. Es war explizit definiert (S. 123), und die Definition war ausgiebig diskutiert worden. Nichtsdestoweniger läßt sich konzeptuelle Klärung nicht leicht in eine operationale Definition umsetzen, insbesondere dann nicht, wenn man Alltagssprache benutzen möchte. Mir kamen glänzende Ideen für Frageitems, häufig zu ungewöhnlichen Tages- und Nachtzeiten, und ich häufte Zettelberge an. Aber bevor ich endlos so weitermachte, entschloß ich mich zur Durchführung einer Pilotstudie. In Kapitel 2 habe ich die Pilotstudie in Bezug auf ihren Beitrag für die konzeptuelle Klärung erläutert. Hier wird sie als erster Schritt der Operationalisierung des SOC vorgestellt.

Für meinen Zweck war zu diesem Zeitpunkt keine repräsentative Stichprobe notwendig. Wie in Kapitel Zwei beschrieben, wandte ich mich an verschiedene Quellen und suchte auf individuellem Wege Personen, auf die zwei Kriterien zutrafen. Erstens hatte die Person ein schweres Trauma mit unausweichlichen einschneidenden Konsequenzen erlebt: schwere Behinderung (achtzehn Personen), Verlust eines geliebten Menschen (elf), schwierige ökonomische Bedingungen (zehn), Internierung in einem Konzentrationslager (acht) oder kürzliche Immigration aus der Sowjetunion (vier). Zweitens wurde die Person von Außenstehenden als erstaunlich gut funktionierend eingeschätzt.

Das Alter der 51 interviewten Personen[1] reichte von 21 bis 91, hinzu kamen vier Teenager. Es waren dreißig Männer und einundzwanzig Frauen. Nahezu alle Interviews wurden in den Wohnungen der Interviewpartner durchgeführt; in Beersheba (dreiunddreißig), dem Bereich Tel Aviv (zehn) und in verschiedenen Gemeinden im Negev im südlichen Israel (acht). Zwölf Befragte waren in Israel geboren; die anderen kamen aus siebzehn Ländern (neunzehn aus Europäischen Ländern und zwanzig aus Nordafrika und dem Nahen Osten). In Bezug auf den Familienstatus war der Modalwert 'verheiratet mit zwei Kindern', doch war die gesamte Streubreite von Single über verheiratet mit acht Kindern zu geschieden, verwitwet und zusammenlebend mit einer bedeutsamen anderen Person inbegriffen. Auch hinsichtlich des Beschäftigungsstatus wurde das gesamte Spektrum abgedeckt, von Arbeitslosigkeit und körperlicher Tätigkeit bis hin zu höheren Beamten und leitenden Angestellten (und acht Hausfrauen). Es ist jedoch interessant, daß von den 51 Personen nicht weniger als fünfzehn hochrangige Verwaltungs- und Leitungsarbeiten innehatten – ein Hinweis darauf, wen unsere Informanten[2] für sehr erfolgreich beim Coping hielten. Die Stichprobe war demnach recht heterogen, abgesehen davon, daß alle Juden waren.

In einem Brief oder Telefonat drückten wir unser Interesse an Bewältigungsstrate-

---

1. Ich bin Zehava Rosenblatt für die Durchführung, Transkription und Hilfe bei der Analyse aller Interviews sehr dankbar. Zehava und ich sind beide den mehr als zwanzig Personen, die uns Kontakte zu den von uns gesuchten Personen vermittelten, und vor allem den Befragten zu Dank verpflichtet. Jede einzelne Lebensgeschichte war für uns eine bewegende Erfahrung.
2. Im Original: referee; die Personen, die Antonovsky auf mögliche InterviewpartnerInnen aufmerksam machten.

gien im Umgang mit Schwierigkeiten im Leben aus; daraufhin erhielten wir so gut wie keine Verweigerung. Anschließend reichten im wesentlichen die simple Frage: „Bitte erzählen Sie uns von Ihrem Leben" und allenfalls eine gelegentliche Nachfrage, um ein reichhaltiges menschliches Dokument zu erhalten. Die Interviews wurden unmittelbar anschließend so wortwörtlich wie es aus der Erinnerung und unter Verwendung kurzer, während des Interviews gemachter Notizen möglich war, aufgeschrieben. Abgesehen von den vier Interviews mit den Jugendlichen, die eher lockeren Unterhaltungen von etwa einer halben Stunde glichen, dauerten die Interviews eine bis dreieinhalb Stunden.

Die Protokolle der Interviews wurden von drei Kollegen und mir gelesen, wobei wir uns von unserem Vertrautsein mit dem salutogenetischen Modell und der expliziten Definition aus *Health, Stress and Coping* leiten ließen. Wir klassifizierten jeweils unabhängig voneinander jeden Befragten auf einer Zehn-Punkte-Skala, die von starkem zu schwachem SOC reichte, und anschließend in stark, gemäßigt und schwach zusammengefaßt wurde. Viele von denen, die uns Interviewpartner genannt hatten, waren sich zum Glück nicht gänzlich darüber im klaren, wie bescheiden oder marginal die Bewältigung vieler dieser Befragten war. Dies zeigte sich daran, daß eine beträchtliche Zahl von ihnen in unserer Klassifikation einem gemäßigten oder schwachen SOC zugeordnet wurden.[3] Es gab einen angemessenen Grad an Übereinstimmung bei der Klassifikation. Drei oder vier von uns ordneten 29 (62 Prozent) der 47 erwachsenen Befragten derselben Kategorie zu: sechzehn (34 Prozent) stark, sechs (13 Prozent) gemäßigt und sieben (15 Prozent) schwach. In Bezug auf elf weitere Befragte (23 Prozent) stimmten wir ausreichend überein, um uns ihre Einordnung in die gemäßigte (sieben) oder die schwache (vier) Kategorie zu erlauben. Beachtliche Uneinigkeit bestand in Bezug auf sieben (15 Prozent) Protokolle.

Als ein erstes Ergebnis eines empirischen Vorstoßes, die konsensuelle Validität des SOC-Konzepts zu überprüfen, erschienen diese Ergebnisse nicht schlecht. Aber das Ziel der Pilotstudie bestand genau darin, die Basis für diese Validität zu verbessern. Der nächste Schritt war, sehr detailliert die Protokolle der sechzehn Personen zu überarbeiten, welche als solche mit einem starken SOC eingestuft worden waren, und diejenigen der elf am gegenüberliegenden Ende. Ich suchte nach Elementen, die Hinweise auf die Art der Lebensbetrachtung gaben, und die in der ersten Gruppe häufig vorkamen, aber in der letzten nicht und vice versa. Immer und immer wieder tauchte eine Anzahl von Sätzen und manchmal sogar einzelnen Wörtern auf, die bestimmte Arten zum Ausdruck brachten, wie man seine eigenen Erfahrungen und die Welt betrachtet. Zweifellos war meine Prüfung der Protokolle nicht völlig unvoreingenommen. Daher ist es kein Zufall, daß dieser Arbeitsschritt mit drei Konzepten abgeschlossen wurde, die Ähnlichkeit mit den drei zuvor aus *Health, Stress and Coping* zitierten Charakteristika von Lebenserfahrungen hatten. Aber während diese Charak-

---

3. Ich bin mir bewußt, daß ich an dieser Stelle ein starkes SOC mit adäquatem Coping gleichgesetzt habe, was unzulässig ist, wenn man die Hypothese überprüfen will, daß das SOC prädiktiv für das Coping ist. Zweifellos haben in der Pilotstudie unsere subjektiven Eindrücke bezüglich der Angemessenheit des Coping unsere Beurteilung des SOC beeinflußt. Wie weiter unten deutlich wird, weicht das Maß für das SOC deutlich von Gesundheitsmeßwerten ab.

teristika in dem Buch nicht detailliert ausgeführt worden waren, hatte ich nun einen gewissen Zugriff auf die Sprache, in der die Menschen selbst sie ausdrücken.

Ich möchte mit dem Leser Auszüge aus einigen der Interviews teilen, die sowohl die explizite Formulierung der drei Komponenten des SOC als auch die Wortwahl der Items für den Fragebogen beeinflußt haben. (Für den ausführlichen Text beispielhafter starker und schwacher SOCs vgl. Antonovsky, 1984a). Die Auszüge sind wörtliche Übersetzungen aus dem Hebräischen, in dem alle Interviews durchgeführt wurden.

Befragte mit einem starken Kohärenzgefühl

Befragter 1 (männlich, 50, verheiratet, zwei Kinder, Leiter einer sozialen Einrichtung, Überlebender des Holocaust)

[In Erinnerung an Ereignisse des Zweiten Weltkriegs] Obwohl diese Ereignisse für mich lebende Erinnerungen sind, bezogen sie sich, so wie es war, nicht speziell auf mich. Ich hatte nicht das Gefühl eines persönlichen Affronts. Was geschah, geschah jedem von uns. [Als 15jähriger im Ghetto] Ich führte gleichermaßen meine Studien fort und schloß mich dem Untergrund an, wo ich lernte, mit Waffen umzugehen. (...) Dies hielt mich gesund. (...) Ich war pessimistisch, glaubte nicht, daß ich oder andere lebend aus dem Ganzen herauskommen würden. (...) Aber ich hielt nichts davon, meine Identität aufzugeben, nur, um am Leben zu bleiben. [Im Konzentrationslager] Der Tod war kein tägliches Ereignis, fand jedoch in jedem Moment statt. Aber wir wurden isoliert, auch hier war es wieder ein kollektives Ereignis, nicht gegen mich persönlich gerichtet. [Nach dem Krieg] Es war natürlich, daß ich nach Israel ging (...) der Armee beitrat (...) und dann anfing zu studieren.

Befragter 2 (männlich, 52, verheiratet, vier Kinder, höherer Staatsdienst, ökonomische Deprivation)

Ich sah den Kibbuz realistisch, nicht idealistisch. (...) Spannungen gibt es überall. Die Frage ist, wie man mit Dingen wie Eifersucht oder Streitigkeiten fertig wird. (...) Bildung bedeutet, Dinge aufzugeben, sich anderen anzupassen. Du kannst nicht von anderen erwarten, daß sie sich Dir anpassen. [Beim Sprechen über seine Arbeit] Ich liebe meine Arbeit, die Tätigkeit ist eine Herausforderung. (...) Sicher, es gibt Spannungen. (...) Aber ich habe nicht aufgegeben, weil ich sie meistere und sie mir nicht zu Herzen nehme. (...) Wenn ich doch kündige, habe ich vor solch einer Veränderung absolut keine Angst. (...) Ich versuche, mir Dinge nicht zu Herzen zu nehmen.

Befragter 4 (männlich, 90, verheiratet, zwei Kinder, im Ruhestand, ökonomische Deprivation)

Wie wir all die Schwierigkeiten in unserem Leben gemeistert haben? Du brauchst Geduld. Du mußt an die Verheißung glauben, ein Wort, das ich in Bulgarien gelernt habe. (...) Es muß nicht Gott sein. Es kann eine andere Macht sein, aber Du mußt Glauben haben. Sonst kannst Du nicht so viel erleiden und weitermachen. (...) Wie kann Deine Gesundheit sein, wenn Du so alt bist? Aber ich habe keine Beschwerden. (...) Ich sehe nicht so gut, ich kann nicht lesen, das stört mich. Ich arbeite etwa drei Stunden täglich in dem Zentrum für Blinde, zusammen mit meiner Frau. (...) Ich habe immer gearbeitet und mich immer nach Arbeit umgesehen.

Befragte 16 (weiblich, 45, verwitwet, zwei Kinder, Technikerin, Tod des Ehemanns)
[Nach dem unerklärlichen Tod des Ehemanns, der eventuell mit einer früheren Verletzung aus der Armeezeit in Verbindung steht] Ich lehnte ab, eine Klage einzubringen, den Tod meines Mannes auszunutzen. Vielleicht ist es verrückt, aber ich hatte das Gefühl, daß ich mich in seinem Sinne loyal verhalte. (...) Ich habe einige Nachforschungen angestellt, aber nach einer Weile aufgehört. Es macht keinen Sinn, zu graben und zu graben; das verändert das eigentlich Wichtige nicht. (...) Ich habe seinen Tod niemals in ein Ritual verwandelt. Statt dessen habe ich mich ganz den Kindern gewidmet. (...) Aber wir brauchten dringend Geld, und ich bekam eine Stelle in der Firma meines Mannes. (...) Ich hatte gute Freunde und begann damit, mit ihnen auszugehen. [Nach ungefähr vier Jahren] Biologisch gesehen kann eine Frau sich daran gewöhnen, alleine zu sein, aber es sind all die anderen Dinge, auf die es ankommt. (...) Und jetzt, da die Kinder etwas älter sind, kann ich machen, was für mich gut ist und nicht nur an sie denken. (...) Ich habe wieder zu lernen begonnen, wer ich bin, was ich geben kann und was ich brauche.

Befragte 17 (weiblich, 47, verheiratet, ein Kind, ehrenamtliche Tätigkeit, Sohn als Soldat gefallen)
Sie können mich über alles fragen, was Sie möchten, auch über meinen Sohn. Er war 21, als er im Krieg fiel. (...) Die meiste Zeit meines Lebens war ich sehr stark in ehrenamtliche Aktivitäten eingebunden. [Von Beruf Lehrerin, aber mit der Arbeit nach der Geburt des zweiten Kindes aufgehört.] Mir gefiel es, zu Hause zu sein, obwohl ich mich auch in speziellen Lehrtechniken weiterbildete. (...) Was mir wirklichen Antrieb verschaffte (...) ich sah zunehmend, wie wichtig Gemeindeaktivitäten waren, insbesondere Kinderhorte für berufstätige Mütter. (...) Ich war Tag und Nacht damit beschäftigt, aber die Dinge zu Hause wurden davon niemals beeinträchtigt. (...) Irgendwie kümmere ich mich nur sehr viel. (...) Während unserer *shiva* [Trauer] empfand ich den Drang, zu den Ursprüngen zurückzukehren. (...) Meine Freunde waren mir behilflich, sie halfen mir, schnell zu meiner Arbeit zurückzugehen. Aber der Drang kam von mir selber. (...) Ich beschloß, daß ich es einfach schaffen mußte, ich würde mich nicht zerstören lassen. (...) Du mußt weiter funktionieren, machen, was zu machen ist. [Nachdem sie über ihre Großmütter und andere Frauen, denen Tragisches widerfahren war, gesprochen hatte] Was sie alle gemeinsam hatten, waren Tätigkeiten in der Gemeinde. Hieraus kannst Du Kräfte schöpfen, es ist wie ein Wiederaufladen Deiner Batterien, Du fühlst Dich wohl (...) natürlich möchtest Du schreien, aber ich habe es nicht getan. (...) Und dann habe ich schließlich noch meinen Mann und meinen Sohn.

Befragte 22 (weiblich, 21, verheiratet, schwanger, Telefonistin, Polio-Behinderung, ökonomische Deprivation)

Ich lief immer absichtlich eine beachtliche Strecke, sogar gegen die Anweisungen der Ärzte. (...) Ich lache viel, lache mit jedem. (...) Als mein erster ernsthafter Freund mich verließ, weil er von seiner Familie unter Druck gesetzt worden war, schmerzte das, aber ich wußte, daß es das Beste war, weil es nur Probleme mit seiner Familie geben würde. (...) Ich tanze und schwimme liebend gerne. (...) Die Familie meines Mannes liebt mich einfach. (...) Ich wurde gleich nachdem wir geheiratet hatten schwanger, verlor aber das Baby, weil ich mich von meiner Schwester mit Masern ansteckte. Die Ärzte warnten mich davor, wieder schwanger zu werden, aber wir wollten ein Baby. Bis jetzt geht es mir gut. (...) Ich bin glücklich mit meiner Arbeit und gut darin. (...) In der Schule, während der Ausbildung und in meinem vorherigen Job wurden mir immer Komplimente gemacht, ich kam immer gut zurecht und bewährte mich. (...) Manchmal, wenn ich alleine bin, denke ich über mich selber nach, denke, daß ich ohne die Prothese nichts tun kann, aber mit ihr kann ich alles machen. (...) Ich hatte immer einen starken Willen, hatte niemals das Gefühl, daß etwas mit mir nicht stimmte. (...) Du mußt Dein Leben zu nutzen wissen.

Befragter 36 (männlich, 42, geschieden, Telefonist, blind seit dem dritten Lebensjahr)

Zunächst ließen meine Eltern mich nicht unabhängig sein, ich sollte mich auch als ein jüdisches Kind nicht zu den Arabern gesellen [in Nordafrika]. Aber ich interessierte mich für alles. Hörte Radio, lernte von meinen Freunden, die mir Bücher vorlasen. (...) Sicher, ich spürte, daß ich eine Behinderung hatte, aber ich empfand sie nicht als solche, weil sie in meinen Augen keine Tragödie war. (...) Natürlich, ich bin anders als andere Menschen – sie sehen und ich nicht. Aber es stört mich nicht. Es ist eine Tatsache meines Lebens. Es ist keine Strafe, weil ich gestohlen oder gelogen habe. (...) Ich werde nicht böse, lache und singe immer. [Nachdem er beschrieben hat, was er alles über Zionismus und Israel gelernt und geträumt hat] Als ich schließlich hierher kam, waren die Dinge nicht fremd, ich verstand, was vorging. (...) Ich fühlte mich nie unfair behandelt. (...) Ich war nicht glücklich darüber, die ganzen Jahre nicht zu arbeiten, aber meine Familie hatte Geld und ich konnte Dinge lernen. (...) [Beschreibung der Ausbildung am Zentrum für Blinde] Ich lernte Braille und mich alleine auf der Straße zurecht zu finden, und dann lernte ich, eine Telefonanlage zu bedienen. (...) Ich bin über meine Arbeit sehr erfreut, insbesondere darüber, bei der Ausbildung anderer helfen zu können, obwohl ich gerne mehr Zeit zum Lesen und Orgelspielen haben würde. (...) Vor einigen Jahren wurde ich zu einer arrangierten Ehe gedrängt. Mir tut es nur leid, daß ich nicht von vornherein den Mut hatte, sie abzusagen. Es zeigte sich, daß wir nichts gemeinsam hatten und so wurden wir geschieden. (...) Ich bin religiös, aber kein Rabbi. (...) Ich liebe den Judaismus, die Tradition. Er gibt mir ein optimistisches Gefühl, wirklichen Optimismus. Ich sage immer, daß sich die Dinge gut entwickeln werden. (...) Ich verzweifle niemals. (...) Ich habe nichts, worüber ich mich beschweren könnte. Es ist alles eine Sache des Willens. Ich bedauere nur, noch nicht verheiratet zu sein. (...) Was ich tun kann, tue ich; was ich nicht kann, nun gut (...) Du mußt das Leben nehmen wie es kommt.

Befragte 43 (weiblich, 55, verheiratet, ein Kind, Hausfrau, Sohn in Kampfhandlung getötet)

Als ich nach Israel kam, entwickelte sich alles wunderbar. (...) [Nach dem Tod des Sohnes] Wenn etwas Furchtbares geschieht, suchen die Menschen nach einem Schuldigen. Aber ich tue das nicht, absolut nicht. (...) Ich beschloß, daß ich ihn lebend in Erinnerung behalten möchte, voller Freude und Glück. (...) Vielleicht hat die Tatsache, daß unser Leben all die Jahre so gut verlaufen war, uns Kraft verliehen. (...) Ich sagte, daß man nur darüber hinwegkommen muß. Es ist keine Sache der Phantasie. (...) Sogar als wir unsere *shiva* abhielten, sagte ich, daß man niemandem die Schuld geben kann. Offensichtlich hatte es einfach geschehen müssen und das war's. (...) Es half mir, daß ich an das Schicksal glaube. (...) Das ganze Leben besteht aus Höhen und Tiefen. (...) Wir sind aus Fleisch und Blut, nicht aus Eisen (...) aber vielleicht ist der Mensch stärker als Eisen. [Nach Erwähnung des Todes ihrer verheirateten Tochter] Es schmerzt alles fürchterlich, aber ich lebe im Hier und Jetzt. Ich kann immer noch an den Freuden anderer teilhaben. (...) Manchmal habe ich sogar das Gefühl, daß ich vom Leben bevorzugt worden bin. (...) Vielleicht würde ich noch nicht einmal alles, was ich erhalten habe, zu würdigen wissen, wenn diese Dinge nicht geschehen wären. (...) Du schluckst Deine Tränen und machst weiter.

Befragte mit einem schwachen Kohärenzgefühl

Befragte 3 (weiblich, 50, verwitwet, zwei Kinder, Hausfrau, Tod des Ehemanns vor drei Jahren)

Ich bin eine kranke Frau, ich habe immer an irgend etwas gelitten, auch schon vor der Tragödie vor drei Jahren, als mein Mann starb. (...) Sie warfen ihn aus dem Krankenhaus, als ob alles in Ordnung sei. Aber ich wußte aufgrund seines Aussehens, daß er krank war. (...) Ich glaube an das Schicksal. Sicher, ich weiß nicht, in wessen Händen es liegt, weil ich nicht mehr an Gott glaube. (...) Ich konnte seinem Vater nicht in die Augen sehen – er starb ein Jahr später – oder meinem älteren Sohn. (...) Ich weinte nicht bei der Beerdigung, aber seitdem habe ich nur noch geweint. (...) Mein Leben ist seit jeher voller Verluste gewesen. (...) Die Dinge sind hart, ich habe keinen Glauben an irgend jemanden mehr. (...) Das ganze Leben ist voller Probleme, nur beim Sterben gibt es keine Probleme. (...) Ich denke nicht einmal daran, mit einem Mann auszugehen oder wieder zu heiraten. (...) Wir haben die Knaus-Ogino-Methode angewandt, aber es gab Pannen und ich hatte mehrere Abtreibungen. Mein Mann wollte nicht verstehen. Als er damit drohte, zu anderen Frauen zu gehen, sagte ich, es mache mir nichts aus, solange er mich bloß in Ruhe ließe.

Befragter 13 (männlich, verheiratet, drei Kinder, arbeitslos, Beinbehinderung nach einem Unfall beim Militär)

Ich weiß nicht, warum man Sie zu mir geschickt hat, ich bin nicht rehabilitiert. In einem Fall wie meinem kann nichts getan werden. (...) Jedes Mal, wenn ich das [Rehabilitations-] Büro anrufe, lügt der Angestellte. Wenn ich hinkomme, fühle ich mich wie ein Pechvogel. (...) Sie sind alle eine Mafia. (...) Es ist nicht meine Schuld, daß ich nicht rehabilitiert wurde. (...) Jeder Tag ist eine Prüfung, sich in einem Laden oder einem Büro in die Reihe zu stellen. (...) Ich warte gerade auf eine Taxilizenz, die man mir versprochen hat. (...) Letztes Jahr ging mein Vater auf eine Reise [in die judäische Wüste] und verschwand einfach. (...) Die Kinder sind nervös, lernen nicht und weinen nur. Meine Frau nimmt es ebenfalls schwer. (...) Ich habe keine Kraft mehr übrig, ich breche einfach zusammen. (...) Es gibt Menschen, die vom Arzt im Reha-Büro einfach zusammengestaucht werden: er stufte meine Behinderung von 27 Prozent auf zehn Prozent herunter. (...) Sie geben jemandem ohne Zähne eine Walnuß zu knacken. Ich bin nur ein Ball mit dem die da oben spielen.

Befragter 30 (männlich, 44, verheiratet, vier Kinder, Arbeiter, zerrüttete Herkunftsfamilie, Zusammenbruch nach Kampfhandlung)

[Nach detaillierter Beschreibung seiner Schwierigkeiten als Kind und nachdem er nach Israel geschickt worden war, mit einigen Phantasien darüber, ein Boxer zu sein] Alle haben mich in die Mangel genommen. Ich mochte den Kibbuz, Du kannst dort alle Deine Sorgen hinter Dir lassen. Und ich bin ein Schwarzseher, die ganze Zeit denke ich darüber nach, was das Leben bringen wird. (...) [In der Armee passierte eine schreckliche Sache nach der anderen]. Sie nahmen mich in die Mangel. [Nach der Armee] Sie haben mich einfach nicht meinen Platz im Leben finden lassen, keiner schert sich den Teufel. (...) Einmal war ich als Nachtwache eingesetzt, es war höllisch kalt und ich schlief ein und jemand petzte. [Nach der Heirat] Ich konnte keine Arbeit finden und so lebten wir bei den Eltern meiner Frau und sie unterstützten uns für ein Jahr. Wann immer ich versuchte zu arbeiten, wurde mir gesagt, ich würde nur alles verpfuschen. (...) Jetzt ist mein Sohn in der Armee, und es geht ihm auch schlecht. (...) Was kann ich machen? Mittlerweile bin ich an meine Frau und die Kinder gebunden. (...) Sie holen mich ständig zu Reservisteneinsätzen, das bringt mich ins Grab. (...) Ich wollte Selbstmord begehen. (...) Später haben sie mich in die Psychiatrische Klinik eingewiesen, wo mir alle meine Sachen gestohlen wurden. (...) Sie haben mein ganzes Leben ruiniert. (...) Jetzt arbeite ich, was kann ich sonst tun. (...) Es ist alles nur, weil mein Vater starb, als ich ein Kind war und ich herumstreunte. (...) Es ist hart mit den Kindern. Manchmal gehen sie mir auf die Nerven und ich kommandiere sie herum. Meine Frau arbeitet auch. Was erwarten Sie, sie hat keine Wahl. [Am Schluß des Interviews fragt er] Und was werden Sie für mich tun?

Befragte 29 (weiblich, 59, verheiratet, zwei Kinder, mittlere Verwaltungstätigkeit, Überlebende des Holocaust)

[Nach dem Zweiten Weltkrieg] Ich heiratete den ersten jüdischen Mann, dem ich begegnete. Wir gehörten zwei verschiedenen Welten an; unsere Ehe war nie ein Erfolg. (...) Ich brachte ein Kind zur Welt (...) widmete mich ihr völlig (...) schreckliche Schuldgefühle (...) ein permanentes „Mit-dem-Kopf-durch-die-Wand-Wollen" meinerseits. (...) Ich habe alles aufgegeben. (...) Sie ist im Beruf sehr erfolgreich, aber sehr nervös und eine große Lügnerin. (...) Ich habe durch sie endlose Enttäuschungen erfahren. Wenn ich liebe, ist es grenzenlos. Haß ist bei mir ebenfalls grenzenlos. (...) Was ich wirklich bedauere ist, daß ich meiner Schwester im Konzentrationslager das Leben gerettet habe (...) es endete damit, daß der Kontakt zu ihr abbrach. Ich weiß nicht, wie man Kompromisse schließt. (...) Ich bin mit meiner Arbeit nicht glücklich, immer unter Streß. Ich muß mein Revier verteidigen, wie tausend Tiere sein, nicht zulassen, daß mich jemand verletzt. (...) Das ganze Leben ist ein permanenter Kampf. [Nach Aufzählung einer Reihe von körperlichen Krankheiten] Ich muß einfach die Last weitertragen. [Mein Schwiegersohn] vertraut mir nicht (...) empfindet nichts für mich. (...) Wenn ich wütend werde, fühle ich mich, als ob mir ein Messer in die Brust gestochen wird. (...) Wir haben keine Freunde, leben ein abgeschirmtes Leben. (...) Wenn ich alle Fehlschläge zusammenzähle, sehe ich keinen Lichtschimmer. (...) Ich habe keine Hoffnung, keine Kraft, nur Willenskraft. (...) Zeige niemals, daß Du einen wunden Punkt hast. (...) Du mußt handeln, als seist Du auf der Bühne. (...) Wenn Du nicht schauspielerst, landest Du im Grab. Es gibt kein Mitleid, nur Ausbeutung. Es ist mein Fehler, daß ich so altruistisch bin, mich niemals um mich selbst kümmere.

Das Entwerfen des Fragebogens

Ich hatte viel Erfahrung im Entwerfen von Fragebogen und lange Zeit Fragebogendesign gelehrt. Aber obwohl ich selbstverständlich mit vielen sozialwissenschaftlichen Indizes vertraut war, hatte ich noch nie vor dem Problem gestanden, einen Index zu konstruieren, der mehr sein mußte als ein Instrument für eine einmalige Studie. Das Lesen einer Vielzahl von Texten über Forschungsmethoden war enttäuschend. Es gab viele Hinweise darauf, was ein gutes oder schlechtes Fragebogenitem ausmacht. Ich stieß auf statistische Methoden, wie zum Beispiel Gesamt-Item-Meßwert-Korrelationen oder die Faktorenanalyse, die die Dimensionalität abklärten und angaben, welche Items zu dem, was als Index verwendet werden sollte, gehörten und welche nicht. Die Prüfung vieler Indizes wie zum Beispiel Rotters Skala zur Kontrollüberzeugung, psychosomatische Indizes oder Entfremdungsskalen ergab ein eindeutiges Muster. Der Forscher stellte intuitiv oder aus der Literatur Items zusammen, die nach Augenschein mit dem zu operationalisierenden theoretischen Konzept in Verbindung standen oder die dieses ausdrückten. Dieses Konzept und nur dieses Konzept bestimmte, ob ein Item aufgenommen werden sollte oder nicht. Andere Elemente des Items wurden konstant gehalten – die Zeitspanne zum Beispiel („Haben Sie während der vergangenen zwei Wochen...") – oder nicht berücksichtigt. Der letztendliche Index war eine Entscheidung des Computers.

Die Operationalisierung des SOC jedoch machte es erforderlich, im Stadium der Itemerstellung eine Einschränkung einzuführen. Ein zentrales Element des theoretischen Konzepts war, daß es sich beim SOC um eine „globale" Orientierung handelt, eine Art der Weltsicht, eine dispositionelle Orientierung und nicht um eine Reaktion auf eine spezifische Situation. Es wird explizit von der Hypothese ausgegangen, daß man nicht ein starkes (oder schwaches) SOC in einem einzigen Lebensbereich haben kann und sich in anderen Lebensbereichen auf einem anderen Niveau befindet. Dies machte es notwendig, daß sich der Fragebogen auf eine breite Vielfalt von Stimuli oder Situationen bezieht. Solche Bezüge müßten bewußt und systematisch hergestellt werden. Anders ausgedrückt: jedes Item hatte so konzipiert zu sein, daß es aus intentional gewählten Elementen bestünde, die von dem Teil des Items, der sich auf das SOC bezieht, abweichen.

Um diesen Aspekt zu verdeutlichen, lassen Sie uns einige Items einer sehr bekannten Skala betrachten. Die Selbstentfremdungs-Skala (Kobasa und Maddi, 1982) beinhaltet die beiden folgenden Items:

1. „Der Versuch, sich selbst zu kennen, ist verschwendete Liebesmüh."
2. „Der Glaube an Individualität ist nur zu rechtfertigen, wenn andere beeindruckt werden sollen."

Die AutorInnen hatten eindeutig das Gefühl, daß die Items als Ganzes Augenscheinvalidität hatten, daß sie das Konstrukt zu messen schienen. Empirische Arbeit sollte überprüfen, ob dies der Fall ist. Aber betrachten Sie die Items eingehend. Das erste kann so verstanden werden, daß es sich auf den Befragten bezieht oder allgemein auf irgend jemanden; das zweite bezieht sich eindeutig auf eine generalisierte Überzeugung. Das zweite beinhaltet Bezugnahme auf andere, das erste nicht. Das erste hat einen kognitiven Anstrich, der dem zweiten fehlt. Diese Unterschiede werden durch den gesamten Fragebogen hindurch nicht systematisch variiert, sondern sie werden einfach nicht bedacht. Wir wissen genug über die Konstruktion von Fragebogen um zu wissen, daß jedes aufgenommene Wort, nicht nur ein Schlüsselwort oder der allgemeine Sinn des Items, die Antwort beeinflußt. Mein Ziel bei der Konstruktion der SOC-Skala war es, diesen Fallstrick zu vermeiden.

Das Instrument, das einem dies ermöglicht, ist das von Guttman entwickelte Facetten-Design (vgl. Shye, 1978)[4]. Es basiert auf der Vorstellung eines kartesianischen Raumes. Der Forscher spezifiziert Facetten dessen, was es zu messen gilt, sowie die wichtigen Elemente jeder einzelnen Facette. Das Profil, oder „structuple", besteht aus einer bestimmten Kombination eines Elements in jeder Facette und bildet die Basis für die Formulierung der einzelnen Items. Ein Abbildungssatz, der die Facetten und Elemente präsentiert, subsumiert auf formale Weise in knapper Form das gesamte Potential der Fragebogenitems (vgl. Abbildung 1).

---

4. Zum aktuellen Stand s. Borg, I.: Grundlagen und Ergebnisse der Facettentheorie. Bern: Huber 1993. (d. Übers.)

Das Entwerfen des Fragebogens 81

Abbildung 1: Abbildungssatz des Kohärenzgefühls für das Fragebogen-Design

A. *Modus*

Befragter X reagiert auf einen { 1. instrumentellen 2. kognitiven 3. affektiven } Stimulus

B. *Ursprung*

dieser entspringt aus der / den { 1. internen 2. externen 3. internen und externen } Umgebung(en)

C. *Anforderung*

und er stellt eine { 1. konkrete 2. diffuse 3. abstrakte } Anforderung; der Stimulus

D. *Zeit*

befindet sich in der { 1. Vergangenheit 2. Gegenwart 3. Zukunft } Reaktionsdimension

E. *SOC-Komponenten*

1. Verstehbarkeit
2. Handhabbarkeit
3. Bedeutsamkeit
{ hoch β niedrig } in Begriffen der Facetten E.

Im vorliegenden Fall war klar, daß die erste zu berücksichtigende Facette das SOC (der Antwortmodus) mit seinen drei Komponenten Verstehbarkeit, Handhabbarkeit und Bedeutsamkeit war. Jedes Item würde darauf begrenzt werden, eine dieser Komponenten (oder technisch gesprochen: Elemente) auszudrücken. Diese Facette ist folglich der Antwortmodus der Befragten auf einen gegebenen Stimulus. Anders formuliert: ein Fragebogenitem würde lauten: In welchem Ausmaß nehmen Sie Stimulus X als verstehbar wahr? (Zum Beispiel: Wie oft haben sie den Eindruck, daß Sie nicht verstehen, was andere Menschen Ihnen sagen?) Ein zweites Item würde fragen: In welchem Ausmaß nehmen Sie Stimulus X als bedeutsam wahr? (Zum Beispiel: Wie oft finden Sie, daß es Ihnen gleichgültig ist, was andere Leute Ihnen sagen?). Ein drittes Item würde fragen: In welchem Ausmaß nehmen sie Stimulus Y als verstehbar wahr? (Zum Beispiel: Wie oft haben Sie den Eindruck, daß Sie nicht verstehen, was Sie in der Zeitung lesen?) Und so weiter. Der nächste Schritt war, bedeutsame Facetten der Stimuli zu bestimmen sowie die Elemente, die unter jeder Facette aufgeführt werden sollten. Vier Facetten wurden ausgewählt: der Modus des Stimulus (instrumentell, kognitiv oder affektiv), sein Ursprung (internal, external oder sowohl internal als auch external), die Art der von ihm gestellten Anforderung (konkret, diffus oder abstrakt) und sein Zeitbezug (Vergangenheit, Gegenwart oder Zukunft).

Die Facetten-Technik ist ein Instrument, das von jedem Forscher auf seine eigene Art benutzt wird. Guttman zieht die Arbeitsweise vom theoretischen Konzept über den formalen Abbildungssatz zur Itemkonstruktion vor. Ich selbst bevorzuge ein Vor und Zurück von intuitiven und aus der Literatur abgeleiteten Items zu einem Entwurf eines Abbildungsatzes, zu neuen Items und wieder zurück. Weder die Facetten noch die Elemente sind heilig. Unterschiedliche Forscher, die vom gleichen Konzept ausgehen, können am Ende unterschiedliche Abbildungssätze haben, die dann miteinander verglichen werden und bedeutsame Beiträge für die konzeptuelle Klärung leisten können. (Ich sollte auch noch hinzufügen, daß der Prozeß ein reines Vergnügen ist.)

Man erreicht das vorletzte Stadium dieser Prozedur, wenn man einen zufriedenstellenden Abbildungssatz hat sowie eine Reihe von Items, von denen jedes ein Profil repräsentiert. Der Abbildungssatz, bei dem ich letzten Endes gelandet bin, steht in Abbildung 1. Lassen Sie uns als Beispiel Item 25 aus dem endgültigen Fragebogen nehmen[5]: „Viele Menschen – auch solche mit einem starken Charakter – fühlen sich in bestimmten Situationen wie ein Pechvogel oder Unglücksrabe. Wie oft haben Sie sich in der Vergangenheit so gefühlt?" (Antwortbereich von „niemals" bis „sehr häufig"). Dieses Item ist als Handhabbarkeitsitem definiert, mit dem Profil A3, B1, C3, D1 (vgl. Abbildung 1); das heißt, es ist ein affektiver Stimulus („fühlen"), der aus der internalen Umgebung kommt, eine abstrakte Anforderung stellt und sich auf die Vergangenheit bezieht.

Selbst wenn man sich auf ein Item pro Profil beschränkt, ermöglicht dieser Satz 81 Verstehbarkeits-, 81 Handhabbarkeits- und 81 Bedeutsamkeits-Items, viel zu viele für die Feldforschung. Ich schätzte, daß zwischen 25 und 40 Items eine gute, realistische Basis für einen Index des SOC bilden würden. Einige Items wurden fallengelassen, weil sie Duplikate desselben Profils darstellten. Die sorgfältige Prüfung des Ab-

---

5. Dieses Item wurde nicht nur als Beispiel ausgewählt, weil es sich auf eines der bemerkenswertesten Themen der Pilotstudie bezieht und weil die Datenanalyse es als eins der stärksten Items auswies, sondern auch, weil es ein Problem verdeutlicht, das bei der Konstruktion eines Instruments auftritt, das kulturübergreifend einsetzbar sein soll. Der Fragebogen war ursprünglich in Hebräisch erstellt, das ein Wort (*misken*) hat, das genau ausdrückt, was gemeint war. Bei der Übersetzung ins Englische, meine Muttersprache, vergaß ich, daß mein Englisch aus den Tagen des Zweiten Weltkrigs stammte, als „sad sack" ein Typus war, mit dem die meisten Amerikaner vertraut waren. „Loser" mag wohl das beste gegenwärtige Äquivalent sein. Es bezieht sich auf den Kerl, dem unglückselige Dinge widerfahren, dem *shlimazl*, über den der *shlimihl* die Suppe auskippt. (Anmerkung der deutschen Übers.: wir haben das Wort mit „Pechvogel oder Unglücksrabe" übersetzt.)

bildungssatzes brachte einige neue Items hervor. Am Ende dieses Prozesses hatte ich 36 Items, von denen jedes ein anderes Profil darstellte, ein breites Spektrum an Stimuli folglich, und war für den Praetest gerüstet.

Unter Verwendung des Lieblingsinstruments der Forscher, den sogenannten unkontrollierten Zufallsstichproben, überprüfte ich den Fragebogen wieder und wieder. Die Untersuchung der Verteilung der Antworten auf jedes Item, von Korrelationsmatrizen, der Ergebnisse einer Diskriminanzanalyse und mehrdimensionaler Skalierung führten dazu, einige Items aufzugeben, andere umzuformulieren und einige neue Items zu erstellen. Am Ende dieses Prozesses hatte ich einen Fragebogen mit 29 Items, von denen elf Verstehbarkeit, zehn Handhabbarkeit und acht Bedeutsamkeit erfaßten. Der Fragebogen befindet sich im Anhang. Wir wenden uns nun den psychometrischen Eigenschaften zu.

Psychometrische Eigenschaften

Der 29-Item-SOC-Fragebogen wurde in Antonovsky 1983 abgedruckt. Er wurde im Feld erstmals an einer nationalen israelischen Stichprobe in Hebräisch überprüft und ist seitdem von mir und verschiedenen Kollegen mit anderen Stichproben in Hebräisch und in Englisch angewandt worden, obwohl bisher wenig Forschungsergebnisse veröffentlicht sind. Bevor ich mich der Untersuchung seiner formalen Eigenschaften zuwende, steht noch ein Punkt an, auf den nur sehr selten in Diskussionen über psychometrische Eigenschaften eingegangen wird. Unabhängig davon, ob der Fragebogen von einem Interviewer oder vom Befragten selbst ausgefüllt wurde, blieben extrem selten Items unbeantwortet. Darüber hinaus, und das ist noch wichtiger, konnten ich und andere die Erfahrung machen, daß die Befragten *Freude* an dem Fragebogen haben. Diese Beobachtung ist kein Fakt, aber sofern meine Eindrücke und diejenigen der Kollegen korrekt sind, ist sie für den Einsatz des Fragebogens von Belang.

Normative Daten. Wie bereits beschrieben, wurde der SOC-Fragebogen in mehreren Untersuchungen verwendet. Die grundlegenden Normwerte dieser Studien sind in Tabelle 3 dargestellt. (Ich bin meinen KollegInnen dankbar, daß sie mir diese Daten zur Verfügung gestellt haben.)

Das vielleicht wichtigste, was zu den Daten in Tabelle 3 gesagt werden kann, ist, daß der Fragebogen kulturübergreifend verwendet werden kann, auch wenn er bis jetzt nur in Hebräisch und Englisch eingesetzt wurde. Die Verteilung der Antworten, die sich in den Wertebereichen und den Standardabweichungen zeigt, weist auf ein Instrument hin, das beachtlich gut zwischen den Mitgliedern verschiedener Populationen unterscheidet. Die Varianzkoeffizienten (Standardabweichung/Mittelwert), die auf die Heterogenität der Antworten verweisen (Blalock, 1972, S. 88) sind beachtlich (von .10 bis .20), sogar in der homogensten Stichprobe. Die Gruppen der israelischen Offiziersanwärter sind alle männlich, liegen im Alter sehr nah beieinander und füllten den Fragebogen in einer Situation aus, in der ein gewisser Druck bestand, sozial erwünschte Antworten zu geben; das heißt, daß viele trotz der Versicherung, die Erhebung diene allein Forschungszwecken, zweifelsohne dachten, ihre Antworten könnten in irgendeiner Weise ihr Abschneiden im Trainingsprogramm beeinflussen.

Tabelle 3: Normative Daten aus Studien, die den SOC-Fragebogen verwenden

Population	N	Spann-breite[a]	Mittel-wert	Stan-dard-abwei-chung	Abwei-chungs-koeffi-zient	Cron-bachs Alpha	Jahr
Israelische Bevölke-rungsstichprobe	297	90-189	136.47	19.82	.145	.837	1982
Industriearbeiter im Staat New York	111	62-189	133.01	26.45	.199	.933	1985
Amerikan. StudentInnen im Grund-studium – I	336	63-176	133.13	20.09	.151	.881	1983
Amerikan. StudentInnen im Grund-studium mit Hauptfach Psychologie	59	–	139.71	20.86	.149	–	1984
Amerikan. StudentInnen im Grund-studium – II	308	–	132.40	21.96	.166	.879	1985
Israelische Offiziers-anwärter – I	117	98-196	158.65	17.02	.107	.882	1985
Israelische Offiziers-anwärter – II	338	90-199	160.44	16.69	.104	.880	1985
Israelische Offiziers-anwärter – III	228	109-203	158.99	17.19	.108	.891	1985
Beschäftigte des Gesundheitswesens in Israel	33	116-190	151.42	17.50	.116	.910	1983
Beschäftigte des Gesundheitswesens aus Edmonton	108	101-192	148.63	17.15	.115	.881	1983
Beschäftigte des Gesundheitswesens Nordischer Staaten	30	95-187	146.10	19.90	.136	–	1985

Zur Beachtung: Der in den Studien von 1985 verwendete Fragebogen hat eine etwas andere Reihenfolge der Items als die in früheren Studien verwendete Version. Hinweise darauf, daß die Konzentration ähnlicher Items zu einer leichten Erhöhung der Werte führen könnte, haben sich nicht bestätigt.

Die Linien verweisen auf drei Gruppen: (1) diverse Populationen, (2) homogene Gruppen von Armeeangehörigen und (3) homogene Gruppen von Beschäftigten im Gesundheitswesen.

[a] Die theoretische Spannbreite des 29-Item-Fragebogens liegt bei 29-203.

Reliabilität und Validität. Der konstant hohe Level an Cronbachs Alpha zwischen .84 und .93 deutet auf einen beachtlichen Grad an innerer Konsistenz und Reliabilität des Instruments hin.

Vor vielen Jahren wurden in einem Aufsatz, von dem ich glaube, daß er im *American Psychologist* erschienen ist, den ich aber nicht mehr ausfindig machen konnte, Augenschein- und Inhaltsvalidität als das Ausmaß definiert, in dem die Items und der Fragebogen als Ganzes dem Forscher und einigen Kollegen während ihrer Gespräche beim Mittagessen Sinn machen. Ich hoffe, daß ich dadurch, daß ich die Facetten-Theorie als Basis für die Fragebogenkonstruktion verwandte, etwas darüber hinaus gelangt bin. Ich sollte an dieser Stelle hinzufügen, daß ich vor Beginn der Feldforschung vier KollegInnen bat, jedes Item zu überprüfen und erstens zu sagen, ob sie es für angemessen hielten und zweitens, sein Facetten-Profil aufzuzeichnen. Dies führte zu einigen gelegentlichen Umformulierungen. Ich glaube nunmehr, daß die 29 Items tatsächlich die wichtigen Aspekte, die gemessen werden sollen, abdecken.

Ein Maß der Kriteriumsvalidität steht zur Verfügung. Nach der Lektüre von *Health, Stress and Coping* konstruierten Ruben Rumbaut und seine Kollegen 1981 an der Universität von Kalifornien in San Diego eine Testbatterie von 100 SOC-Items. Diese wurde 302 Studierenden im Grundstudium zur Beantwortung gegeben. Mittels Faktorenanalyse wurde die Testbatterie auf einen 22-Item-Fragebogen reduziert. Dieses Instrument verwandten sie dann in einer Studie mit einer Stichprobe von 102 CollegestudentInnen, Senioren und Flüchtlingen aus Indochina. Sie fanden in dieser Studie, daß ihre SOC-Skala, die das SOC-Konzept so maß, wie sie es verstanden, einen beachtlichen Grad von innerer Konsistenz hatte. Sie liefern darüber hinaus auch den Nachweis für konvergente und diskriminante Validität (Rumbaut, Anderson und Kaplan, unveröffentlicht). Hier liegt also ein Instrument vor, das vollständig unabhängig entwickelt wurde (meine Korrespondenz mit Rumbaut begann erst, als ihre Studie abgeschlossen war), das aber konstruiert wurde, um dasselbe Konzept zu erfassen. Sie hatten noch nichts gelesen, was nach dem Buch von 1979 geschrieben worden war. Als ich den Fragebogen sah, fand ich eine übermäßige Betonung dessen, was ich in der Zwischenzeit die Handhabbarkeitskomponente genannt hatte, und einige Items waren meiner Auffassung nach unpassend. Aber das macht nichts. Auf diese Weise überprüft man Kriteriumsvalidität.

1983 legte Rumbaut seine 22-Item SOC-Skala und meine 29-Item Skala einer Stichprobe von 336 Studierenden vor. Er benutzte außerdem zwei weitere Instrumente. Die Alphas der beiden Skalen waren .903 respektive .881 (der Vergleich mit .706 aus Rotters vielfach verwendeter Skala zu Kontrollüberzeugungen mag hier erlaubt sein). Die Korrelation zwischen den beiden SOC-Skalen ist .639, ein äußerst bemerkenswerter Hinweis darauf, daß sie beide ein ähnliches Konstrukt messen, obwohl es natürlich stimmt, daß die harte Forderung der Kriteriumsvalidität, daß das Kriterium zuvor validiert sein muß, nicht eingehalten wurde. (Einige mögen es demzufolge vorziehen, dies als einen Test für Übereinstimmungsvalidität zu bezeichnen).

Die Daten aus derselben Studie erlauben auch die Überprüfung konvergenter und diskriminanter Validität. In der amerikanischen Mittelschichtkultur, in der diese Studie durchgeführt wurde, kann man plausibel eine signifikante positive Korrelation zwischen dem SOC und Rotters Internal-External-Locus-of-Control-Skala erwarten, auf der ein hoher Wert ausdrückt, daß man davon ausgeht, daß Ereignisse der eigenen Kontrolle unterliegen und weniger dem Zufall oder anderen mächtigen Personen überlassen sind. Die Korrelation zwischen dem 29-Item-SOC und dem Internal-External Locus of Control beträgt .385; sie ist etwas höher (.425), wenn die 22-Item SOC-Skala verwendet wird.

Es erscheint berechtigt, eine negative Beziehung zwischen SOC und Angst zu erwarten, wenn wir letztere als ein Konzept verstehen, das eine Person charakterisiert, deren Welt dazu neigt, chaotisch zu sein, die mißliche Symptome verspürt, die sie nicht in den Griff bekommt und die sich fragt, wo ihr Platz im Leben sein mag. Die signifikante negative Korrelation zwischen dem 29-Item-SOC und der verwendeten Sarason-Testangst-Skala (-.212; -.201 auf Rumbauts 22-Item-Skala) legt diskriminante Validität nahe.

Dieselbe Studie liefert einige Daten hinsichtlich der Vorhersagevalidität der SOC-Skala. Es wurden kurze Selbsteinschätzungsmaße von Gesundheit und Streß entwickelt. Weder die Kontrollüberzeugungs-Skala noch die 22-Item umfassende SOC-Skala korrelieren mit den Gesundheits- und Streßwerten. Testangstwerte haben dagegen signifikante positive Korrelationen (.123 mit dem Gesundheitswert und .109 mit dem Streßitem), aber diese sind niedriger als die Korrelationen zwischen ihnen und der 29-Item SOC-Skala (-.208 respektive -.151).

Ein weiterer Beleg für die Validität der SOC-Skala ist in den Daten aus Tabelle 3 ersichtlich. Eine valide Skala sollte Mittelwertsunterschiede zwischen Stichproben, von denen anzunehmen ist, daß sie sich unterscheiden, hervorbringen. Die höchsten Mittelwerte in den verschiedenen Stichproben findet man in den drei Gruppen der Offiziersanwärter der israelischen Armee. Diese jungen Männer sind eine extrem ausgewählte Gruppe, in hervorragendem Gesundheitszustand und hoch motiviert, eine sehr wichtige Herausforderungssituation erfolgreich zu bestehen. Am anderen Extrempunkt finden wir die israelische Bevölkerungsstichprobe, die amerikanischen Industriearbeiter und die drei Gruppen amerikanischer StudentInnen im Grundstudium. Die erste Stichprobe ist natürlich sehr heterogen; die zweite besteht weitgehend aus der gehobenen Arbeiterklasse; die drei StudentInnengruppen befinden sich, obwohl sie nur wenig jünger als die Offiziersanwärter sind, in einer Lebenssituation, in der sich eine Einstellung zum Leben erst gerade herauszukristallisieren beginnt. Die drei Gruppen der im Gesundheitswesen Tätigen (die Stichproben aus Israel und Edmonton setzten sich zum größten Teil aus Krankenschwestern zusammen; die nordischen Befragten waren Ärzte, Sozialwissenschaftler und andere Beschäftigte des öffentlichen Gesundheitswesens) sind eindeutig Angehörige der Mittelschicht, die anerkannte und oft befriedigende Arbeit leisten. Von ihnen könnte man demzufolge erwarten, daß sie höhere Werte erzielen als die Gesamtpopulation, die Arbeiter oder die Studierenden aber nicht so hohe wie die Offiziersanwärter. Die Rangfolge der Mittelwerte spiegelt diese Erwartungen wieder. Darüber hinaus sind die psychometrischen Eigenschaften der Daten der drei Stichproben von Offiziersanwärtern nahezu identisch, was auch für die zwei Stichproben von Studierenden zutrifft, beide aus geisteswissenschaftlichen Fächern an staatlichen Universitäten.

Ein Hinweis auf Vorhersagevalidität findet sich in der israelischen Bevölkerungsstichprobe. Da es sich hier um eine Querschnittuntersuchung handelte, kann selbstverständlich nichts über Kausalzusammenhänge gesagt werden. Die Befragten wurden gebeten, auf einer Neun-Punkte-Skala ihren eigenen Gesundheitszustand einzuschätzen. Die Antworten wurden ebenso wie die SOC-Werte in fünf Kategorien zusammengefaßt. Der Prozentsatz in der Kategorie „beste Gesundheit" fällt linear, je weiter wir uns auf der SOC-Skala abwärts bewegen, und zwar von 33 auf 12 Prozent. Während sich nur sieben Prozent der höchsten SOC-Gruppe in der Kategorie „schlechteste Gesundheit" befinden, sind es 35 Prozent in der niedrigsten SOC-Gruppe (Antonovsky, 1983, S. 16).

Validitätsdaten finden sich auch in einer Studie von Dana et al. (1985). Zur Überprüfung der Validität legten sie 179 Studierenden der Psychologie im Grundstudium die SOC-Skala, zusammen mit einer Batterie anderer Meßverfahren, vor. Dabei erhielten sie eine Korrelation von .72 zwischen der SOC-Skala und Rumbauts 22-Item-SOC. Die Korrelation zwischen der SOC-Skala und einer 40-Item-Skala zur Messung des SOC, die 1981 davon unabhängig entwickelt wurde (Payne, 1982), und über die ich nicht sehr glücklich war, zeigte sich signifikant, wenn auch weitaus geringer (.39). Wichtiger ist, daß die Autoren aufgrund der Analysen der Beziehungen zwischen der SOC-Skala und einer Vielzahl von Gesundheitsmaßen und anderen Meßwerten folgern: „Der SOC-Wert von Antonovsky stand konsistent und signifikant mit allen positiven Gesundheitsmaßen, hingegen signifikant und negativ mit allen Meßwerten für Krankheit in Beziehung. (...) Die Verbindungen zwischen Antonovsky und dem multidimensionalen Health Locus of Control (MHLC) stimmen auch mit der Salutogenese überein. (...) Diese Demonstration vorhersagbarer Beziehungen zwischen SOC und einer Anzahl externer Maße ist bemerkenswert konsistent" (S. 2–3).

Kurzversionen der SOC-Skala fanden auch in zwei israelischen Studien über das Trinkverhalten Verwendung. In beiden sind die Mittelwerte des SOC von als Alkoholikern definierten Personen signifikant niedriger als diejenigen der Vergleichsgruppen. In einer unveröffentlichten Studie von 69 15- und 16jährigen, in der eine für Jugendliche adaptierte SOC-Skala verwandt wurde, wurde eine Korrelation von -.79 mit der Trait-Skala des State-Trait-Angstfragebogens von Spielberger gefunden. Eine andere Studie mit zwei Gruppen von 14- bis 18jährigen, in der eine Kurzform der SOC-Skala für Erwachsene eingesetzt wurde ($N = 61$ und $N = 263$) zeigte Korrelationen von -.56 und -.62 mit Trait-Angst-Scores (Antonovsky und Sagy, 1986).

Von den oben erwähnten Studien sind drei veröffentlicht worden: meine eigene Studie der israelischen Bevölkerungsstichprobe (Antonovsky, 1983), die Studie israelischer Jugendlicher (Antonovsky und Sagy, 1986) und die Studie über Industriearbeiter im Staat New York (Fiorentino, 1985, 1986). Ein Urteil über das, was die SOC-Skala aufzuweisen hat, muß demnach aufgeschoben werden, bis Berichte über die psychometrischen Eigenschaften der Skala in anerkannten Zeitschriften erschienen sind. Es gibt jedoch ausreichend Hinweise, die die vorsichtige Schlußfolgerung rechtfertigen, daß die Skala eine adäquate Repräsentation des SOC-Konstrukts leistet. Ich bin überzeugt, daß wir ein Instrument haben, daß von denjenigen, für die die salutogenetische Hypothese theoretisch Sinn macht, verwendet werden kann. Die Skala wird zweifellos in Zukunft modifiziert werden. Aber zur Zeit ist sie einsatzbereit.

In einer der ersten empirischen Studien, die die SOC/Gesundheits-Hypothese unter Verwendung der SOC-Skala überprüften, untersuchte Margalit (1985) eine Stichprobe von 32 Kindern, die von ihren Lehrern mit Hilfe eines Symptom-Fragebogens als hyperaktiv beurteilt wurden, sowie eine Kontrollgruppe aus dem vierten bis sechsten Schuljahr. Erstere hatten einen signifikant niedrigeren SOC-Wert, was „widerspiegelte, daß ihr Umfeld weniger geordnet und vorhersagbar erschien; altersgemäße Aufgaben schienen weniger leicht zu handhaben und sie schienen weitgehend bedeutungslos zu sein" (S. 361-362).

Beziehungen zwischen den Komponenten des SOC

In Kapitel Zwei habe ich die Beziehungen der drei Komponenten des SOC, Verstehbarkeit, Handhabbarkeit und Bedeutsamkeit erörtert. Ich argumentierte, daß sie „untrennbar miteinander verbunden" seien, obwohl sie theoretisch voneinander unterschieden werden können. Empirisch, erläuterte ich, könne erwartet werden, daß einige Menschen beispielsweise hohe Werte für Verstehbarkeit und niedrige für Handhabbarkeit aufweisen, wenn dies auch eine instabile Situation wäre.

Wie oben beschrieben, war bei der Fragebogenkonstruktion das SOC als eine Facette verwendet worden, und elf, zehn und acht Items der endgültigen Skala repräsentierten die drei Elemente. Auf den ersten Blick schien es möglich, drei separate Subscores zu bilden und ihre empirischen Beziehungen untereinander zu untersuchen.

In der israelischen Bevölkerungsstudie (unveröffentlichte Daten) betrugen die drei Interkorrelationen .45, .59 und .62. Bei der oben angeführten Studie mit Studienanfängern der Psychologie (Dana et al., 1985) konzentrierten sich die Autoren auf die Beziehungen zwischen den Komponenten. Sie fanden Korrelationen ähnlicher Stärke (.52, .60 und .72). Noch wichtiger ist, daß sie für jede der drei Komponenten Meßinstrumente für äquivalente Konstrukte einsetzten. Die Korrelationen zwischen jeder Komponente und ihrem Konstruktäquivalent waren in der Tat signifikant. Sie fanden jedoch heraus, daß jede der Komponenten genauso mit den anderen Konstruktäquivalenten in Verbindung stand wie mit derjenigen, die der SOC-Komponente am nächsten war. „Diese Konstruktmaße", schreiben sie, „unterschieden nicht zwischen den Subskalen von Antonovsky" (S. 2).

Auch die Faktorenanalyse der Daten der israelischen Bevölkerungsstichprobe hatte gezeigt, daß die drei Komponenten empirisch nicht zu trennen waren. Diese Ergebnisse überraschten nicht. Ziel war gewesen, eine SOC-Skala zu konstruieren, zu der jede Komponente einen Beitrag leistete. Schon die eigentliche Gestaltung der Fragebogenitems schloß drei separate Subskalen mit niedrigen Interkorrelationen aus: Obwohl jedes Item entweder ein Item der Verstehbarkeit, der Handhabbarkeit oder der Bedeutsamkeit ist, teilen die Items jeder Subskala Elemente der anderen vier Facetten mit Items von anderen Subskalen. Folglich haben zum Beispiel die elf Verstehbarkeits-Items drei Bezüge zu vergangenen, sechs zu gegenwärtigen und zwei zu zukünftigen Stimuli, bei den zehn Handhabbarkeits-Items entsprechend vier, drei und drei. Die SOC-Facette reißt die Items auseinander; die anderen Facetten schieben sie zusammen. Die Verwendung der multidimensionalen Skalierung (Shye, 1978) liefert den Beweis, daß dies tatsächlich der Fall ist.

Wenn es das primäre Ziel gewesen wäre, zu untersuchen, wie Verstehbarkeit und Handhabbarkeit miteinander in Beziehung stehen, wäre ein anderer Ansatz der Fragebogenkonstruktion erforderlich gewesen, bei dem jedes Item, das eine der Komponenten repräsentieren sollte, in seiner Gesamtheit sauber gegenüber den anderen Items, die eine andere Komponente repräsentieren sollten, abgegrenzt gewesen wäre. Der Leser ist demnach gebührend gewarnt, daß es nicht klug ist, die vorliegende Version der SOC-Skala einzusetzen, um die Beziehungen der Komponenten untereinander zu untersuchen. Dieses Problem verbleibt auf der Agenda der nicht abgeschlossenen Aufgaben.

Ich entschuldige mich für dieses Kapitel bei dem Leser, der nicht speziell an technischen Gegebenheiten interessiert, aber bereit ist, daran zu glauben, daß der SOC-Fragebogen in der Tat ein brauchbares, interessantes, reliables und valides Instrument ist, das zur Überprüfung der salutogenetischen Hypothese verwendet werden kann. Andere sind mit Recht nicht so großzügig. Aber ich möchte mit der Bemerkung schließen, mit der ich begonnen habe: Es gibt viele Methodologien, die die Hypothese überprüfen können. Ein Fragebogen ist nur *ein* möglicher Weg.

5 Die Entwicklung des Kohärenzgefühls im Verlauf des Lebens

Lebenserfahrungen und ihr Kontext

In *Health, Stress and Coping* (1979, S. 80) hatte ich mich Galdstons (1954, S. 13) Metapher bedient, um die Allgegenwart von Stressoren zu illustrieren: „Dynamische Homöostase kann mit einem Seiltänzer verglichen werden, der von einem Ende zum anderen balanciert und selbst dann die Balance hält, wenn er seine Kleider wechselt und verschiedene andere Gegenstände auffängt und abwirft". In einer späteren Veröffentlichung (Antonovsky, 1985, S. 275) habe ich die Metapher folgendermaßen erweitert: „Wir beginnen, unsere Balance zu verlieren und erlangen sie dann wieder; oder wir rutschen aus, packen das Seil und kommen wieder zum Stehen; oder wir fallen in ein Netz und schaffen es erneut, das Seil zu erklimmen; oder wir fallen, ziehen uns akute Verletzungen zu oder bleiben dauerhaft lädiert; oder wir werden zerstört. Einige schließen den Kurs mit Höhen und Tiefen, aber erfolgreich ab – und welch herrliche, erhebende Erfahrung haben sie gemacht, wie traurig auch immer es sein mag, daß sie beendet ist".

Die Metapher ist hilfreich, das Flair der salutogenetischen Vorstellung vom Leben auszudrücken. Für die Zwecke des vorliegenden Kapitels gibt es eine noch eindringlichere Metapher, die sowohl die salutogenetische Frage als auch die SOC-Antwort umfaßt und in einen geeigneten gemeinsamen Kontext bringt. Dieses ist die „Flußabwärts-Perspektive" der gemäßigten medizinkritischen Literatur. Die zeitgenössische westliche Medizin wird darin mit einem wohlorganisierten, gewaltigen und technologisch hochentwickelten Bemühen verglichen, Ertrinkende aus einem reißenden Fluß zu bergen. Hingebungsvoll dieser Aufgabe gewidmet und häufig sehr gut entlohnt, richten die Mitglieder dieses Unternehmens niemals ihre Augen oder ihr Bewußtsein auf das, was stromaufwärts passiert, um die Flußbiegung herum, darauf, wer oder was all diese Leute in den Fluß stößt.

Unter denjenigen, die sich dieser Metapher äußerst energisch angenommen haben, findet sich eine Denkrichtung, die in den letzten Jahren sehr schwungvoll in Erscheinung trat, und zwar unter diversen Bezeichnungen wie behaviorale Gesundheit, behaviorale Medizin oder Gesundheitspsychologie. Zentrum ihres Denkens ist das Konzept des Lebensstils des Individuums. Armut und Umweltverschmutzung wird Reverenz erwiesen. Doch, wie es der US-Minister für Gesundheit, Erziehung und Wohlfahrt 1979 zusammenfaßte: „In der Tat zeigt eine wahre Fülle an wissenschaftlicher Forschung, daß der Schlüssel dafür, ob eine Person gesund oder krank sein wird, lange leben oder frühzeitig sterben wird, in einigen simplen persönlichen Gewohnheiten zu finden ist. (...) Diejenigen, die sieben dieser simplen Gewohnheiten praktizierten, lebten im Durchschnitt elf Jahre länger als diejenigen, die keine von ihnen ausführten" (zitiert nach Matarazzo, 1984, S. 17). McKeown (1979), einer der ersten, der die Aufmerksamkeit der Weltöffentlichkeit nachdrücklich auf die Lebensstil-Problematik gelenkt hat, hatte sich gewählter ausgedrückt. Er hatte zumindest angedeutet, daß Lebensstile aus sozialen und kulturellen Organisationen hervorgehen und durch sie verstärkt werden. Die gründliche Lektüre des Buchs von Matarazzo oder eines parallelen Standardwerks (Gentry, 1984), beides für sich genommen ausgezeichnete Bücher, offenbart das außerordentliche Ausmaß, in dem diese Denkrichtung dazu neigt anzunehmen, daß Menschen aus freiem Willen in den Fluß springen und sich weigern, schwimmen zu lernen.

Meine eigene Arbeit wurde von dieser Schule aufgegriffen. Ich wurde aufgefordert, einen Beitrag für das Buch von Matarazzo zu schreiben (Antonovsky, 1984a), und in Gentry (1984) wird auf das SOC-Konzept Bezug genommen. Für dieses Kapitel ist es sehr wichtig, daß deutlich wird, daß ich mich in einem entscheidenden Sinn von dieser Schule distanzieren möchte. Um in der Metapher zu bleiben: meine fundamentale philosophische Annahme ist, daß der Fluß der Strom des Lebens ist. Niemand geht sicher am Ufer entlang. Darüber hinaus ist für mich klar, daß ein Großteil des Flusses sowohl im wörtlichen wie auch im übertragenen Sinn verschmutzt ist. Es gibt Gabelungen im Fluß, die zu leichten Strömungen oder in gefährliche Stromschnellen und Strudel führen. Meine Arbeit ist der Auseinandersetzung mit folgender Frage gewidmet: „Wie wird man, wo immer man sich in dem Fluß befindet, dessen Natur von historischen, soziokulturellen und physikalischen Umweltbedingungen bestimmt wird, ein guter Schwimmer?" Ich fragte nicht nach den Ursachen von Armut, Krieg, Arbeitslosigkeit oder Umweltverschmutzung, da ich niemals auch nur im Traum daran gedacht hätte, daß irgend jemand meine Arbeit so verstehen könnte, als seien diese nicht fundamental für ein Verständnis der Bewegung entlang des Gesundheits-Krankheits-Kontinuums.

Ich habe mich dem Argument verschrieben, daß die Art, wie gut man schwimmt, zwar nicht ausschließlich, aber zu einem wesentlichen Anteil durch das SOC determiniert ist. Unter den objektiv gleichen Charakteristika des Flusses werden die Menschen unterschiedlich gut oder schlecht zurechtkommen. Die sanitären Bedingungen in New Yorks Lower East Side um die Jahrhundertwende prädisponierten nicht für eine niedrige Mortalitätsrate. Aber unter den gegebenen Umständen erging es einigen Individuen und Gruppen wesentlich besser als anderen (Antonovsky, 1961, S. 117–118). Ich suchte nach ihrem Geheimnis.

Die Antwort, die ich vorschlug, war das SOC. Als ich die Ursachen des SOC analysierte, widmete ich mich über eine nicht unerhebliche Anzahl von Seiten (136–152) von *Health, Stress and Coping* dem, was jenseits der intrafamiliären persönlichkeitsbildenden Erfahrungen liegt; ich brachte das SOC explizit mit der sozialen Klasse und gesellschaftlichen und historischen Bedingungen in Zusammenhang, die dadurch, daß sie die den Menschen zur Verfügung stehenden generalisierten Widerstandsressourcen determinieren, prototypische Erfahrungsmuster schaffen, die die Lokalisierung auf dem SOC-Kontinuum determinieren. Natürlich gibt es innerhalb der Subkulturen individuelle Variationen, die von Genen, konstitutionellen Prädispositionen und Glück beeinflußt werden. Vielleicht lag der Fehler darin anzunehmen, daß die Leser soziologisch ausreichend sensibilisiert wären, um den Kontext eindeutig zu verstehen.

Ich bitte die Leser daher darum, sich bei der nachfolgenden Diskussion in Erinnerung zu rufen, daß bei der Determinierung der bestimmten Muster von Lebenserfahrungen, die ein stärkeres oder schwächeres SOC erzeugen, entscheidend ist, ob man männlich ist oder weiblich, schwarz oder weiß, zur Ober- oder Unterschicht gehörend, Kanadier oder Kambodschaner, Kubaner oder Costa-Ricaner – mit all dem, was diese sozialen Kategorien implizieren.

Was bedeutet „Muster von Lebenserfahrungen"? Die Leser werden sich erinnern, daß das SOC-Konzept bei der Suche nach einer theoretischen Erklärung dafür entwickelt worden war, wie generalisierte Widerstandsfaktoren wie etwa soziale Unterstützung oder eine starke Ich-Identität mit Gesundheit in Verbindung stehen. Ich suchte nach einem ökonomischen Auswahlkriterium, das eine generalisierte Widerstandsressource (GRR) treffend definieren konnte. Beeinflußt von der Informationstheorie, die ich aufgrund von Cassels (1974) nachdrücklichem Hinweis auf vorhersagbare Reaktionen und Feedback kennengelernt hatte, beschrieb ich dieses Kriterium als ein „Charakteristikum, Phänomen oder eine Beziehung (...), das ausgedehnte und wiederholte Erfahrungen zur Verfügung stellt, um die unzähligen Stimuli zu erklären, die einen fortwährend bombardieren." (Antonovsky 1979, S. 121). Diese „Erfahrungen" wurden nicht systematisch erforscht. Die Bemerkungen über ihre drei Merkmale – Konsistenz, eine Balance zwischen Überlastung und Unterforderung sowie Partizipation an der Gestaltung des Ergebnisses – waren intuitiv und unsystematisch (S. 86, 155, 187). Bei der eigentlichen Definition des SOC (S. 123) sowie im gesamten Buch lag die Betonung auf der Verstehbarkeit und Vorhersagbarkeit. Trotz des Vorbehalts, daß das SOC sowohl eine affektive als auch eine kognitive Komponente enthielt, wurde das SOC im wesentlichen als perzeptiv betrachtet. Die Belastungsbalance und Partizipation als Elemente der Lebenserfahrungen wurden eher mit einer geordneten als mit einer chaotischen Weltsicht in Verbindung gebracht.

Erst nachdem die Pilotstudie durchgeführt worden war und in ihrer Folge die drei Komponenten des SOC erklärt werden konnten, entwickelte sich ein umfassenderes Verständnis des Wesens der Lebenserfahrungen, die zum SOC führen. Mit der intuitiven Identifizierung der drei oben erwähnten Charakteristika war ich auf der richtigen Spur. Jetzt können wir die Zusammenhänge deutlicher erkennen. Konsistente Erfahrungen schaffen die Basis für die Verstehbarkeitskomponente, eine gute Belastungsbalance diejenige für die Handhabbarkeitskomponente und, weniger eindeutig, die Partizipation an der Gestaltung des Handlungsergebnisses diejenige für die Bedeutsamkeitskomponente. Letzteres bedarf einer Erklärung.

Viele Lebenserfahrungen können konsistent und ausgeglichen sein, sind aber nicht auf unser eigenes Tun oder eigene Entscheidungen zurückzuführen. Hinsichtlich jeder einzelnen Lebenserfahrung kann man fragen, ob wir mitentschieden haben, ob wir diese Erfahrung machen wollen, nach welchen Spielregeln sie verlaufen soll und wie die Probleme und Aufgaben gelöst werden sollen, die aus ihr erwachsen. Wenn andere alles für uns entscheiden – wenn sie die Aufgaben stellen, die Regeln formulieren und die Ergebnisse managen – und wir in der Angelegenheit nichts zu sagen haben, werden wir zu Objekten reduziert. Eine Welt, die wir somit als gleichgültig gegenüber unseren Handlungen erleben, wird schließlich eine Welt ohne jede Bedeutung. Dies gilt für direkte persönliche Beziehungen, für die Arbeit und für alles andere, was innerhalb unserer Grenzen liegt. (Wie bereits in Kapitel Zwei vermerkt, bedeutet dies nicht, daß derartige Erfahrungen keinen Einfluß auf unser Leben nehmen.) Es ist wichtig hervorzuheben, daß die Dimension nicht „Kontrolle" sondern „Partizipation an Entscheidungsprozessen" ist. Ausschlaggebend ist, daß Menschen die ihnen gestellten Aufgaben gutheißen, daß sie erhebliche Verantwortung für ihre Ausführung haben, und daß das, was sie tun oder nicht tun, sich auf das Ergebnis auswirkt. Unter dem Dach dieser breiten Formulierung finden sich somit nicht nur die weitgehend autonome Person, sondern auch das loyale Parteimitglied, der religiöse Gläubige, der Kollege in der Arbeitsgruppe und das Kind in der gesunden Familie (vgl. Reiss, 1981), das in einen komplexen Prozeß des Teilens zur Entwicklung eines Konsenses eingebunden ist (vgl. Kapitel Drei).

Wie mir bei der Analyse der Rolle der Hausfrau bewußt wurde, müssen wir aber noch einen Schritt weiter gehen (Antonovsky, 1984a, S. 127). Auf den ersten Blick sah es so aus, daß die mit dieser Rolle einhergehenden Erfahrungen eindeutig dem Kriterium der Partizipation an Entscheidungsprozessen entsprechen und daß das zentrale Problem der Hausfrau in diesem Zusammenhang die Überforderung ist. Ich brauchte einige Zeit bis ich realisierte, daß, wenn Partizipation an Entscheidungsprozessen zu Bedeutsamkeit führen soll, sie sich auf Aktivitäten beziehen muß, die sozial anerkannt werden. Die Rolle der Hausfrau ist zentral für ihre Ich-Identität. Vielleicht interessiert sie sich für Kunst, geht aber dazu über, zu sagen, daß sie ihr nicht wirklich wichtig ist. Aber sie kann nicht sagen, daß es für sie nicht wichtig ist, Hausfrau zu sein, weil davon so viel von ihrer Zeit und ihrer Energie beansprucht wird und weil sie über diese Rolle sozial identifiziert wird. Sogar wenn sie sich entschieden hat, diese Rolle anzunehmen (und oftmals handelt es sich nicht um eine Wahlangelegenheit), wird ihr deutlich die Botschaft übermittelt, daß das, was sie tut, nicht besonders bedeutend ist. In einer auf Arbeit ausgerichteten Gesellschaft „arbeitet" sie nicht. In einer instrumentell ausgerichteten Gesellschaft mißachten die Soziologen ihre instrumentellen Funktionen und sprechen vage von integrativen Funktionen. Das Steuersystem verdeutlicht, daß ihre Aktivitäten wenig wert sind. In einer Gesellschaft, die Menschen danach bewertet, inwieweit sie sich als sozial mobil erwiesen haben, beginnt und endet die Hausfrau ihre Rollenkarriere auf derselben Sprosse der Leiter. Zusammengefaßt: Sie hat Entscheidungsmacht in Hinblick auf einen Prozeß und ein Produkt in einem Bereich, der in westlichen Gesellschaften nicht viel zählt. Es gibt wenig Grund anzunehmen, daß die Lebenserfahrungen von Hausfrauen sich verstärkend auf die Bedeutsamkeitskomponente des SOC auswirken. Dies bedarf näherer Erläuterung. Es ist durchaus denkbar, daß die eigene Rolle in einer Subkultur oder von denjenigen, die einem nahe stehen, geschätzt wird, auch wenn sie von der gesellschaftlichen Mehrheit abgewertet wird. Dies mag für das Erleben der Bedeutsamkeit durchaus angemessen sein. Aber soziale Wertschätzung muß sein.

Nachdem ich klargestellt habe, was ich unter „Muster von Lebenserfahrungen" verstehe, komme ich nun zu einer systematischen, wenn auch kurzen Betrachtung des Lebenszyklus, bei der ich mich darauf konzentrieren werde, die Bedingungen zu skizzieren, die dem Entstehen und der Verstärkung eines starken SOC zugrunde liegen. Noch einmal betone ich: es gibt viele kulturelle Wege zu einem starken SOC. Dies bedeutet nicht, daß alle Kulturen und Subkulturen einem ausgeprägten SOC gleich dienlich sind. Die Stressoren, die das SOC hemmen und die GRRs, die es fördern, sind in allen menschlichen Gemeinschaften weit von einer Zufalls- oder Gleichverteilung entfernt. Trotz der enormen kulturellen Unterschiede mögen sie in der Stockholmer Mittelschicht, bei einer Facharbeiterfamilie der Mormonen in Salt Lake City und einer ultraorthodoxen jüdischen Familie in Jerusalem annähernd gleich sein. Aber in Londons Kensington und Johannesburgs Soweto unterscheiden sie sich beträchtlich. Die Lebenserfahrungen müssen folglich auf einem recht hohen Abstraktionsniveau betrachtet werden.

Säuglingsalter und Kindheit

Verstehbarkeit

Die Bindungstheorien von Bowlby (1969) bis Rutter (1981a) haben uns eine profunde Basis für das Verständnis der interaktiven Entwicklung des Säuglings und Kindes vermittelt. Bowlby nahm – zitiert nach Boyce (1985, S. 155) – an, daß „(...) Säuglinge mit einer biologischen Tendenz geboren werden, sich so zu verhalten, daß Nähe und Kontakt zu ihren Eltern gefördert werden (...)" und, wie wir ergänzen können, zu anderen Personen ihres unmittelbaren Umfelds. Boyce geht einen Schritt weiter, wenn er „ein elementares menschliches Bedürfnis nach Stabilität" postuliert; „(...) die Bindung, die ein Kind an seine soziale Umgebung entwickelt, kann als ein kritisches Element zur Befriedigung seines Bedürfnisses nach Stabilität gesehen werden" (S. 161). Mit anderen Worten: das kleine Kind kann auf eine Art und Weise in Interaktion treten, daß stabile, konsistente Reaktionen gefördert werden – Interaktionen die, wie wir seit kurzem wissen, nahezu unmittelbar nach der Geburt auftreten können. (Vgl. die wunderschönen Fotografien der Gesichtsausdrücke von 36-Stunden alten Säuglingen in Field et al., 1982).

Ich muß hier einen Kommentar einstreuen, der für den Stil von beinahe allem, was über die Säuglings- und Kindesentwicklung geschrieben wird, gilt. Man geht davon aus, daß das, was dem Autor zufolge passieren *sollte*, in der Tat eintritt, wenn sich das Kind entwickelt. In nahezu jedem beliebigen Text werden Sie Sätze finden wie: „Der Säugling wird zunehmend gewahr"; „Das Kind entdeckt und beginnt zu verstehen"; „Die Mutter vermittelt Leben und Liebe durch ihre Brust". Im besten Fall wird dieser Beschreibung von „Realität" hinzugefügt, „dies geschieht normalerweise", wobei großes Erstaunen ausgedrückt wird – und dies ist Ausdruck einer pathogenen Orientierung – wenn es nicht geschieht. Es ist ein großes Verdienst von Erikson, daß er sich in seinem gesamten Werk darum bemüht hat, von Krisen und Herausforderungen, von „*einer Folge von Möglichkeiten*" (1959, S. 52) zu schreiben. Entscheidend sind immer *das Ausmaß, in dem etwas geschieht*, und seine Konsequenzen.

Ich führe dies hier an, um zu betonen, daß die Lebenserfahrungen von Konsistenz, Belastungsbalance und Partizipation in der konkreten Realität nicht als selbstverständlich vorausgesetzt werden können. Ich halte es in der Tat für so etwas wie ein Wunder, wenn sie sich tatsächlich auf einem hohen Niveau befinden. Führen Sie sich das idyllische Bild der gut situierten Mutter vor Augen, die sich beglückt der Aufgabe widmet, ihre ganze Erfüllung in der Sorge um ihren Säugling zu finden, die mit der neuesten pädiatrischen Literatur vertraut ist, die entspannt und glücklich ist. Das Telefon klingelt nie; das Baby ist niemals gereizt; weder streitet sie mit ihrem Ehemann, noch fühlt sie je einen Knoten in ihrer Brust, noch wird sie über den Herzanfall ihres Vaters in Kenntnis gesetzt oder muß erleben, wie ihr das Portemonnaie während eines Spaziergangs mit ihrem Baby im Park gestohlen wird. Und selbstverständlich wird keine andere Person, nicht Babysitter, älteres Geschwisterkind, Nachbar oder Ehemann jemals mit dem Kind Kontakt haben. In dieser Traumwelt wird der Säugling in der Tat eine tiefe Bindung an seine Mutter entwickeln und durch sie das Leben als durchgehend konsistent erfahren. Eriksons Herausforderung des Urvertrauens wird vollständig und erfolgreich entsprochen. Die Mutter wird zu einer „(...) inneren Gewißheit wie auch zu einer äußeren Vorhersagbarkeit" (Erikson 1963, S. 247).

Das wirkliche Leben ist selbstverständlich weitaus komplexer. Für einen großen Teil der Säuglinge und Kinder auf der Welt sind die einzig vorhersagbaren Dinge Hunger, Unbehagen und Schmerz, die von niemandem, der sie in den Arm nimmt, gelindert werden können, und ein Teufelskreis aus Apathie, Abkapselung, Entwicklungshemmung, Verfall und Tod. Werden aber jene elementaren Bedürfnisse befriedigt, besteht die Möglichkeit dessen, was Boyce „ein wachsendes Bewußtsein der den sozialen Beziehungen inhärenten Kontinuität" (1985, S. 162) nennt. Der Säugling wird allmählich lernen können, daß Objekte, insbesondere jene höchst bedeutsamen „Objekte", die Menschen genannt werden, zwar verschwinden können, daß aber Verlaß darauf ist, daß sie wieder auftauchen. Das kleine Kind kann mit dem Forscher verglichen werden, der mit natürlichen Experimenten arbeitet. Tagein tagaus wird die Hypothese überprüft, daß es Konsistenz gibt, Kontinuität und, in Boyces Terminologie, Permanenz. Ich weiß nicht, welches statistische Signifikanzniveau das Kind zur Akzeptanz der Hypothese festlegt, um zu der Schlußfolgerung zu gelangen, daß seine Lebenserfahrung den angemessenen Beweis erbracht hat, daß Konsistenz die Norm ist. Wenn man Kinder beobachtet, bekommt man häufig den Eindruck, daß auch die glücklichste Schlußfolgerung noch vorsichtig und vorläufig ist, da sie ohne Unterlaß ihre eigenen Experimente durchführen.

Mit der Zeit kann dann das Kind davon überzeugt werden, daß Verlaß darauf ist, daß seine physikalische und soziale Welt sich nicht ständig verändern. Die vielen verschiedenen Stimuli von innen und von außen können vertraut und zur Routine werden, und gleiches gilt auch für die Reaktionen. In dem Ausmaß, in dem dies geschieht, wird der erste Eindruck von der Welt allmählich verstehbar. An dieser Stelle muß erneut davor gewarnt werden, nicht in die Falle der eigenen Annahmen zu gehen, so wie es Condry (1984) in einer wichtigen Veröffentlichung passiert, auf die ich weiter unten eingehen werde. „Das Kind hat das inhärente Motiv, die der Welt inhärente Organisation zu übernehmen" schreibt er. „Das Kind strukturiert die Realität nicht so, wie es sie entdeckt, sondern es lernt, die bereits bestehende Struktur zu verstehen und zu repräsentieren" (S. 489). Die objektive Welt von Condrys amerikanischen Mittelschichtkindern mag ein signifikantes Ausmaß an inhärenter Struktur haben. Für das Dreijährige, das in der Obhut eines etwas älteren Geschwisters gelassen wird, während die Mutter bei der Arbeit ist, das in einer verfallenen Mietunterkunft spielt und eine Reihe von „Vätern" hat, ist die „inhärente Struktur" nicht unmittelbar offensichtlich. Ich möchte nicht falsch verstanden werden. Es gibt womöglich ein größeres Maß an Struktur im Leben des siebenjährigen Beduinenmädchens, das in den trockenen Feldern nur einige Kilometer von meinem Haus entfernt Schafe hütet als in Ithaca, Condrys Universitätsstadt. Die Realität der Konsistenz basiert auf Erfahrung und darf nicht munter angenommen werden. Sie ist nicht zwingend da, um von dem Kind entdeckt zu werden.

Bedeutsamkeit

Wenn die Realität der Stimuli und Reaktionen in der Tat konsistent ist, wenn das Kind tatsächlich die Struktur aufgreift, stellt sich als nächste Frage diejenige nach der Qualität der Reaktion. Die Reaktion kann konsistent sein, aber sie braucht nicht erfreulich zu sein. Das weinende hungrige Kind mag als Antwort ständig einen Klaps bekommen oder ignoriert werden – getreulich nach dem „Füttern nach Stundenplan", zu dem meine Kollegen aus der Pädiatrie geraten haben und an das sie heute nicht mehr gerne erinnert werden. Oder es wird geknuddelt und gefüttert. Damit kommen wir zu den Erfahrungen, die für das Erleben der Bedeutsamkeit förderlich sind: die Teilnahme an Entscheidungsprozessen in sozial anerkannten Aktivitäten.

Ich kann einer neuen Mode nicht ganz zustimmen, die annimmt, daß das Kind die Familie genauso sehr sozialisiert, wie es selbst von der Familie sozialisiert wird. Aber es besteht kein Zweifel, daß sogar der Säugling ein pro-aktives Wesen ist, das seine Umwelt unmißverständlich unter Handlungsdruck setzt und versucht, ihr Verhalten zu formen. In dem Ausmaß, in dem das erwünschte Ergebnis kontingent auf die Aktionen des Kindes erfolgt, kann zurecht gesagt werden, daß von frühauf eine Beteiligung an Entscheidungsprozessen besteht. Die Krux der Angelegenheit ist, ob die Art und Weise der Antwort in positive Affekte eingebettet ist. Kälte, Feindseligkeit und Mißachtung übermitteln eine deutliche Botschaft der Abwertung, auch dann, wenn offensichtliche physiologische Bedürfnisse erfüllt werden. Spiel, Berührung, Zuwendung und Stimme drücken in unendlicher kultureller Vielfalt aus: Du bist uns wichtig.

Handhabbarkeit

Erfahrungen mit der Belastungsbalance fehlen im frühen Säuglingsalter nicht gänzlich, sie treten aber weitgehend in einem negativen Sinn auf. Forderungen in der Sauberkeitserziehung, die der physiologischen Reife vorausgehen, Vorgehensweisen beim Füttern, die die biologische Realität verletzen und ähnliches können als Überforderung interpretiert werden. Die negativen Konsequenzen für die Entwicklung eines Gefühls der Handhabbarkeit können verheerend sein. Eine positive Entwicklung kann erst dann beginnen, wenn das Kind für die von Erikson unglücklicherweise sogenannte „Herausforderung der Autonomie" bereit ist (unglücklich, weil es sich nicht wirklich um Autonomie in irgendeinem umfassenden Sinne handelt). Das Kind kommt neurophysiologisch in die Lage zurückzuhalten und loszulassen (in Bezug auf Stuhl, Objekte oder Stimmungen), sich zu bewegen, auszukundschaften, mit Dingen zu manipulieren und zu warten. Das Kind ist somit in der Lage, zu wählen. Solch zunehmende Fähigkeit macht Regeln, Erfordernisse und Herausforderungen relevant für die Belastungsbalance. Wenn es nicht ganz absurd ist, daß von uns erwartet wird, wir sollten eine (von uns selbst oder von außen gestellte) Anforderung erfüllen, wenn die Frage in unseren Augen oder in denen anderer, die für uns wichtig sind, „vernünftig" ist, das heißt, wenn es akzeptiert wird, daß wir ihr entweder entsprechen können oder auch nicht, dann hat die Erfahrung signifikante Konsequenzen für unsere Belastungsbalance.

Condrys (1984) Analyse der Entwicklung der Geschlechtsidentität ist nützlich, um die Kräfte zu verstehen, die von der Kindheit an das Erleben der Handhabbarkeit ausformen. Sein Interesse gilt den Geschlechtsrollen, die er als Teil einer breiteren Palette von sozialen Rollen versteht, die wir im Laufe unserer primären und sekundären Sozialisation erwerben. Seine zentrale Annahme ist, daß wir Geschlechtsrollen „(...) erwerben, weil sie uns kompetentes Handeln in der Welt ermöglichen. Sie bieten Kontrolle der sozialen Welt (...) um die Beziehungen und die kausale Struktur der Welt vorherzusehen und zu beeinflussen" (S. 489). Mit anderen Worten: Geschlechtsrollen ermöglichen uns zu erleben, daß wir kompetent sind. Dies ist auf alle unsere anderen sozialen Rollen übertragbar.

Condrys grundlegender Gedanke geht, wie oben bereits erwähnt, an der eigentlichen Frage vorbei. „Wir entwickeln genaue und effiziente Möglichkeiten, sowohl die Welt wahrzunehmen als auch über die Welt nachzudenken, und wir entwickeln ausgefeilte Muster zur Interaktion mit der Welt, mit denen wir unsere Intentionen verwirklichen können" (S. 490). Einige Kinder können dies erfolgreicher tun, andere weniger. Die wesentliche Frage ist, welche Erfahrungen solch eine Entwicklung fördern oder behindern.

Das Problem hat zwei Seiten. Einerseits fordert die soziale Welt des Kindes etwas von ihm, auf das es antworten möchte oder auch nicht. Andererseits will das Kind dies oder das tun oder möchte, daß andere dieses oder jenes tun, was mehr oder weniger positiv beantwortet wird. Wenn wir es so betrachten, können wir sehen, daß die Dimension, die der Beziehung zwischen Kind und seiner sozialen Umwelt zugrunde liegt, Macht ist, die zwangsläufig ungleich verteilt ist. Die Verletzbarkeit und Abhängigkeit des Kindes sind noch immer recht extrem und sie liefern eine starke Motivation, Verhaltensweisen, Fertigkeiten, Einstellungen und Werte zu erwerben, die helfen, eine soziale Identität aufzubauen und seinen eigenen Platz kennenzulernen.

Wir brauchen keine Annahmen über angeborene Motivationen oder Veranlagungen zu machen. Was wir sagen können ist, daß, – wenn wir uns die eine Seite ansehen – wenn das Kind aus welchem Grund auch immer wirklich etwas tun will, vier Reaktionen möglich sind: es kann ignoriert, abgelehnt, gelenkt oder ermuntert und bestätigt werden. „Gehen Sie nachsehen, was die Kinder tun und sagen Sie ihnen, sie sollen damit aufhören" – ein Ausspruch, mit dem Anna Freud die Anweisungen einer deutschen Mutter der Oberschicht an die Gouvernante zitiert haben soll. Fällt die Balance der Reaktionen in dieser Weise aus, lernt das Kind, daß Bedürfnisse, die von innen kommen, Überlastung schaffen und dafür prädestiniert sind, in Bestrafung oder Inkompetenz zu enden. Es gibt nichts, was man richtig machen kann.

Im Gegensatz dazu sorgt ein ausgeglichenes Muster der vier Reaktionsmöglichkeiten für ein ausgeprägtes Empfinden von Handhabbarkeit. Einige Dinge, die das

Kind will, werden ignoriert. Wenn sie sich als frustrierend erweisen, werden sie gelöscht, sind sie belohnend, verstärkt. In beiden Fällen lag die „Entscheidung" beim Kind. Andere Dinge werden verboten und bestraft, eine klare Botschaft, daß nicht alles in der Welt machbar ist. Aber wenn diese zwei Antworten auf das, was das Kind in Reaktion auf die Ansprüche aus seinem Inneren will, relativ selten sind, und der Großteil des Bildes entweder Kanalisierung (auf diese Weise ja, anders, nein; jetzt nicht, aber später) oder Ermutigung (was eine doppelte Belohnung bedeutet: den Spaß an der Aktivität und die Bestätigung von wichtigen anderen Menschen) sind, werden Unterforderung und Überlastung vermieden.

Ich habe zuerst auf diese Seite der Anforderungen aus der inneren Umwelt geschaut, weil sie, obwohl sie so entscheidend für die Erfahrungen der Belastungsbalance ist, oft unberücksichtigt bleibt, so als wäre das einzige, worauf es ankommt, das, was die soziale Welt dem Kind nahelegt und von ihm fordert. Kohns Arbeit über das Wertsystem von Eltern und ihre Erziehungsmuster (1977), auf das ich in *Health, Stress and Coping* (1979, S. 142–147) ausführlich eingegangen bin, stellt zwischen den beiden Seiten der Medaille eine Verbindung her. Eltern mit „(...) einer Ausrichtung in Richtung auf Komplexität und Flexibilität, Alternativen und Selbststeuerung, Bedeutung, Konsistenz, Wahlmöglichkeiten und dem Erleben, daß Probleme handhabbar und lösbar sind (...)" (S. 147), werden wahrscheinlich auf die Dinge, die das Kind will, so wie im vorangegangenen Abschnitt beschrieben reagieren. Gleichzeitig schlagen sie ihrem Kind wahrscheinlich nichts vor oder fordern etwas von ihm, das dieses unter- oder überfordert. Die Wahrscheinlichkeit, daß das Kind gänzlich sich selbst überlassen bleibt und damit gar nicht gefordert wird, ist gering. Wenn überhaupt, wird der Fehler in Richtung der Überforderung gehen, indem ein zu hohes Tempo für die geforderte Entwicklung verlangt wird. Solche Eltern werden ständig Herausforderungen schaffen, wobei sie nicht ausreichend empfindsam für den Preis sind, der dafür gezahlt werden muß, daß zu viele unlösbare Aufgaben gestellt werden. Oder, anders ausgedrückt, je ausgeprägter das SOC der Eltern, desto wahrscheinlicher ist, daß sie die Lebenserfahrungen des Kindes so beeinflussen, daß dieses in dieselbe Richtung geführt wird.

Dieses sind also die wesentlichsten alternativen Erfahrungsmöglichkeiten, die die anfängliche Triebkraft in die Richtung eines stärkeren oder schwächeren SOC im Leben eines Menschen bereitstellen. Bevor ich mich nun der Analyse der Adoleszenz, der zweiten großen Phase, die diese Richtung umkehrt, stabilisiert oder verstärkt, zuwende, muß ich eine wichtige Korrektur einfügen. In den meisten Gesellschaften hat der Säugling eine zentrale Pflegeperson, die ihm die Erfahrungen vermittelt, aus denen sich das SOC dann auszubilden beginnt, wenngleich andere Figuren im Hintergrund involviert sein mögen. Von der frühen Kindheit an und je älter es wird desto schneller, wird das Kind mit einer umfassenderen sozialen Umwelt konfrontiert. Condry (1984, S. 499) formuliert dies in Bezug auf die vier- bis vierzehnjährigen amerikanischen Kinder so: „Die Informationsquellen [ich würde sagen: die Stimuli, Anforderungen oder Botschaften] teilen sich in etwa gleich großen Vierteln auf die Eltern, die Peers, die Schule und den Fernseher auf". In einer der frühesten Studien über den Kibbuz analysierte Faigin (1958) das erstaunliche Ausmaß, in dem die Gruppe der Kleinkinder als ein sozialisierendes Medium für ihre Mitglieder operiert und „die

Werte der Kultur, in welcher sie aufgezogen werden", übernimmt „und diese aktiv dafür nutzt, gegenseitige Standards für das Verhalten zu setzen" (S. 123). Innerhalb dieses kulturellen Settings können wir erwarten, daß die Botschaften, die den Kindern vermittelt werden, relativ konsistent sind, da sie gemeinschaftlich durch die Eltern, die Pflegepersonen und die Kinder festgelegt werden. Als Faigin die Kibbuzkinder untersuchte, gab es keine Fernsehapparate, und Ausflüge in die Stadt waren seltene Anlässe. Diese Welt hat sich verändert, und selbst im Kibbuz sind die Botschaften an das Kind komplexer geworden. Um wieviel mehr gilt dies für die Welt, die Condry beschreibt! Aber Komplexität an sich ist nicht das Entscheidende, sie mag sogar von Vorteil sein, da sie mehr Möglichkeiten für ausgeglichene Herausforderungen und teilnehmende und wertvolle Erfahrungen bietet. Das wichtigste Problem, das sie stellt, ist das der Konsistenz. Wenn Eltern eine Verhaltensweise belohnen (oder bestrafen), Lehrer eine andere, die Spielkameraden eine dritte und die Massenmedien eine vierte – sexuelles Verhalten ist vielleicht in der derzeitigen westlichen Kultur das deutlichste Beispiel hierfür – ist es schwer, bezüglich der Chancen für konsistente Lebenserfahrungen zuversichtlich zu bleiben.

Adoleszenz

Das *Sturm-und-Drang*-Image der Adoleszenz ist in der Tat eine verführeische, dramatische Charakterisierung von andauernder Turbulenz, Verwirrung, Selbstzweifeln und Marginalität. Insoweit es die Realität in manchen Gesellschaften widerspiegelt, würde man erwarten, daß das SOC, gänzlich unabhängig davon, welche Grundlage in der Kindheit gelegt wurde, in der Adoleszenz durcheinander gebracht wird. Man ist immer zu groß oder zu klein, zu dick oder zu dünn, zu dumm oder zu schlau, mit zu kleinen Brüsten oder mit zu großen, zu gehemmt oder zu frei, in den Straßen der Stadt herumzulaufen, zu jung dies zu tun und zu alt für etwas anderes, unbeholfen, mit Aknepickeln und durcheinander. Waren die Botschaften aus den verschiedenen Welten des Kindes schon widersprüchlich, um wieviel mehr gilt dies für die Jugendlichen! Dennoch ist dies nicht zwingend der menschlichen Kultur inhärent.

In einem Aufsatz, der zu einem Klassiker der Sozialwissenschaften geworden ist, stellte Benedict (1938) die Diskontinuitäten zwischen dem Leben des Kindes und des Erwachsenen in Amerika den behutsam aufeinander aufbauenden Kontinuitäten und Eindeutigkeiten der Botschaften in anderen Gesellschaften gegenüber. Ihre Diskussion konzentriert sich auf drei zentrale Facetten menschlichen Lebens: Verantwortung, Machtbeziehungen und Geschlechtsrolle. In der amerikanischen Gesellschaft wurde (zumindest zu der Zeit) von dem Kind erwartet, daß es keine Verantwortung trug, daß es unterwürfig war und asexuell; als Erwachsener trägt man volle Verantwortung, ist dominant und hat eine klar definierte Geschlechtsrolle. Die Adoleszenz ist das Schlachtfeld für solch revolutionäre Transformationen. Im Gegensatz dazu betont Benedict die in vielen Gesellschaften charakteristischen nach Alter gestaffelten Kontinuitäten. Sogar in Gesellschaften, in denen deutliche Verhaltensdiskontinuität besteht – beispielsweise eine Phase passiver Homosexualität in der Kindheit, die im Erwachsenenalter tabu ist – erleichtern ritualisierte gesellschaftliche Zeremonien den Übergang. Die Botschaften sind klar, unmißverständlich und sie werden einmütig übermittelt.

Das zentrale Problem, mit dem sich ein Jugendlicher in allen Kulturen konfrontiert sieht, ist „sich zusammenzureißen", „eine umschriebene Persönlichkeit innerhalb einer sozialen Realität [zu werden], die man versteht, (...) einen belebenden Realitätssinn aus dem Bewußtsein zu entwickeln, daß sein individueller Weg, die Erfahrungen zu meistern, eine erfolgreiche Variante des Weges ist, mit dem die anderen Menschen um ihn herum ihre Erfahrungen meistern und solches Können anerkennen" (Erikson, 1959, S. 89). Diese Art der Formulierung ist im vorliegenden Kontext in zweifacher Hinsicht von Bedeutung. Erstens kann man die drei Komponenten des SOC aus ihr ableiten: „erfolgreiche Variante" und „Realitätssinn" implizieren Verstehbarkeit, „Können anerkennen" impliziert Handhabbarkeit und „belebend, (...) Bewußtsein, (...) individuell" implizieren Bedeutsamkeit. Zum zweiten trifft die Formulierung auf Jungen und Mädchen zu, auf Jugendliche in Stammeskulturen, im Schwarzenghetto von Chicago, für die *Hitlerjugend*, für den Kibbuz in Israel und irgendeinen westlichen Mittelschichtsvorort. Die entscheidende Frage ist, in welchem Ausmaß der kulturelle Kontext und die soziostrukturelle Realität die von uns erörterten Lebenserfahrungen behindern oder vereinfachen.

Auch auf die Gefahr der Vereinfachung hin können im wesentlichen drei kulturelle Wege identifiziert werden, die die Jugendlichen durchlaufen können: die komplexe offene Gesellschaft, die eine Vielzahl von zulässigen, realistischen Optionen bereitstellt; die integrierte, homogene und relativ isolierte Gesellschaft oder Subkultur; und der verheerende, verwirrende soziokulturelle Kontext, der es unmöglich macht, das Leben zu verstehen. Condry (1984, S. 502) drückt dies treffend in seiner Erörterung der zentralen Geschlechtsrolle aus, die als stellvertretend für die Gesamtheit der sozialen Rollen angesehen werden kann, durch die der Jugendliche dazu aufgefordert wird, seine Identität auszudrücken und eine Vorstellung von der Welt auszuarbeiten: „Zu beobachten, was die Kultur bereitstellt, diese Information zu organisieren und ihr einen Sinn zu geben und sich darüber klar zu werden, wo er oder sie in das Ganze hineinpaßt". Alle drei Wege bieten einen anderen Komplex an Informationen.

Auch für die Jugendlichen mit dem meisten Glück ist das Leben niemals einfach und schmerzlos. Aber denken sie einmal an den Jungen, der seine Kindheit in altersgemäßer Kontinuität in einem freundlichen Vorort der oberen Mittelschicht in New York (oder in Schweden, Japan oder Israel) verbracht hat. Von aufgeschlossenen Eltern, Peers, Lehrern und den Massenmedien wird ihm ständig eine Palette herausfordernder legitimer Optionen angeboten. Seine Experimente mit Marihuana, Sex und Karrierespinnereien werden lächelnd und tolerant kritisiert. Er geht dann zum Reed College, macht ein Jahr Pause, um Amsterdam oder den brasilianischen Dschungel zu erkunden, macht sein Examen, verbringt zwei weitere Jahre im Friedenskorps, tritt in die Harvard Law School ein und lebt mit einer jungen Frau aus seiner sozialen Gruppe zusammen. Seine Eltern trinken, aber sie sind keine Alkoholiker. Bei den wenigen Anlässen, bei denen er Kämpfe mit ihnen austrug, verbrachte er einen höchst angenehmen Abend mit seiner ihn vergötternden verwitweten Großmutter oder mit Cousins und kehrte dann als Kleinausgabe des verlorenen Sohns nach Hause zurück. Sein Peer aus Israel verbrachte vier Jahre als Offizier in der Armee. Sein japanischer

Peer, der es eiliger hat, hat bereits die untere Sprosse einer Firmenkarriere erklommen, während sein schwedischer Peer auf dem Wege zur Medizinhochschule als Helfer in einer psychiatrischen Klinik gearbeitet hat.

Soziale Klasse, Geschichte und Geschlecht sind hier ebenso wie Gene und individuelles Glück zusammengekommen, um ein sich entwickelndes starkes SOC zu fördern. Die Informationen und Wahlmöglichkeiten seitens der Umwelt waren immer klar und realistisch. Das Zusammenspiel zwischen den individuellen Vorlieben und den vorsichtig getroffenen Entscheidungen wurde immer als legitim betrachtet und wertgeschätzt, auch wenn die Entscheidungen sich als ungünstig herausstellten. Natürlich hätte unser junger Mann auch in „illegitime" Optionen involviert sein können, wie zum Beispiel in harte Drogen, religiöse Kulte, oder er hätte ein Kind zeugen können. Er hätte herausfinden können, daß sein Vater nicht sein biologischer Vater war, daß seine homosexuellen Wünsche sogar in seiner liberalen Familie gänzlich inakzeptabel waren, oder daß es ihm völlig abwegig schien, die Nachfolge seines Vaters in der Firmenleitung anzutreten. Und noch größer ist die Wahrscheinlichkeit, daß seine Schwester, die einen ähnlichen Weg gegangen war, in ihrem tiefsten Innern die ganze Zeit die Nachricht vermittelt bekommen hatte, daß all dieses schön und gut war, daß sie aber letztendlich eine Frau war und damit für Heim und Herd bestimmt. Kultur, Schichtzugehörigkeit und Geschichte bieten keine gepanzerten Garantien für ein Lebenserfahrungsmuster aus Konsistenz, Belastungsbalance und Teilhabe an Entscheidungsprozessen. Sie erlauben aber statistische Vorhersagen.

Eine Variante dieses erfolgreichen Wegs zu einem starken SOC, zumindest bis in das frühe Erwachsenenalter hinein, wird ernsthaft und erheiternd (zumindest für mich, da es meine Kindheit und Jugend behandelt) in Blaus (1967) wenig bekanntem Buch: „Die Verteidigung der jüdischen Mutter" porträtiert. Diese Variante mag sogar ein effizienterer und effektiverer Weg zu einem starken SOC sein, als es die oben porträtierte liberale Welt der oberen Mittelschicht ist, denn diese birgt eine zentrale Gefahr: Wenn alles legitim ist, wenn zwischen realer Leistung und Mißerfolg nicht unterschieden wird, wenn der Kanon (vgl. Kapitel Zwei) unklar ist und die Wahlmöglichkeiten grenzenlos, lastet zu viel auf dem Jugendlichen. Blau vergleicht die Kindheit und Jugend jüdischer Kinder von Immigranten in Amerika mit denen junger Menschen im heutigen Japan und arbeitet die Ähnlichkeit mit dem Muster heraus, das möglicherweise in anderen Immigrantengruppen gilt, die es schaffen, eine kulturelle Identität beizubehalten, die in die neue Gesellschaft paßt. Die straffe Familienstruktur, die starken Bande der Liebe und gegenseitigen Abhängigkeit zwischen Mutter und Kind, Bildung als zentraler Wert und Leistung als gleichermaßen zentrales Ziel, die Eindeutigkeit der Identifizierung als Jude in einer offenen amerikanischen Gesellschaft, die Legitimität emotionalen Ausdrucks, gemäßigt durch das Verbot physischer Aggression, das Netzwerk von Informationen in der Gemeinde, das System von Gratifikationen, die Mobilisierung familiärer Ressourcen für die Kinder, der Kampf um Selbstvertrauen – all diese Faktoren erwiesen sich als protektiv gegenüber der lähmenden Abhängigkeit von der adoleszenten Peergruppe, die so oft aus der zu frühen Unabhängigkeit und Permissivität resultiert.

Ein zweiter, sehr wichtiger gesellschaftlicher Weg zu einem starken SOC während der Jugend findet sich in jenen historisch verankerten, homogenen, sozial und kulturell isolierten Gruppen, die in modernen Gesellschaften leben, die sogar auf einer gewissen Ebene ganz an ihnen Teil haben, auf einer tieferen aber nicht wirklich zu ihnen gehören. Dies trifft besonders auf religiöse Gruppen zu. Sie geben dem Kaiser, was des Kaisers ist, nicht aber ihre Seelen und ihre Lebensweise. Jugendliche, die in solch einer Kultur aufwachsen, erfahren das Leben in gewisser Weise so, wie Benedict es für isolierte Stammesgesellschaften beschreibt. Für den jugendlichen Mormonen in Provo, den jüdischen Jungen oder das jüdische Mädchen im orthodoxen Williamsburg oder für den heranwachsenden Komsomol in Kiew ist das Leben ein üppiger Wandteppich voller Mythen, Rituale und Vorbilder. Die Straße zur Rechtschaffenheit ist mit Gefahren gepflastert, die es zu vermeiden gilt, mit Herausforderungen, denen man sich stellen muß und Fähigkeiten, die erworben werden müssen. Die Belohnungen für diejenigen, die es schaffen, sind beträchtlich, und die meisten haben das Potential dazu. Fehltritte werden ernstgenommen, so daß zum Ausdruck kommt, daß die Person ernstgenommen wird, aber sie können verziehen werden. Natürlich bleiben einige auf der Strecke; sie leisten dadurch einen wichtigen Beitrag für das eigene Gefühl, unter den Erwählten zu sein.

Ich sage nicht, daß jede dieser isolierten, homogenen Gemeinschaften jene Lebenserfahrungen fördert, in denen sich ein starkes SOC entwickeln kann. Es gibt Kulturen, die den Jugendlichen vermitteln, daß das Leben Terror ist, daß er oder sie zu Bösem und Zerstörung verdammt ist, dauernd wertlos und hilflos, daß jeder Gedanke, Zweifel oder jede Anstrengung sündhaft ist, daß nur ein rigide definiertes Verhaltensmuster erlaubt ist und daß sogar der Tod keine Erlösung bringt. Kein ernsthafter Anthropologe würde behaupten, daß alle Kulturen gleich effektive Überlebensmodalitäten gefunden haben. Um es noch einmal zu sagen: ich wollte hier lediglich auf die Tatsache hinweisen, daß es für Jugendliche mehr als ein Erfahrungsmuster gibt, das – nach der Kindheit – einen zweiten Grundstein dafür legt, daß man seine Welt als verstehbar, handhabbar und bedeutsam erlebt.

Für viele Jugendliche in der Welt jedoch, ob in Schwarzafrika, Mitteleuropa oder dem mittleren Westen Amerikas ist das Leben ein ständiger Hinweis auf eine fremde, feindliche, unverständliche und absurde Welt. Das Kernstück der Adoleszenz ist für diese Jugendlichen paradoxerweise die konsistente Botschaft, daß das Leben unvorhersehbar ist und daß es für sie keinen Platz bietet. Hunger, Kälte und Schmerz sind für sich genommen schlimm genug. Aber der Jugendliche im Barrio, im Ghetto oder in der Shantytown weiß sehr wohl, daß viele andere wohl ernährt und gut gekleidet sind und nie in ihrem Leben eine Ratte gesehen haben. Schulen vermitteln, daß Horatio Alger[1] noch möglich ist, aber diese Jugendlichen kennen die Realität der Arbeitslosenraten ihrer älteren Brüder und Schwestern und die miserablen Jobs ihrer Väter und Mütter. Die unmittelbaren Gratifikationen, um den Schmerz zu lindern, sind: Drogen, Sex und Gewalt. Für den Augenblick scheinen sie zumindest das Versprechen auf einen Belastungsausgleich zu bieten. Aber der Illusion wird man schnell

---

1. Horatio Alger Jr., amerikanischer Schriftsteller, der in der Ära nach dem Bürgerkrieg in über 100 Büchern Ideale von Mut, Glauben und arbeitsreichem Leben propagierte. 1947 wurde die „Horatio Alger Association of Distinguished Americans" gegründet, die sich zur Aufgabe gemacht hat, Individuen zu fördern und zu ehren, die es angesichts widriger Umstände und Ausgangsbedingungen schaffen, ihre Träume und Ideen zu realisieren. (d. Übers.)

beraubt, was sich brutal in den Suizid- und Totschlagraten und, bei Mädchen, in früher Schwangerschaft zeigt. Das niedliche kleine Spielzeug wird bald ein heulendes Kleinkind, das jedweder Wahlmöglichkeit ein Ende setzt. Natürlich gibt es Ausnahmen, die Wunder der starken Mütter (sehr viel häufiger als der Väter), die es irgendwie schaffen, zu nähren und zu schützen und Kraft zu geben und die damit einen Ausweg eröffnen.

In der Welt der 80er Jahre muß auf eine weitere Alternative hingewiesen werden: die Welt fundamentalistischer Apokalypse. Ein Führer steht auf, der die Lösung aller Probleme anbietet, eine deutliche, stimmige Botschaft, ein legitimer Kanal für den Ausdruck von Aggression, ein Versprechen der Erlösung und Mitgliedschaft in einer Gemeinschaft von Auserwählten. Es kann sich hierbei auch um eine soziale Bewegung handeln. Eine spezielle Ethik der Befreiung, Selbstaufopferung und Identifikation entsteht. Dieser Weg geht quer durch soziale Klassen und Kulturen: er ist in Hitlers Deutschland zu finden, in Khomeinis Iran, bei Maos Roten Garden, in Ghaddafis Libyen und, in einer besonderen Version, in den Universitäten der westlichen Welt. (Vgl. Feuer, 1969 mit einer sehr kenntnisreichen historischen Analyse des transgenerationalen Konflikts.) Die Welt des Fundamentalismus ist kaum auf die Jugend beschränkt. Aber insoweit sie an diejenigen appelliert, die, egal aus welchem Grund, am dringlichsten vereinfachende, eindeutige Antworten brauchen, ist sie besonders für die Jugendlichen von Belang.

Funktioniert sie? Verstärkt sie die Grundlage eines SOC, das in der Kindheit verankert wurde, oder erlaubt sie bei denjenigen, denen es in dieser Hinsicht in der Kindheit mangelte, Rekonstruktion? Mit all meinen Instinkten und Werten würde ich dies gerne verneinen. Ich möchte gerne sagen, daß die Rigidität eines SOC, das in solch einem Kontext entsteht, dieses zwangsläufig zerbrechlich und unecht macht und zum Zugrundegehen verurteilt. Aber wir müssen zugestehen, daß es hierfür keinerlei Hinweis gibt. Die Erfahrungen in den Welten der fundamentalistischen Apokalypse sind auf dramatische Weise konsistent, sorgen für Belastungsbalance und beinhalten in hohem Maße Teilhabe an sozial anerkannten Entscheidungsprozessen. Sie sind den oben beschriebenen homogenen Gemeinschaften darin sehr ähnlich. Es gibt aber auch alternative Möglichkeiten. Für einige ist der Weg des Fundamentalismus, wenn er zu einem zerschmetternden Felsen der Realität führt, verheerend. Für andere verwandelt sich der Marsch entlang der Straße der Geschichte und des Heils allmählich in eine wirklich wertvolle Erfahrung, bei der das Gold der Zugehörigkeit, der Kameradschaft, des Sinns und der Klarheit seine bereichernde Qualität behält, wohingegen die Schlacke abgeworfen wird, und der Jugendliche sich in eine nüchterne Phase des Erwachsenseins begibt – mit mehr Zweifeln und Skepsis über die Welt, aber in der Lage, seine Erfahrungen in ein gefestigtes, starkes SOC umzusetzen. Und für wieder andere wird der Fundamentalismus in enger Verzahnung mit Macht niemals in Frage gestellt, sondern durch die Realität verstärkt. Sie werden die bolschewistischen Kommissare und der Yogi, die Mullahs und Mafiosi, politische Folterer und professionelle Terroristen – alle, so fürchte ich, bewegen sich von einem jugendlichen zu einem erwachsenen starken SOC. Auch dies sind Möglichkeiten, sich zusammenzureißen.

Erwachsenenalter

Im besten Fall kann der Jugendliche nur ein vorläufig starkes SOC erreicht haben, das für kurzfristige Vorhersagen über Streßbewältigung und Gesundheitsstatus nützlich sein mag. Erst mit Eintritt in das Erwachsenenalter, wenn langfristige Verpflichtungen an Personen, soziale Rollen und Arbeit eingegangen werden, werden die Erfahrungen der Kindheit und Jugend sowohl verstärkt als auch rückgängig gemacht.

Die meisten jungen Erwachsenen arbeiten. Dies mag unbezahlte Hausarbeit sein oder Arbeit in einem Einstellungsverhältnis. In dieser sozialen Umgebung wird der Erwachsene mehr als die Hälfte seiner oder ihrer wachen Stunden im Verlauf der nächsten vierzig oder mehr Jahre verbringen. Die antizipatorische Sozialisation ist abgeschlossen, und man ist auf sich gestellt in einer bestimmten Kultur und Gesellschaft. Ich glaube, daß die eigene Lokalisierung auf dem SOC-Kontinuum in der frühen Phase des Erwachsenenalters mehr oder weniger festgelegt wird. Weiter unten werde ich mich mit der Frage der Dynamik des SOC beschäftigen. Lassen Sie uns jetzt zunächst dessen Ausformung im frühen Erwachsenenalter untersuchen.

Beginnen wir mit den Lebenserfahrungen der Person, die die Hauptverantwortung dafür trägt, einen Haushalt zu führen, der Hausfrau. Ein Thema, das in der Geschichte der Menschheit immer eine wichtige Rolle gespielt hat, ist das der verwandtschaftlichen Verantwortung. Von früher Kindheit an weiß eine Frau, daß die für sie bestimmte Rolle die der Frau und Mutter ist. Durch emotionale Bindung und Identifikation hatte sie die Möglichkeit, die ganze Bandbreite der Fertigkeiten zu erwerben, die notwendig sind, um diese Rolle gut auszuüben. Darüber hinaus hat sie schon früh gelernt, daß nicht nur ihre Kultur diese Rolle hoch schätzt, sondern daß sie als Eckpfeiler der Gesellschaft überhaupt betrachtet wird. In dem Maße, in dem sie gut umsorgt wurde, wurde sie fähig, für andere zu sorgen. Sie heiratet, bekommt Kinder und schafft ein Heim. Wie sieht ihr tägliches Leben hinsichtlich der Lebenserfahrungen von Konsistenz, Belastungsbalance und Teilnahme an gesellschaftlichen Entscheidungsprozessen aus?

Im großen und ganzen gibt es ein beachtliches Maß an Konsistenz und Vorhersagbarkeit in ihrem Leben. Es gibt mysteriöse Krankheiten der Kinder und die andauernde Angst vor Unfällen, die Wutausbrüche der Nachbarn und die Launen ihres Mannes, wenn er von der Arbeit nach Hause kommt, aber diese werden Teil eines vertrauten Auf und Ab. Zudem ist sie innerhalb ihrer Domäne diejenige, die das Tempo bestimmt und die Reihenfolge der zu erledigenden Aufgaben ändert, um ausreichend Luft zum Atmen zu bekommen. Sie organisiert die Rituale und die Struktur des Haushalts, dirigiert das Kommen und Gehen. Sie knüpft ein enges Netz von Beziehungen; Eingänge und Ausgänge entwickeln sich harmonisch.

In unseren Begriffen ausgedrückt ist das zentrale Problem dieser Hausfrau die Überlastung. Zeit und Energie reichen nie aus, alles zu tun, was zu tun ist. Kinder zu gebären und aufzuziehen, Kochen, Saubermachen und Einkleiden sind jeweils für sich Ganztagsbeschäftigungen, schon ohne die Notfälle. Kommen dann noch, wie so oft, der Gemüseanbau oder das Melken der Kühe hinzu, die Mithilfe im Familiengeschäft, die Versorgung eines älteren Elternteils oder das Sich-Kümmern, wenn die Nachbarn Probleme haben, ist die Belastung wahrlich groß. Aber sie erlebt die Belastung häufig dadurch als geringer, daß sie weiß, daß sie es gut schaffen könnte, wenn sie Zeit und Energie hätte, alles zu tun. Sie tut ihr Bestes. Wir dürfen jedoch nicht das Problem der Unterforderung ignorieren. Es tritt auf, wenn das Leben so strukturiert ist, daß die eigenen Fertigkeiten, Fähigkeiten, Interessen und Potentiale nicht zum Zuge kommen können. Für diejenigen, die keinen Tag damit verbracht haben, für ein Kind zu sorgen oder für eine Familie zu kochen, mag es schwer sein, sich vorzustellen, welche Talente erforderlich sind, um es gut zu machen. Wenn man Virginia Woolf ist oder Carol Brice, dann ist es in der Tat eine Unterforderung, den Kindern Geschichten zu erzählen oder Schlaflieder zu singen. Aber für die meisten ist die Rolle der Hausfrau *in einem vorhandenen kulturellen Setting* keine des frustrierten Potentials.

Es muß wiederholt werden, daß die Rolle der Hausfrau in vielen Gesellschaften tatsächlich Lebenserfahrungen liefert, die durch Teilnahme an sozial hoch bewerteten Entscheidungsprozessen charakterisiert sind. Gemeinsam oder jeweils autonom haben Mann und Frau in unterschiedlichen, aber gleichermaßen geschätzten Bereichen anerkannte Macht und Autorität. Haushaltsführung und Erziehung der Kinder werden sozial als nicht weniger wichtig als außerfamiliäre Aktivitäten angesehen. Physische Überlegenheit wird nicht mehr oder sogar weniger geschätzt als größere emotionale Widerstandskraft. Ich habe keine Illusionen darüber – wie Illich (1985) sie mit seinem Bild von Ehemann und Frau als ineinander verschlungene Hände zu haben scheint – daß die Hausfrauenrolle immer zu einem starken SOC führt. Da ich in der Realität des Nahen Ostens lebe, könnte ich kaum glauben, daß dies der Fall ist. Ich wollte hier ein bestimmtes Muster von Lebenserfahrungen skizzieren, das ein starkes SOC schaffen kann. Denjenigen, die skeptisch sind, ob solche Muster wirklich real existiert haben und die Sholom Aleichem nicht im jiddischen Original lesen können, möchte ich vorschlagen, Meyerhoffs (1978) bewegende und liebenswerte anthropologische Studie eines Altencenters in Venice, California zu lesen; oder das dritte Kapitel bei Reiss (1981) über die Pioniersfamilie.

Nachdem ich dies klargestellt habe, muß ich nun hinzufügen, daß dieses integrierte Muster von Lebenserfahrungen in der Realität westlicher Gesellschaften – einschließlich der sowjetischen – nahezu nicht existiert. Nicht nur, daß die Hausfrau nicht „arbeitet"; wenn sie arbeitet, das heißt, wenn sie Teil der bezahlten Arbeitnehmerschaft wird, geschieht dies mit überwältigender Mehrheit in einer Arbeit, die – wie wir weiter unten sehen werden – selbst nicht zu einem starken SOC beiträgt; und dies in doppeltem Maße, weil sie zumeist in einem minderbewerteten weiblichen Job arbeitet. Wenn zu der sozialen Abwertung der Hausfrauenrolle noch, wie es häufig der Fall ist, die ökonomische Abhängigkeit der Frau von ihrem Mann, physische Gewalt und die kulturelle Definition der Frau als Dienerin für die sexuellen und sonstigen Bedürfnisse ihres Herrn und Meisters hinzukommen, werden sämtliche Lebenserfahrungen von Konsistenz und Belastungsbalance, derer die Hausfrau sich auch sonst erfreuen mag, nicht ausreichen, um sie mit einem starken SOC auszustatten. Solche unglückseligen Muster erinnern uns im besonderen an jene Frauen, deren Last am größten ist: die armen und die der Arbeiterschicht angehörenden Frauen. Sie haben kaum Komfort und wenig Hilfe, agieren in einem kulturellen Setting, in dem die Männer die Last nicht teilen und dazu kommt noch, daß sie sowohl bezahlte Arbeit als auch Hausarbeit leisten. Schichtunterschiede bleiben genauso bedeutsam wie Geschlechtsunterschiede.

Ich möchte hier nicht die Lebenserfahrungen von Frauen als Frauen (oder von Männern als Männern) im Sinne des SOC analysieren, sondern das Augenmerk auf die zentrale Rollenaktivität von Erwachsenen richten. Hausfrau zu sein kann in einer sozialen Struktur zu einem stärkeren SOC führen, in einer anderen zu einem schwächeren. Wie steht es um die bezahlten Arbeiter?

Sorokin hat vor geraumer Zeit (1927, S. 321) eine grundlegende Prämisse aufgestellt: „Alle psychologischen Prozesse jedes Mitglieds einer Berufsgruppe erfahren Veränderungen, besonders dann, wenn man für lange Zeit in demselben Beruf bleibt. (...) *Noch stärker ist der berufliche Einfluß auf die Prozesse und den Charakter der eigenen Bewertungen, Überzeugungen, praktischen Urteile, Meinungen, der Ethik und der gesamten Ideologie*". Diese Prämisse hat viel empirische Unterstützung erhalten, aber sie ist zu allgemein, um ein detailliertes Verständnis darüber zu entwickeln, wie der Beruf das SOC formt. Man muß die konkreten relevanten Aspekte der Arbeit spezifizieren.

Aber bevor ich mich einer detaillierten Analyse zuwende, muß ich von vornherein einen wichtigen Aspekt klarstellen. Man muß nicht Marxist sein, um sich schmerzlich darüber bewußt zu werden, daß sich die Literatur zu beruflichem Streß nahezu ausnahmslos mit den unmittelbaren objektiven Arbeitsbedingungen und deren subjektiver Wahrnehmung beschäftigt, unter gänzlicher Mißachtung der historischen und weiteren soziostrukturellen Situation, in die die Arbeit eingebettet ist. Es ist durchaus denkbar, daß wir das Handhabbarkeitserleben verstehen können, indem wir nur den direkten Arbeitsprozeß erforschen; in Bezug auf Verstehbarkeit ist dies schwierig und in Bezug auf Bedeutsamkeit so gut wie unmöglich.

Hoiberg (1982) analysierte die Daten über arbeitsbedingten Stress und stationäre Krankheitszeiten von bei der US-Navy eingeschriebenen Männern über einen Zeitraum von 30 Jahren, ohne in irgendeiner Weise zu erwähnen, daß der entsprechende Zeitraum auch die Zeit des Vietnamkriegs umfaßte. Als jemand, der am Zweiten Weltkrieg teilgenommen hat, den wir als gerechten Krieg definierten, und als jemand, der das Pionierunternehmen der israelischen Kibbuzbewegung, die eine Wüste in ein Land von Milch und Honig verwandelte, kennt, muß ich darauf aufmerksam machen, daß Situationen möglich sind, in denen der historisch-gesellschaftliche Kontext für die Ausformung des SOC weitaus wichtiger ist als es die einzelnen Arbeitsbedingungen sind. Ich nehme an, daß dies nicht nur in einem großen, dramatischen Rahmen gilt. Hat Arbeit die gleiche Bedeutung und denselben Einfluß, wenn ein Mensch in all seiner Arbeitszeit damit beschäftigt ist, Werbespots für Seife zu schreiben oder – unter den gleichen Arbeitsbedingungen – Bücher für Kinder? Macht es irgendeinen Unterschied, ob ein Computerspezialist in einem Krebsforschungszentrum arbeitet oder in einem Atomkraftwerk? Oder ob jemand den Fußboden in einem Krankenhaus oder einem Bürogebäude putzt?

Ich kenne die Antwort nicht, obwohl ich mir recht sicher bin, daß zumindest für einen relativ kurzen Zeitraum an Jahren das Engagement in gesellschaftlich sehr geschätzten oder als heroisch angesehenen Unternehmungen mehr wiegt als die spezifischen Arbeitsbedingungen. Ich betone dies aus dem Blickwinkel der Salutogenese. Das heißt, wenn das große Unternehmen tatsächlich großartig ist, beuten wir seine Bedeutung aus, und sei es nur, um daraus die Energie zu schöpfen, die nicht unbedingt erfreulichen Details auszuhalten. Wenn das Unternehmen, für das wir uns engagieren, nicht großartig ist, neigen wir dazu, das größere Umfeld zu vergessen, und die Details der Arbeitsbedingungen werden das allerwichtigste. Mit anderen Worten, ich schlage ein Forschungsprogramm vor, daß meines Wissens in der Forschung zum Einfluß der Arbeit darauf, wie man seine Welt sieht, nicht berücksichtigt wurde. Wenden wir uns nun der Frage der Arbeitsbedingungen zu, und lassen Sie uns dabei von den Bedingungen ausgehen, die die Wahrnehmung der Welt als bedeutsam verbessern.

Kontinuierliche Erfahrung der Teilnahme an sozial geschätzten Entscheidungsprozessen ist die Quelle dafür, seine eigene Arbeit als bedeutsam zu empfinden. Dies kann auf zweierlei Art verstanden werden: als das, was Frankenhaeuser (1981) „Spaß und Stolz an der Arbeit" nennt und als Ermessensspielraum. Ob man aus freien Stücken entschieden hat, das zu tun, was man tut oder ob man rein zufällig an die Arbeit gekommen ist – wenn sie Freude macht und einen stolz macht, wird es ein Gefühl geben von „das ist meins", „das was ich mache, möchte ich machen". Was determiniert Spaß und Stolz? Wenn Intellektuelle über Arbeit schreiben, neigen sie dazu, Selbstverwirklichung als entscheidenden Punkt anzusehen. Ohne deren Bedeutung außer acht zu lassen, gehe ich davon aus, daß für die meisten Arbeitenden in zweifacher Hinsicht soziale Wertung bedeutsamer ist. An erster Stelle steht die soziale Bewertung des „Unternehmens" (der Beruf, der Industriezweig, die Firma), in dem man beschäftigt ist. Solche Wertung wird in den Ressourcen ausgedrückt (Macht, Lohn, Prestige), die die Gesellschaft der Gemeinschaft zuteilt. Zum zweiten muß die gleiche Frage auch in Hinblick auf den einzelnen Arbeiter gestellt werden. Je mehr man den Eindruck hat, daß die soziale Bewertung der eigenen Arbeit den eigenen Kriterien der Fairneß entspricht, um so wahrscheinlicher hat man das Gefühl des „das ist meins".

In der Forschung zu beruflichem Streß wird Ermessensspielraum meistens in bezug auf den Entscheidungsbereich des individuellen Arbeiters bezogen. Und in der Tat wird der Arbeiter, der spürt, daß es in seiner Entscheidungsfreiheit liegt, die Aufgaben, ihre Reihenfolge und das Arbeitstempo zu bestimmen, mit höherer Wahrscheinlichkeit die Arbeit als bedeutsam betrachten. Mitsprache zu haben bei dem, was man macht, verleitet einen dazu, seine Energien gerne zu investieren. Solche Bezugnahme mißachtet jedoch den kollektiven Kontext der meisten Arbeit. Für die Bedeutsamkeit ist das Ausmaß, in dem man mitbestimmen kann, was um einen herum geschieht, nicht weniger wichtig. Damit kommen wir dazu zu fragen, wie die eigene Arbeit mit der anderer in Verbindung steht: Läßt sie separate, antagonistische, komplementäre oder kooperative Beziehungen mit anderen entstehen? (Für eine Analyse der Bedeutsamkeit im Kontext der Entfremdungstheorie siehe Coser (1963) über die Arbeit von Krankenschwestern in zwei unterschiedlichen sozialen Strukturen.) Aber wir müssen weiter gehen und nach der Mitsprache im gesamten Produktionsprozeß fragen, auf lokaler und gesamtgesellschaftlicher Ebene. Der Begriff der „Mitsprache" beinhaltet einerseits das Element der Macht des Individuums, das, was er oder sie tut und was an Wichtigem um ihn oder sie herum geschieht, beeinflussen zu können. Andererseits beinhaltet er nicht unbedingt ein Monopol auf solche Kontrolle. Der entscheidende Punkt ist, ob man Kontrolle als *legitim* verankert wahrnimmt und ob man als Teil eines Kollektivs einen der eigenen Einschätzung zufolge angemessenen Anteil an den getroffenen Entscheidungen hat.

Erfahrungen einer angemessenen Belastungsbalance werden als entscheidend bei der Determinierung des Erlebens von Handhabbarkeit angesehen. Weiter oben wurde das Thema der Kontrolle angesprochen, aber dieses steht auch in Verbindung mit Handhabbarkeit. Je mehr ich selbst und andere, die ich dafür für berechtigt halte, mir Aufgaben stellen, desto wahrscheinlicher werde ich über die Ressourcen verfügen, sie zu lösen. „Über Ressourcen verfügen" bedeutet in erster Linie das Wissen, die Fertigkeiten, die Materialien und das zur Verfügung stehende Rüstzeug. Wir müssen jedoch noch zwei Schritte weiter gehen. Erstens müssen wir die formale soziale Struktur, in die die Arbeit von beinahe jedem von uns eingebettet ist, so wahrnehmen, daß sie uns mit dem geeigneten Umfeld und der Ausrüstung, die wir für nötig halten, um unsere Arbeit gut auszuführen, ausstattet. In den meisten Arbeitszusammenhängen können wir nur dann das Gefühl haben, gut zu arbeiten, wenn wir erleben, daß die anderen, mit denen wir zusammenhängen, auch gut arbeiten: die, die vor uns an dem Produkt gearbeitet haben, die uns mit Materialien und Ausrüstung versorgt und die die Arbeit organisiert haben. Zweitens gilt es zu beachten, daß in nahezu allen Arbeitszusammenhängen informelle soziale Strukturen entstehen. Zuweilen erhält der Charakter sozialer Beziehungen sogar größere Bedeutung als unsere eigenen Ressourcen oder diejenigen, die die formale Struktur uns zur Verfügung stellt. Wenn es einem schlecht geht, kann man dann darauf zählen, daß andere einspringen? Kann man sich darauf verlassen, daß andere einen decken, wenn man Quatsch macht?

Zusammengefaßt: die wahrgenommenen Ressourcen sind der Schlüssel zu dem Problem der Überlastung. Aber die fraglichen Ressourcen können auch kollektiv oder außerhalb des Individuums sein. Was das Erleben der Handhabbarkeit einschränkt, ist chronische oder häufig wiederholte akute Überlastung ohne die angemessene Gelegenheit zu Ruhe und Erholung. Überlastung bleibt das wichtigste Thema in Hinblick auf Handhabbarkeit, insbesondere dann, wenn wir die häufig ignorierten Daten über Schwarzarbeit, Schichtarbeit und die Hausfrauen, die in zwei Jobs arbeiten, aber nur für einen bezahlt werden, im Kopf behalten. Wenn wir aber an Soldaten in der Schlacht denken, an Chirurgen bei der Operation, Wissenschaftler bei der Forschung oder Pioniere, die Sümpfe trockenlegen, können wir sehen, wie bisher ungenutzte Ressourcen auftauchen, die unser Handhabbarkeitserleben verbessern (vgl. Engel und Schmale, 1972, deren Diskussion der Erhaltungs-Rückzugs-Hypothese sehr relevant für das Thema der Überlastung und Unterforderung ist).

Wir können somit sagen, daß wiederholte Arbeitserfahrungen, die den Möglichkeiten der arbeitenden Person entsprechen, die ihr angemessenes Material und soziale und organisatorische Ressourcen zur Verfügung stellen und die neben gelegentlichen Überlastungen auch die Möglichkeit bieten, sich zurückzuziehen und Energie zu speichern, das Handhabbarkeitserleben stärken werden. Aber es gibt auch die Kehrseite der Medaille: das Problem der Unterforderung. Wir haben zu lange das Wissen der Psychologie über sensorische Deprivation ignoriert (vgl. Lipowski, 1975, dessen theoretische Sichtweise zur Überlastung leicht um die Unterforderung erweitert werden kann). Wenn unsere Arbeitserfahrungen ständig so sind, daß wir selten dazu aufgefordert werden, unsere Fähigkeiten anzuwenden oder unsere Möglichkeiten zu aktualisieren, wenn sie immer eindimensional und monoton sind, können wir niemals das Vertrauen bekommen, daß die Welt handhabbar ist.

Dies, so glaube ich, ist die wichtigste Implikation der Arbeit von Kohn und seinen Kollegen (Kohn und Schooler, 1983) über substantive Komplexität. Sie zeigten für verschiedene Persönlichkeitsdimensionen, darunter auch das Erleben von Distreß, welche langfristigen Auswirkungen sich je danach ergeben, inwieweit die Jobs substantive Komplexität erfordern, um sie angemessen auszuüben. Obwohl ihre Diskussion die Gefahr eines Zuviel an Komplexität außer acht läßt, gibt es wenig Zweifel, daß für zu viele Menschen – und dies gilt zuerst und hauptsächlich für Minderheitengruppen, Frauen und Menschen mit Behinderungen – das Fehlen substantiver Komplexität der Arbeit, das ihre Potentiale nicht berücksichtigt, zur zunehmenden Lähmung ihres Erlebens von Handhabbarkeit führt.

Erfährt man immer wieder, daß verschiedene Dinge sich ergänzen, daß einem etwas Unbekanntes zufriedenstellend erklärt wird und daß Muster geordnet sind, stärkt dies das Erleben von Verstehbarkeit. Vielleicht darf ich ein persönliches Beispiel anführen, das verdeutlicht, was ich meine. 1973 schloß ich mich einer kleinen Gruppe an, um einen Studiengang für Medizin zu planen, der auf erheblich anderen Werten, Konzeptionen und Zielen basierte als sie für traditionelle Schulen charakteristisch sind. Ich nahm an der Auswahl der Studierenden teil, brachte ihnen über die sechs Jahre hinweg etwas bei (einschließlich des Wissens, das aus meiner eigenen Forschung kam) und hatte immer Kontakt zu den anderen Dingen, die sie lernten. Heute, wo sie als Ärzte arbeiten oder einige von ihnen sich uns als junge Lehrer anschließen, stehe ich weiterhin mit ihnen in Kontakt als formaler Berater, als Freund oder einfach als jemand, der ihnen wohlgesonnen ist. Das ständige Engagement der Fakultät und ihrer Abgänger an einer Veränderung des Gesundheitsversorgungssystems in der Region verbindet mich darüber hinaus mit der übergeordneten sozialen Struktur. Die gesamte Arbeitserfahrung fügt sich zu einem Bild zusammen, das für mich Sinn macht. Vergleichen Sie dies mit Charlie Chaplin in *Modern Times*, der eine Handlung am Fließband ausführt, ohne die geringste Kenntnis des Produkts, bei dessen Herstellung er anscheinend behilflich ist.

Ich habe ein Arbeitssetting beschrieben, das ein integriertes System darstellt, obwohl es höchst komplex ist. Es war deutlich, wie sich die Gegenwart aus der Vergangenheit entwickelt hatte, und vernünftig, davon auszugehen, daß sich aus der Gegenwart eine bestimmte Zukunft entwickeln würde. Nicht nur meine eigene Rolle war klar; die Rollen der anderen und ihre Verbindung zu meiner waren ebenso klar. Wenn eine solche komplexe Struktur die Erfahrung von Konsistenz erleichterte, werden diejenigen, die in ihr arbeiten, sicherlich daran glauben können, daß einfachere Dinge im Leben ebenfalls verstehbar sind.

Hier muß ich einen analytischen Punkt anbringen. Ich habe versucht, die Landkarte, die solch ein Arbeitszusammenhang hervorbringt, zu beschreiben, eine Landkarte, die Vertrauen schafft, daß Landkarten leicht zu lesen sind. Beim nochmaligen Lesen der Beschreibung der Arbeitssituation fällt mir der enge Zusammenhang von Verstehbarkeit und Bedeutsamkeit auf. Da meiner eigenen Rolle in dieser Situation ein hohes Maß der Teilnahme an gesellschaftlich geschätzten Entscheidungsprozessen gewährt wurde, machte die mehrjährige Erfahrung mir nicht nur kognitiv „Sinn", sondern auch emotional und motivational. Theoretisch gesehen könnten die beiden Stränge getrennt werden. Man kann ein Rädchen in einer Maschine sein, die man sehr gut versteht.

Oder man kann eine bedeutsame Rolle in einem geachteten Unternehmen spielen, das verwirrend, unvorhersehbar und nicht verstehbar ist – denken Sie an einen Offizier in der Schlacht. Die beiden Erfahrungsbereiche gehören nicht unweigerlich zusammen.

Cosers Arbeit eröffnet auf empirischer (1963) und theoretischer (1975) Ebene weitere Verständnismöglichkeiten darüber, inwiefern die soziale Struktur des Unternehmens über die Ausformung von Erfahrungen, die die Verstehbarkeit verbessern, entscheidet. In dem ersten Aufsatz vergleicht Coser Krankenschwestern, die in einem Rehabilitationszentrum arbeiten, mit Krankenschwestern auf einer Wachstation. Die Schwestern in der Rehabilitation sind in häufigem strukturierten Kontakt (und oft Konflikt) mit dem übrigen Personal mit geläufigen Problemen konfrontiert. Sie haben Kontakt mit Patienten und ihren Familien. Sie sind an langfristige Ziele gebunden. Die Schwestern der Wachstation arbeiten als Einzelne, sie richten ihr Augenmerk auf körperliche Funktionsabläufe und Sauberkeit. In ihrem theoretischen Papier entwickelt Coser das Konzept struktureller Rollenkomplexität (das Gegenstück zu Kohns Konzept der substantiven Jobkomplexität). Vertrautheit mit anderen Rollen im Kontext, mit alternativen Lösungen für Probleme, mit den übergeordneten Zielen, mit der Planung – diese und andere Elemente, die daher rühren, daß man eine bestimmte Rolle in dem Gesamtgefüge von Rollen innehat, machen es leichter, ein verstehbares Bild seiner Welt zu haben. Hier muß ebenfalls der Vorbehalt der Gefahr von Überkomplexität und Chaos eingeräumt werden.

Aber wie groß auch immer die Bedeutung der Komplexität von Rollenanforderungen ist – für die Verstehbarkeit ist sie weniger fundamental als eine Arbeitsbedingung, deren Gewicht so offensichtlich ist, daß wir oft dazu tendieren, sie zu mißachten: die Arbeitsplatzsicherheit. Als ich oben meine eigenen Erfahrungen schilderte, hielt ich es für selbstverständlich, daß die Leser davon ausgingen, daß ich eine feste akademische Anstellung hatte. Meine Arbeit mit ihrem recht respektablen Entgelt ist abgesichert bis ich mich zur Ruhe setze und garantiert mir für die Zeit danach eine ordentliche Pension, und in meinem Beruf kann ich so lange arbeiten, wie ich möchte. Welche sozialen Veränderungen auch immer auftreten, die Universität wird fortbestehen (falls nicht die ganze Welt zerstört wird). In dieser Situation sind nicht nur die Spielregeln klar, sondern die Zukunft ist vorhersagbar. Natürlich wird es Überraschungen geben und neue Probleme (von denen einige, zum Beispiel die Mittelkürzungen, nicht willkommen sein werden), aber kein Chaos.

Die Arbeitsplatzsicherheit muß unter vier Aspekten betrachtet werden. Zunächst geht es um die gelassene Überzeugung des einzelnen Arbeiters, daß er, solange er nicht allgemeinverbindliche Regeln verletzt, nicht gefeuert wird. Zweitens muß man unabhängig von der eigenen Kompetenz das Vertrauen haben, daß die Arbeit, die man tut oder der Bereich, in dem man arbeitet, nicht als redundant definiert wird, ohne daß Alternativen in Aussicht stehen oder geplant sind. Der dritte Aspekt bezieht sich sowohl auf Angestellte als auch auf Selbständige: Die Redundanz des Unternehmens, oder, um es unverblümter auszudrücken, seine Non-Profitabilität. Viertens geht es um das Vertrauen in die Kontinuität des sozialen Systems, ein Anliegen, das über die Arbeitswelt hinausgeht, das aber in einer Ära „konventioneller" Kriege und der Bedrohung durch nukleare Kriegsführung nicht ignoriert werden kann.

Die dritte zu berücksichtigende Variable ist die Art der sozialen Beziehungen innerhalb der Arbeitsgruppe. In dem Maße, in dem es gemeinsame Werte, ein Empfinden von Gruppenidentifikation und eindeutige normative Erwartungen gibt, wird die Atmosphäre von Konsistenz geprägt sein. In solch einem Setting wird man immer wieder angemessenes Feedback erhalten. Man sendet Signale und weiß, daß sie verstanden werden, ebenso wie man die Signale versteht, die einem selbst gesendet werden. Symbole werden geteilt; es gibt eine gemeinsame Sprache. Für den Außenstehenden mögen die Dinge chaotisch erscheinen, für den Insider sind sie es überhaupt nicht. Gruppenrituale verstärken die Erfahrungen der Konsistenz. (Eine sehr interessante Zusammenfassung der Forschung zur sozialen Unterstützung unter dem Aspekt der „Unsicherheits-Reduktions-Theorie", mit direktem Belang für die Konsistenz von Lebenserfahrungen findet sich bei Albrecht und Adelman, 1984).

Unter Berücksichtigung des historisch-kulturellen Kontextes habe ich auf diesen Seiten versucht, die Charakteristika der Arbeitssituation zu analysieren, die zu Lebenserfahrungen beitragen, die entscheidend für ein stärkeres oder schwächeres SOC sind. Die Partizipation an gesellschaftlich geschätzten Entscheidungsprozessen bezieht sich auf die Bedingungen, die für Spaß und Stolz an der eigenen Arbeit sorgen und für Ermessensspielräume: soziale Achtung des Unternehmens und des bestimmten Jobs, so wie sie durch faire Bezahlung zum Ausdruck kommt; und Entscheidungsspielraum, sowohl in bezug auf die Arbeit selbst als auch in bezug auf die Legitimität der Machtverteilung innerhalb der Kollegen. Belastungsbalance bezieht sich auf die Verfügbarkeit von Ressourcen für den einzelnen und innerhalb der Gruppe, die miteinander interagieren, damit die Arbeit gut erledigt wird. Nicht weniger bezieht sie sich auf das Ausmaß, in dem die Arbeitssituation Raum bietet, daß vorhandene Potentiale bei komplexen Arbeitsanforderungen genutzt werden können. Konsistenz bezieht sich auf das Ausmaß, in dem die eigene Situation am Arbeitsplatz Klarheit über das gesamte Arbeitsumfeld und die eigene Stellung darin erlaubt und fördert, sie bietet Vertrauen in die Sicherheit des Arbeitsplatzes und unterstützt die Kommunikation und das Feedback in den sozialen Beziehungen bei der Arbeit.

In *Health, Stress and Coping* (1979, S. 144–145) habe ich die weitreichende Forschung von Kohn und seinen Kollegen zu Arbeit und Persönlichkeit erörtert. Sein Konzept zu Möglichkeit oder sogar Notwendigkeit beruflicher Selbstbestimmung – dessen Hauptbestandteile die substantive Komplexität der Arbeit, die Strenge der Aufsicht und das Ausmaß an Routine sind – stimmt in hohem Maße mit meiner Analyse der Arbeitsbedingungen, die zu einem starken SOC beitragen, überein. In seiner jüngsten Veröffentlichung wirft Kohn (1985) bei der Zusammenfassung seines Forschungsprogramms einen Aspekt auf, der an dieser Stelle von Belang ist. „Es mehren sich die Belege dafür", schreibt er, „daß die Arbeitsbedingungen die Persönlichkeit von Erwachsenen hauptsächlich durch einen direkten Prozeß des Lernens und der Generalisierung beeinflussen. (...) Die Lehren aus der Arbeit werden direkt in die außerberuflichen Bereiche übertragen. (...) [Es bestätigt sich] die fundamentale soziologische Prämisse, daß Erfahrungen in einem so zentralen Lebensbereich, wie es die Arbeit ist, die Orientierungen und das Verhalten in anderen Bereichen ebenfalls beeinflussen müssen" (S. 11–12).

Beeinflussen und *übertragen* sind jedoch unverbindliche Begriffe. Wir können kaum widersprechen. Aber ist Arbeit ausschlaggebend? Als ich meine gesamte Diskussion über die Entwicklung des SOC bei jungen Erwachsenen auf ihre oder seine hauptsächliche Rollenaktivität bei der Hausarbeit oder bezahlten Arbeit konzentrierte, habe ich impliziert, daß dies so ist. Ich muß jedoch noch eine wichtige Spezifizierung machen. Zusätzlich zu seiner wichtigsten Arbeitsrolle hat man andere zentrale soziale Rollen inne. Man ist z.B. ein Bürger, eine Frau, ein Fernsehzuschauer, Mitglied eines verwandtschaftlichen Netzes, Mitglied einer nationalen Gruppe, Mitglied einer ethnischen oder rassischen Gruppe. Außerdem lebt man in einer vorgegebenen soziophysikalischen Umwelt. All dieses impliziert eine Reihe von Lebenserfahrungen, die für das SOC relevant sind. (Für eine faszinierende Analyse des Einflusses der physikalischen Umwelt auf die Persönlichkeit siehe Little (1987) „Bedeutung, Struktur und Gemeinde als zentrale Dimension", in der er das SOC diskutiert.)[2] Für einige mögen diese Erfahrungen einen wichtigeren Einfluß auf das SOC haben als die Hauptaktivität.

Selbstverständlich entsteht kein „Problem", wenn die Erfahrungen in anderen Lebensbereichen mit denen aus dem Arbeitsleben übereinstimmen. Sogar wenn es keine Generalisierung vom Arbeitsleben auf die anderen Bereiche gibt, und diese in ihrem Charakter autonom sind, muß es keinen Widerspruch geben. Erfahrungen in nichtberuflichen Bereichen können für ein starkes SOC von Belang sein und sich auf den Arbeitsbereich übertragen, der möglicherweise für eine bestimmte Person weniger wichtig ist. Oder – und dies ist empirisch gesehen weitaus üblicher – die früheren Erfahrungen wirken sich schädlich auf das SOC aus und übertragen sich auf den Arbeitsbereich. Das Leben von diskriminierten Minderheiten ist hierfür das beste Beispiel. Schwarz zu sein, weiblich oder behindert kann im eigenen Leben wichtiger sein als die Arbeit, der man nachgeht, aber meistens stimmen die Erfahrungen, die man in diesen Rollen macht, mit den Erfahrungen bei der Arbeit überein. Sogar wenn die Arbeitserfahrungen positiv sind, wird der dominante Charakter des eigenen Lebens immer noch durch die Rolle bestimmt, die nichts mit der Arbeit zu tun hat.

Ohne Frage jedoch müssen wir die Möglichkeit in Betracht ziehen, daß für einige das Drama der Konsistenz, Belastungsbalance und Teilhabe an sozial anerkannten Entscheidungsprozessen in den Bereichen außerhalb der Arbeit das wichtigste wird und daß das Arbeitsleben zu relativ geringerer Bedeutung verblaßt. Man tut seine Arbeit, definiert sie als etwas, was einem zumindest das nötige Kleingeld verschafft, um sich wichtigen Dingen zuzuwenden und wendet sich dann dem Leben zu. Da wir eine postindustrielle Gesellschaft werden, und die Arbeitsethik weniger zentral wird, wird dieses Muster wohl zunehmend häufig werden.

Die Erwähnung einer postindustriellen Gesellschaft erinnert uns außerdem daran, daß es Gesellschaften gibt, in denen zum Beispiel die verwandtschaftlichen Beziehungen mehr Bedeutung für die Strukturierung von Lebenserfahrungen haben als die Arbeit. Ich hätte es haarsträubend gefunden, hätte ich versucht, transkulturell alle Muster von Lebenserfahrungen junger Erwachsener, die etwas mit dem SOC zu tun haben, zu analysieren. Indem ich die Muster der Hausfrau und des Angestellten detailliert analysiert habe, habe ich versucht anzudeuten, welche entscheidenden Fragen zu allen Bereichen des Lebens zu stellen sind.

---

2. Bei Antonovsky noch: „forthcoming"; erschienen 1987.

In der dritten Lebensdekade dann, nachdem wir uns mehr oder minder einer Identität verpflichtet haben (oder ihr verpflichtet wurden), einer Reihe von sozialen Rollen und – im weitesten Sinne – einer Karriere, nachdem wir unsere Wahlen getroffen haben (oder sie für uns getroffen worden sind), sind wir dann jahrelang einem Muster von Lebenserfahrungen ausgesetzt und haben uns eine Vorstellung von unserer Welt entwickelt: Sie ist mehr oder minder verstehbar, handhabbar und bedeutsam. Die Labilität und Suche des Jugendlichen liegen hinter uns.

Dynamik des SOC

Etwa die erste Dekade des Lebens als Erwachsener schließt eine Vielzahl an Verpflichtungen ein. Für uns alle gibt es zweifellos Unstimmigkeiten im Wesen der Lebenserfahrungen in den unterschiedlichen Bereichen unserer Verpflichtungen. Aber es gibt in dieser Phase eine unvermeidliche Tendenz, die Dinge zusammenzufügen, sich von kognitiver Dissonanz zu befreien. An dem einen Extrem neigen die Lebenserfahrungen in allen Bereichen, wie man sich auch dreht und wendet, dazu, einen zu überzeugen, daß das Leben chaotisch, nicht zu handhaben und bedeutungslos ist. Irgendwo in der Mitte ist das SOC mittelmäßig – aufgebaut durch Erfahrungen in einem Bereich, geschwächt durch Erfahrungen in anderen. Pearlin (1980, S. 186) erzählt die Geschichte einer Frau, deren Mann häufig exzessiv trinkt und sie mißbraucht. Aber „sie gibt nichts darauf, weil er in den Dingen, die wirklich wichtig sind – ein zuverlässiger Arbeiter und ein guter Verdiener zu sein – ein Prinz ist". Pearlin jedoch läßt die wahrscheinliche Dynamik außer acht. Das Leben der Frau wird zunehmend zur Hölle, da das Trinken ihres Mannes zu chronischem Alkoholismus wird, er verliert seine Arbeit und sie fällt in Apathie. Alternativ hierzu schlägt sie ihm die Tür ins Gesicht und beginnt mit Schmerz und Mut, sich ein neues Leben aufzubauen. (Vgl. Woody Allens *Purple Rose of Cairo* für ein sehr ähnliches, trauriges Szenario).

Ich nehme somit an, daß man etwa gegen Ende der ersten Dekade des Erwachsenenalters, nachdem man die Inkonsistenzen in den verschiedenen Bereichen des Lebens in Ordnung gebracht oder akzeptiert hat, eine bestimmte Position auf dem SOC-Kontinuum erreicht hat. Damit kommen wir zur Betrachtung der verbleibenden restlichen Phase des Lebenszyklus. In *Health, Stress and Coping* (S. 188) habe ich die Hypothese aufgestellt, daß „es unwahrscheinlich ist, (...) daß das Kohärenzempfinden sich, nachdem es einmal ausgebildet und gefestigt ist, auf irgendeine radikale Weise verändern wird". Dies muß ich klären und näher erläutern.

Auf den ersten Blick scheint die Hypothese all das grob zu verletzen, was wir in den letzten Jahrzehnten über die Entwicklung von Erwachsenen gelernt haben. Es gibt eine umfassende Literatur, die Entwicklung, Übergänge, Eingänge und Ausgänge, Loslösung und erneutes Engagement, Gewinne und Verluste, Bewegung und Restrukturierung dokumentiert. Wie konnte ich also trotz Kenntnis dieser Literatur daran festhalten, daß das SOC eines Menschen wahrscheinlich während der Erwachsenenphase stabil bleibt?

Lassen Sie mich die Angelegenheit für mich selbst dadurch noch schwieriger machen, daß ich mich auf einen der wichtigsten Beiträge zur Literatur über die Entwicklung von Erwachsenen beziehe. Levinson (1980) schlug eine Perspektive zur Betrachtung der Entwicklung im Erwachsenenalter, Sozialisation und Adaptation an Geschehnisse vor, die er die Evolution der individuellen Lebensstruktur nennt. Er betrachtet das Leben des Erwachsenen als einen wechselnden Prozeß von Aufbau und Veränderung von Strukturen und identifiziert drei Hauptperioden von Übergang und Neubeginn. „Jede Periode ist durch Aufgaben charakterisiert, die im Prinzip entwicklungsbezogen sind: Sie definieren essentielle Aufgaben, an denen Menschen arbeiten müssen, um eine Lebensweise zu gestalten, die ihrem gegenwärtigen Lebensalter angemessen ist und die eine Basis schafft, auf der in den sich anschließenden Phasen weitere Entwicklung stattfinden kann" (S. 289). Mit anderen Worten: Selbst im reibungslosesten aller Leben ist das Erwachsenenalter ständig komplex und dynamisch.

Dem kann ich nur zustimmen. Levinson richtet sein Augenmerk auf den normalen Lebenszyklus des Erwachsenen, auf die markanten Ereignisse innerhalb einer bestimmten Kultur – Heirat, Geburt eines Kindes, Umzug in eine neue Gemeinde und Bewegung auf der Karriereleiter, Auszug der Kinder von zu Hause, Tod der Eltern und so weiter – Ereignisse, die „zu ihrer Zeit" passieren. Aber in unser aller Leben gibt es auch größere Veränderungen der Art, die Parkes (1971, S. 103) „psychosoziale Übergänge" nennt: „jene größeren Veränderungen im Lebensraum, die langfristige Auswirkungen haben, die in einem relativ kurzen Zeitraum stattfinden und die große Bereiche der persönlichen Welt beeinflussen". Er führt folgende Beispiele an: Verlust des Arbeitsplatzes, Erblindung durch einen Unfall; vorzeitiger Tod eines geliebten Menschen, erzwungener Umzug im Rahmen eines städtischen Projekts zur Slumsanierung. Mit welcher Begründung erwartete ich, nachdem ich das gesamte dritte Kapitel von *Health, Stress and Coping* einem Katalog von Stressoren, die der menschlichen Existenz inhärent sind, gewidmet hatte, daß das SOC im Erwachsenenalter relativ stabil sein würde?

Was mir 1978 noch nicht klar war, was ich aber heute weiß, ist, daß ich bei der Formulierung der Stabilitätsannahme an Menschen mit einem starken SOC dachte. In Kapitel Sechs werde ich das SOC als unabhängige Variable diskutieren und die Wege analysieren, über die es die Gesundheit beeinflußt. Dieser Diskussion muß ich hier kurz vorausgreifen. Das Thema kann vielleicht am besten als Beibehaltung der Balance eines offenen Systems – des menschlichen Organismus – auf einem niedrigen Level von Entropie, von Störung, verstanden werden. Entropische Kräfte sind tatsächlich ständig und kräftig im Leben eines jeden Menschen am Werk. Das SOC wird ständig und unvermeidlich attackiert. Aber der Mensch, der im frühen Erwachsenenalter ein starkes SOC ausgebildet hat, kann die ihm oder ihr zur Verfügung stehenden generalisierten Widerstandsressourcen ins Spiel bringen. Levinsons Aufgaben und Parkes' psychosoziale Übergänge werden als Herausforderungen angesehen, und es wird mit ihnen umgegangen, so traurig und schwierig manche von ihnen auch sein mögen. Für eine kurze Zeit steigt die Entropie an. Aber der eigentliche Prozeß, sich der Herausforderung zu stellen und die Wahrscheinlichkeit eines erfolgreichen Ausgangs stellen den niedrigen Grad der Störung wieder her.

Als ich die Frau zitierte, von der Pearlin berichtet, sie habe einen Mann, der trinke, aber ein zuverlässiger Arbeiter sei, habe ich auf zwei mögliche Entwicklungen hingewiesen. Lassen Sie uns annehmen, daß ihre früheren Lebenserfahrungen ein starkes SOC hervorgebracht hatten, daß sie sich aber dann auf etwas eingelassen hatte, was sich später als nicht gerade als idyllische Ehe erwies. Solche Fehler machen wir alle, obwohl sie bei denjenigen mit einem starken SOC weniger wahrscheinlich sind. Ich schlug die eine Möglichkeit vor, dem Ehemann die Tür vor der Nase zuzuschlagen und das Leben neu aufzubauen. Die Umstellung wird nicht einfach sein, aber sie ist möglich. Oder nehmen Sie den fünfzigjährigen Industriechemiker, dessen Stelle gestrichen wird, als die Firma, in der er zwanzig Jahre gearbeitet hat, ihr Forschungs- und Entwicklungsbudget streicht. Mit einem starken SOC sondiert er die Möglichkeit für eine spannende neue Karriere als Hochschullehrer für Chemie. Natürlich hängt es nicht von ihm allein ab. Er mag damit konfrontiert sein, daß er überflüssig ist. Der tschechische Literaturprofessor, der sich für Menschenrechte einsetzt, wird zum Nachtwächter degradiert – abgesehen davon, daß er es nicht als „Degradierung" definiert. Oder, wenn ich noch einmal daran erinnern darf, daß der Lebensinhalt von jemandem mit einem starken SOC nicht notwendigerweise dem entspricht, was wir gutheißen: Ein ebenso geeignetes Beispiel ist der Folterer aus Treblinka, dem es gelingt, nach Paraguay zu fliehen und der sich dort ein neues integriertes Leben aufbaut.

Zusammengefaßt: Eine Person mit einem starken SOC kann, um Schrödingers (1968) lebhaftes Bild zu gebrauchen, Ordentlichkeit aus der Umwelt saugen, die den auf Unordnung gerichteten Druck aus der internen und externen Umwelt ausgleicht. Entropie wird durch Rückmeldung kontrolliert, durch die ständige Einführung negativer Entropie. Können wir dann erwarten, daß die Stärke des SOC kontinuierlich wächst? Dies ist nicht wahrscheinlich. Wie ich immer wieder betont habe, sind Stressoren in der menschlichen Existenz allgegenwärtig. Die Rekonzeptualisierung des Stressors als generalisiertes Widerstandsdefizit, als „ein Charakteristikum, das Entropie in das System einführt" (wie in Kapitel Zwei definiert), unterstellt, daß der Mensch mit einem starken SOC, so glücklich er oder sie auch sein mag, im besten Fall ein Gleichgewicht aufrecht erhält, das immer wieder neu herausgefordert wird. Sein oder ihr Leben wird gegen Ende wie das von Holmes' (1884, S. 155) wunderbarem Einspänner sein:

> There are traces of age in the one-hoss shay,
> A general flavor of mild decay
> But nothing local as one may say ...
> And yet, as a *whole*, it is past a doubt
> In another hour it will be *worn out*!

Wenn diese Konzeptualisierung, daß die generalisierten Widerstandsressourcen und generalisierten Widerstandsdefizite das Ausmaß des SOC ausbilden, brauchbar ist, dann folgt daraus – was mir 1978 nicht bewußt war – daß die Person mit einem gemäßigten Ausmaß an SOC im frühen Erwachsenenalter dazu tendieren wird, sich mit der Zeit auf ein niedrigeres Niveau zu bewegen. Die Auswahl von Situationen, die das SOC verstärken und die Vermeidung von solchen, die es schwächen, wird weniger erfolgreich sein. Da sie nicht angemessen durch die GRRs ausbalanciert werden, führen Begegnungen mit Stressoren in entropische Richtung. Die Erfahrungen in der

Kindheit, Jugend und als junger Erwachsener mit Aufschüben, mit Wachstumsentwicklung und ohne die volle Verantwortung für das eigene Leben, mögen angemessen sein, um ein gemäßigtes SOC zu erreichen. Aber man war nicht ganz auf sich gestellt. Es waren generalisierte Widerstandsressourcen zur Verfügung, die zum Teil die generalisierten Widerstandsdefizite wettmachen konnten. Wenn man aber ein Erwachsener mit Verpflichtungen ist, von dem sozial erwartet wird, daß man gibt, beginnt ein Abwärtstrend. Man beginnt unterzugehen. Pearlins Informantin nimmt die Last auf sich, – als Last definiert und nicht als Herausforderung – den Lebensunterhalt der Familie zu verdienen und den Mißbrauch ihres Mannes zu akzeptieren. Das Leben gleicht mehr einer Spirale als einem Teufelskreis, aber die Spirale verläuft nach unten.

Für die Person mit einem schwachen SOC im frühen Erwachsenenalter wird das Leben zu einem Teufelskreis. GRDs spielen eine zunehmend wichtige Rolle, da eine Begegnung mit ihnen, eine nach der anderen, das SOC immer mehr schwächt. Der „Verlierer" verliert immer weiter, und das Leben wird immer chaotischer, weniger handhabbar und sinnlos.

Mit anderen Worten: Ich gehe davon aus, daß das Erwachsenenalter zwischen denen, die diese Lebensphase mit einem starken und denen, die sie mit einem mäßigen SOC beginnen, eine zunehmende Ungleichheit bezüglich der Stärke des SOC zeigen wird; zwischen denen mit einem starken und denen mit einem schwachen SOC wird sie noch größer sein.

Dies sind statistische, keine klinischen, individuellen Vorhersagen. Bei jeder Person kann eine Zufallsbegegnung, eine mutige Entscheidung oder sogar eine von außen herbeigeführte Veränderung eine beträchtliche Veränderung des Ausmaßes des SOC in die eine oder auch in die andere Richtung auslösen. Wahrscheinlich ist dies nicht. Wird die Person mit einem starken SOC in eine Situation hineinkatapultiert, die ihr einen hohen GRD-Level auferlegt, so wird sie nach Erfahrungen suchen, die die Stressoren ausbalancieren. Sind aber die Freiheitsgrade sehr begrenzt, so wird sie dabei eventuell nicht erfolgreich sein. Eine Frau etwa, deren Ehemann in eine weit entfernte neue Gemeinde versetzt wird, kann, abgeschnitten von ihren Freunden und sozialen Aktivitäten, ohne ihre Kinder, die das Haus zum Studium verlassen haben und in einem sozialen Klima, das ihr fremd ist, feststellen, daß die Art der Lebenserfahrungen ihr SOC untergräbt. Oder falls sie – bisher in Besitz eines gemäßigten oder niedrigen SOC – in ihrer neuen Gemeinde eine Selbsterfahrungsgruppe besucht, zur Arbeit geht und per Zufall in eine sie verjüngende Liebesbeziehung gerät, kann ihr SOC-Status beträchtlich ansteigen.

Solche Veränderungen im SOC sind jedoch selten. Wenn sie stattfinden, sind sie niemals das Ergebnis der zufälligen Begegnung, der Veränderung selbst oder der einzelnen Entscheidung; sie treten nur auf, weil diese ein neues Muster von Lebenserfahrungen ermöglichen. Falls das Muster über mehrere Jahre beibehalten wird, kann allmähliche Veränderung erfolgen. Für den Erwachsenen im mittleren Alter können die neue Heirat, die neue Arbeit, ein neues Land, ein neues soziales Klima oder ein neuer Therapeut bestenfalls (oder schlimmstenfalls) Veränderungen einleiten, insoweit dieser Stimulus auf lange Sicht andere Lebenserfahrungen zur Verfügung stellt, die durch verschiedene Grade von Konsistenz, Belastungsbalance und Teilnahme an sozial anerkannten Entscheidungsprozessen gekennzeichnet sind.

Die Möglichkeit intentionaler Modifikation

Wann immer ich das salutogenetische Modell mündlich vorgestellt habe, war eine der vor allem von Menschen aus den helfenden Berufen am häufigsten gestellten Fragen, inwieweit das SOC geplant und absichtlich verändert werden kann. Besonders die, die sich zu dem Modell hingezogen fühlen, die einen systematischen Zugang zum Verstehen von Stärken und nicht nur von Risikofaktoren suchen, fanden es sehr verwirrend zu hören, daß jemand mit einem starken SOC solche Helfer nicht wirklich braucht und daß jemandem mit einem schwachen SOC von einem temporären Begleiter nicht wirklich geholfen werden kann. Ich wurde geradezu als der Illich[3] der helfenden Berufe angesehen, wenn auch nicht ganz so extrem. Wie aus den vorherigen Seiten deutlich geworden sein sollte, ist die Anklage nicht ganz unberechtigt; denn was ich gesagt habe, läuft ja darauf hinaus, daß es ohne sehr beträchtliche, ja geradezu radikale Veränderungen in den institutionellen, sozialen und kulturellen Settings, die die Lebenserfahrungen von Menschen formen, utopisch ist zu erwarten, daß eine Begegnung oder auch eine Reihe von Begegnungen zwischen Klient und Kliniker das SOC signifikant verändern kann. Die eigene Weltsicht, die sich während Jahrzehnten ausgebildet hat, ist ein zu tief verwurzeltes Phänomen, als daß es in solchen Begegnungen verändert werden könnte.

Nichtsdestoweniger ist dies nicht die ganze Geschichte. Es gibt drei Möglichkeiten, wie professionelle Helfer, die Verantwortung für die Beziehung zwischen psychosozialen Faktoren und Gesundheit tragen oder die bereit sind, solche Verantwortung zu übernehmen, einen Einfluß auf das SOC haben können. Die ersten beiden Möglichkeiten beziehen sich auf temporäre, geringfügigere Modifikationen, wohingegen die dritte sich auf einschneidende Veränderungen bezieht.

Als ich sagte, daß das SOC des Erwachsenen eine tief verwurzelte, stabile dispositionale Einstellung einer Person ist, wollte ich nicht implizieren, daß es auf rigide Weise fixiert ist und sich nur graduell in Reaktion auf große Änderungen der Muster von Lebenserfahrungen verändert. Es gibt auch vorübergehende Veränderungen, Fluktuationen um einen Mittelwert. Die Person mit einem starken SOC, deren Kind bei einem Verkehrsunfall ums Leben kommt, wird aus dem Gleichgewicht geraten; die Welt wird inkohärent. Die Person mit einem schwachen SOC, deren Gewerkschaft wichtige Konzessionen in einem siegreichen Streik erzielt, wird die Welt auf einmal anders sehen. Aber dies sind vorübergehende Zustände, wie aus den kurzen in Kapitel Vier vorgestellten Biographien hervorgeht. Man kehrt bald wieder zu seinem Mittelwert zurück. Vielleicht hat es etwas mit meinem Alter zu tun, daß ich die Bedeutung solcher vorübergehender Veränderungen nicht gerne abtun möchte – denn sie bedeuten ein bißchen mehr oder weniger Leiden, ein bißchen mehr oder weniger Spaß.

Für den professionellen Helfer ist dieser Punkt nicht unwichtig. MedizinstudentInnen lernen, daß das elementarste Prinzip der Medizin das *Primum non nocere* ist. Die

---

3. Ivan Illich, *1926, laisierter kath. Priester, Sozialreformer und mit seinen Veröffentlichungen in den 70er Jahren berühmt gewordener Gesellschafts- und Kulturkritiker. Er übt Kritik an den „kulturzerstörerischen" Entwicklungsprogrammen und der ökonomisch-politischen Ausbeutung Lateinamerikas sowie allgemein am Konzept des Wachstums sozialer Institutionen (Schule und Gesundheitswesen).

Begegnung mit dem Arzt in der Praxis oder im Krankenhaus verändert nur selten das Leben eines Menschen. Sogar wenn der Patient unerwartet von einer schrecklichen Krankheit erfährt, ist nicht die Information selbst niederschmetternd, sondern die Kette von Ereignissen, die die Nachricht in Gang setzt oder für die sie das Symbol ist. Was aber geschehen kann und häufig auch geschieht, ist temporärer Schaden. Der Arzt wird eine Erfahrung strukturiert haben, deren Bedeutung der Patient für Stunden, Tage oder Wochen nicht verstehen kann. Es wurde Schaden zugefügt. Er ist nicht dauerhaft oder entscheidend, nichtsdestoweniger aber verletzend. Ein Patient mit einem SOC-Wert von 80 wird, um es unverblümt auszudrücken, auf 75 zurückgeworfen. Und dies wird sich beispielsweise in einem größeren Bedarf an Schmerzmedikation oder einem oder zwei zusätzlichen Tagen im Krankenhaus ausdrücken. Ich denke, daß wir die häufigen Beschwerden von Krankenhauspatienten über Mangel an Informationen und an Kontrolle auf diesem Hintergrund verstehen können (vgl. Janis und Rodin, 1979). Eine Möglichkeit also für den Kliniker, das SOC zu verändern oder es zumindest nicht negativ zu beeinflussen, besteht darin, die Begegnungen so zu strukturieren, daß dieser Schaden nicht entsteht.

Umgekehrt ist es dem Kliniker möglich, Begegnungen so zu gestalten, daß der SOC-Wert von 80 auf 85 ansteigt. Wieder ist der Gewinn bescheiden und temporär, aber auch hierfür müssen wir dankbar sein. Für jede Begegnung zwischen Klient und Kliniker muß somit gefragt werden: Verleitet die Erfahrung den Klienten dazu, daß er sich in ihr als konsistent erlebt, daß die Belastungen ausgeglichen sind und daß er die Bedeutung versteht? Natürlich liefert der Klient seinen eigenen Input, aber dies bedeutet nicht, daß die Wirkung der objektiven Situation außer acht gelassen werden kann. Man mag einwenden, daß die objektive Situation durch die Sozialisation des Professionellen, die Machtbeziehung zwischen ihm und dem Klienten und die soziale Struktur der Begegnung ausgestaltet wird. Aber dies bedeutet nicht, daß es keine Freiheitsgrade gibt. Allein aufgrund der Tatsache, daß er ein Professioneller ist, hat der Professionelle Autonomie und Ermessensspielraum. Außerdem gibt es immer etwas Spielraum für Veränderungen in der sozialen Organisation. Als Kaiser-Permanente, eine Gesundheitsorganisation in Kalifornien, die Kategorie der „besorgten Gesunden" aufbrachte und die Art, mit solchen Personen umzugehen, institutionalisierte (Collen, 1977), ebnete sie den Weg für zumindest einen kleinen und vorübergehenden Einfluß auf das SOC ihrer Mitglieder.

Dies bringt uns zu der dritten Möglichkeit geplanter SOC-Modifikation seitens der Praktiker für diejenigen, für die sie einige Verantwortung tragen; sie ist weitaus wichtiger, aber auch weitaus schwieriger. Die von Meichenbaum und Cameron (1983) vorgelegten Daten zur „Streßimpfung" und diejenigen von Rosenbaum (1983) zu „gelerntem Einfallsreichtum", die beide auf mit dem SOC-Modell in Einklang stehenden theoretischen Modellen basieren, sind hochgradig suggestiv. Diese Ansätze sind jedoch insofern begrenzt, als sie nicht danach streben, die Lebenssituationen, die die Erfahrungen von Menschen gestalten, zu verändern – und dies auch nicht können. Doch sie ermöglichen Menschen mehr, als diese Erfahrungen neu zu interpretieren, und zwar dadurch, daß sie ihnen das Rüstzeug an die Hand geben, innerhalb ihres Lebensbereichs etwas ausfindig zu machen, was ich SOC-verbessernde Erfahrungen nennen möchte. Dies träfe auf jedes therapeutische Vorgehen zu, das eine langanhaltende, konsistente Veränderung in den realen Lebenserfahrungen, die Menschen machen, erleichtert.

Noch mehr gilt dieser Punkt für die Situationen, in denen der Praktiker über eine lange Zeitspanne ein beträchtliches Ausmaß an Kontrolle über die Lebenssituation des Klienten hat. In Cosers (1963) Bericht über die Neudefinition einer Station für unheilbar Kranke als Rehabilitationsstation – eine Neudefinition, die viele organisatorische und Werte-Implikationen hatte – sehen wir, wie das gesamte Arbeitsleben der Krankenschwestern verändert wurde. Würde solch eine Veränderung institutionalisiert und beibehalten, könnte man mit Recht erwarten, daß das SOC-Niveau des Pflegepersonals über die Jahre hin beträchtlich ansteigen würde. Dies träfe jedoch für jede andere Einrichtung der Versorgung von chronisch Kranken zu, für die Patienten nicht weniger als für das Personal.

Die derzeitig vielleicht bedeutendsten Experimente, die die Möglichkeit beabsichtigter Modifikation des SOC demonstrieren, finden in einigen skandinavischen Industrieunternehmen statt (Gardell und Johansson, 1981). Es würde zu weit führen, diese Experimente detailliert darzustellen, und die Daten sind noch zu vereinzelt, um zu zeigen, daß es Lösungen gibt. Aber insoweit sie sich auf das Wesen von Arbeitsgruppen, die Suche nach verfügbaren Kapazitäten und die Kontrolle über die Prozesse und so weiter konzentrieren – und dies alles in einem nationalen Kontext und durch die Gesetzgebung festgelegt, was zu breiter gesellschaftlicher Sanktionierung beiträgt – liefern diese Experimente etwas, das ich als das bestmögliche Versprechen für positive SOC-Modifikation ansehe.

In diesem Kapitel wurde das SOC als abhängige Variable untersucht. Ausgehend vom Lebenszyklus habe ich untersucht, wie das SOC, das aus kulturell und strukturell geformten Erfahrungen der Konsistenz, Belastungsbalance und Teilnahme an sozial anerkannten Entscheidungsprozessen hervorgeht, ausgebildet wird. Um zu der Metapher zurückzukommen, mit der das Kapitel begann, habe ich gefragt: Welche Faktoren verschmutzen Abschnitte des Flusses, in dem wir alle schwimmen und reinigen andere Flußarme; welche erlauben einigen einfaches Navigieren und zwingen andere, Stromschnellen und Strudeln zu begegnen? Und, was erleichtert unabhängig vom Charakter des Flusses, in dem wir sind, einigen die Fähigkeit, gut und mit Spaß zu schwimmen und macht es für andere zu einem permanenten Kampf, auch nur den Kopf über Wasser zu halten?

Soweit ich weiß, ist dieser Ansatz der einzige seiner Art. Die Forschungen zu analogen Konzepten – internale-externale Kontrollüberzeugung, Selbstwirksamkeit, erlernte Hilflosigkeit oder erlernter Einfallsreichtum, Typ-A-Verhalten, State-Trait-Angst, Sinnerfüllung, Widerstandsfähigkeit und so weiter – nehmen die Existenz dieser dispositionalen Orientierungen als gegeben hin. Es gibt kein Hinterfragen der historischen Quellen und der Entwicklung der Orientierung. Bestenfalls gibt es Untersuchungen ihrer Modifikation. Darüber hinaus werden die verschiedenen Theorien zur Entwicklung von Kindern und Erwachsenen nicht mit solchen Orientierungen in Verbindung gebracht. So weit ich es weiß, steht meinem Ansatz eine Untersuchung von Kohn, Slomczynski und Schoenbach (1986) über die Zusammenhänge zwischen der sozialen Schicht der elterlichen Familie, dem Ausmaß beruflicher Autonomie der Eltern und den Werten ihrer Kinder im Jugend- bzw. frühen Erwachsenenalter am nächsten.

Ohne Zweifel ist eine Menge empirischer Forschung erforderlich, bevor wir den Prozeß der Ausbildung des SOC ganz verstehen. Aber welche intrinsischen Interessen das Konzept auch immer hervorrufen mag, seine Kraft liegt, so wie es im salutogenetischen Modell spezifiziert wird, in seinen Implikationen für den Gesundheitsstatus als unabhängige Variable. Wie beeinflußt das SOC den Gesundheitsstatus? Dieser entscheidenden Frage wenden wir uns nun zu.

6 Wege zu erfolgreichem Coping und zu Gesundheit

„Tatsache ist, daß diese Frage [warum sie Auswirkungen auf die Gesundheit hat] in der Literatur über soziale Unterstützung schön geredet wird; die Aufregung zu demonstrieren, daß es solche Effekte gibt, hat die notwendige Analyse des Prozesses ersetzt" (Seeman, Seeman und Sayles, 1985, S. 246).

„Im allgemeinen gründet die weitverbreitete Akzeptanz dieser Schlußfolgerung [daß soziale Unterstützung ein wichtiger Bestandteil in der Prävention und Behandlung von Krankheit ist] nicht auf einem Verstehen davon, *warum* und *wie* soziale Unterstützung heilsame Wirkungen hat" (Reis, 1984, S. 21).

Es gäbe noch zahlreiche solcher Zitate. Als vor etwa zehn Jahren die Erforschung sozialer Unterstützung in Mode kam, gaben sich die Forscher damit zufrieden, einfach aufzuzeigen, daß es eine Beziehung zu Krankheit gab. Der nächste Schritt bestand darin, sie als einen Puffer zwischen Lebensereignissen und Krankheit zu konzeptualisieren, als eine vermittelnde Variable. Dieses Denken war mehr in der Tradition der Streßtheorien von Krankheit verankert als in der eher soziologischen Tradition der Anomie im Sinne Durkheims, die sich auf die unmittelbaren Folgen des Fehlens sozialer Verwurzelung konzentrierte. Neuere Daten deuten in der Tat darauf hin, daß soziale Unterstützung direkte und nicht nur puffernde Effekte bei der Abwehr von Krankheit hat (aber vgl. Lin, Woelfel und Light, 1985). Wir sollten jetzt die Fragen des Warum und Wie in Angriff nehmen.

Aber die Enthusiasten der sozialen Unterstützung vergessen leicht, daß es sich hier nur um eine von vielen Variablen handelt, die ich generalisierte Widerstandsressourcen und Widerstandsdefizite genannt habe. Wie Kaplan (1985) zeigte, gibt es viele psychosoziale Variablen, die mit der Erhaltung von Gesundheit und der Ätiologie von Krankheit in Verbindung zu stehen scheinen. „Der Fortschritt in der psychosozialen Epidemiologie", so schrieb er (S. 239), „wird weitgehend von unserer Fähigkeit abhängen, lange Listen von Variablen in kohärente Theorien umzuwandeln". Es ist nicht weniger wichtig zu fragen, warum und wie der Besitz oder das Fehlen von Geld, das Verfügen über ein starkes Selbstwertgefühl, eine kulturell gefestigte Umwelt oder einen Arzt zur Erhaltung oder Verschlechterung der Gesundheit beitragen, als diese Fragen in bezug auf soziale Unterstützung zu stellen.

Gerade dieser Aspekt hat mich zur Formulierung des SOC-Konzepts geführt. Ich ging davon aus, daß das Wichtige an den GRRs ist, daß sie Lebenserfahrungen bereitstellen, die die Entwicklung und Erhaltung eines starken SOC fördern. Und, so möchte ich jetzt hinzufügen, bei den GRDs ist es wichtig, daß sie Erfahrungen bieten, die das SOC schwächen. Obwohl sie jetzt zum nächsten Glied in der Kette geworden ist, bleibt die entscheidende Frage: Wie und warum ist ein starkes SOC der Gesundheit förderlich? Genau dieser Frage ist das vorliegende Kapitel gewidmet.

Bevor wir uns jedoch dieser Diskussion zuwenden, muß die Frage mit der in Kapitel Zwei vorgeschlagenen Rekonzeptualisierung von Stressoren in Verbindung gebracht werden. Dort habe ich unterschieden zwischen streßhaften Lebenssituationen im Sinne von Widerstandsdefiziten, das heißt solchen, die Lebenserfahrungen bereiten, die für ein schwaches SOC förderlich sind und streßhaften Lebensereignissen in dem Sinne, in dem das Konzept im allgemeinen verwendet wird, das heißt als Anforderungen, auf die es keine unmittelbar verfügbaren und automatisch adaptiven Reaktionen gibt. Wenn wir verstehen wollen, wie das SOC entsteht, dann ist es nützlich, in den früheren Begriffen zu denken, in denen der Stressor als Gegenstück zur Ressource negative Implikationen hat. Wenn wir aber verstehen wollen, wie die Spannung sich auflöst, dann ist der Stressor unbestimmt; es kann nicht automatisch angenommen werden, daß die Folgen negativ sind. Mit anderen Worten, der junge Erwachsene, der oder die in seinem oder ihrem Leben ein bestimmtes Muster an Lebenserfahrungen kennengelernt hat, die aus einer Balance von Ressourcen und Defiziten entstanden sind, wird eine bestimmte Position auf dem SOC-Kontinuum erreicht haben. Er oder sie wird weiterhin wieder und wieder mit streßhaften Ereignissen konfrontiert sein, mit alltäglichen Widrigkeiten oder solchen, die aus potentiell streßverursachenden akuten oder chronischen Situationen stammen. Kinder werden geboren; geliebte Menschen sterben; es treten wesentliche berufliche Veränderungen ein (oder sie treffen nicht ein; wir vergessen leicht, daß „Nicht-Ereignisse" wie das Ausbleiben einer Beförderung oder das Unvermögen, ein Kind zu bekommen, um nichts weniger Stressoren sind; man zieht in eine neue Gemeinde. Wie und warum macht es beim Umgang mit diesen Stressoren einen Unterschied, ob man ein starkes oder ein schwaches SOC hat?

Stressoren und Spannung

In Kapitel Sechs von *Health, Stress and Coping* habe ich einen Überblick über viele Studien gegeben, deren Ergebnisse „zumindest kompatibel sind mit Hypothesen, die aus dem Konzept des Kohärenzgefühls abzuleiten wären". Auf die Mechanismen und Kanäle, mit denen das Kohärenzgefühl mit der Gesundheit in Verbindung steht, „bin ich absichtlich nicht eingegangen", fügte ich hinzu, merkte jedoch an, daß die Antwort vermutlich davon abhing, „die fundamentale Unterscheidung zwischen einem Spannungszustand und einem Streßzustand" (S. 180) zu treffen. In Kapitel Sieben, in dem das salutogenetische Modell ausführlich dargestellt wurde, wurde dieser Aspekt kurz diskutiert (S. 193-194). Jetzt müssen wir dieses Thema genauer unter die Lupe nehmen.

Das Kernstück der salutogenetischen Orientierung ist die grundlegende philosophische Sichtweise, daß der menschliche Organismus sich prototypisch in einem dynamischen Zustand eines heterostatischen Ungleichgewichts befindet. Ob die Stressoren nun aus der inneren oder äußeren Umgebung stammen, ob es sich um alltägliche Widrigkeiten handelt, ob sie akut, chronisch oder endemisch sind, ob sie uns aufgezwungen werden oder wir sie frei gewählt haben, unser Leben ist reichlich mit Reizen angefüllt, auf die wir keine automatischen, angemessen adaptiven Antworten haben und auf die wir reagieren müssen. Solange nicht Sensoren zerstört worden sind, ist die Botschaft an das Gehirn klar: Du hast ein Problem. Die Natur des Problems ist dual, es besteht aus dem, was problemlösender oder instrumenteller Aspekt genannt wird und dem Aspekt der emotionalen Regulation. Spannung bedeutet damit das Erkennen im Gehirn, daß ein Bedürfnis unerfüllt ist, daß man einer Forderung nachkommen muß, daß man etwas tun muß, wenn man ein Ziel realisieren will.

Lassen Sie uns einige Beispiele betrachten. Ein 40jähriger Stahlarbeiter wird darüber informiert, daß seine Firma geschlossen werden soll. Eine 27jährige Jungmanagerin muß erfahren, daß keinerlei Beförderung möglich und ihre Stelle in Gefahr ist, wenn sie nicht der Forderung ihres Chefs nachkommt, mit ihm zu schlafen. Am nächsten Morgen erzählt einem die eigene Frau die rauhen und brutalen Kommentare, die man am Abend vorher im sturzbesoffenen Zustand bei der Party gemacht hat. In jedem einzelnen Fall ist man mit der zweifachen Frage konfrontiert: Was soll ich tun? Was bin ich wert? Aber ich habe auch nachdrücklich darauf hingewiesen, daß Stressoren auch glückliche Ereignisse sein können. Eine Frau bringt ihr erstes Kind zur Welt, ein schönes, gesundes Baby. Ein Witwer trifft eine höchst attraktive Frau, und die Chemie stimmt. Man wird zum Vorsitzenden seiner Fakultät gewählt. Die instrumentellen und emotionsregulierenden Probleme tauchen auf. Man ist in einen Spannungszustand geraten. Wie auch immer der Stressor aussieht, man muß genau wie in einem Zustand kognitiver Dissonanz handeln. Lassen Sie uns diesen Prozeß des Handelns verfolgen.

Unglücklicherweise gibt es sich widersprechende Ansätze in den vielen fruchtbaren und wertvollen Beiträgen von Lazarus zur Erforschung des Coping. Diese können unter Bezugnahme auf seinen Gebrauch der zwei Worte *Herausforderung* und *Bedrohung* zusammengefaßt werden. Ich bin seiner Definition des Stressors (Lazarus und Cohen, 1977, S. 109) gefolgt, die auf einen Stimulus abzielt, der „die Ressourcen eines Systems angreift oder übersteigt". An anderer Stelle aber (Lazarus und Folkman, 1984, S. 19) schreibt er: „Psychologischer Streß ist eine besondere Beziehung zwischen der Person und der Umgebung, die von der Person so bewertet wird, daß sie seine oder ihre Ressourcen angreift oder übersteigt und sein oder ihr Wohlbefinden gefährdet". Damit werden Stimuli, die als günstig, positiv oder irrelevant bewertet werden, von der Kategorie der Stressoren ausgeschlossen. Darüber hinaus schreibt er, als er die täglichen Widrigkeiten diskutiert, die er den täglichen positiven Überraschungen gegenüberstellt (Lazarus, 1984a, S. 376) über die ersteren: „Was sie schädlich oder bedrohlich macht, ist, daß sie Forderungen einschließen, die die Ressourcen der Person angreifen oder übersteigen". Ich finde die erste Definition sehr nützlich. Das Versäumnis, die Definition der Stressoren auf alle Stimuli auszuweiten, die herausfordern, unabhängig davon, ob sie als gefährdend eingeschätzt werden, unterliegt dem weitverbreiteten Versäumnis, zwischen Spannung und Streß zu unterscheiden (und rührt von einer pathogenen Orientierung).

Lazarus selbst hat unter Verwendung seines Konzepts des Bewertungsprozesses den Weg für die Lösung des Problems eröffnet. Der Stimulus, der das Gehirn erreicht, wird tatsächlich eingangs als ein Stressor oder Nicht-Stressor definiert. Lassen Sie uns dies *primäre Bewertung-I* nennen. Im Falle des letzteren werden dann die angemessenen Systemressourcen ins Spiel gebracht, um auf den Reiz zu reagieren. Wenn jedoch ersteres der Fall ist, dann werden wir Zeuge der Entstehung eines Zustands von Spannung, die sich in ansteigender psychophysiologischer Aktivität und Emotion manifestiert. Der Leser möge sich bitte an die sechs Beispiele aus dem vorletzten Abschnitt erinnern. Die meisten von uns würden wohl die glücklichen und auch die unglücklichen Stimuli als Stressor definieren. Dies bedeutet natürlich nicht, daß derselbe Stimulus von uns allen als Stressor oder Nicht-Stressor definiert würde. Unerwartet bei einem internationalen Expertentreffen aufgerufen zu werden, um spontan seine Meinung kund zu tun, wird einen Jungakademiker höchstwahrscheinlich in Aufregung versetzen; ich wäre nicht verdattert. Auf einen verführerischen Annäherungsversuch bei einer Party würde eine Person mit freudigem Entzücken reagieren, eine andere mit starker Anspannung.

Ich gehe davon aus, daß der allererste Mechanismus, durch den das SOC operiert, mit dieser primären Bewertung-I verbunden ist. Alles in allem, so meine Hypothese, wird eine Person mit einem starken SOC Stimuli eher als Nicht-Stressoren definieren und annehmen, daß sie sich automatisch an die Forderung anpassen kann – anders als jemand mit einem schwachen SOC. Sie wird auf diese Weise keine Anspannung, die potentiell in Streß transformiert werden kann, erleben.

Aber es gibt die alltäglichen Widrigkeiten und, noch wichtiger, die akuten Lebensereignisse und solche, die durch chronische endemische Situationen erzeugt werden, die niemand ohne radikale Verzerrung als Nicht-Stressoren wahrnehmen kann. Ich kann mir nicht vorstellen, daß es irgendeinen Autofahrer geben könnte, der mit Gleichmut reagieren würde, wenn er gerade noch eben knapp vor einem Kind anhalten konnte, das plötzlich auf die Straße gerannt war. Noch kann ich mir jemanden vorstellen, der, mit einer der sechs oben erwähnten Situationen konfrontiert, (auch wenn ich nur eine persönlich und eine zweite indirekt erfahren habe) bei der primären Bewertung-I nicht in einen Zustand der Spannung geriete.

Der nächste Schritt, primäre Bewertung-II, ist die Beurteilung der Art des jetzt als Stressor wahrgenommenen Stimulus als für das eigene Wohlbefinden bedrohlich, günstig oder irrelevant. Die Unterscheidung zwischen diesen beiden Bewertungsstufen verletzt nicht Lazarus' transaktionales Modell. Die Begriffe *günstig* und *irrelevant* jedoch sind ein wenig problematisch. Einen Stressor als günstig oder irrelevant wahrzunehmen, bedeutet, daß man ihn als wenig folgenreich für sein Leben definiert und annimmt, daß es wenig ausmacht, ob man die Ressourcen mobilisiert, um der Anforderung zu begegnen.

Es ist anzunehmen, daß die Spannung sich bald auflöst; im wesentlichen findet ein kognitiver Prozeß statt, in dem der Stressor als Nicht-Stressor umdefiniert wird. „Ich habe schließlich das Kind nicht angefahren und ich fuhr vorsichtig. Mein Herzrasen wird bald aufhören". Oder der britische Wähler, der nach einem schmerzhaften Entscheidungsprozeß, ob er für Labour oder die Sozialdemokraten stimmen sollte, bei der Abgabe seines Stimmzettels sagt: „Na gut, das wichtigste ist, daß ich gegen die Tories gestimmt habe". Einmal mehr gilt, daß die Person mit einem starken SOC, die beträchtliche Erfahrungen mit Stimuli hat, die zunächst als Stressoren erscheinen, sich aber bald als unproblematisch herausstellen, im Stadium primärer Bewertung-II wahrscheinlicher ohne besonderen Energieaufwand einen Stressor als günstig oder irrelevant definieren wird und sich sicher fühlen wird, daß die Spannung sich schnell auflöst.

Warum wird die Person mit einem starken SOC wahrscheinlicher als die mit einem schwachen SOC einen Stimulus als Nicht-Stressor oder, bei Einschätzung als Stressor, diesen als irrelevant oder günstig definieren? Weil er oder sie darauf vertraut, daß wie in der Vergangenheit im großen und ganzen alles gut ausgehen wird, daß sich das, was ein Problem zu sein scheint, nicht als so problematisch erweisen und durchaus lösbar sein wird, daß die Dissonanz nur scheinbar ist. Während ich hier sitze und dieses Kapitel schreibe, frage ich mich: Sage ich etwas Neues und Lohnendes? Entwickle ich eine Idee, die mit dem, was ich in Kapitel Zwei geschrieben habe, konsistent ist? Wird es meinen Kollegen, die es vor der Veröffentlichung lesen, sinnvoll vorkommen? Wenn ich ein starkes SOC habe, kann ich mir diese Fragen ohne Widerstand bewußt werden lassen. Und während ich mich an die vielen Gelegenheiten in der Vergangenheit erinnere, bei denen solche Fragen beantwortet worden sind, löst sich die Spannung, und ich kann mit der Arbeit fortfahren. Wenn nicht, dann unterdrücke ich die Frage, schreibe weiter und lasse es mir erst später ins Bewußtsein kommen, daß das, was ich geschrieben habe, wertlos ist. Oder ich entdecke etwas Wichtiges, das getan werden muß, und flüchte, wodurch ich weder das instrumentelle Problem noch die Spannung löse.

Dieser Ansatz hat viel mit Banduras (1977) Theorie der Selbstwirksamkeit gemeinsam. Er bemerkte (S. 193-194): „Die wahrgenommene Selbstwirksamkeit beeinflußt die Wahl behavioraler Settings". Das bedeutet, daß die Person mit einem starken SOC eher freiwillig Situationen aufsuchen wird, da sie diese nicht als spannungsinduzierend bewertet hat. Oder, falls eine Situation als spannungsinduzierend betrachtet wird, ist kein ungewöhnliches Aktivieren von Ressourcen erforderlich, da der Stressor als irrelevant oder günstig definiert wird. Ich denke, Bandura würde dem beipflichten, daß kein besonderes Copingverhalten aufgebracht werden muß. Hat man „die Überzeugung, daß man erfolgreich das Verhalten ausüben kann, das notwendig ist, um das [erwünschte] Ergebnis zu erzielen" (S. 193), stellt sich Spannung nicht als ein Problem dar.

Insbesondere in Hinblick auf den Aspekt der Gesundheit ist es sehr wichtig, genauer auf die Hypothese einzugehen, daß Personen mit einem starken SOC Stimuli wahrscheinlicher als Nicht-Stressoren oder als irrelevant oder günstig definieren. In einer detaillierten Untersuchung des Verlaufs von der Symptomwahrnehmung bis zum Krankenhausaufenthalt im Fall koronarer Arterienerkrankung schreibt Alonzo (1986, S. 1297): „Die Zeit zwischen dem akuten Einsetzen der Symptome und dem Beginn der definitiven medizinischen Versorgung ist sowohl für die Morbidität als auch die Mortalität kritisch. Da die höchste Mortalität durch koronare Arterienerkrankung innerhalb der ersten Stunden nach Symptombeginn eintritt, sollten die Personen so schnell wie möglich maßgeblich versorgt werden (...)". Brust-, Arm-, Schulter- oder Kieferschmerzen, Kurzatmigkeit und Transpiration als Nicht-Stressoren oder als irrelevant zu definieren – die Daten deuten an, daß solches Verhalten recht häufig ist –, ist lebensbedrohlich. Die Daten über die Verzögerung bei der Krebserkennung weisen auf ein ähnlich weitverbreitetes Problem hin.

Es besteht natürlich die Gefahr, daß die Person mit einem starken SOC sich selbst täuscht. Aber ich behaupte, daß dies im großen und ganzen weniger bei ihr als bei der Person mit einem schwachen SOC zutreffen wird. Erstere, die ja erfolgreiche Erfahrung im Umgang mit Stressoren hat, wird realistisch darin sein, sich nicht über alle möglichen Stimuli den Kopf zerbrechen zu wollen, wobei sie jedoch offen dafür ist, Stimuli, die objektiv Bedrohungen für das Wohlbefinden darstellen, als Stressoren wahrzunehmen, die bewältigt werden müssen.

Wenn somit die Person mit einem starken SOC im Sinne der primären Bewertung I und II bevorteilt ist, ist solcher Vorteil doch relativ unwichtig. Es liegt in der Natur der menschlichen Existenz, daß Probleme nicht verschwinden und Spannung erzeugt wird. Wieder und wieder und insbesondere, wenn der als Stressor definierte Stimulus ein größerer akuter oder endemischer Stressor ist, wird man mit dem wahren Problem der Streßsituation konfrontiert werden: Wie kann man verhindern, daß Spannung in Streß umgewandelt wird?

Definition des Problems

Bevor wir uns der Frage zuwenden, wie das SOC Spannung abbaut, ihre Umwandlung in Streß verhindert (und folglich die Gesundheit stärkt und Krankheit abwendet), sollen drei Aspekte angesprochen werden: die Definition des Stressors als positiv oder negativ, die Klärung der emotionalen Parameter des Problems und die Klärung seiner instrumentellen Parameter.

Zunächst muß daran erinnert werden, daß ein Stimulus, der als Stressor definiert wurde, als glücklich oder unglücklich bewertet werden kann, als positiv oder das persönliche Wohlbefinden gefährdend. Die Literatur konzentriert sich fast ausschließlich auf negative Stressoren, vielleicht aus gutem Grund, da die Reduzierung des Leidens moralisch gesehen von höherer Priorität sein mag als die Verbesserung des Wohlbefindens. Aber aus theoretischer Sicht müssen wir auch verstehen, wie glückliche Spannung und nicht nur unglückliche Spannung aufgelöst wird. In der Tat lehnte das dem ursprünglichen Ansatz von Holmes und Rahe zugrunde liegende Konzept diese Unterscheidung dadurch ab, daß es nachdrücklich betonte, daß das Lebensereignis selbst, indem es Anpassung erfordert, Krankheit voraussagbar macht. Der Großteil der nachfolgenden Forschung zeigte dann auch, daß der Wert für negative Lebensereignisse ein aussagekräftigerer Prädiktor ist als die Summe aller Lebensereignisse (Thoits, 1981). Aber dies ist kein Wunder, weil es einfacher ist, die instrumentellen und emotionalen Probleme zu lösen, die glückliche Ereignisse mit sich bringen. Wir sollten genauso viel aus ihrer Untersuchung lernen wie aus der Untersuchung der Problemlösungen, die durch negative Stressoren entstehen. Außerdem müssen wir berücksichtigen, daß viele Stressoren nicht eindeutig als entweder positiv oder gefährdend eingeschätzt werden. Annäherungs-Annäherungs- und Annäherungs-Vermeidungs-Konflikte sind im menschlichen Leben recht bekannt. Vielleicht hat die Frau, die ein süßes erstes Kind geboren hat, nicht das Glück, in Schweden zu leben und damit die Garantie auf ein Jahreseinkommen und den Erhalt ihres befriedigenden Jobs.

Die Person mit einem starken SOC wird meiner Ansicht nach eher als eine mit einem schwachen SOC einen Stressor als glücklicher, weniger konfliktreich oder weniger gefährlich bewerten. Wieder einmal stellt das zugrunde liegende Vertrauen, daß die Dinge sich schon gut entwickeln werden, daß man Copingressourcen hat, daß das Verwirrende verständlich werden wird, daß man die Spannung wird auflösen können, eine relevante Ressource dar.

Solches Vertrauen kann gut mit dem zweiten Aspekt, der jetzt betrachtet werden soll, in Zusammenhang gebracht werden: der Art des emotionalen Problems, das durch den Stressor ausgelöst wird. Derselbe glückliche Stressor kann verschiedene Emotionen auslösen. Der Witwer, der eine attraktive Frau trifft und ein starkes SOC hat, wird freudige Hoffnung und Aufregung empfinden; mit einem schwachen SOC wird er Hoffnungslosigkeit und Apathie erleben. Bei der Person mit einem starken SOC wird der als gefährdend eingeschätzte Stressor Traurigkeit, Furcht, Schmerz, Wut, Schuld, Kummer oder Sorge auslösen; bei derjenigen mit einem schwachen SOC Angst, Wut, Scham, Verzweiflung, Verlassenheit und Verwirrung. Diese beiden Gruppen von Emotionen unterscheiden sich dadurch, daß die ersteren eine motivationale Handlungsbasis schaffen, während die letzteren paralysieren. Außerdem sind die ersten Emotionen zielgerichtet, letztere diffus. Oder, um es in den Begriffen des SOC-Konstrukts auszudrücken: derselbe Stressor wird mit höherer Wahrscheinlichkeit bei der Person mit einem starken SOC als bei einer mit einem schwachen SOC die Bedeutsamkeitskomponenten ansprechen. Gerichtete Emotionen stimmen eindeutig eher mit dem Gefühl überein, daß Probleme verstehbar sind. Darüber hinaus führen gerichtete Emotionen wahrscheinlicher zu Copingmechanismen, wohingegen diffuse Emotionen zu unbewußten Abwehrmechanismen führen (Kroeber, 1963; Haan, 1977). (Zur Diskussion der Rolle des bewußten Einsatzes von Abwehrmechanismen bei der Bewältigung von Streß vgl. Heilbrun und Pepe, 1985.)

Der dritte Aspekt verläuft parallel zu dem zweiten: Wie das involvierte instrumentelle Problem wahrgenommen wird, wenn ein Stimulus als Stressor definiert wurde. Die Wahl in den Vorsitz der Fakultät wird bei der Person mit einem schwachen SOC eine Reihe von wahrgenommenen und antizipierten komplexen Problemen ins Blickfeld rücken, auch wenn sie die Position angestrebt hatte. Nun muß sie persönlich mit dem Dekan in Kontakt treten, disziplinarische Maßnahmen gegen StudentInnen verhängen, Ressourcen zuweisen, statt nur für sie zu kämpfen, Besucher zum Essen einladen und so weiter. Die Person mit einem starken SOC sieht die gleichen Probleme, aber mit größerer Klarheit, größerer Spezifität und präziserer Differenzierung. Zudem werden die Probleme nicht nur als verstehbarer und handhabbarer gesehen, sondern auch eher als Herausforderungen denn als Last.

Diese beiden letzten Aspekte, die die Wahrnehmung der Emotionsregulierung und instrumenteller, durch einen Stressor ausgelöster Probleme betreffen, können gut als *primäre Bewertung-III* bezeichnet werden. Shalit und Carlstedt (1984) sind mit ihrer Ausweitung des Modells von Lazarus einen sehr ähnlichen Weg gegangen. In einer Reihe von Untersuchungen über effektives Coping mit Stressoren aus der externen Umgebung (Fallschirmspringen, militärische Unterseemanöver) ging Shalit davon aus, daß die ersten beiden Phasen eines sequentiellen Bewertungsprozesses erstens in der kognitiven Bewertung der Strukturqualität und dem Fehlen von Ambiguität in der wahrgenommenen Situation und zweitens in der affektiven Bewertung des emotionalen Engagements in der Situation bestehen. Um mit der Situation gut umzugehen, argumentiert Shalit, muß man sowohl ein deutliches Bild von ihr haben („Man kann die Inkohärenz einer wahrgenommenen Situation als den universalen und primären Streßfaktor betrachten." 1982, S. 7) als ihr auch emotionale Bedeutung verliehen haben. Wenn sie auf einen Stressor trifft, ist die Person mit einem starken SOC wahrscheinlicher in der Lage, der Situation Ordnung und Bedeutung zu verleihen.

Mir scheint es nicht weiter von Belang zu sein, ob man diese Prozesse als das erste Stadium des Copingprozesses bezeichnet oder sie als das Coping vorbereitend sieht, oder ob man darauf besteht, daß sie – wie bei Shalit – sequentiell sind oder nicht. Ich meine, daß zu erfolgreichem Coping das Ausmaß beiträgt, in dem man seine Wahrnehmung des Stressors kognitiv und emotional ordnen und eine Bereitschaft akzeptieren kann, sich ihm zu stellen. Oder, um es in den Begriffen des SOC-Konstrukts auszudrücken: das Ausmaß, in dem man mit der generalisierten Erwartung an die Welt herangeht, daß Stressoren bedeutsam und verstehbar sind, legt die motivationale und kognitive Basis für das Handeln und dafür, daß die Umwandlung von Anspannung in Streß verhindert wird. Demnach hat die Person mit einem starken SOC immer einen Vorsprung. Bevor sie handelt, hat sie Ressourcen mobilisiert, um dem Stressor zu begegnen. Im Gegensatz dazu neigt die Person mit einem schwachen SOC dazu, verwirrt und bar des Wunsches nach Coping, von Beginn an aufzugeben.

Wir können uns nun der Frage des Handelns, der Reaktion auf den Stressor, zuwenden. Was tut die Person mit einem starken SOC? Wie löst sie das instrumentelle Problem und wie kontrolliert sie die emotionalen und physiologischen Parameter der Spannung, so daß schädliche Folgen vermieden werden?

Die Auflösung von Spannung

Der allererste und grundlegende Punkt ist, daß ein starkes SOC *kein* bestimmter Copingstil ist. Dies ist der Kern der Sache. Die Stressoren, mit denen das Leben aufwartet, sind vielfältig und verschiedenartig: positiv oder negativ; kurz, ständig, intermittierend oder dauerhaft; mehr oder minder objektiv kontrollierbar; von innen oder von außen; idiosynkratisch, an soziale Rollen oder Situationen gebunden oder universal; frei gewählt oder aufgezwungen; und so weiter. Konsistent ein Copingmuster anzunehmen – zu kämpfen, zu flüchten oder zu erstarren; sich auf andere oder auf sich selbst zu verlassen; Verleugnung, Rationalisierung oder Sublimation; sich auf soziale Unterstützung, Geld oder Intelligenz zu verlassen und so weiter – bedeutet genau, der Natur des Stressors nicht gerecht zu werden und damit die Chancen für erfolgreiches Coping zu verringern. *Die Person mit einem starken SOC wählt die bestimmte Coping-Strategie aus, die am geeignetsten scheint, mit dem Stressor umzugehen, dem sie sich gegenüber sieht.* Oder, wie ich es lieber ausdrücken möchte, sie wählt aus dem Repertoire generalisierter und spezifischer Widerstandsressourcen, die ihr zur Verfügung stehen, die Kombination aus, die am angemessensten zu sein scheint.

Die Idee der Auswahl verweist auf eine in der Literatur weitgehend ignorierte Unterscheidung, insbesondere in der großen Masse von Arbeiten über Coping und soziale Unterstützung. Ich meine die Unterscheidung zwischen einer Widerstandsressource als potentiellem Aktivposten und der tatsächlichen Mobilisierung und Nutzung einer

Ressource. Sicherlich ist allein das Wissen, daß man eine Vielzahl potentieller Widerstandsressourcen zur Verfügung hat, schon für sich ein wertvoller Aktivposten. Aber der wahre Vorteil der Person mit einem starken SOC kommt erst dadurch zutage, daß sie angesichts eines vorhandenen Stressors aktuell das mobilisieren kann, was als Ressource oder Ressourcenkombination am geeignetsten zu sein scheint.

Der entscheidende Faktor im Prozeß der Mobilisierung von Ressourcen ist (vgl. Kapitel Zwei) das starke Bedeutsamkeitsgefühl. Die Person mit einem starken SOC wird bei Konfrontation mit einem Stressor eher Engagement, Hingabe und Bereitschaft, sich mit dem Stressor auseinanderzusetzen, empfinden. Es scheint gewissermaßen eine a priori Annahme zu geben, daß die Auseinandersetzung mit dem Stressor lohnt und daß sie eher eine willkommene Herausforderung ist als eine Last, vor der man fliehen sollte. Der Stressor kann sehr schmerzhaft sein: die Ablehnung einer Beförderung, von der man glaubt, daß man sie verdient; eine Kündigung; die Ablehnung eines Heiratsantrags; schwerwiegender Konflikt und Bruch mit seinem erwachsenen Kind; der Tod des Ehepartners; die Wahl eines Kandidaten, den man für eine Katastrophe hält, in ein nationales Amt. Natürlich zögen wir es vor, diese Dinge würden nicht geschehen. Aber sie tun es. Was hat man also zu tun, damit der Schaden minimal ist, daß der Schmerz gelindert wird?

Eine Möglichkeit ist, die Entwicklung so zu definieren, als geschehe sie jenseits der Grenzen dessen, was im eigenen Leben bedeutsam ist. Eines der Kennzeichen der Person mit einem starken SOC ist, daß die Grenzen dessen, was bedeutungsvoll ist, flexibel sind und enger (oder weiter) gesteckt werden können – immer unter dem Vorbehalt, daß sie nicht so eingeengt werden können, daß die zentralen Bereiche menschlicher Existenz ausgeschlossen sind: innere Gefühle, unmittelbare persönliche Beziehungen, Haupttätigkeiten und existentielle Fragen (vgl. „Grenzen" in Kapitel Zwei). Der orthodoxe Jude im Ghetto, dessen Kind jemanden anderen Glaubens geheiratet hat, würde die *shiva* abhalten und sein Kind für tot erklären. Wenn man nach einem langen Arbeitsleben in den Ruhestand geht, kann man sagen: „Nun, bezahlte Arbeit ist in meinem Leben nicht mehr wichtig". Entscheidend ist, ob es alternative Quellen der Bedeutsamkeit im eigenen Leben gibt und ob die Neudefinition ein Akt der Selbsttäuschung ist. Das muß nicht sein.

Lassen Sie uns jedoch annehmen, daß das vom Stressor gestellte Problem nicht als jenseits der Grenzen dessen, was einem wichtig ist, definiert werden kann, oder daß man dies nur auf Kosten von Selbsttäuschung tun könnte und ständig daran erinnert würde, daß das Problem nicht verschwunden ist. Die Person mit einem schwachen SOC, die den Stressor nur unter dem Aspekt der Belastung sehen kann, wird sich auf die emotionalen Parameter konzentrieren, darauf, wie sie mit der durch den Stressor verursachten Angst und dem Unglücklichsein umgehen kann. Dies trifft auf einen Stressor aus dem internen Umfeld ebenso zu wie auf einen externen oder interaktiven und gilt gleichermaßen für einen glücklichen wie für einen unglücklichen. Die Person mit einem starken SOC hingegen wird sich eher auf die instrumentellen Parameter des Problems konzentrieren, wird die Frage, welche Ressourcen zur Problembewältigung mobilisiert werden können, als Herausforderung ansehen.

Bevor Ressourcen mobilisiert werden können, ist es notwendig, die Natur und die Dimensionen des Problems zu definieren, ihm einen Sinn zu geben. Ist es einfach und in sich abgeschlossen oder hat es extensive, weitreichende Verästelungen? Betrifft es nur einen selbst oder sind andere involviert? Gleicht es Problemen, mit denen man früher konfrontiert war? Sind moralische Aspekte involviert? Wird es, unabhängig von dem, was man tut, wahrscheinlich eher stärker oder schwächer werden? Genau hier kommt die Verstehbarkeitskomponente des SOC ins Spiel. In der Überzeugung, daß Probleme geordnet und verstanden werden können, kann die Person mit einem starken SOC sich daran machen, Chaos in Ordnung zu verwandeln, Verwirrung in Klarheit. Die Person mit einem schwachen SOC, die davon überzeugt ist, daß das Chaos unvermeidlich ist, gibt schon von vornherein jeden Versuch, dem Stressor einen Sinn abzugewinnen, auf. Was folgt, ist ein halbherziger, ineffektiver Copingversuch – oder, wahrscheinlicher, die ausschließliche Konzentration darauf, irgendwie mit dem emotionalen Problem umzugehen.

Obwohl es mich viele Worte gekostet hat, den Prozeß zu erörtern, der die Person auf die Stufe führt, die Lazarus *sekundäre Bewertung* nennt, reflektiert dies nicht notwendigerweise die Zeitspanne, in der man mit dem Stressor konfrontiert ist – vom Zeitpunkt seines Auftretens bis zu dem Moment, in dem man direkt handelt (oder nicht handelt), um mit ihm fertig zu werden. Noch ist der Prozeß auch nur annähernd so rational oder kognitiv, wie es klingen mag. Der Prozeß kann sehr schnell sein und weitgehend unbewußt.

Die Annahme, daß die Person mit einem starken SOC dadurch gekennzeichnet ist, daß sie auswählen kann, was aus einer Vielzahl potentiell verfügbarer Ressourcen die geeignetste Strategie zu sein scheint, bedeutet nicht, daß alles möglich ist. Die in Kapitel Zwei getroffene Unterscheidung zwischen dem Kanon oder fixierten Regeln und flexiblen Strategien ist sehr wichtig. Wir gehen mit Stressoren immer in einem kulturellen Kontext um, der den Kanon definiert. Der Amerikaner wird primäre Kontrolle verwenden, der Japaner sekundäre (Weisz, Rothbaum und Blackburn, 1984). Ein Vertrauter oder eine Vertraute kann der eigene Ehepartner sein oder der Bruder oder die Schwester. Aber innerhalb dieser kulturellen Einschränkungen wird die Person mit dem starken SOC in der Auswahl ihrer Strategien flexibel sein.

Die Betonung der Flexibilität bei der Wahl geeigneter Strategien löst, davon bin ich überzeugt, die wenig ertragreiche Frage auf, ob das SOC ein Persönlichkeitsmerkmal darstellt oder eine Disposition (ein Thema, das ich in Kapitel Sieben diskutiere). Coping als Prozeß anzusehen und auf der Bedeutsamkeit der konkreten Situation, der Natur des Stressors und der spezifischen Transaktion zu bestehen, widerspricht in keiner Weise der Möglichkeit, für eine bestimmte Person ein konsistentes Copingmuster zu identifizieren – nicht im Sinne der Wahl eines bestimmten Copingstils, sondern im Sinne der Flexibilität.

Die jüngere Literatur hat zu zeigen begonnen, wie derselbe Copingstil, dasselbe Verhaltensmuster oder derselbe Abwehrmechanismus je nach Problem in bezug auf die Gesundheit sowohl sehr funktional als auch ernsthaft dysfunktional sein können. Cohen (1984, S. 269) folgert in seinem Überblick über eine wesentliche Anzahl von Untersuchungen, in denen Copingmuster mit Krankheit in Verbindung gebracht werden, daß „die Schlüsselfrage vielleicht nicht ist, *welche* Coping-Strategien ein Individuum nutzt, sondern vielmehr, *wie viele* sein oder ihr Repertoire ausmachen oder wie flexibel die Person bei der Anwendung verschiedener Strategien ist".

Ich möchte die Aufmerksamkeit der Leser auf weitere Studien lenken, die Cohens Schlußfolgerung unterstützen und das Bild erweitern. Orr (1983) fand in einer Längsschnittstudie zur Adaptation von Frauen nach Mastektomie heraus, daß die am besten adaptierten Frauen die waren, die zum Zeitpunkt des dritten Interviews, einige Monate nach der Operation, zum ersten Mal um Information ersuchten. Sie nimmt an, daß die Information zu diesem Zeitpunkt am nützlichsten und handhabbarsten ist. Diejenigen, die konstant um Informationen baten, waren so wie die, die sich durchgehend verschlossen, weniger gut adaptiert. Ich denke, daß die Person mit einem starken SOC Information als eine potentielle Widerstandsressource betrachtet, die eingeholt wird, wenn sie nützlich sein kann, nicht aber dann, wenn sie wahrscheinlich eine Überlastung bewirken würde. Ähnlich unterscheiden Strull, Lo und Charles (1984) zwischen dem Wunsch von Patienten nach Information und Diskussion und ihrem Wunsch, an medizinischen Entscheidungen teilzuhaben. Ihre Daten deuten an, daß Ärzte ersteres unterschätzen und letzteres überschätzen.

Das allgemeinere Thema, das durch diese und andere Untersuchungen angerissen wird, wird in Lazarus' (1981) brillantem Artikel über Verleugnung diskutiert. Er verweist (S. 138) auf das „augenscheinliche Paradox, daß sowohl Illusion als auch Selbsttäuschung in adaptiver Hinsicht gesund sein *und* einen hohen Preis fordern können. Das Paradox lautet: Wie ist es möglich, daß Selbsttäuschung gleichzeitig gesund und pathogen sein kann?" Er fährt fort, verschiedene Kriterien zu diskutieren, die anzeigen, wann das eine oder das andere der Fall ist, indem er Fragen stellt wie: Wird die Realität verzerrt? Ist Handeln möglich? Wie hervorstechend ist der emotionale Distreß? Für unsere Zwecke ist an Lazarus' Schrift wichtig, daß er die in weiten Teilen der Psychologie seit vielen Jahren (und, wie man hinzufügen kann, im gegenwärtigen Ethos der amerikanischen Gesellschaft) dominante Annahme, man müsse sich immer aktiv vollständig und mit dem Kopf voran der Realität stellen, unter die Lupe nimmt. Welche philosophische Gültigkeit diese Position auch immer haben mag, ihre Auswirkungen für die Gesundheit sind problematisch.

Aber dies soll nicht heißen, daß alles schon irgendwie funktioniert. Felton, Revenson und Hinrichsen (1984) untersuchten in einer Studie von Erwachsenen, die vier Krankheiten mit unterschiedlichem Ausmaß an Gefahr und Kontrollierbarkeit (Hypertonie, Diabetes, Gelenkrheumatismus und Krebs) hatten, die Auswirkungen der Verwendung unterschiedlicher Coping-Strategien. Obwohl es sich um eine Querschnittuntersuchung handelt und die Ergebnisse mehrdeutig sind, gibt es einige Hinweise darauf, daß „stärker positive affektive Zustände (...) mit primär kognitiven Strategien assoziiert waren, das heißt mit Integration relevanter Informationen oder Veränderung der Art der Kognitionen", wohingegen „Coping-Strategien des Wunschdenkens, emotionalen Ausagierens und der Selbstbeschuldigung insgesamt nicht positiv sind" (S. 896).

Stärker soziologisch orientiert verweisen Seeman, Seeman und Sayles (1985) auf die Wichtigkeit, zwischen verschiedenen Arten potentieller Widerstandsressourcen zu unterscheiden. In einer einjährigen Studie zu körperlicher Krankheit und Krankheitsverhalten richteten sie ihr Augenmerk auf zwei Varianten von jeweils zwei oft als homogen betrachteten Ressourcen. Sie unterscheiden zwischen dem Nicht-gelten-lassen des glücklichen Zufalls als Determinante für Gesundheit und dem Gefühl persönlicher Kontrolle und gehen davon aus, daß ersteres die wichtige Seite des Locus of

Control ist, wohingegen letzteres durchaus schädlich sein kann, da es in Form eines falschen Bewußtseins auf einen zurückfallen kann. Ähnlich nehmen sie in bezug auf das soziale Netzwerk an, daß dessen instrumentelle Nutzung hilfreich ist, während ein sehr auf Ratsuchen ausgerichtetes Verhalten eher einen Ausdruck von Abhängigkeit darstellt und mehr Schaden als Gutes ausrichten kann.

Dressler (1985) geht einen Schritt weiter, indem er zeigt, daß „die Effizienz eines bestimmten Copingstils nicht getrennt von dem spezifischen soziokulturellen Setting, in dem ein Individuum lebt, bewertet werden kann" (S. 504). Er betrachtete die Beziehung zwischen Gesundheit und der Verwendung aktiven Copings (auf unmittelbare Auseinandersetzung mit dem Stressor gerichtet) und passiven Copings (Vermeidung des Stressors und primäre Auseinandersetzung mit den emotionalen Parametern). Die Untersuchung wurde mit schwarzen Frauen und Männern aus den Südstaaten durchgeführt. „Höhere Werte in Richtung auf aktives Coping", fand er, „ist der psychischen und physischen Gesundheit von Frauen zuträglich und für die psychische und physische Gesundheit von Männern schädlich" (S. 502). Schwarze Männer, so argumentiert er, geraten im Kontext des Rassismus in den Südstaaten in Schwierigkeiten, wenn sie aktiv sind, wohingegen Frauen, deren hauptsächliche Rolle die der Hausfrau ist, erfolgreich zurechtkommen, wenn sie aktiv sind.

Die historische Situation kann sich natürlich ändern und der vormals effektive Copingstil kann an Effektivität verlieren oder sogar pathogen werden. Ich habe viele Jahre mit jungen Israelis diskutiert, die sich mit der schweren Frage des Holocaust quälten und damit, „warum sich Juden zum Abschlachten haben führen lassen". Nachdem ich sehr klar gemacht hatte, daß das Ausmaß aktiven jüdischen Widerstands im Zweiten Weltkrieg unter den gegebenen Umständen nahezu unglaublich war, habe ich versucht, sie zu einem Verständnis der jüdischen Geschichte zu führen, das vielen Israelis nicht vertraut ist. Unter den historischen Bedingungen eines zweitausendjährigen Exils hat sich das Muster jüdischer Kultur, sich nach innen zu orientieren, die eigene Kultur und soziale Struktur beizubehalten und für ständigen Wiederaufbau bereit zu sein, als effektivste Coping-Strategie für das Überleben erwiesen. Angesichts des unfaßbaren Naziprogramms der „Endlösung" scheiterte die Strategie.

Abschließend würde ich gerne auf eine Untersuchung eingehen, die für die Frage nach der Auswahl von Coping-Strategien beim Umgang mit Stressoren von Belang ist, obwohl sie sich nicht direkt mit Gesundheit beschäftigt. Unruh (1983) thematisiert die soziale Situation älterer Menschen in der amerikanischen Gesellschaft und er schlägt die Konstruktion einer „sozialen Welt" als einer effektiven Bewältigungsmöglichkeit einer Situation vor, die für viele ein chronisch-endemischer Stressor ist. Er definiert eine soziale Welt (S. 14) als

> „eine extrem große, stark durchlässige, amorphe und räumlich transzendente Form sozialer Organisation, in der die Handelnden kognitiv miteinander durch gemeinsame Perspektiven, die aus gemeinschaftlichen Kommunikationskanälen stammen, verbunden sind".

Die soziale Welt ist für Unruh in erster und hauptsächlicher Linie eine mentale Konstruktion, eine Möglichkeit, daß „Menschen ihre Lebenskreise, Wahrnehmungen und

Handlungen organisieren [um zu] begreifen, was sich in ihrem Leben ereignete und was es bedeutungsvoll gemacht hat" (S. 48-49). Egal, ob es sich um Gesellschaftstanz oder die Mitarbeit in einer Wohltätigkeitsorganisation handelt, – zwei der von Unruh analysierten Welten – die Konstruktion einer sozialen Welt ist die Wahl aus einer Vielzahl von Möglichkeiten.

Ich bin auf diese Untersuchungen und diejenige von Cohen (1984) eingegangen, um zwei Aspekte zu verdeutlichen. Erstens: Die Suche nach einem Persönlichkeitstyp oder einer Coping-Strategie, die für den erfolgreichen Umgang mit Stressoren universell effektiv ist, ist nicht nur nutzlos; jeder dieser konkreten Typen und jede konkrete Strategie wird sich zwangsläufig selbst zerstören. Und zweitens: Nicht alles ist machbar. Es gibt Zeiten und Orte und Situationen und Menschen, für die man sagen kann, daß dieses Verhalten erfolgversprechender ist als jenes, und daß jenes Verhalten wahrscheinlich selbstzerstörerischer ist und auf einen zurückfallen kann. Cohen, der diese Aspekte erkannt hat, vermeidet die dahinterliegende Frage, nämlich die, ob wir generellere Aussagen über die Person treffen können, die potentiell viele alternative Coping-Strategien hat und sie flexibel und angemessen verwendet. Dies ist meiner Ansicht nach die Person mit einem starken SOC. Sie ist zum Coping motiviert, und nachdem sie Art und Dimensionen des Problems und die Realität, in der es auftritt, geklärt hat, befindet sie sich auf dem richtigen Weg, indem sie die besten Ressourcen aussucht, die sie für das bestehende Problem zur Verfügung hat.

Vor fast zwei Jahrzehnten schlug Shanan (1967) das Konzept eines adaptiven Copingstils vor, den er als Antwortmuster betrachtete, das Individuen charakteristischerweise in streßhaften Situationen anwenden.

Er verwies auf vier Merkmale dieses Musters: Die Verfügbarkeit freier kathexischer Energie, um die Aufmerksamkeit auf die Quellen potentieller Schwierigkeiten zu lenken; eine klare Artikulation des Wahrnehmungsfeldes, wobei zwischen den internalen und externalen Umgebungen als Quellen potentieller Schwierigkeiten unterschieden wird; eher Konfrontation als Vermeidung von Komplexität und Konflikt in der externalen Umgebung und Aufrechterhaltung einer optimalen Balance zwischen den Anforderungen der Realität und des Selbst. In einer jüngeren Studie verwandten Steinglass, De-Nour, und Shye (1985) Shanans Konzept des adaptiven Copingstils (den sie unglücklicherweise aktives Coping nennen) und das von ihm entwickelte Meßinstrument, um das Coping im Umgang mit dem Stressor „geographischer Standortwechsel" zu analysieren. Die Werte für aktives Coping und Selbstbild, schreiben sie, „scheinen Aspekte dessen zu reflektieren, was Antonovsky ‚Kohärenzgefühl' genannt hat. (...) Aktives Coping reflektiert Vertrauen in die externale Umgebung; positives Selbstbild reflektiert das gleiche in Bezug auf die internale Umgebung" (S. 525).

Aber wenn einmal dieses Vertrauen aufgebaut ist, wenn sich, in meinen Begriffen, die generalisierte Weltsicht als bedeutungsvoll und verstehbar auf die spezifische Situation richtet, ist man bereit, zu handeln. Solches Handeln kann simultan oder sequentiell darauf ausgerichtet sein, das instrumentelle Problem und die emotionale Belastung zu lösen. Was bedeutet dies, um eines der vorigen Beispiele aufzugreifen, für den 40jährigen Stahlarbeiter, dem mitgeteilt wird, daß sein Werk schließen und er seine Arbeit verlieren wird? Betrachten Sie die folgende Vielzahl von Ressourcen, die von einer Person mit einem starken SOC aktiviert werden könnten: darauf insistieren, daß seine Gewerkschaft ein sehr genaues Auge auf alle Versuche der Firma hat, sich der auf legitime Weise erworbenen Abfindung, Rentenansprüche oder Rechte im Urlaubs- oder Krankheitsfall zu bemächtigen; klarstellen, daß weder er noch seine Kollegen, sondern inkompetentes Management oder generelle soziale Bedingungen schuld am Scheitern des Unternehmens sind; Überprüfung des Familienbudgets und Kalkulation, welche Einschränkungen gemacht werden können und wie lange die Ersparnisse ausreichen können; gemeinsame Überlegungen mit seiner Frau, die bisher lieber zu Hause geblieben ist, ob sie sich nach einem Job umsehen sollte und wie die Kinder mit anpacken könnten; die Gelegenheit nutzen, noch einmal genau zu überlegen, ob dies nicht eine gute Chance für einen Berufswechsel oder eine Weiterbildung ist; da nun ein wenig freie Zeit zu erwarten ist, kann er die Dinge in Angriff nehmen, die er schon seit langem tun wollte, ohne daß dabei die Suche nach einer neuen Stelle zu kurz käme; er wird seinen Onkel oder einen Kameraden aus der Armee kontaktieren, um Ideen für eine neue Arbeit zu sammeln; er wird wieder dem Kirchenchor beitreten und singen, um den Schmerz zu lindern. Und er wird sich umsehen, aber nicht nur nach einem anderen Job, sondern nach einem, der ihm in jeder Beziehung angemessene Gratifikation verschafft. Schließlich sprechen wir darüber, wie er die nächsten 25 Jahre verbringen wird.

Es gibt keine Garantien im Leben, und die Realität mag einem fortwährend am Herzen, an der Zeit und dem Geldbeutel zerren. Man kann sich sehr wohl auf den Holzweg begeben, Fehler machen und sich selbst täuschen. Man beginnt sich zu beschuldigen, mit der Frau und den Kindern zu meckern und zu trinken. Aber die Chancen, daß eine Person mit einem starken SOC fehlangepaßte Copingaktionen unternimmt, sind geringer. Welche potentiellen Möglichkeiten auch immer die Realität bereithält, es besteht eine größere Chance, daß er oder sie diese in die Wirklichkeit umsetzt.

Fagin (1985) analysiert in einer verdienstvollen Zusammenfassung über die Krankheitsfolgen von Arbeitslosigkeit aus einem pathogenetischen Blickwinkel ausführlich die psychologischen, sozialpsychologischen und soziologischen Charakteristika der Arbeitslosigkeit, die Krankheit begünstigen. Beiläufig bemerkt er jedoch (S. 36), daß „eine Periode von Arbeitslosigkeit ein nützlicher Wendepunkt für einige Menschen sein kann"; die damit aufgeworfene Frage wird aber an keiner Stelle weiterverfolgt. Meine Ansicht ist natürlich nicht, daß Arbeitslosigkeit eine glückliche Erfahrung ist; ganz im Gegenteil. Aber bei der Person mit einem starken SOC mag sie weniger schädlich sein und sich sogar als günstig erweisen.

Die Erwähnung von Fehlern bringt uns zum letzten Stadium des Copingprozesses: dem Feedback und der Korrektur. Das Stadium der sekundären Bewertung schließt die Auswahl geeigneter Ressourcen für das Coping mit dem Stressor ein. Wenn man dieses Potential in die Realität umsetzt, beginnt man, Feedback zu erhalten. Der Freund, den man um ein Darlehen gebeten hat, ist pleite. Die vertraute Person, an die man sich wandte, ist mit eigenen Problemen zu sehr belastet, um zuhören zu können. Es stellt sich heraus, daß die Selbsthilfegruppe von jemandem dominiert wird, der allein an Macht interessiert ist. Die Gewerkschaft wird von verhinderten Politikern geführt. Oder das glückliche Gegenteil tritt ein: die eigene Beurteilung erweist sich als gerechtfertigt, und die Ressourcen, die man zu aktivieren versucht hat, stellen sich als verfügbar und als geeignet heraus. Das Ergebnis solcher Einschätzungen ist die *tertiäre Bewertung*.

Auch in diesem Stadium spielt die Stärke des SOC eine signifikante Rolle. Wie Cassel bei der Analyse der Bedeutung des Fehlens von sozialer Unterstützung hervorhob: „Der Handelnde erhält keine angemessenen Hinweise [Feedback] darüber, daß seine Handlungen zu den antizipierten Konsequenzen führen" (1974, S. 477). Die Person mit einem starken SOC, die lange damit vertraut ist, sich nach Feedback umzusehen, wird dieses sowohl provozieren als auch in der Lage sein, es zu beurteilen. Jemand mit einem schwachen SOC neigt, sobald einmal die Richtung bestimmt ist, dazu, Signale zu mißachten, die anzeigen, daß die Wahl der entsprechenden Handlung nicht klug war. Es gibt keine Motivation, einen Kurs, der in eine Sackgasse führt, aufzugeben und nach alternativen Handlungsmöglichkeiten zu suchen. Man verfolgt seinen Weg blind weiter.

Vor vielen Jahren schrieben meine Kollegen und ich in der Zusammenfassung unseres Buchs über Armut und Gesundheit (Kosa, Antonovsky und Zola, 1969, S. 325): „Die Armen sind im Nachteil, welchen Aspekt der Gesundheit und welches Krankheitsstadium auch immer man untersucht." In ähnlicher Weise gehe ich davon aus, daß in einer bestimmten Episode oder Lebenssituation die Person mit einem starken SOC in allen Stadien des Umgangs mit einem Stressor bezüglich der Umwandlung von Spannung in Streß im Vorteil ist. Eine Einstellung gegenüber der Welt, in der Stimuli als bedeutsam, verstehbar und handhabbar gesehen werden, liefert die motivationale und kognitive Basis für Verhalten, mit dem von Stressoren gestellte Probleme wahrscheinlicher gelöst werden können als eine, die die Welt als beschwerlich, chaotisch und überwältigend ansieht.

Es kann sein, daß ich bei dem Versuch zu verstehen, wie das SOC funktioniert, die Dinge dadurch vereinfacht habe, daß ich den Copingprozeß mit einem einzelnen Stressor diskutierte. Aber es ist, wie Mechanic (1974) vor langer Zeit gezeigt hat, sinnvoll, den Umgang mit Streß als einen Prozeß anzusehen, ein komplexes Muster sich verändernder Bedingungen, die eine Geschichte und eine Zukunft haben. Der eigentliche Akt des Coping mit einem Stressor kann neue Stressoren aufkommen lassen, da das Coping Rollenmodifikationen beinhaltet, die Mobilisierung von bislang potentiellen Ressourcen, eine veränderte Wahrnehmung desjenigen, der „coped", durch die anderen und so weiter. Unseren arbeitslosen Stahlarbeiter zum Beispiel kann der Copingprozeß in die Leitung der Gewerkschaft katapultieren, seine Frau kann eine bezahlte Arbeit annehmen, seine Kinder können ihn mehr zu sehen bekommen, oder er mag von seinem Onkel, mit dem er bisher in entfernter Beziehung stand, einen unattraktiven zeitlich befristeten Job angeboten bekommen. So ist das wirkliche Leben. Aber wenn ich diese Zusammenhänge herstelle, verstärke ich damit nur meine ursprüngliche Position, daß Stressoren allgegenwärtig in der menschlichen Existenz sind, daß wir permanent zum Coping aufgefordert werden. Wenn überhaupt, so wird nur deutlicher, daß die Person mit einem schwachen SOC überwältigt werden wird und daß diejenige mit einem starken SOC eine Chance hat, erfolgreich zurechtzukommen.

An drei Dinge muß ich noch erinnern. Erstens vertraue ich darauf, daß, obwohl ich durchweg von Personen mit einem „starken" oder einem „schwachen" SOC gesprochen habe, offensichtlich war, daß dies lediglich ein ökonomischer Ausdruck für den Satz war: „Je höher man sich auf dem SOC-Kontinuum befindet, desto wahrscheinlicher ist, daß ...". Zweitens: Die tatsächliche Art des Verhaltens und der Ressourcen, die ausgewählt werden, um den Stressor zu bewältigen, ist immer durch die eigene Kultur geformt. Das Konzept mag transkulturell sein, aber seine konkrete Umsetzung wird stark variieren. So kann die Vertrauensperson ein Verwandter der älteren Generation sein, ein Heiliger, der Ehepartner, Gott oder ein Freund. Ebenso definiert die Kultur, welche Ressourcen angemessen und legitim in einer gegebenen Situation sind. Die Kultur setzt Grenzen; innerhalb dieser Grenzen ist das SOC ausschlaggebend. Drittens hoffe ich, daß das, was ich geschrieben habe, nicht darauf schließen läßt, daß ein starkes SOC eine Wunderwaffe ist, die einem ermöglicht, alle im Leben gestellten Probleme vollständig zu lösen. Abgesehen davon, daß nur wenige von uns ein sehr starkes, authentisches SOC haben, sind viele Probleme im Leben hartnäckig und einer vollständigen Lösung nicht zugänglich, wie stark das SOC auch immer sein mag. Was ich annehme, ist, daß Personen mit einem starken SOC sich bei der Bewältigung dieser Probleme besser bewähren als solche mit einem schwachen SOC; daß sie, wenn es für ein Problem keine Lösung gibt, angemessener mit ihm weiterleben können und daß sie fähig sein werden, ihr Leben mit geringerem Schmerz zu führen.

Der Umgang mit Emotionen

Eingangs dieses Kapitels habe ich angemerkt, daß die Natur des von einem Stressor gestellten Problems dual ist: der instrumentelle Aspekt und die Regulierung der Emotionen. Selbst wenn der Stressor der internalen Umgebung entspringt, bleibt das Problem instrumentell. Forderungen, die von innen kommen – unerfüllte Ansprüche, Annäherungs-Vermeidungs-Konflikte, kognitive Dissonanz und dergleichen – sind nicht weniger instrumentelle Probleme als die Forderungen aus zwischenmenschlichen Beziehungen, kulturellen und strukturellen Quellen oder Lebensereignissen. Die gesamte Diskussion hindurch habe ich mich darauf konzentriert, wie das SOC das Bewältigen der instrumentellen Forderungen erleichtert. Es gibt jedoch keine Forderung und kein Problem, die nicht auch die Frage der Regulierung von Emotionen aufwerfen. Spannung, die Antwort auf einen Stressor, ist ein emotionales Phänomen (ebenso ein physiologisches Phänomen, worauf ich weiter unten eingehen werde). Die Emotion wird somit, auch wenn sie als sekundäres Phänomen, als Antwort auf einen Stressor, betrachtet wird, für sich genommen zu einem Problem ersten Ranges. Die Lösung des durch den Stressor entstandenen instrumentellen Problems bedeutet nicht, daß das Problem der Emotionsregulierung automatisch gelöst wird.

In einem faszinierenden Austausch diskutieren Lazarus (1984b) und Zajonc (1984) die Frage der Priorität von Wahrnehmung oder Affekt. Obwohl Lazarus die Existenz sensorischer Zustände und Präferenzen nicht bestreitet, argumentiert er, daß diese nützlicherweise aus dem Konzept der Emotionen auszuklammern sind. Letztere, so stellt er fest, sollten sich immer und ausschließlich auf eine Kognition darüber beziehen, wie der Stimulus das eigene Wohlbefinden beeinflußt. So sehe ich auch das Problem der Emotionsregulierung. Haben wir einmal den Stimulus als Stressor gewertet, ihn als folgenreich für unser Wohlbefinden befunden, so entsteht eine Reihe von Gefühlen. Wie erlaubt uns das SOC, erfolgreich mit Emotionen umzugehen?

Einen Teil der Antwort habe ich bereits gegeben. Bei der Diskussion dessen, was ich primäre Bewertung-II nannte, äußerte ich die Vermutung, daß die Person mit einem starken SOC einen Stimulus wahrscheinlich eher als einen glücklichen als einen gefährlichen Stressor definiert, eher als Herausforderung denn als Last. Ich benutzte Worte wie *Hoffnung* und *Aufregung* im Gegensatz zu *Hoffnungslosigkeit* und *Apathie*. Außerdem unterschied ich zwischen zielgerichteten und diffusen Emotionen. Ich wollte damit ausdrücken, daß erstere eine angemessenere motivationale und kognitive Basis für das Handeln beim Umgang mit dem instrumentellen Problem schaffen. Aber was ist mit der Emotion selbst?

Der menschliche Organismus kann nicht ohne schädliche Folgen auf einem hohen und intensiven Level emotionaler Spannung verharren, auch nicht, wenn die Emotion angenehm ist. Man muß sich entspannen, um nicht zu erschöpfen. Ich möchte die zentrale Hypothese aufstellen, daß Personen mit einem starken SOC wahrscheinlich andere Emotionen erleben als solche mit einem schwachen SOC; Emotionen, die aufgrund einer Reihe von Charakteristika der Regulierung eher zugänglich sind. Eine fokussierte Emotion ist eine, in der das Gefühl an ein relativ eindeutiges Ziel gebunden ist. Man ärgert sich über etwas, was jemand getan hat, irgendein Ereignis, das passiert ist. Die Dimensionen des Ärgers sind ebenso wie seine wahrgenommenen Konsequenzen abgegrenzt. Wut ist qualitativ anders; sie zielt auf die Welt ab, auf das Leben, auf Menschen im allgemeinen. Man kocht vor Zorn und der Dampf löst sich auf; man kocht vor Wut, endlos. Ähnliche Unterschiede existieren zwischen Furcht und Angst, zwischen Kummer und dem Gefühl, verlassen worden zu sein. In allen Fällen ist es einfacher, sich vorzustellen, was man mit der einen Emotion tun kann als mit der anderen.

Ein zweites Unterscheidungsmerkmal der Emotionen ist das Ausmaß, in dem sie unbewußt sind. Die Person mit einem starken SOC wird sich ihrer Emotionen eher bewußt sein, kann sie leichter beschreiben, fühlt sich durch sie weniger bedroht. Sie sind wahrscheinlich persönlich und kulturell akzeptabler; daher ist es weniger nötig, ihre Existenz zu mißachten. Sie sind situationsangemessener.

Drittens gibt es die vielen Stressoren, die die Frage der Schuldzuweisung aufwerfen. Die Person mit einem schwachen SOC wird eher einen anderen oder etwas anderes beschuldigen, oftmals ein vages „sie" oder das Pech. (Mehrere Items des SOC-Fragebogens stellen diese Frage direkt.) Aber dies drückt den oft ineffektiven Abwehrmechanismus der Projektion aus, eine ängstliche Flucht vor der Übernahme von Verantwortung, was ein nagendes Gefühl von Unbehagen zurückläßt. Die Person mit einem starken SOC wird nicht zögern, andere zu beschuldigen, wenn dies der Realität entspricht. In Untersuchungen zu beruflichem Streß geht man häufig von der Annahme aus, daß die Anforderungen des Jobs angemessen sind und daß das Problem darin besteht, die Arbeiter so zu trainieren, daß sie sich an die Stressoren anpassen, womit die Botschaft vermittelt wird, daß er oder sie schuld ist; dies ist auch die unterschwellige These vieler Programme zum Streßmanagement bei der Arbeit. (Vgl. Schwartz, 1980, der Teile eines Abschnitts über „Verfahren (...) die darauf abstellen, Menschen Hilfen zu geben, ihr Umfeld gesundheitsförderlicher zu gestalten" (S. 101) dafür verwendet, ausführlich über Selbstsicherheitstraining und Ärgerkontrolle zu berichten, und mehr als dreieinhalb Seiten über Verfahren, „die darauf ausgerichtet sind, Menschen zu helfen, mit einer Umgebung umzugehen, die nicht verändert werden kann" (S. 101–102).) Die Person mit einem schwachen SOC wird in ihrer tiefen Verunsicherung bezüglich ihrer persönlichen Kompetenz häufig diesen Ansatz akzeptieren, im Gegensatz zu der Person mit einem starken SOC, die in der Lage ist, die Schuld auf den ihr gebührenden Platz zu verweisen.

Wir können den Aspekt der Attribution noch einen Schritt weiter verfolgen. Wenn man sich selbst beschuldigt, kann man auf den Charakter oder das Verhalten abzielen. In einer Untersuchung von Frauen in einer Abtreibungsklinik unterschieden Major, Mueller und Hildebrandt (1985) zwischen Frauen, die ihre ungewollte Schwangerschaft darauf zurückführten, daß sie nicht stark und verantwortlich waren und jenen, die sich auf konkreteres Verhalten konzentrierten. Diejenigen, die ihren Charakter beschuldigten – ich nehme an, sie hätten einen niedrigen SOC-Wert –, konnten signifikant schlechter mit der Abtreibung fertig werden als die Frauen, die ihren Charakter nicht beschuldigten. Schuld, so nehme ich an, ist leichter zu handhaben, wenn sie mit dem zusammenhängt, was man tut als mit dem, wer man ist.

Ich glaube, das vorhergehende macht deutlich, daß der Unterschied zwischen der Person mit einem starken und derjenigen mit einem schwachen SOC nicht darin besteht, daß erstere auf negative Stressoren keine starken Gefühle von emotionalem Distreß hat. Wenn überhaupt, wird sie ihnen eher erlauben, an die Oberfläche zu kommen und sie offen auszudrücken als sie zu unterdrücken. Auf diese Weise kann man sowohl leichter handeln, um mit dem instrumentellen Problem umzugehen, als auch das Problem der Emotionsregulierung leichter bewältigen. Spannung wird viel weniger wahrscheinlich in Streß umgewandelt. In einer ansonsten exzellenten Zusammenfassung der Literatur über das Coping von Stressoren versäumen Silver und Wortman (1980) diese Unterscheidung in ihrer Diskussion der Emotionsregulierung (S. 327–331). Sie merken an, das Material lege nahe, daß ein Kontrollieren der eigenen Emotionen nicht notwendigerweise gesundheitsfördernd ist. Aber sie unterscheiden nicht angemessen zwischen den Emotionen, die ich angeführt habe, noch sind sie sich der Bedeutung des fortdauernden Verfangenseins in den intensiven Emotionen bewußt. Intensiver emotionaler Distreß bei frisch Hinterbliebenen, um ihr Beispiel aufzugreifen (S. 331), wird sich bei Personen mit einem starken SOC nicht schwächer ausdrücken, eher stärker. Auch werden ihr Schmerz und ihre Traurigkeit für lange Zeit nicht, wenn überhaupt jemals, verschwinden. Aber wenn der Distreß weiterhin akut und in voller Schärfe bleibt, blind macht und andere Emotionen ausschließt, das Leben dominiert – wenn aus den Spannungen Streß wird –, dann wird als Konsequenz Pathologie entstehen.

Auswirkungen auf die Gesundheit

Bis hierher hat sich das Kapitel damit beschäftigt, wie das SOC die Wahrscheinlichkeit verringert, daß Spannung in Streß transformiert wird. Das Konzept des Gesundheitskontinuums ist noch nicht einmal erwähnt worden. Dennoch ging es in der Diskussion eigentlich darum, daß die Person mit einem starken SOC dadurch, daß sie gut mit Spannung umgehen kann, in der Tat ihren gesundheitlichen Status stärken oder verbessern kann. Aber, wie Kaplan warnt (1984, S. 756): „Eine Studie, die sich auf Coping-Strategien konzentriert, ist von geringem Wert, solange wir nicht wissen, daß diese Strategien zu Gesundheit beitragen". Ich wende mich nun direkt diesem Punkt zu.

Als John Snow darauf drängte, die Pumpe der Lambeth Company in der Broad Street zu schließen, um die Choleraepidemie in London (1853) unter Kontrolle zu bringen, hatte er die Hypothese formuliert, daß Cholera durch die Ableitung von Fäkalien in die Wasserversorgung übertragen werden könnte (Snow, 1855). Er war weit davon entfernt, die Mechanismen zu verstehen, über die durch die Verwendung von Wasser, das mit Abwasser verdreckt worden war, Cholera entstand. Aber die epidemiologische Basis für seine Empfehlung war fundiert. In ähnlicher Weise scheint es ausreichend Belege dafür zu geben, daß Stressoren pathogen sind, wenn sie nicht angemessen bewältigt werden, und zumindest einige Anhaltspunkte dafür, daß das Ergebnis bei erfolgreichem Coping gesundheitsförderlich ist. Auf welche Wege können wir verweisen? Die Diskussion kann im besten Fall nicht mehr als eine Spezifikation von Hypothesen darstellen, da ich keine Daten kenne, die einen direkten Zusammenhang zwischen dem SOC, Coping und Gesundheit aufzeigen.

Nach Cohen gibt es fünf „Mechanismen, durch die Coping die Entstehung und Erholung von Krankheit beeinflussen kann" (1984, S. 265). Drei von diesen befinden sich auf dem Niveau unmittelbar behavioralen Copings:
▶ Gewohnheiten, die unmittelbaren Einfluß auf die Gesundheit ausüben oder sie bekräftigen – zum Beispiel Rauchen, exzessives Trinken, Sport.
▶ Adaptive Verhaltensweisen, die die Schwere von Krankheit verringern können – zum Beispiel das frühe Aufsuchen von Behandlung, Offenheit gegenüber Informationen über Rehabilitation.
▶ Umgang mit Professionellen im Gesundheitswesen – zum Beispiel Compliance.

Obwohl sich Cohens Aufsatz vorgeblich Stressoren widmet, decken die von ihr aufgeworfenen Aspekte die gesamte Skala von Verhaltensweisen ab, die vermutlich direkt mit Gesundheit in Beziehung stehen. Ich behaupte nicht, daß Personen mit einem starken SOC eher solche Verhaltensweisen realisieren, die nach Datenlage gut für die Gesundheit sind – zwischen den Mahlzeiten nicht zu essen, nicht zu rauchen, regelmäßige körperliche Aktivität und so weiter (Berkman und Breslow, 1983). Diese Verhaltensweisen sind weitaus stärker durch soziostrukturelle und kulturelle Faktoren als durch die persönliche Weltsicht determiniert, und ich möchte die beiden nicht durcheinanderbringen. Es kann gut sein, daß dieselben soziokulturellen Faktoren, die die Quoten von Rauchern verringern (die Schichtzugehörigkeit zum Beispiel), auch das Entstehen eines starken SOC beeinflussen, so daß die Chancen, daß eine Person mit einem starken SOC nicht rauchen wird, größer sind. Aber man sollte die Kausalitätsrichtung nicht verzerren.

Wenn wir uns jedoch allein auf das Coping mit Stressoren konzentrieren, können wir fragen: Wer wird bei Konfrontationen mit einem akuten oder chronischen Stressor wahrscheinlicher mit unangemessenem Gesundheitsverhalten wie verstärktem Rauchen oder Trinken, Verleugnung von Symptomen oder Nichteinhalten medizinischer

Maßnahmen reagieren und wer eher mit adaptivem Gesundheitsverhalten wie Reduktion von Rauchen und Trinken, Wachsamkeit gegenüber Symptomen und Ausüben von Sport? Dann würde ich sagen, daß der Vorteil in den Händen derjenigen läge, die ein starkes SOC haben. Die dieser Annahme zugrunde liegende Argumentation habe ich oben detailliert dargestellt. Die Person mit einem starken SOC ist eher in der Lage, die Natur und die Dimensionen des instrumentellen Problems genau zu identifizieren, sie ist eher geneigt, es als Herausforderung anzusehen und wird mit größerer Wahrscheinlichkeit aus ihrem Repertoire an Ressourcen die auswählen, die dem Problem angemessen sind und sie auf vernünftige Weise einsetzen.

Man würde somit, um unser Beispiel des Stahlarbeiters wieder aufzugreifen, der seine Arbeit verlieren wird, voraussagen, daß er – mit einem starken SOC – nicht anfangen wird, stark zu trinken, weil dieses sich schwer mit der Suche nach einer neuen Stelle vereinbaren ließe; er wird versuchen, mit seiner Frau über den Ärger zu sprechen, den er auf das Management empfindet; er wird sich an einen Arzt wenden, falls er beunruhigende Schmerzen in der Brust spürt, und er wird Sport treiben, um in Form zu bleiben.

So gesehen gibt es tatsächlich eine Grundlage dafür, eine kausale Abfolge von SOC, gesundheitlichen Verhaltensweisen und Gesundheit anzunehmen. Das heißt, daß sich Personen mit einem starken SOC unter ansonsten gleichbleibenden Bedingungen gesundheitlich adaptiver verhalten werden als solche mit einem schwachen SOC. Dies träfe in gleicher Weise auf die drei von Cohen diskutierten verhaltensmäßigen Copingmechanismen zu. Aber meine Position ist, daß es eine direktere Beziehung zwischen dem SOC und der Gesundheit gibt, eine, die mit den zwei anderen Mechanismen von Cohen in Verbindung steht. Wie sie es ausdrückt: „Erstens kann Coping das hormonale Niveau erhöhen und damit unmittelbar das Gewebe schädigen oder den körperlichen Widerstand gegenüber Krankheit beeinflussen (...). Andere gehen davon aus, daß positive Moral und der Wille zu leben positive physiologische Folgen haben können" (S. 265). Meine Hypothese ist somit, daß die Stärke des SOC *direkte* physiologische Konsequenzen hat und dadurch den Gesundheitsstatus beeinflußt.

Ich muß gleich zu Beginn eingestehen, daß ich bei der Diskussion dieser Hypothese eventuell das zweitschwerste wissenschaftliche Verbrechen begehe: Daß ich nicht weiß, worüber ich spreche und einen Bereich betrete, von dem ich so gut wie nichts weiß. (Das schwerste besteht darin, Daten zu erfinden.) Und noch schlimmer: Sogar Experten in dem Bereich gestehen ein, daß bisher sehr wenig definitives Wissen verfügbar ist. Nichtsdestotrotz, wenn irgendein Fortschritt gemacht werden soll, müssen Sozial- und Naturwissenschaftler lernen, miteinander zu sprechen. Wir können keine Experten in dem Gebiet der jeweils anderen werden. Aber wir können Vorschläge machen, die die anderen verwerten mögen. In diesem Sinne erlaube ich mir, die folgenden Bemerkungen zu machen[1].

---

1. In einer sehr detaillierten Zusammenfassung der Erkenntnisse über die biologischen Substrate von Streß schließen Ciaranello et al. (1982, S. 240): „Kooperation zwischen Naturwissenschaftlern, Psychologen und Sozialwissenschaftlern könnte äußerst nützlich sein, da jeder dieser Bereiche eine andere Sichtweise von Streß bietet. Solche Zusammenarbeit ist besonders unerläßlich bei Bemühungen, wichtige Mediatoren von Streß zu identifizieren und zu charakterisieren". In der Hoffnung, daß das SOC solch ein Mediator sein kann, habe ich diesen Abschnitt eingefügt.

Das aussagekräftigste und profundeste (und auch für den Sozialwissenschaftler lesbarste) allgemeine Paradigma, in das mein Ansatz paßt, ist Schwartz' (1979) Konzeptualisierung des Gehirns als Gesundheitssyste. Sein Zitat von von Bertalanffy (S. 567), das ich nicht kannte als ich das salutogenetische Modell entwickelte, ist äußerst wichtig:

„Konzepte und Modelle von Equilibrium, Homöostase, Anpassung und so weiter sind für die Aufrechterhaltung von Systemen geeignet, aber für Phänomene wie Veränderung, Differenzierung, Evolution, negative Entropie, Entstehung unwahrscheinlicher Zustände, Kreativität, die Entstehung von Spannung, Selbstverwirklichung, Emergenz und so weiter unangemessen; was in der Tat Cannon erkannte, als er neben der Homöostase eine „Heterostase", die Phänomene wie die letzteren einschließt, anerkannte."

Schwartz' Modell ist aus der allgemeinen Systemtheorie abgeleitet, wobei sein zentrales Anliegen lautet: Was passiert, wenn in normalerweise integrierten, selbstregulierenden Systemen wie dem menschlichen Organismus Disregulation auftritt? Dieser Organismus behält als ein offenes System im allgemeinen einen ausgeglichenen Zustand, der sich vom Equilibrium unterscheidet (S. 553). Wenn das gesamte System funktional und intakt ist, läuft eine saubere Kette von komplexen, selbstregulierenden Prozessen ab, die die Person nicht einmal wahrnehmen muß. Die externe Umgebung liefert dem System Input-Stimulierung; diese Inputs werden durch sensorische Rezeptoren im Gehirn registriert und verarbeitet (das informationsverarbeitende Subsystem); das Gehirn wiederum übermittelt den „peripheren Organen" Befehle, die dazu bestimmt sind, die an das System gestellte Forderung angemessen zu bewältigen; und, was am entscheidensten ist, es gibt zahlreiche „Input-Vorrichtungen (biologische Überträger), die den Status des Verhaltens auf Stufe 3 (periphere Organe) erkennen und diese Information an das Gehirn zurückleiten (Stufe 2) – nach Art einer geschlossenen Schleife" (S. 559). Gibt es irgendeinen Hinweis darauf, daß das Problem nicht gelöst worden ist, fährt das Gehirn fort, sich auf irgendeine Weise damit zu beschäftigen (einschließlich daß es versucht, es zu ignorieren).

„Ein normalerweise selbstregulierendes System", schreibt Schwartz (S. 563) „kann durcheinander geraten, wenn die Kommunikation von essentieller Information zwischen bestimmten Teilen des Systems aus welchen Gründen auch immer unterbrochen wird". Disregulierung kann auf jeder Stufe der Kette auftreten: die sensorischen Rezeptoren oder das Gehirn können die eingehende Information verzerren; die peripheren Organe können falsche Informationen erhalten; und, was Schwartz sehr betont, die Feedbackinformation seitens der sensorischen Organe und des Gehirns kann gestört oder fehlinterpretiert sein. Liegt eine solche Disregulation vor, schafft die Störung die Möglichkeit, einen Krankheitsprozeß zu initiieren. Der Organismus hat es nicht geschafft, angemessene oder geeignete Ressourcen zu mobilisieren, um die Bedrohung zu bewältigen.

Schwartz fährt mit einem in diesem Zusammenhang entscheidenden Aspekt fort (S. 567): dem Erholungszeitraum, der auf die Reaktion auf den Stressor folgt. „Ein dramatischerer Effekt der Disregulierung", schreibt er, „würde als ein Defizit in der

Erholungsphase erscheinen". Dies steht in unmittelbarem Zusammenhang zu meiner Unterscheidung zwischen Spannung und Streß. Das Gehirn mag physische oder emotionale Störung oder Schmerz registrieren: der Schmerz eines gebrochenen Gelenks oder Magenschmerzen; die Angst vor dem Verlust einer Arbeitsstelle; die Hochstimmung darüber, an einem großen militärischen Sieg teilzuhaben mit den ihn begleitenden physiologischen Abweichungen von einem ausgeglichenen Zustand. Bei angemessenen Feedbackschleifen und regulierenden Prozessen wird kein Schaden entstehen. Wird die Information aber verzerrt oder mißachtet und sind unangemessene Ressourcen zur Verfügung, hält die Störung an – dies bedeutet, daß der Organismus in ein Stadium von Streß eintritt und die Schädigung beginnt. Die Einführung der Zeitdimension gestattet, daß wir uns nicht auf den akuten Stressor konzentrieren, der physiologische Abweichungen von einem ausgeglichenen Zustand bewirkt, sich aber prompt in den Griff bekommen läßt, sondern auf die wiederholten unangemessen angegangenen akuten und chronischen Stressoren, die die Quelle der Schädigung sind.

Ich gehe davon aus, daß die Stärke des SOC die entscheidende Determinante für die Vermeidung von Disregulierung ist. Dies gilt für alle Stadien des Funktionierens des Systems, bis auf eins. Wie ich erwähnt habe, wird die Person mit einem starken SOC sich eher weniger in von der Umwelt induzierte Stressor-Situationen begeben und wird Stimuli mit höherer Wahrscheinlichkeit als Nicht-Stressoren definieren. Angesichts des Wesens der menschlichen Existenz jedoch ist dies ein peripherer Beitrag zur Gesundheit. Befindet sie sich in einer Stressor-Situation, wird sie das Wesen des Problems, also die vom Gehirn aufgenommene Information, weniger wahrscheinlich ignorieren oder verzerren. Mit größerer Wahrscheinlichkeit werden den peripheren Organen genaue Botschaften übermittelt. Der Feedbackschleife zum Gehirn wird sehr sorgfältige Aufmerksamkeit zukommen. Und, was am wichtigsten ist, das Gehirn wird die geeignetsten Ressourcen auswählen, und zwar sowohl aus der großen Vielfalt der Subsysteme im Organismus als auch aus dem außerorganismischen Umfeld. Beachten Sie, daß ich ein Stadium in dem Regelkreis ausgelassen habe: die Angemessenheit der Informationsaufnahme, Verarbeitung und Übertragung durch die peripheren Organe. (Ich bleibe weiter in Schwartz' Terminologie). In Kapitel Sieben werde ich einige Spekulationen zu diesem Aspekt aufwerfen und die Möglichkeit des „SOC" von Subsystemen andeuten.

In einer faszinierenden Randbemerkung, in der sich Schwartz mit der Frage möglicher neuropsychologischer Mechanismen, die Disregulierung bewirken könnten, befaßt, schreibt er (S. 565): „Eine plausible Theorie verwendet Forschung, indem sie die Muster der Lateralisierung der Gehirnfunktionen mit Mustern kognitiver und affektiver Prozesse verbindet". Er erwähnt die Möglichkeit eines funktionalen Trennungssyndroms im Gehirn. „Durch die Inhibition neuraler Übertragung durch die Kommissuren des Gehirns, die die beiden Hemisphären verbinden, kann jede Hälfte durch die andere disreguliert werden". Auf diese Weise wird die adäquate Integration kognitiver und affektiver Prozesse im Umgang mit Stressoren behindert. Henry, der einen wichtigen Beitrag zur Untersuchung der Interaktion von sozialen und biologischen Prozessen (1982) geleistet hat, hat mir gegenüber persönlich (1983) die Vermutung geäußert, daß das SOC sich im biologischen Substrat in einer ausgeglichenen Integration zwischen den beiden Hemisphären ausdrückt. Vielleicht erinnern sich die

Leser an den Ausdruck, den ich verwandte, als ich mich auf die Komponenten der Verstehbarkeit und Bedeutsamkeit des SOC bezog: „Sinn machen". Ich ging davon aus, daß die Welt für die Person mit einem starken SOC Sinn macht, und zwar sowohl im kognitiven Sinne – sie ist geordnet, verstehbar, vorhersagbar – als auch im emotionalen Sinne – ihre Forderungen lohnen ein Engagement, die Welt bedeutet einem etwas. Die beiden Hemisphären sind auf der gleichen Wellenlänge.

Ohne Zweifel sind zu diesem sehr frühen Stadium unseres Wissens über die Funktionsweise des menschlichen Gehirns die vorhergehenden Abschnitte nur wenig mehr als Spekulation. Aber sie sind keine wilde Spekulation; sie verletzen nicht das Wenige, was bekannt ist. Das wichtigste jedoch ist, daß sie uns Gedanken eröffnen, die Forschungshypothesen ermöglichen.

Dies bringt uns schließlich zu einer präziseren Betrachtung der Beziehung zwischen angemessener Regulierung und der Erhaltung von Gesundheit (wenn auch wie immer der Schwerpunkt in der Literatur auf Disregulation und Krankheitsprozessen liegt). In den vergangenen zwei Jahrzehnten hat eine höchst aufregende Explosion in einem Bereich stattgefunden, der Psychoneuroimmunologie genannt wird. Alle die daran beteiligt sind, würden dem zustimmen, daß „das Konzept, daß das über das zentrale Nervensystem und das neuroendokrine System operierende Immunsystem als ein ‚Überträger' zwischen Erleben und Krankheit fungieren kann" (Solomon, 1985, S. 7) nicht länger ein fremdes, spekulatives Konzept ist, auch wenn das Wissen noch in den Kinderschuhen steckt.

In seiner jüngeren Übersicht über diesen Bereich entwirft Solomon vierzehn Hypothesen zu den Verbindungen zwischen dem Zentralnervensystem und dem Immunsystem, von denen vier für die jetzige Diskussion besonders von Belang sind. Hypothese I (S. 8) heißt folgendermaßen: „Überdauernder Copingstil und Persönlichkeitsfaktoren (sogenannte Trait-Charakteristika) sollten die Empfänglichkeit des Immunsystems eines Individuums für Veränderung bei exogenen Ereignissen, einschließlich der Reaktionen auf die Ereignisse, beeinflussen". Solomon kommt zu der „vorläufigen Schlußfolgerung, daß es (...) eine ‚immunsuppressionsanfällige' Persönlichkeit gibt", die in Interaktion mit bestimmten pathogenen, genetischen Prädispositionen und/oder körperlichen Schwachstellen zu Krankheit führt. Im Gegensatz zum Typ-A-Verhaltensmuster würde dieser Ansatz folglich keine spezifischen Krankheiten vorhersagen, sondern Erkrankung. Können wir dann nicht schlußfolgern, daß es auch eine „immunverbesserungsanfällige" Persönlichkeit gibt? Ist eine Person mit einem starken SOC nicht potentiell jemand, der bei Herausforderung für die Integrität seines Organismus immunologische Kompetenz mobilisiert?

Solomons zweite Hypothese bezieht sich auf die Folgen von emotionalem Durcheinander und Distreß für „das Auftreten, die Schwere und/oder den Verlauf von Krankheiten, die immunologisch resistent sind (...) oder mit abweichenden immunologischen Funktionen in Verbindung stehen" (S. 9). Bei der Diskussion dieser Hypothese erwähnt er Kobasas Konzept der Widerstandsfähigkeit als möglicherweise relevant um zu verstehen, warum manche Menschen gegen die immunologischen Effekte von emotionalem Distreß geschützt sind.

Hypothese VIII behauptet, daß „Hormone und andere vom Zentralnervensystem (ZNS) regulierte oder verarbeitete Substanzen Immunmechanismen beeinflussen sollten" (S. 12). In dieser Hypothese und in Hypothese XIII, die sich auf Schilddrüsenhormone bezieht, betrachtet Solomon die indirekten Auswirkungen der Funktionsweise des Zentralnervensystems auf die Immunkompetenz über die Neuroendokrine unter der Leitung des ZNS. Seine Frage bezieht sich auf „die Auswirkungen psychologischer Ereignisse" (S. 12), aber sie könnte sich ebenso auf die Verarbeitung dieser Ereignisse durch das Gehirn beziehen.

Schließlich wirft Hypothese XIV die Frage auf, „ob auf das Verhalten bezogene Intervention Immunität verbessern kann" (S. 14). Aber Solomon bleibt hinsichtlich der Ziele von Interventionen zur Immunverbesserung undeutlich, wenn er Begriffe wie „Zufriedenheit, Sicherheit, Gefühl der Kontrolle, Entspannung und andere positive Emotionen" benutzt. Und warum nur positive Emotionen? Ist es nicht vorstellbar, daß Furcht, Kummer, Unsicherheit, Aufregung und andere Emotionen, die Spannung charakterisieren, immunverbessernd sein können, wenn sie von der Überzeugung gestützt werden, daß sie Sinn machen, Herausforderungen darstellen und gehandhabt werden können?

Genau dieser Aspekt wird in Corson und Corsons (1983, S. 293) Diskussion von Anokhins Arbeit aufgegriffen, die sich nahtlos in Schwartz' Konzeption des Gehirns als System der Gesundheitsversorgung einfügt. Anokhin „postulierte im Zentralnervensystem den Ablauf einer Reihe von Feedbackschleifen, die schließlich einen ‚Aktions-Akzeptor' einbeziehen, der den Hippocampus und vordere Bereiche des zerebralen Cortex involviert. Die Arbeit dieses Handlungsakzeptors führt zur Entwicklung integrierter somatisch-behavioraler und viszeral-endokriner Antworten, woraufhin die elektrische Desynchronisation des Hippocampus verschwindet. Das Informationsdefizit ist somit ausgelöscht". Nach Corson und Corson öffnen unlösbare Probleme und Bedingungen, in denen ein adaptives Coping nicht geleistet werden kann, den Weg für Erkrankung. Aber wenn das Gehirn in der Tat das Gelingen einer solchen Reaktion lenken kann – oder, in meinen Begriffen, Spannung davor bewahren kann, in Streß umgewandelt zu werden – kann die Immunkompetenz verbessert werden.

Borysenkos (1984) kurzer Überblick über Psychoneuroimmunologie verweist auf diese Möglichkeit: Er zitiert Untersuchungen, die „sogar eine Verbesserung der Ergebnisse als Funktion von Streß fanden" (S. 250). Die gleiche Aussage wird in einer empirischen Studie von Dillon, Minchoff und Baker (1985–86) gemacht, die zu dem Schluß kommen, daß die Mechanismen für „positive emotionale Zustände bei der Prävention und Heilung von Krankheit (...) in der Verbesserung des Immunsystems gefunden werden können" (S. 17). Eine verhaltenstherapeutische Interventionsstudie, in der ein Entspannungstraining eingesetzt wurde, zeigte bei geriatrischen Patienten, die in Einrichtungen auf Grundlage des Prinzips des selbstbestimmten Lebens lebten, einen signifikanten Anstieg der Aktivität natürlicher Killerzellen und andere Veränderungen der Immunkompetenz (Kiecolt-Glaser et al., 1985). Aber zum größten Teil hat sich die Arbeit in diesem jungen Forschungszweig darauf konzentriert, „in welch komplexer Weise das Nervensystem, das endokrine System und das Immunsystem interagieren, um das Auftreten von Krankheit zu beeinflussen" (Jemmott, 1985, S. 507).

In gewisser Weise kann man auf Cannons (1942) Papier „Voodoo Tod" als den geistigen Vater der seriösen Forschung über die Zusammenhänge zwischen Emotionen und Pathologie verweisen. Cannon vermutete, daß das durch die Verletzung eines starken Tabus ausgelöste emotionale Trauma zur Überaktivierung des sympathicoadrenergen Systems, zu hypovolämischem Schock und zu schnellem Tod führte. Aber autonome Erregung ist selten so extrem stark und anhaltend, daß vitale Funktionen unmittelbar außer Kraft gesetzt werden und den Tod herbeiführen. Selbst in Auschwitz wirkte das zentrale Nervensystem als Mediator für chronisches Trauma. Radil-Weiss (1983, S. 259), ein Überlebender von Auschwitz und Professor am Institut für Physiologie der Tschechoslowakischen Akademie der Wissenschaften schreibt: „Unter diesen außergewöhnlichen Bedingungen, unter denen der Streß absolut war und die Reserven gänzlich erschöpft, war deutlicher als unter normalen Umständen erkennbar, in welchem Ausmaß die neurale und neurohumorale Regulation internaler Prozesse im Organismus von psychischen Prozessen abhängt". Und er fährt in Begriffen fort, die eindeutig mit dem SOC-Konzept übereinstimmen: „Menschen mit starkem Willen, die von der Bedeutung der Prinzipien, denen sie konsistent folgten, überzeugt und die von einem geschlossenen Weltbild durchdrungen waren, hielten besser aus als die Menschen, die in ihren Ansichten schwankten".

Wenn wir es als plausibel akzeptieren, daß das Funktionieren des ZNS eine entscheidende Determinante für die Verbindung zwischen Stressoren und Krankheit sein könnte, müssen wir das Bewußtsein eines Prozesses bewahren – eines Prozesses, der Zeit braucht, und in dessen Verlauf Spannung vielleicht nicht in Streß transformiert wird, und der sogar zu einer Stärkung der Gesundheit führen kann. Innerhalb dieses Denkmodells wurde die SOC-Hypothese vorgestellt.

Ein letzter Punkt: Bisher bestand die Stoßkraft des Arguments darin, daß Stressoren ein zweifaches sowohl instrumentelles als auch emotionales Problem schaffen. Die Person mit einem starken SOC mobilisiert emotionale und kognitive intra- und interpersonelle sowie materielle Ressourcen, um Probleme zu bewältigen. Er oder sie mobilisiert auch über das ZNS neuroimmunologische und neuroendokrinologe Ressourcen, um Schäden für den Organismus vorzubeugen. In diesem Modell ist das SOC ein Merkmal der Person, oder, wenn man will, ihres Gehirns – eine charakteristische Art der Beziehung zu Stimuli. Dies scheint eine eingleisige Beziehung zwischen Psychologie und Biologie zu implizieren, würde man nicht von Feedbackschleifen ausgehen. Doch die jüngste Arbeit von Krantz und Kollegen über Typ-A-Verhalten eröffnet eine bedeutende Möglichkeit: Das SOC könnte ein zugrunde liegendes biologisches Substrat widerspiegeln.

Der überwiegende Teil der Forschung zum Typ-A-Verhalten ist dem von Krantz und Durel (1983, S. 384) beschriebenen Ansatz gefolgt: „Von Situationen, die als psychologisch streßhaft oder herausfordernd wahrgenommen werden, wird angenommen, daß sie bei anfälligen Personen Copingverhaltensweisen vom Typ A auslösen und ihrerseits wiederum sympathische neuroendokrine Reaktionen evozieren, die auf das kardiovaskuläre System einwirken und damit ischämische Herzerkrankungen fördern oder beschleunigen". Untersuchungen von Patienten, die unter Vollnarkose operiert wurden, zeigten jedoch verstärkte kardiovaskuläre Reaktionen „unter Bedingungen, unter denen bewußte Wahrnehmungsvermittlung minimiert ist". Das heißt, „die Ungeduld, Feindseligkeit und typischen Sprechmuster von Personen mit Typ A können teilweise eine zugrunde liegende Responsivität des sympathischen Nervensystems *widerspiegeln*" (S. 401). Nachfolgende Studien, in denen durch Beta-Blocker-Medikamente, die die sympathische Reaktivität abschwächen – das Typ-A-Verhalten verringert wurde, unterstützen die Hypothese der physiologischen Substrate. Mit anderen Worten: Statt daß das ZNS die peripheren physiologischen Reaktionen kontrolliert und sensitiv gegenüber Feedback ist, werden die Reaktionen auf Stimuli direkt initiiert, und die nachfolgende Informationsverarbeitung dieser Reaktionen kann die Lösung des emotionalen Problems gestalten. Krantz und Durel kehren jedoch die Richtung nicht gänzlich ins Gegenteil um. Sie schlagen vielmehr vor, daß das Typ-A-Verhalten das Ergebnis der Interaktion konstitutionell bedingter sympathischer Reagibilität und der Verarbeitung peripherer sympathischer Reaktionen durch das ZNS ist, die die persönliche psychologische Haltung sowie kognitive Reaktionen auf eine bestimmte Situation einschließen (S. 405).

Könnte es also sein, daß das SOC ebenfalls ein zugrunde liegendes biologisches Substrat reflektiert, ein prototypisches Antwortmuster verschiedener physiologischer Systeme des Organismus, das in der *Interaktion* mit der Informationsverarbeitung des ZNS die Person prädisponiert, Stressoren und die von ihnen aufgeworfenen Probleme gut zu bewältigen in dem Sinne, daß Spannung nicht in Streß umgewandelt wird? Mit diesem Ansatz muß man nicht notwendigerweise eine genetisch determinierte Prädisposition akzeptieren. Er ist gleichermaßen mit einer Sichtweise kompatibel, die das sich im Laufe des Lebens wiederholende Muster von Erfahrungen, wie es detailliert in Kapitel Fünf analysiert wurde, betont.

Diese Vermutung, die nahelegt, daß das SOC-Konzept sich nicht nur auf die psychologische Ebene anwenden läßt, sondern auch auf verschiedene Organsysteme und sogar den Organismus als System selbst, führt uns zu einem wesentlichen Aspekt, der in Kapitel Sieben diskutiert wird: der Transformation von Chaos in Ordnung in einem beliebigen System. Aber bevor ich mich diesem Punkt zuwende, muß ich noch kurz eine letzte wichtige Anmerkung machen.

In dem Diagramm, das das salutogenetische Modell abbildet (Antonovsky, 1979, S. 184–185) wurde ein Feedbackpfeil vom Gesundheits-Krankheits-Kontinuum hin zu der Säule der generalisierten Widerstandsressourcen gezeichnet. Dieses Kapitel hat die Spur der Wege verfolgt, über die das SOC zu Gesundheit führt. Aber der persönliche Gesundheitszustand ist für sich genommen bereits eine bedeutende GRR-GRD-Lebenssituation und spielt als solche eine Rolle bei der Stärkung oder Schwächung des SOC. Dieses Argument wurde bei der Diskussion des Modells (1979, S. 196) deutlich herausgestellt. Ich möchte gerne davon ausgehen, daß die Leser es bei der Lektüre des vorliegenden Kapitels im Hinterkopf hatten.

---

2 s. Anhang A 2 (S. 199)

7 Die Lösung des Geheimnisses: offene Forschungsthemen

Beim Schreiben von *Health, Stress and Coping* und anderer späterer Artikel, bei der Vorbereitung dieses Buchs und in den vielen Gesprächen mit KollegInnen kamen zahlreiche wichtige Aspekte auf, die „später" durchdacht werden sollten. Sie waren für die Entwicklung der Argumentation nicht entscheidend und konnten folglich beiseite geschoben werden. Aber wenn das salutogenetische Modell in seiner ganzen Reichhaltigkeit ausgeschöpft werden soll, dann müssen sie ernsthaft betrachtet werden. Daher möchte ich sie zumindest in einer kurzen Diskussion aufgreifen, in der Hoffnung, daß ich mich durch die anstehende Veröffentlichung wenigstens zu deutlichen Frageformulierungen gezwungen fühle. Ich werde die salutogenetische Frage zunächst in den Kontext des Problems stellen, das sich meinem Gefühl nach als zentral für die gesamte Wissenschaft abzeichnet: das Geheimnis der Transformation von Chaos in Ordnung. Dann stelle ich Überlegungen an, ob es sinnvoll ist, das SOC im Sinne einer Gruppeneigenschaft anstelle eines individuellen Charakteristikums mit sozialen Ursachen zu betrachten. Der dritte Aspekt betrifft die Auseinandersetzung, inwieweit es legitim ist, die Bedeutung des SOC über seine Implikationen für die physische Gesundheit hinaus auf andere Elemente des Wohlbefindens und der Kompetenz auszudehnen. Schließlich werde ich das scheinbare Paradox beleuchten, das SOC als eine Persönlichkeitseigenschaft in einem transaktionalen Kontext zu betrachten.

> **Order out of Chaos**
> A new philosophy calls all in doubt,
> The element of fire is quite put out;
> The sun is lost, and the earth, and no man's wit
> Can well direct him where to look for it.
> And freely men confess that this world's spent,
> When in the planets, and the firmament
> They seek so many new; then see that this
> Is crumbled out again to his atomies.
> 'Tis all in pieces, all coherence gone;
> All just supply, and all relation:
> Prince, subject, Father, Son, are things forgot.
>
> *John Donne*
> in „An Anatomy of the World. The First Anniversary of the Death of Mistress Elizabeth Drury" (1611)

Die Hauptthese des salutogenetischen Modells ist, daß ein starkes SOC entscheidend für erfolgreiches Coping mit den allgegenwärtigen Stressoren des Lebens und damit für den Erhalt der Gesundheit ist. Wenn diese These korrekt ist, ergibt sich die entscheidende Frage: „Unter welchen Bedingungen wird ein starkes SOC ausgebildet?" Ich schlug vor (1979, S. 120–122), daß Stressoren Entropie und generalisierte Widerstandsressourcen negative Entropie in das menschliche System einbringen und daß es das SOC ist, das dieses Schlachtfeld von Kräften dirigiert und Ordnung oder Unordnung fördert. 1978, als ich den Entwurf für das Buch abgeschlossen hatte, präsentierte ich die These auf einem Symposium israelischer Wissenschaftler in Berkeley, das dazu gedacht war, KollegInnen aus verschiedensten Disziplinen einen leicht verständlichen Überblick über die Arbeit in unseren Forschungssemestern zu verschaffen.

Per Zufall war ich der erste Sprecher. Unmittelbar anschließend eröffnete der Vertreter der Physik seine Rede damit, daß er sagte, bis zu jenem Morgen habe er noch nie zuvor von mir gehört, und er habe ganz sicher keine Ahnung von meiner Arbeit. Aber sein Vortrag mit dem Titel „Vom Chaos zur Ordnung" behandle genau das von mir aufgeworfene Thema und zwar so, wie es innerhalb der Forschung in der Physik, Chemie und Biologie reflektiert werde. Auch seine Frage sei, so sagte er, wie wir uns angesichts der mächtigen, immanenten und verschiedenartigen Kräfte, die permanent in Richtung auf das Chaos drängen, erklären können, wie Ordnung in Systemen entsteht. Seither bin ich immer und immer wieder auf Arbeiten aus den verschiedensten Bereichen gestoßen, die sich mit dieser Frage auseinandersetzen – womit ich nicht vorgeben möchte, in Fächern außerhalb meines eigenen sachkundig zu sein. Ich bin mittlerweile nicht nur davon überzeugt, daß es sich um eine grundlegende gemeinsame Frage aller Wissenschaft handelt, ungeachtet des Niveaus ihres Systems oder ihres zentralen Themas, sondern daß wir uns auch in einer gewissen Zeit auf eine gemeinsame Antwort zubewegen, die über bloße Analogie hinausgeht.

Über Jahrhunderte hinweg war die herrschende Konzeption der Ordnung die von Newton formulierte. Die Newtonsche Vorstellung war die „eines einfachen, uniformen, mechanischen Universums (...): ein Uhrwerk, zeitlos in der Umlaufbahn kreisende Planeten, deterministisch im Equilibrium operierende Systeme, alle den universalen Gesetzen unterworfen, die ein außenstehender Beobachter entdecken könnte" (Prigogine und Stengers, 1984, S. xiii). Ordnung wurde demnach in das System eingebaut. Die Thermodynamik, die sich mit geschlossenen physikalischen Systemen und dem Universum als Ganzem beschäftigt, hat die Annahme der Unvergänglichkeit der mechanistischen Vorstellung widerlegt und einen einseitig auf zunehmende Unordnung und letztlich Tod gerichteten Prozeß aufgezeigt. Im Gegensatz hierzu verwies der Darwinismus auf die zunehmende Komplexität und vermutlich zunehmende Ordnung der biologischen Systeme. Einstein, der den Beobachter in das System einführte, verwarf nichtsdestotrotz nicht die deterministische Sicht der Welt als Maschine. Er soll gesagt haben, Gott spiele nicht Würfel mit der Welt.

Mit seiner Macht und Schönheit behält das Newtonsche Weltbild einen starken Einfluß auf alle Wissenschaften, ungeachtet der großen Herausforderungen, denen es unterworfen wurde. Aber für jeden Wissenschaftler, der mutig genug ist, der Realität ins Auge zu sehen, sei er Physiker, Biologe oder Sozialwissenschaftler, Philosoph oder Theologe, ist das Chaosproblem omnipräsent. Meiner Ansicht nach ist Berlins (1981,

S. 169) Abhandlung über Johann Georg Hamann, den preußischen Antirationalisten und Pietisten des 18. Jahrhunderts, die eindrücklichste Form, das Problem darzustellen, das sich uns als Wissenschaftler und als Menschen stellt. Berlin zitiert Hamann: „Die Natur ist kein geordnetes Ganzes: sogenannt vernünftige Menschen sind Scheuklappen tragende Wesen, die festen Schritts laufen, weil sie für den wahren und zutiefst verwirrenden Charakter der Realität blind sind und geschützt durch vom Menschen selbst erschaffene Apparate; wenn sie auch nur einen Blick darauf werfen würden, was sie wirklich ist – ein wilder Tanz – sie verlören den Verstand".

Eine Möglichkeit ist, sich damit zufrieden zu geben, sich der Kritik von Jobs Freunden und letztlich den Verfügungen des Herrn zu unterwerfen. Wir können dann auf jede Wissenschaft verzichten und den Weg des Glaubens wählen, womit wir jede Möglichkeit aufgeben, jemals die fundamentale Frage zu verstehen, und die Wissenschaft bestenfalls auf begrenzte Bereiche beschränken. Oder wir können den Weg des Existentialismus wählen, die Welt als absurd definieren und Sisyphus als unser Vorbild wählen. Sind dies die einzigen Alternativen? Gibt es nicht irgendeinen Weg, auf dem wir offen für alle Beweise ohne Sichtblenden oder Scheuklappen unsere Welt begreifen können?

Der Zellbiologe oder der Membranbiologe formulieren das Problem für die Zelle oder die Membrane, der Sozialpsychologe für die Kleingruppe und der Anthropologe für die Kultur. In allen Fällen heißt das Problem: Wie trennt man Information von Rauschen, wie gewinnt man seiner Welt Sinn ab angesichts des konstanten scheinbar wilden Tanzes der Realität von Stimuli, die das System von Subsystemen und Suprasystemen her bombardieren. Denn wenn einem dies nicht gelingt, wenn man nicht ein angemessenes Filtrationsniveau erreicht, wird „man" – das System – unweigerlich verrückt werden und sterben.

Gardner (1979, S. 254–255) betrachtet das Universum als eine reichhaltige Mixtur gewaltiger umfassender Bewegungen hin zum Chaos. Die Oberfläche der Erde wimmelt von Milliarden von verzweigten Systemen. In den meisten dieser Systeme bewegen sich die Dinge abwärts, aber es gibt einige eigentümliche Nischen, in denen sich die Dinge aufwärts bewegen und Komplexität und Ordnung zunehmen. Koestler wirft bei seiner Analyse biologischer Arten ein Schlaglicht auf letztere, wenn er schreibt (1967, S. 199): „Die Tatsache bleibt, daß lebende Organismen die Kraft haben, aus ihren Sinneseindrücken und Empfindungen geordnete, kohärente Wahrnehmungen und komplexe Wissenssysteme aufzubauen; das Leben saugt Informationen aus der Umwelt [obwohl Koestler über den Begriff der *negativen Entropie* unglücklich ist], indem es sich von ihren Substanzen ernährt und ihre Energien synthetisiert".

Der entscheidende Punkt sowohl in Koestlers als auch in Gardners Argumentation ist, daß sie die mechanistische Weltsicht unvergänglicher, reversibler Prozesse, die nicht wirklich eine Veränderung kennzeichnen, ablehnen. Sie konfrontieren uns direkt mit einem Konzept, das faszinierend zu sein schien, es jedoch verhindert hat, daß wir ein Verständnis von dem Ordnung-aus-dem-Chaos-Problem gewinnen: der Homöostase. Zwei neuere Aufsätze (die, so bin ich mir sicher, ohne gegenseitige Kenntnis verfaßt wurden, obwohl beide Autoren in Kalifornien leben) tragen viel zur Klärung unseres Problems bei. In einem beschäftigt sich der Soziologe Bailey (1984) mit den Konzepten von Equilibrium, Entropie und Homöostase in Physik, Biologie, Wirtschaftswissenschaften und Soziologie. In dem anderen vergleicht der Psychologe Sampson (1985) verschiedene Ansätze zu Gleichgewichtsstrukturen in Physik, Literaturkritik und Politik sowie ihre Implikationen für die persönliche Identität.

Baileys Papier ist ein höchst ambitionierter Überblick über die Anwendung der Konzepte von Equilibrium, Homöostase und Entropie seit der Mitte des 19. Jahrhunderts in den verschiedenen Wissenschaften. In Physik und Chemie war Entropie das herrschende Konzept seit Clausius' Formulierung des zweiten Gesetzes der Thermodynamik geschlossener Systeme. Das Equilibrium wird in Termini der Entropie definiert, wird nur bei maximaler Entropie erreicht und ist im wesentlichen ein Ausdruck totaler Störung, der Ruhe und des Todes. Offene Systeme, die so definiert sind, daß ihre Grenzen durchlässig sind für Energie, Materie und Information, sind somit per Definition nicht unwiderruflich zum Tode verurteilt. Cannon führte unter Verwendung von Spencers Idee der sich bewegenden Äquilibration das Konzept der Homöostase ein; aber er war hierzu in der Lage, weil er sich für die Mechanismen interessierte, mit denen ein Teil des Systems zur Aufrechterhaltung des Funktionierens des Gesamtsystems beiträgt, wenn es Störungen ausgesetzt wird. Keynes in der Ökonomie und später Pareto und Parsons in der Soziologie sahen ebenfalls das Equilibrium als äußerst aussagekräftiges Konzept an. Veränderung wird in Begriffen von Feedback und Checks-und-Balances-Mechanismen zulässig und trägt zu mehr oder weniger konstantem Wachstum bei, das heißt zu integrierter Differenzierung.

Wenn ich es richtig verstanden habe, geht es Bailey um ein Plädoyer für die Wiedereinführung des Entropie-Konzepts als dem mächtigsten der drei Konzepte bei der Analyse jedweden Systems. „Entropie ist ein kontextunabhängiges Maß für Systemstruktur" schreibt er (S. 41). Auf geschlossene Systeme angewendet folgt sie dem zweiten Gesetz der Thermodynamik. Auf offene Systeme angewendet ist sie endlos. Entropie kann in jedwedem System zunehmend oder abnehmend sein; dies muß empirisch determiniert werden. Institutionalisierte Konfliktmuster, so impliziert er, verweisen nicht notwendigerweise auf anwachsende Entropie, so wie totalitäre auf Terror aufbauende Organisation nicht auf abnehmende Entropie verweist; noch ist *Entropie* auf der sozialen Ebene ein wertbeladener Begriff. Nur wenn in Wertbegriffen die Annahme gemacht wird, daß ein System ein „gutes" System ist, daß es wünschenswert ist, daß es weiterhin reibungslos funktioniert – zum Beispiel im Hinblick auf die Gesundheit des menschlichen Organismus – können wir sagen, daß wachsende Entropie nicht wünschenswert ist.

Die Kräfte zu diskutieren, die Entropie in offenen Systemen fördern oder behindern, abgesehen von der vagen Implikation, daß die Einführung von Information (nicht von Geräusch) und Energie negative Auswirkungen auf die Entropie hat, sprengt die Grenzen von Baileys Papier. Gegen dessen Ende bezieht er sich beiläufig auf das „mindere" Problem seiner Konzentration auf Unordnung, das leicht zu lösen sei: „Es kann leicht eine Statistik erstellt werden, die in direktem Zusammenhang mit Ordnung steht" (S. 41). Hätte er sich ernsthaft mit dem Problem auseinandergesetzt, wäre er vielleicht an das Konzept der Kohärenz herangekommen und hätte begonnen, die vielen Implikationen zu realisieren, die sich ergeben, wenn man nicht nur fragt: „Wie entsteht das Chaos?" sondern auch: „Wie entsteht Ordnung?"

Genau diesem Problem stellt sich Sampson (1985). Sampsons Ausgangspunkt ist eine Attacke auf das Ideal des Personseins in westlichen Kulturen als ein zwangsläufig selbstzerstörerisches Konzept. Dieses Ideal „geht davon aus, daß eine bestimmte Struktur persönlicher Identität erforderlich ist, damit Ordnung und Kohärenz das Leben des Individuums kennzeichnen und nicht Chaos. (...) Die gleiche Struktur wird auch als die Grundlage für Kohärenz und reibungsloses Funktionieren interpersonaler und sozialer Systeme angenommen" (S. 1203). Sein Ziel ist, „eine alternative Sichtweise auf das Wesen von persönlicher und sozialer Ordnung" vorzuschlagen.

Die westliche und insbesondere die amerikanisch männliche, egozentrische Idealvorstellung ist die, daß Equilibrium, Ordnung und Kohärenz durch die Kontrolle und Beherrschung der Welt erreicht werden. Dieses Ideal führt zu dem, was das Äquivalent zum Gleichgewichtstod ist: das Individuum ist wie ein Molekül in einem geschlossenen System in einem Zustand völliger Entropie; ein Hypnotisierter oder Schlafwandler, in sich selbst abgeschlossen, nur innerhalb seiner selbst integriert, alles übrige ignorierend. Sampson wendet sich – ausgehend von Prigogines und Jantschs Physik des Non-Equilibriums – den neuesten Entwicklungen in anderen Wissenschaften zu, um die Alternative zu erörtern. Sicher, die internale Komponente eines offenen Systems involviert die Produktion von Entropie – das heißt, Druck in Richtung auf Unordnung. Aber da es einen Austausch von Entropie zwischen dem System und seiner Umgebung gibt, kann die Gesamtentropie eines offenen Systems reduziert werden. Er zitiert Jantsch mit den Worten: „Ein offenes System von Ordnung kann nur in einem Zustand von *Non-Equilibrium* aufrecht erhalten werden" (S. 1206). Diese neue Sicht von Welt, von jedwedem System „führt uns in eine neue Art von Entität ein: das Personsein als Prozeß, offen und immer an der Schwelle des Abgrunds, weit vom Equilibrium entfernt. Wir begegnen einem dezentralisierten Ensemble mit vielen Facetten, dessen Kohärenz als ein Wesen allein aufgrund seines fortwährenden Werdens aufrecht erhalten bleibt" (S. 1206). In der Tat nimmt er an, daß die einzige zeitweilige Hoffnung auf irgendeine Art von Ordnung für Strukturen, die ein Equilibrium aufrechterhalten, die autokratische, externale Kontrolle ist. Letztlich kann dies nur zu einer totalitären Struktur hierarchisch organisierter Einheiten, zum Equilibrium im Tod führen.

Für Sampson weist Derridas Beitrag zur Literaturkritik in genau die gleiche Richtung wie die Non-Equilibrium-Theorien in der Physik. Kohärenz und Ordnung können nur erreicht werden, wenn wir die Literatur als Texte erachten, die offen sind und multiple Bedeutung haben, wobei das Lesen als zeitübergreifender Dialog zwischen Text und Leser verstanden wird, ohne absolut fixierte textliche Realität. Anschließend wendet sich Sampson neueren Entwicklungen in der Politikwissenschaft zu, die argumentieren, daß „sozialpolitische Dezentralisierung eher Ordnung als Chaos etabliert, da sie die Menschen solchen Prinzipien gemäß einbindet, nach denen eher Gemeinden denn Staaten funktionieren" (S. 1208). Um die nicht weniger gefährliche Form von Ordnung – die simple *Gemeinschaft*[1] – zu vermeiden, werden Querverbindungen und Beziehungen zu vielen Seiten hin vorgeschlagen. Es gibt keine eng definierte Gruppe von Mitgliedern. Sampson hätte in diesem Zusammenhang gut seine Sichtweise des Personseins mit der Arbeit von Rose Coser in Verbindung bringen

---

1. Im Original in deutsch (Anm. d. Übers.)

können, die schrieb (1975, S. 259): „In einer differenzierten Sozialstruktur werden Individuen in Teilbereichen involviert, sie werden ermuntert, eine Distanz einzunehmen und ihre Rollen und ihre Gedanken zu artikulieren; die Menschen können einen Grad von Individuation erreichen, der mit Rationalität und Flexibilität Hand in Hand geht".

In dieser äußerst wichtigen Streitschrift, die darauf abzielt, die Gefahr des Chaos, das der westlichen Konzeption des Personseins inhärent ist, aufzudecken, löst Sampson die Gefahr des Chaos zu einfach in Endlosigkeit und immerwährendes Werden auf. Ich habe diesen Aspekt in Kapitel Zwei diskutiert, als ich auf Koestlers Konzeption der festen Regeln und flexiblen Strategien als mögliche Lösung für das Problem hingewiesen habe. Im jetzigen Kontext wollte ich die Idee in den Vordergrund stellen, daß das Problem des Funktionierens von Systemen, in dessen Zentrum die Fähigkeit des Systems steht, sich ein kohärentes Interaktionsmuster mit der Realität zu erarbeiten, das Kernproblem allen wissenschaftlichen Neulands ist.

Gott ist im Gegensatz zu Einstein kein Mathematiker. Aber, wie Berlins Interpretation von Hamann impliziert (1981), ist er möglicherweise ein Poet. Seine Werke sind voll von Anspielungen, Illusionen, Fragen, Widersprüchen, offenen Alternativen, Wortspielen, Verzweiflung und Liebe. Dennoch können wir versuchen, ein Gedicht zu verstehen. Ich möchte in meiner Arbeit untersuchen, wie Menschen mit der Realität des Gedichts umgehen, das soziale Existenz heißt. Andere Wissenschaftler haben sich in parallelen Bemühungen engagiert. Ist es ein zu grandioser Ehrgeiz, sich als Ziel zu setzen, zu einer integrierten Theorie zu gelangen, die erklären kann, wie jedwedes System seine Realität bewältigt?

Das SOC als Gruppeneigenschaft

Ein Thema, welches das soziologische Denken mindestens seit der Zeit von Durkheim erschwert, ist die Bedeutung des Begriffs einer Gruppeneigenschaft. Es scheint kein Problem zu geben, wenn wir von strukturellen Charakteristika sprechen, das heißt von einer Gruppeneigenschaft, die sich als soziale Tatsache aus eindeutig meßbaren Merkmalen von Individuen herausbildet und über deren klassifikatorische Zuordnung Konsens besteht. Wir können einfach und vernünftig über die Größe einer Gruppe sprechen, über ihre Zusammensetzung nach Alter, Geschlecht, Rasse und Berufsgruppenzugehörigkeit oder geographische Verteilung. Das heißt, wir stimmen überein, daß es zwei Geschlechter gibt und daß wir wissen, ob eine Person dem einen oder anderen Geschlecht zugeordnet wird. Wir können dann sagen, daß Gruppe A überwiegend männlich ist und Gruppe B überwiegend weiblich und Konsequenzen dieser sozialen Tatsache hypothetisieren.

Ein wenig kontroverser, aber immer noch handhabbar sind ökologische Eigenschaften wie Netzwerkverbindungen, soziale Mobilität oder soziale Desorganisation. Diese Konzepte verlangen einen Konsens darüber, was eine Verbindung ist, was eine soziale Klasse und was ein Index für Stabilität. Wie steht es um die Machtverteilung innerhalb der Gruppe? Wie können wir, wenn ein Beobachter berichtet, daß es eine breite Machtverteilung in einer Familie gibt, wissen, ob die Beobachtung reliabel und valide ist, selbst wenn wir uns auf eine Definition von Macht geeinigt haben? Zählen wir die Ergebnisse von Interaktionen? Ziehen wir die bloße Anzahl der Ergebnisse in Betracht oder die Bedeutung bezüglich eines bestimmten interaktionalen Aspekts? Nichtsdestotrotz kann man solche Eigenschaften, die auf Beziehungen zwischen den Mitgliedern einer Gemeinschaft basieren, analytisch in den Griff bekommen. (In dem klassischen Papier über das Subjekt von Lazarsfeld und Menzel 1961 werden sie strukturelle Eigenschaften genannt, im Gegensatz zu analytischen Eigenschaften, die auf individuellen Charakteristika basieren.)

Das Problem wird noch komplexer, wenn wir uns den kulturellen Eigenschaften einer Gruppe zuwenden und auf Aspekte des Verhaltens und der Einstellung eingehen. Die gesamte soziale Anthropologie basiert auf der Annahme, daß wir über kulturelle Eigenschaften, Gruppennormen, Werte und Verhaltensmuster sprechen können. Woher haben wir unser Wissen – weil ein „zuverlässiger Informant" uns etwas gesagt hat? Oder weil wir unsere eigenen Beobachtungen gemacht haben? Oder weil wir eine Umfrage durchgeführt haben und „die meisten" (60 %? 80 %? 93 %?) Personen sagen, dies sei, was sie denken? Am schwierigsten wird das Problem, wenn wir anfangen, über einen *Zeitgeist*, eine *Weltanschauung*[2], ein Klima, ein Milieu zu sprechen.

In *Health, Stress and Coping* war mein Bezugspunkt durchgängig das SOC von Individuen. Dennoch habe ich die ganze Zeit etwas kavaliersmäßig gesagt, daß das Konzept auf sozialer Ebene Anwendung finden kann. Auf Seite 136 schrieb ich: „Wenn es auch bei der Betrachtung einer herrschenden Klasse am deutlichsten wird, so kann ein starkes Kohärenzempfinden jede soziale Einheit charakterisieren, angefangen von der Familie Jones hin zu einer Nachbarschaft, einer Großstadt, einer Region oder einem Land; von einer lokalen Freiwilligenorganisation zu einer apokalyptischen religiösen Bewegung; von sozial Unterprivilegierten bis zu denen da oben".

Macht das Sinn? Kann es in irgendeiner Weise mehr bedeuten als das SOC der Individuen, die die Gruppe bilden, zu messen und zu berichten, daß der Mittelwert dieser Gruppe höher ist als der von jener oder daß erstere einen höheren Anteil an Personen mit einem starken SOC hat als letztere? Oder daß die Varianz der einen größer ist als die der anderen? Kann ein Kollektiv als solches so charakterisiert werden, daß es eine gemeinsame Sicht der Welt hat? Die Bedeutung der Frage wird deutlich, wenn wir uns klar machen, daß wir im Falle einer positiven Beantwortung begründet die Hypothese aufstellen können, daß diese Art, die Welt zu sehen, eine unabhängige Variable bei der Ausformung des SOC-Niveaus der einzelnen Mitglieder der Gemeinschaft wird. Aber wenn diese Hypothese mehr als tautologisch sein soll, dann muß das Gruppen-SOC unabhängig vom individuellen SOC konzeptualisiert und gemessen werden.

Seeman geht in seiner neueren stichhaltigen Verteidigungsschrift zur Brauchbarkeit und Potenz des Konzepts der Entfremdung (1983) genau auf diesen Aspekt ein. Durch das ganze Papier hindurch finden wir Sätze wie „die empfundene Abwesenheit von Kontrolle (...) der Arbeiterklasse" (S. 175); „der kollektive Verhaltensprozeß wandelt die Bedeutungslosigkeit in eine handhabbare Definition der Situation um" (S. 177); „kollektives Bedeutung-Schaffen in einer chaotischen Situation" (S. 178).

---
2. Im Original in deutsch und hervorgehoben. (Anm. d. Übers.)

Dennoch stellt er zum Schluß des Aufsatzes ausdrücklich fest: „Mein zentrales Anliegen ist stets die persönliche Konzeption des Individuums von seiner Welt" (S. 181). Es ist das Individuum, das sich entfremdet, machtlos, bedeutungslos oder sozial isoliert fühlt, unabhängig davon, aus welchen strukturellen oder historischen Quellen dieses Weltbild stammt. Anders ausgedrückt: eine Gemeinschaft ist nur dann „entfremdet", wenn ein großer Teil ihrer Mitglieder entfremdet ist oder, alternativ, ein größerer Teil als in anderen Gemeinschaften.

Im wesentlichen ist Seemans Position fest in Durkheims ursprünglichem Verständnis des Konzepts eines „kollektiven Bewußtseins" verankert, das er als „die Gesamtheit von Überzeugungen und Empfindungen, die den durchschnittlichen Bürgern derselben Gesellschaft gemein sind" definierte (Durkheim, 1893/1933, S. 79). Je weiter eine soziale Einheit davon entfernt ist, eine Ansammlung „sozialer Moleküle" (S. 130) zu sein, in der jedes Mitglied der Einheit eine Kopie der anderen ist, und je mehr jeder ein individuelles Bewußtsein hat und an einer Vielzahl kollektiver Vorstellungen teilhat, um so weniger sinnvoll ist es, von dem kollektiven Bewußtsein einer sozialen Gruppe zu sprechen. Das Konzept der „sozialen Repräsentation", das den Kern eines der wichtigsten französischen Beiträge zur Medizinsoziologie darstellt (Herzlich, 1973), ist ein unmittelbarer Abkömmling von Durkheims kollektivem Bewußtsein. In seiner Einleitung zu Herzlich neigt Moscovici dazu, in Ausdrücke wie „die Meinungen von Individuen und Gruppen; (...) ein Individuum oder eine Gemeinschaft *kommunizieren* andere Arten, die Dinge zu betrachten" (S. xii) abzuleiten. Aber die genaue Analyse zeigt, daß Herzlich sich wirklich darauf festgelegt hat, daß nur ein Individuum eine Meinung hat. Was man tun kann und was sie mit viel Verständnis tut, ist, den Prozeß zu untersuchen, in dem bei den Mitgliedern einer sozialen Einheit ein Konsens darüber ensteht, eine soziale Konstruktion von Wirklichkeit zu werden einschließlich der Konsequenzen, die dieser Konsens für die Vorstellungen und das Verhalten der Individuen hat. In gewissem Sinne führt somit die soziale Repräsentation ein eigenständiges Leben – aber ganz im Sinne von Seeman können wir, wie wir aus Herzlichs Arbeit ersehen, sie nur erkennen, indem wir Daten von Individuen erfassen und schauen, was den Mitgliedern einer Gruppe gemeinsam ist. Zusammengefaßt können wir schließen, daß sich ein Gruppen-SOC nur auf ein Bild beziehen kann, das sich aus einer Reihe von aggregierten Daten über Individuen ergibt.

Wenn wir uns jedoch jüngeren Arbeiten der Organisationssoziologie zuwenden, finden wir eine Position, die nicht ganz so reduktionistisch ist. So schreibt Zeitz in seiner Studie zur Organisationsmoral (1983, S. 1089): „Ein zweiter Typus einer Organisationseigenschaft – ein aufkommendes Kollektivmerkmal – kann auch auf der individuellen Ebene operieren, wird aber kollektiv, wenn eine Vielzahl miteinander interagierender Miglieder es besitzen". Für ihn ist Moral solch ein aufstrebendes Kollektivmerkmal, ein Gegenstück zur individuellen Befriedigung. Die Daten zur Messung von Moral erhält man in der Tat von den individuellen Mitgliedern der Organisation, aber die Fragen beziehen sich nicht auf die persönliche Moral der Individuen, sondern darauf, wie „die Befragten die Qualität der Moral innerhalb der Gesamtorganisation wahrnehmen" (S. 1092). Zeitz argumentiert, daß bei einem hohen Grad an Konsens darüber, daß die Organisationsmoral hoch ist, und dies ungeachtet der persönlichen Zufriedenheit des Individuums, tatsächlich von einem Kollektivmerkmal gesprochen werden kann, das sich verselbständigt hat.

Adler (1982) argumentiert, daß sich das Kompetenzkonzept auf alle Ebenen sozialer Organisation anwenden läßt. Er identifiziert acht Kompetenzelemente sozialer Systeme. Eins davon, Selbstkonzept, ist für unsere Diskussion sehr relevant, weil es sich im Unterschied zu den anderen Elementen darauf bezieht, wie man die Welt sieht, und nicht auf beobachtbare Verhaltensweisen in Gruppen. Das kompetente Individuum, schreibt Adler, hat „eine insgesamt positive, optimistische und aktive Sichtweise seines Selbst im Verhältnis zur Welt" (S. 38). Er fährt fort: „Solche konsensuell erreichten Urteile der Mitglieder des Systems über den Wert des Systems, dem sie angehören, ist häufig ganz unabhängig davon, wie dieselben Mitglieder ihren eigenen Wert beurteilen. Schließlich gibt es in den meisten Organisationen oder Gemeinschaften ein Kollektivgefühl, das im Interesse des Systems mit dem Selbstbewußtsein oder seinem Fehlen parallel läuft" (S. 39). Mit anderen Worten: Fragen Sie einzelne Miglieder nicht nach ihrem Eigenwert oder ihrer Wirkung, sondern fragen Sie nach der Bedeutung oder der Effektivität des Systems.

Genau diesen Ansatz verfolgte eine meiner Studentinnen, die das Familien-SOC und dessen Zusammenhang mit erfolgreicher Rehabilitation behinderter Männer untersuchen wollte (Sourani, 1983). Ausgehend vom SOC-Fragebogen für Individuen entwickelte sie ein Set von 26 Items mit Bezug auf die Familie; zum Beispiel: „Gibt es in Ihrer Familie ein Gefühl, daß jeder jeden anderen gut versteht?" oder: „Als in Ihrer Familie etwas sehr Schwieriges eintraf, wie etwa eine schwere Krankheit, war das Gefühl: ,dies ist eine Herausforderung' vs. ,es macht keinen Sinn, weiter in der Familie zu leben'". Beide Ehepartner wurden einzeln interviewt. Die individuellen Werte, die ausdrückten, inwieweit der Mann bzw. die Frau der Familie ein starkes SOC zuschrieben, waren tatsächlich sehr aussagekräftige Prädiktoren für unsere Rehabilitationsmaße. Darüber hinaus bestand eine sehr hohe, wenn auch nicht vollständige, Korrelation zwischen den Aussagen der Ehepartner. Obwohl die Zahl der Befragten klein war (60 Ehepaare), identifizierten wir die Übereinstimmung zwischen Mann und Frau, daß das Familien-SOC hoch war, als besten Prädiktor für die Rehabilitation. Das heißt, daß für das Ergebnis des Coping sowohl das Ausmaß der Wahrnehmung als auch das der Übereinstimmung zwischen Gruppenmitgliedern relevant sind. Es würde hier zu weit führen, die theoretischen und methodologischen Probleme zu diskutieren, die bei der Untersuchung von Konsens entstehen. Ich wollte vielmehr einen in der Literatur oft ignorierten Aspekt zur Sprache bringen (vgl. Antonovsky und Sourani, 1988).

Ich habe dann vorgeschlagen, daß es durchaus sinnvoll ist, von einem Gruppen-SOC zu sprechen. Auf dem einfachsten Niveau kann man aggregierte Daten des SOC der einzelnen in der Gruppe mit dem Durchschnittswert oder den Anteilen von Individuen mit einem starken SOC in Beziehung setzen. Als nächsten Schritt kann man von einzelnen Mitgliedern der Gruppe die Wahrnehmungen erfragen, wie die Gruppe die Welt betrachtet, wobei man wieder Durchschnittswerte oder Anteile derer, die hohe Werte haben, verwendet. Aber wir können einen dritten Schritt machen und das Ausmaß der Übereinstimmungen der Wahrnehmungen einführen, indem wir die Varianz der individuellen Werte betrachten. Eine Gruppe, deren einzelne Mitglieder dazu tendieren, die Gemeinschaft als eine zu sehen, die die Welt als verstehbar, handhabbar und bedeutsam ansieht *und* zwischen denen ein hohes Ausmaß an Übereinstimmung bezüglich dieser Wahrnehmungen besteht, ist eine Gruppe mit einem starken SOC. Obwohl ich eine positive Korrelation zwischen einem starken Gruppen-SOC und dem SOC der einzelnen Mitglieder erwarten würde, muß es nicht notwendigerweise eine perfekte Korrelation sein. Die Individuen mögen die Welt für sich persönlich als nicht kohärent erleben, obwohl sie darauf vertrauen, daß sie es für die Gemeinschaft ist. Ich habe dies immer und immer wieder in nahezu jedem Anfangssemester der medizinischen Hochschule gesehen.

Was sich am anderen Ende der Skala abspielt, ist problematischer. Wer hat das schwächste SOC: 1. Jene Gemeinschaft, in der die Varianz der individuellen Wahrnehmungen der Gruppe am größten ist (das heißt die, in der einige denken, die Gruppe als Ganzes habe ein sehr kohärentes Weltbild, andere ihr diesbezüglich mittlere Werte zuschreiben und wieder andere das Weltbild der Gruppe für gänzlich konfus halten)? Oder 2. die Gruppe, in der es eine generelle Übereinstimmung bezüglich der Inkohärenz der Gruppe gibt? Ich befürchte, diese Frage kann ich noch nicht beantworten.

Bisher habe ich von der Gruppe oder Gemeinschaft gesprochen, ohne auf einen möglicherweise entscheidenden Parameter einzugehen: die Größe. Ich bin relativ überzeugt, daß es sinnvoll ist, von dem Gruppen-SOC als einer entstehenden Gruppeneigenschaft zu sprechen, wenn die Familie, die kleine lokale Gemeinde, der Arbeits- oder Freundeskreis oder ähnliche der Bezugspunkt sind – das heißt eine Primärgruppe. Mir wird zunehmend unwohl, wenn es darum geht, ob sich das Konzept auf eine große, komplexe, heterogene Gemeinschaft anwenden läßt: die Mediziner, die Angestellten des multinationalen Phillips-Konzerns, die Arbeiterklasse oder die spanische Gesellschaft. Eine Unterscheidung kann wohl hilfreich sein, nämlich die zwischen Gemeinschaften, die soziale Kategorien darstellen und jenen, die vom Charakter her Zusammenschlüsse sind; eine Unterscheidung, die sich aus der marxistischen Unterscheidung zwischen *an sich* und *für sich*[3] ableitet. Meiner Ansicht nach muß es ein Gefühl des Gruppenbewußtseins, einer subjektiv identifizierbaren Gemeinschaft, geben, bevor es möglich ist, von einem Gruppen-SOC zu sprechen. (Dies sagt uns dennoch nicht, ob die Gruppe ein starkes oder ein schwaches SOC hat.) Man kann demnach nicht über das SOC französischer Frauen sprechen; aber man kann über das SOC der französischen Frauenbewegung oder des Maquis sprechen[4].

Eine weitere für das Thema relevante Dimension ist die Dauer des Bestehens einer identifizierbaren Gemeinschaft. Eines der Merkmale, das mir bei meiner Diskussion des individuellen SOC wichtig war, ist die Dauerhaftigkeit der eigenen Position auf dem Kontinuum, die man vom frühen Erwachsenenalter an einnimmt – von radikalen, dauerhaften Veränderungen der persönlichen Lebenssituation abgesehen. Es macht eindeutig keinen Sinn, von dem SOC einer sehr zeitbegrenzten Gruppe zu sprechen. Wenn es nicht einen relativ stabilen sozialen Kontext gibt, eine jahrelang anhaltende Beständigkeit der sozialen Bedingungen, während derer es zwar eine Fluktuation in der individuellen Gruppenzusammensetzung geben kann, die subjektiv identifizierba-

---

3. Im Original deutsch und hervorgehoben.
4. Maquis: frz. Widerstandsorganisation im Zweiten Weltkrieg (d.Übers.)

re Gruppe aber bleibt, erscheint es schwierig, sich ein Gruppen-SOC vorzustellen, egal ob stark oder schwach. Wenn wir jedoch an die Kirche der Mormonen denken, an eine stabile herrschende Klasse, eine Pioniersgemeinde, eine Ordensgemeinschaft oder an eine unterdrückte und selbstbewußte Minorität, dann kann man legitimerweise das SOC als eine Gruppeneigenschaft bezeichnen. Diese Gemeinschaften sind dadurch charakterisiert, daß unabhängig von allen möglichen individuellen Differenzen und Querverbindungen die Mitgliedschaft in der Gemeinschaft von absoluter Zentralität im Leben dieser Mitglieder ist. Für jeden einzelnen sind das Selbst und die soziale Identität eng miteinander verstrickt.

Ich möchte noch einen Schritt weiter gehen. Ich denke, daß man sich, um ein Gruppen-SOC zu erzielen, noch einer anderen Datenquelle als der Ansammlung individueller Daten bedienen kann, wenn man das betrachtet, was ich als kulturelle Produktion der Gruppe bezeichnen möchte. Man könnte die Beobachtungen kollektiven Verhaltens oder die Analyse der Mythen, der Rituale, des Humors, der Sprache, der Zeremonien etc. der Gruppe verwenden. Leider bezieht sich von den vielen Beispielen empirischer Studien, die Lazarsfeld und Menzel in ihrer Veröffentlichung zu kollektiven Eigenschaften zitieren (1961, S. 428), nur eines auf diesen Datentyps: die Häufigkeit, mit der das Thema des Leistungsmotivs in Volkserzählungen amerikanischer Indianerstämme vorkommt. Ein Vergleich von Bunyans *Des Pilgers Reise* mit Bekketts *Warten auf Godot* deutet radikal unterschiedliche Vorstellungen von Verstehbarkeit, Handhabbarkeit und Bedeutsamkeit an, Vorstellungen, die vermutlich nicht nur die der einzelnen Autoren sind, sondern diejenigen ihrer Gesellschaften.

Dieses Beispiel wirft jedoch den sehr ernsten methodologischen Aspekt der Repräsentativität auf. Woher wissen wir eigentlich, daß eine kulturelle Produktion tatsächlich das Bild der Gemeinschaft ausdrückt, in der es produziert wurde? Literaturkritik oder Sozialkritik zielen auf plausibles Verstehen ab, auf das, was sich wahr anhört; der Wissenschaftler muß sich um reliable und valide Daten bemühen. Ich sehe als einzige Lösung die Verwendung multipler Datenquellen: verschiedene individuelle Daten über die persönlichen Empfindungen der einzelnen Individuen und über ihre individuellen Wahrnehmungen des Gruppenklimas; die Berichte von zentralen Informanten; die Analyse kollektiven Verhaltens und kultureller Produktionen. Wenn alle Daten in die gleiche Richtung tendieren, kann man mit einiger Sicherheit etwas über die Kollektiveigenschaft schlußfolgern.

Schließlich wenden wir uns der Frage zu, welchen Unterschied es für die Gesundheit des Individuums macht, je nachdem ob es einer Gruppe oder Gruppen mit einem schwachen oder starken SOC angehört. Wird die Vorhersage in irgendeiner Weise besser, wenn man dies weiß und nicht nur das SOC-Niveau des Individuums kennt? Es gibt zwei Gründe, dies zu bejahen.

Erstens kann, wie bereits angedeutet, das Gruppen-SOC sehr wohl ein wesentlicher Faktor bei der Herausbildung und Modifizierung des SOC eines Individuums sein. Dies träfe insbesondere für Kinder oder Adoleszenten zu. Die in Kapitel Fünf diskutierten Entwicklungsprozesse zeigen, wie wichtig das soziale Umfeld bei der Vermittlung von Erfahrungen ist, die für das Entstehen eines starken oder eines schwachen SOC entscheidend sind. Als Beispiel können wir Snareys (1982) Untersuchung von Kohlbergs Modell der moralischen Entwicklung heranziehen. Er verglich drei Stichproben israelischer Jugendlicher: im Kibbuz geborene und dort erzogene, in der Stadt geborene und im Kibbuz erzogene und in der Stadt geborene und dort erzogene, wobei die letzteren beiden Gruppen weitgehend der Unterschicht entstammten und ursprünglich aus dem Nahen Osten kamen. Obwohl die zweite „Experimental"-Gruppe auf einem signifikant niedrigeren moralischen Niveau in den Kibbuz kam als ihre dort geborenen Peers, gab es zwei bis fünf Jahre später keine signifikanten Unterschiede zwischen den beiden Gruppen. Die Kontrollgruppe der Jugendlichen aus der Stadt zeigte keine vergleichbaren Zunahmen. Würde man das SOC messen, könnte man meines Erachtens ein vergleichbares Muster erwarten. Auch Kohlbergs Modell drückt eine Möglichkeit der Weltsicht aus, wenn auch auf einer anderen Dimension.

Es stimmt, daß der einzelne Erwachsene mit einem stabileren SOC-Niveau nicht zufällig von dem einen oder anderen sozialen Setting angezogen wird. Die Person mit einem starken SOC wird sich eher einer Gruppe mit einem starken SOC anschließen. Aber nicht immer paßt es so zusammen. Das Büro oder Unternehmen, in dem man arbeitet, wird umfassend automatisiert, aber die Gewerkschaft schafft es – oder schafft es nicht – die Veränderung zur radikalen Umwandlung der Arbeitsorganisation zu nutzen. Aufgrund eines Arbeitsplatzwechsels des Ehepartners zieht man in eine gut integrierte, aufgeschlossene Gemeinde, die gerne Neuankömmlinge aufnimmt. In jedem Fall kann die radikale Veränderung der Lebenssituation mit der Zeit zu einer signifikanten Veränderung des SOC führen. Die Gruppe mit einem starken SOC wird wahrscheinlicher Situationen strukturieren, die mit der Zeit das SOC ihrer Mitglieder verbessern.

Der zweite Grund für die Bedeutung des Gruppen-SOC ist sogar noch wichtiger als der erste, insofern er mit der direkten Beziehung zwischen dem Gruppen-SOC und dem Umgang mit Stressoren zu tun hat. Pearlin und Schooler (1978, S. 18) drücken es treffend aus:

> „Es gibt wichtige menschliche Probleme – wie diejenigen, die wir in der Arbeitswelt gesehen haben – die auf individuelles Coping nicht ansprechen. Ihre Bewältigung kann eher eine Intervention durch Kollektive als durch Individuen erfordern. Viele der Probleme, die sich aus Arrangements ergeben, die tief in sozialen und ökonomischen Organisationen verwurzelt sind, können eine mächtige Wirkung für das Leben einer Person haben, von persönlichen Anstrengungen jedoch, sie zu lösen, völlig unberührt bleiben."

So wie ich es verstehe, beziehen sie sich nicht nur auf Stressoren, mit denen sich Individuen konfrontiert sehen und gegen die sie nichts ohne die Inanspruchnahme von Gruppenressourcen ausrichten können, sondern auch auf kollektive Stressoren, auf Probleme, die die gesamte Gemeinschaft betreffen. In solchen Fällen ist das SOC des Individuums für die Auflösung von Spannung erheblich weniger wichtig als das Gruppen-SOC. Sicher, ersteres ist für die Regulierung von Emotionen relevant und daher wichtig. Aber bei der direkten Bewältigung des kollektiven Stressors kommt es darauf an, was die Gruppe tut. Ein dramatisches Beispiel für diese Situation sieht man in der Untersuchung von Antonovsky und Sagy (1986) zur Evakuierung israelischer Siedlungen im Sinai im Rahmen des Friedensvertrags mit Ägypten. Für die Vorbereitung der Evakuierung war ein Zeitraum von drei Jahren vorgesehen, aber erst im allerletzten Augenblick wurde von der israelischen Regierung eine klare Entscheidung zur Evakuierung getroffen. Alle Bewohner des Siedlungsgebiets hatten somit über einen ausgedehnten Zeitraum in einer beträchtlichen Unsicherheit gelebt, gegen die sie sehr wenig ausrichten konnten. Die Untersuchung, die sich mit Jugendlichen befaßte, ergab, daß individuelle Unterschiede beim SOC – die bei individuellen Stressoren erfolgreiches Coping vorhersagen konnten – in keinem Zusammenhang mit dem Coping mit dem kollektiven Stressor der Evakuierung standen. Nur Individuen sind mehr oder weniger gesund, was unter anderem davon abhängt, wie gut sie Spannung handhaben, aber angesichts kollektiver Stressoren ist die Stärke des Gruppen-SOC bei der Handhabung von Spannung entscheidender als das des Individuums.

Gesundheit und Wohlbefinden

In *Health, Stress and Coping* habe ich eine sehr deutliche Unterscheidung zwischen dem Gesundheits-Krankheits-Kontinuum und anderen Aspekten des Wohlbefindens getroffen. In der Tat scheute ich ein wenig davor zurück, psychische Gesundheit in dieses Kontinuum einzubeziehen, obwohl ich in einem neueren Papier (Antonovsky, 1985) den möglichen Zusammenhang zwischen dem SOC und psychischer Gesundheit diskutiere. Ich hütete mich davor, eine Hypothese aufzustellen, die das SOC mit „allem, was möglicherweise von jemandem oder in einer Kultur als wünschenswert erachtet werden kann" in Zusammenhang brächte oder davor, „Gesundheit als Übereinstimmung mit den vielen anderen Dimensionen des Wohlbefindens zu definieren" (1979, S. 68). Da ich diese Position eingenommen und beibehalten habe, möchte ich sie verdeutlichen.

In einer Übersicht von 81 Untersuchungen mit zahlreichen Daten zur Beziehung zwischen Gesundheit und Wohlbefinden berichten Zautura und Hempel (1984, S. 97), daß „die meisten Untersuchungen eine angemessene Beziehung zwischen den persönlichen Angaben zur Gesundheit und einem Index subjektiven Wohlbefindens finden. Um einiges weniger überzeugend sind die Beziehungen zwischen objektiven Indizes für Gesundheit und Lebenszufriedenheit". Als eine Hauptschwierigkeit, die einem Verständnis der Daten im Wege steht, erwähnen sie das Fehlen eines Konsens über die Definition des Konstrukts Wohlbefinden. Die drei am häufigsten verwendeten Begriffe sind *Lebenszufriedenheit, Moral* und *Glücklichsein*. Unter diese Rubriken fallen auch die Vorstellungen darüber, wie man im Leben seinen Zielen näherkommt, vorübergehende Stimmungszustände von Fröhlichkeit, die Anpassung zwischen Individuum und Umwelt, positive und negative Affekte, Optimismus, Irritabilität, Lebensfreude, Apathie, innere Stärke und Zufriedenheit mit seinen persönlichen Merkmalen. Zwei generelle Fragen durchkreuzen diese Begriffe: Ist die Bezugsgröße irgendein absoluter Standard oder sind es soziale Vergleiche? Werden alle Lebensbereiche einbezogen oder nur spezifische?

Aber wie auch immer die konzeptuellen und methodologischen Probleme aussehen, wir können meines Erachtens Zautra und Hempel zustimmen, daß es eine Beziehung zwischen Gesundheit und Wohlbefinden gibt, die sehr wahrscheinlich reziprok ist. Sollte man, wenn das SOC tatsächlich mit Gesundheit in Beziehung steht, nicht logischerweise erwarten, daß es mit verschiedenen Aspekten des Wohlbefindens in Beziehung steht? Sollte erfolgreiches Coping mit Lebensstressoren nicht auch positive Auswirkungen auf Zufriedenheit, Glücklichsein, Moral und positive Emotionen haben, wenn es positive Auswirkungen auf die Gesundheit hat?

Wir können die Fragestellung noch etwas ausweiten. Können wir nicht auch positive Konsequenzen eines starken SOC für die Ausführung der Arbeit erwarten? Payne (1980, S. 270) beispielsweise berichtet, daß Personen, die „an Entscheidungen teilhaben, die sie selber betreffen, eher berichten, daß sie (...) ihre Fertigkeiten intensiv einsetzen". Shalits Arbeit (1982), auf die bereits verwiesen wurde, zeigte, wie „Kohärenz der Bewertung" mit der Effektivität militärischer Gruppen zusammenhängt. In beiden Fällen stehen die unabhängigen Variablen konzeptuell dem SOC nahe. Würden wir die Idee der „Aufgabenerfüllung" über die instrumentellen Angelegenheiten hinaus ausdehnen und die Fähigkeiten, das eigene Potential zu erkennen, mit anderen gut zu kommunizieren, Frustration zu tolerieren und Schmerz zu ertragen, offen für neue Erfahrungen zu sein und so weiter mit einschließen?

Beachten Sie, daß die Frage nicht ist, ob das SOC zu all diesen Facetten des Wohlbefindens und zu gutem Leben *durch* Gesundheit verbunden ist, obwohl dies durchaus so sein mag. Sie lautet vielmehr, ob es plausibel ist, einen direkten, kausalen Zusammenhang zwischen dem SOC und diesen Aspekten des Wohlbefindens anzunehmen.

Die Leser von *Health, Stress and Coping* werden sich an den Ursprung des SOC-Konzepts erinnern. Ich hatte nicht mit der Idee begonnen, Wohlbefinden, Aufgabenerfüllung oder die Fähigkeit, gut zu arbeiten, zu lieben und zu spielen, zu erklären. Noch war das SOC eine theoretische Vorstellung, mit der ich begann, um nach ihren Konsequenzen für das menschliche Leben zu fragen. Nachdem ich mich seit vielen Jahren darin vertieft hatte, herauszufinden, inwiefern psychosoziale Faktoren zu – zunächst – Krankheiten, später dann zu Ent-Gesundung und schließlich zur Lokalisation auf dem Gesundheits-Krankheits-Kontinuum beitragen, war ich mit den zahlreichen theoretischen und empirischen Studien, die das, was ich als GRRs bezeichnet habe, mit dem Gesundheitsstatus in Zusammenhang brachten, vertraut geworden. Das SOC-Konzept war erstens das Ergebnis des Versuchs zu verstehen, was allen GRRs gemeinsam ist und zweitens ein Versuch, den Prozeß zu verstehen, durch den die GRRs mit der Gesundheit in Verbindung stehen.

Sicher, wenn man hochintelligent ist, viel Geld oder eine klare Ich-Identität besitzt oder in einer stabilen, integrierten Kultur lebt – um einige GRRs zu erwähnen – wird sich dies nicht nur auf das Entstehen eines starken SOC und damit auf die Gesundheit auswirken, sondern genauso auf andere Bereiche des Wohlbefindens. Ich würde daher im großen und ganzen positive Korrelationen zwischen dem SOC und vielen Facetten des Wohlbefindens erwarten, insofern als die GRRs, die die Lebenserfahrungen schaffen, die ein starkes SOC begünstigen, auch unmittelbar Wohlbefinden fördern. Wenn man mit seiner finanziellen Situation zufrieden ist, liegt das nicht daran, daß man ein starkes SOC hat, sondern daran, daß man über ein zufriedenstellendes Einkommen verfügt.

Zusammengefaßt halte ich es aus zwei Gründen für angemessen, positive, wenn auch nicht unmittelbar kausale Korrelationen zwischen dem SOC und dem Wohlbefinden zu erwarten. Erstens: Wenn das SOC tatsächlich gute Gesundheit erzeugt und Gesundheit einen positiven Einfluß auf die globale Einschätzung des eigenen Wohlbefindens hat, dann hängen die beiden zusammen, wenn auch indirekt. Zweitens: Viele der GRRs, die ein starkes SOC fördern, hängen außerdem unmittelbar mit dem Wohlbefinden zusammen. Aber es gibt meines Erachtens eine direktere kausale Beziehung, eine, die eine Verfeinerung und Spezifikation des Begriffs des Wohlbefindens auf zwei Abstraktionsebenen erfordert. Man kann unterscheiden zwischen den globaleren Bezugsgrößen wie Glücklichsein, Lebenszufriedenheit, Moral und positivem (wie auch negativem) Affekt auf der einen Seite und dem, was man vom eigenen Funktionieren hält, auf der anderen Seite. Ersteres ist in starkem Maße von den Möglichkeiten der objektiven Situation abhängig; letzteres wird eine weitaus direktere Beziehung zum SOC haben.

Niemand, der bei gesundem Verstand ist, wird in einem Konzentrationslager glücklich, zufrieden und guter Stimmung sein. In jeder Gesellschaft ist eine große Anzahl von Personen in Jobs oder Hausarbeiten gefangen, aus denen es keine sozial strukturierte Möglichkeit des Ausbrechens gibt. Und für uns alle kommen die Zeiten, in denen unsere in die Jahre gekommenen Eltern oder andere geliebte Menschen leiden und sterben, und das Leben ist immer wieder schmerzhaft. In diesen Situationen wird die Person mit einem starken SOC nicht glücklicher oder zufriedener sein als die mit einem schwachen SOC. Aber sie kann das Gefühl haben, daß sie mit den gegebenen Fakten so gut wie möglich umgeht und ihr Leben erträglich gestaltet. Für dieses spezifische Gefühl des Wohlbefindens ist das SOC unmittelbar relevant.

Hinsichtlich der Erfüllung von Aufgaben ist der Erfolg weitgehend durch die Intelligenz, das Wissen und die Fertigkeiten determiniert, die die Person für die Aufgabe mitbringt, und durch den objektiven Kontext. Aber gerade wenn die Aufgabe mehrdeutig und komplex ist, wird auch die Stärke des SOC eine Rolle spielen. Die Person mit einem starken SOC wird motiviert sein, die Aufgabe als eine Herausforderung zu sehen, ihr eine Struktur zu geben und nach geeigneten Ressourcen zu suchen. Sie wird stärker darauf vertrauen, daß das Ergebnis zufriedenstellend sein wird. Geht man davon aus, daß die Aufgabe sich innerhalb der Grenzen dessen bewegt, was für die Person wichtig ist, so ist es folglich in der Tat wahrscheinlich, daß das SOC zum Ergebnis beitragen wird.

Ich habe damit meine ursprüngliche Position über die Beziehung zwischen SOC und Gesundheit erweitert. Ich habe versucht, dies vorsichtig zu tun. Mein eigenes Interesse gilt weiterhin vornehmlich diesem Bereich. Sollten andere Forscher von Daten berichten, die Zusammenhänge des SOC mit anderen Aspekten des Wohlbefindens nachweisen, wäre ich natürlich geschmeichelt, aber ich werde von eher mäßigen Ergebnissen nicht enttäuscht sein.

Zustand, Eigenschaft oder Dispositionale Orientierung?

Ich habe mich eindeutig dahingehend festgelegt, daß das SOC eine stabile, dauerhafte und generalisierte Orientierung gegenüber der eigenen Welt ist, die eine Person durch das ganze Erwachsenenalter hindurch charakterisiert, falls nicht radikale, bleibende

Veränderungen in der Lebenssituation eintreten. Es ist eine Orientierung, die sich in allen Lebensbereichen innerhalb der Grenzen dessen, worauf es einem ankommt, auswirkt. Diese Position eignet sich für zwei mögliche Fehlinterpretationen: psychologischen Reduktionismus und die Konfusion zwischen Orientierung und offenem Verhalten. Um sich mit diesen beiden Aspekten auseinanderzusetzen, muß man einen fundamentaleren Aspekt, der sich auf eine Persönlichkeitstheorie bezieht, klären.

Ich erinnere mich lebhaft daran, daß ich als 16jähriger von einem Vortrag von Margaret Mead fasziniert war, und kurz darauf von Erich Fromms *Die Furcht vor der Freiheit* und seinem zentralen Konzept des sozialen Charakters. Während meines Studiums bei Ralph Linton und Abram Kardiner wurde ein lebenslanges Interesse an dem entfacht, was unter „Kultur und Persönlichkeit" figurierte. Und während ich mich wie viele andere meiner Generation mit der Integration von Marx und Freud abmühte, konnte ich es nicht vermeiden, etwas über Persönlichkeitstheorie zu lernen, obwohl ich nie für mich beansprucht habe, Psychologe zu sein. Weil dies so ist, bestand nie die Notwendigkeit, mich auf irgendeine herrschende Persönlichkeitstheorie festzulegen. Ich war mit dem Vorschlag von Inkeles und Levinson (1954, S. 989-993) zufrieden, daß wir auf der Ebene des individuellen und sozialen Charakters gut daran täten, nicht von globalen Persönlichkeitstypen zu sprechen, sondern das zu berücksichtigen, was sie analytische Aspekte nannten. Man kann zum Beispiel von einer tief verwurzelten Tendenz sprechen, sich über die beiden Achsen Egalitarismus-Hierarchie und Spezifität-Weitschweifigkeit auf Autoritätsfiguren zu beziehen. Oder man kann von prototypischen Grundlagen für Selbstwert sprechen: Wer man ist, was man gemacht hat oder wie man ist. Man kann von einer Tendenz zu Grundvertrauen oder Mißtrauen sprechen, durchkreuzt von den sozialen Grenzen des Vertrauens. Man könnte somit, ohne sich einer komplexen Persönlichkeitstheorie zu verpflichten, eine Reihe von universalen Fragen spezifizieren, die sich in jeder Kultur und für jeden Menschen stellen, und für jede Person die Entwicklung von profunden Tendenzen postulieren, die bestimmen, wo sie im gesamten Lebensverlauf auf diesen Kontinua zu positionieren ist. Eine dispositionale Orientierung ist demnach eine relativ stabile und konstante Orientierung in Bezug auf eine dieser universalen Fragen. Ich betrachte das SOC als eines dieser Kontinua.

Eine psychologisch reduktionistische Position würde das SOC als eine Eigenschaft interpretieren, „ein neuropsychisches System, das in hohem Maße determiniert, welche Stimuli wahrgenommen werden (selektive Wahrnehmung) und welche Art von Antwort gegeben wird (selektive Handlung)" (Wolman, 1973, S. 389). Diese Definition unterscheidet nicht zwischen Wahrnehmung und Handlung, ein Thema, das weiter unten behandelt wird. Geht man von einem „Eigenschaftsansatz" aus, so kommt man zudem zu einer endlosen Liste von Persönlichkeitseigenschaften: Man ist freundlich, dominant, gesellig, gefühllos und so weiter. Im Gegensatz hierzu beschränkt ein Denken in Termini dispositionaler Orientierungen auf umfassendere, fundamentalere und allgemeinere Aspekte dessen, wie man seine soziale Welt betrachtet. Noch wichtiger ist, daß der Eigenschaftsansatz sich auf das einzelne Individuum konzentriert und dabei sowohl den kulturellen und historischen Kontext der Entwicklung der Orientierung und den Bedeutungen der sozial strukturierten Situationen, in denen die Orientierung zum Ausdruck kommt, außer acht läßt.

Stellt man die Frage in den Kontext der Theorie von Kultur und Persönlichkeit, denkt man in Begriffen von Gelegenheiten, Einschränkungen und Zwängen, die durch die Familie und andere sozialisierende Instanzen vermittelt werden. Man wird sensitiv gegenüber der Bedeutung der kulturellen, subkulturellen und soziostrukturellen Quellen solcher Persönlichkeitsorientierungen. (Eine detaillierte kulturübergreifende empirische Analyse dieses Ansatzes in Bezug auf die Selbstbestimmung findet sich bei Kohn, Slomczynski und Schoenbach, 1986).

Seemans (1983, S. 172) Diskussion des Entfremdungskonzepts berücksichtigt diesen Aspekt. Als Antwort auf diejenigen, die das Konzept ablehnen, weil sie glauben, daß es „auf eine stabile, nahezu unveränderliche Qualität des Individuums, auf ein Persönlichkeitsmerkmal, das als Kennzeichen des inneren Lebens einer Person unabhängig von situativen Umständen existiert", Bezug nimmt, verwirft er den Ansatz von Eigenschaft versus Situation als „falsche Dichotomie". Ausdrücklich betrachtet er Entfremdung als etwas, das aus der Situation entsteht. Aber dies bedeutet nicht, daß immer der detaillierte, unmittelbare Charakter der sozialen Situation allein das Gefühl der Entfremdung auslöst. In seinem Papier stellt Seeman durchgehend den historischen und soziokulturellen Kontext und das Maß an Konsistenz der sozial anomischen Situation, in der man lebt, als entscheidend dafür heraus, inwieweit ein Individuum zur Entfremdung neigt.

Zusammengefaßt: Man kann von dem SOC als von einer dispositionalen Orientierung sprechen. Die Tatsache, in einer Welt von Erfahrungen aufgewachsen zu sein, die von der Kultur, der sozialen Struktur und der historischen Periode, in der man lebt, ebenso geformt ist wie durch das Muster idiosynkratischer Ereignisse, die einen vorwiegend in Richtung auf den einen oder anderen Pol von Konsistenz, Belastungsbalance und Partizipation an sozial geschätzten Entscheidungsprozessen drängen, determiniert die eigene Position auf dieser dispositionalen Orientierung. Dies soll nicht verleugnen, daß sich das persönliche SOC-Niveau in sehr spezifischen Situationen wie beispielsweise einer Phase der Hospitalisierung vorübergehend in die eine oder auch die andere Richtung verschieben kann. Man wird sich jedoch bald wieder auf seinem „normalen" Niveau einpendeln.

Was aber, wenn die Art der Erfahrungen, die für das SOC relevant sind, in der Zeit des Aufwachsens und/oder im Erwachsenenleben in den verschiedenen Bereichen des Lebens ständig verschieden ist? Könnte man nicht dazu kommen, die Stimuli, die aus dem Inneren kommen, als in hohem Maße verstehbar, handhabbar und bedeutsam anzusehen, diejenigen aber, die im Kontext interpersoneller Beziehungen entstehen, diesbezüglich lediglich als mittelmäßig – und diejenigen, die man in seiner Arbeit erlebt, als chaotisch, nicht zu handhaben und bar jeder Bedeutung? Ich bezweifle sehr, daß Menschen ihr Leben derart aufsplitten können, auch wenn ich einräume, daß die objektiven Realitäten der verschiedenen Lebensbereiche sich radikal voneinander unterscheiden können. Wenn die Erfahrungen in einem Lebensbereich die aus anderen Bereichen nicht bestätigen, wird sich das persönliche SOC-Niveau nach unten bewegen. Außerdem muß betont werden, daß die völlige Sensibilität für die Bedeutung des sozialen Kontexts im einzelnen Leben und die Reaktionen, die er üblicherweise auslöst, nicht bedeutet, daß man außer acht lassen kann, in welchem Maße Menschen aktiv Handelnde sind. In der gleichen Situation wird die Person mit einem starken

SOC eher jene Aspekte herausfinden und gewichten, die einen Sinn machen. Wie Radil-Weiss (1983) zeigt, gab es sogar in Auschwitz solche, die über die Kameradschaft ein Gefühl von Sinn fanden. Die Person mit einem schwachen SOC, die davon ausgeht, daß alles chaotisch ist, wird die Elemente gar nicht bemerken, die sogar für sie Sinn machen könnten. Dies bedeutet sicher nicht, daß die Person mit einem starken SOC Störungen nicht wahrnimmt; ganz im Gegenteil. Da sie sich weder vor physischer noch psychologischer oder sozialer Unordnung fürchtet, wird sie ihrer Existenz gegenüber wachsam sein und, da sie vernünftigerweise zuversichtlich ist, daß mehr Ordnung geschaffen werden kann, wahrscheinlich so handeln, daß sie dies auch bewirkt. Die Person mit einem schwachen SOC wird unter dem Einfluß ihrer Definition der Situation wahrscheinlich aufgeben.

Die zweite Quelle von Mißverständnissen, um die herum zahlreich psychologisch theoretisiert wurde, hängt mit der Ablehnung dessen zusammen, was als Paradigma stabiler Eigenschaften als den Determinanten für beobachtbares Verhalten bezeichnet wird. Mischels einflußreiches Buch (1968) widerlegte aus empirischen und theoretischen Gründen wirksam die Annahme, daß Persönlichkeitsmerkmale wie Dominanz oder Soziabilität Verhalten determinieren. Es sollte klar sein, daß dasselbe beobachtbare Verhalten in einer bestimmten Situation verschiedene Bedeutungen haben kann, daß es bei verschiedenen Individuen verschiedene Einstellungen ausdrücken kann. Noch wichtiger ist, daß sich dieselbe dispositionale Orientierung in unterschiedlichen Situationen in verschiedenen beobachtbaren Verhaltensweisen zeigen kann, abhängig von der Art der Situation und davon, wie sie von der Person definiert wird.

Ein zentraler Aspekt, auf den ich besonders in Kapitel Sechs eingegangen bin, ist, daß das SOC-Konzept keine Basis für die Vorhersage der konkreten Inhalte des beobachtbaren Verhaltens darstellt. Wenn wir das SOC-Niveau einer Person kennen, können wir nicht vorhersagen, ob sie in einer gegebenen streßhaften Situation kämpfen, erstarren oder fliehen wird, ob sie sich ruhig verhalten oder ihre Meinung äußern, dominieren oder sich in den Hintergrund verziehen wird oder welche anderen Kategorien beobachtbaren Verhaltens wir auch immer konstruieren mögen. Was aber vorhergesagt werden kann, ist die Qualität des Verhaltens. Die Person mit einem starken SOC wird dazu neigen, der Situation eine Struktur zu verschaffen, auch wenn es für den außenstehenden Beobachter wenig Struktur gibt; sie wird die ihrer Ansicht nach angemessenen GRRs und SRRs suchen, die ein Coping mit der Situation erleichtern; sie wird innerhalb ihrer Möglichkeiten Optionen erwägen und wahrscheinlich an ihre Selbstwirksamkeit glauben und die Herausforderung durch die Situation annehmen. Die Person mit einem schwachen SOC wird im Gegensatz hierzu ihre Tendenz zeigen, Chaos zu sehen, sich hoffnungslos und belastet zu fühlen.

Mit anderen Worten: das SOC wird als dispositionale Orientierung in einer konkreten Situation im Sinne einer emotionalen und kognitiven Bewertung der Situation benutzt. Wie dies in konkretes Verhalten umgesetzt wird, ist eine andere Frage. Die Qualität des Verhaltens kann in Begriffen der Komponenten des SOC vorhergesagt werden, nicht aber sein jeweiliger Inhalt, weil dieser von der spezifischen Situation abhängig sein wird. In dem Maße, in dem man im Verlauf seines Lebens ähnlichen Situationen begegnet oder eine Situation als früheren ähnlich wahrnimmt, wird es eine Tendenz geben, ein Repertoire konkreter Verhaltensweisen auszubilden. Aber gerade die Person mit dem starken SOC, die die Einzigartigkeit jeder Situation, an der sie teilhat, sehen kann, kann sich flexibel verhalten.

Die Frage der Vorhersage von Verhalten aufgrund dispositionaler Orientierung wird in einem neueren Papier gut veranschaulicht. Colerick (1985) konstruierte ihre Untersuchung zum Funktionieren älterer Personen auf Basis des Stamina-Konzepts, das sie explizit mit dem SOC gleichsetzt. Sie beschreibt die Verhaltensmuster der Gruppen mit hoher und niedriger Stamina, wobei sie sich auf – in ihrer Formulierung – Aktivität und Copingmodi konzentriert. „Aktivitäten, die persönliches Wachstum (...) und soziale Aktivitäten (...) beinhalten, sind für Individuen mit hoher Stamina alltäglich" befand sie, wohingegen die älteren Personen mit niedriger Stamina „dazu tendieren, einen Lebensstil von Muße und Zufriedenheit zu entwickeln" (S. 1001). Die Unterschiede bei den Copingmodi sind noch deutlicher: „Nahezu ohne Ausnahme (94%) wurden Personen mit hoher Stamina so beurteilt, daß sie Rückschläge aktiv bewältigten", im Gegensatz zu den passiven Strategien, die für Personen mit niedrigem Stamina typisch sind (S. 1002). In ihrer Schlußfolgerung (S. 1004) schreibt Colerick, daß „die älteren Menschen mit hohem Stamina (...) über die Jahre gelernt haben, daß Veränderung unausweichlich ist, herausfordernd und handhabbar", was sie zu Verhaltensweisen führte, die „neue Möglichkeiten, die Energie zu nutzen" ausdrückten. Dies steht in starkem Kontrast zu jenen, die Zeit ihres Lebens „durch Hilflosigkeit, Hoffnungslosigkeit und Angst charakterisierte Ereignismuster" zeigen, was zu passivem, zurückweichendem Verhalten führt.

Es gibt somit keine Eins-zu-eins-Beziehung zwischen dem SOC und dem Verhalten in konkreten Situationen. Aber wenn dies klar ist, muß man auch hinzufügen, daß es in der Tat eine feste Verbindung zwischen dem SOC und der Qualität des Verhaltens gibt, die sehr wohl im Laufe des Lebens noch stabiler werden kann.

Ich habe in diesem abschließenden Kapitel eine Reihe von Aspekten diskutiert, die nicht nur nicht wesentlich für das salutogenetische Modell sind, sondern die ich an noch keiner anderen Stelle – von einigen Randbemerkungen abgesehen – in Betracht gezogen habe. In einer Hinsicht ist es für die SOC-Gesundheits-Hypothese belanglos, was andere Wissenschaften und Denkrichtungen über die Entstehung von Ordnung aus dem Chaos zu sagen haben. Ob es bedeutsam ist, von einem Gruppen-SOC zu sprechen, ist für ein Verständnis der Ursprünge des SOC wichtig, nicht aber für die Hypothese. Ob das SOC Implikationen für andere Aspekte des Wohlbefindens als für die Gesundheit hat, ist wieder ein anderes Problem. Und wie genau das SOC konkrete Verhaltensweisen vorhersagt, ist eine Frage der empirischen Untersuchung. Vielleicht ist daher die Einbeziehung dieses Kapitels nicht ganz gerechtfertigt. Aber ich habe es aufgenommen, weil ich sowohl hoffe, daß die Diskussion der Themen die Reichhaltigkeit des salutogenetischen Modells nahelegt als auch, weil ich mit den Lesern die (mit Zögern und Schwierigkeiten vermischte) Freude teilen möchte, die ich hatte, als ich mit ihnen rang.

Alexa Franke

Zum Stand der konzeptionellen und empirischen Entwicklung des Salutogenesekonzepts

Kohärenzgefühl und andere ressourcenorientierte Konzepte

Seit dem Erscheinen der Originalausgabe dieses Buchs sind zehn Jahre vergangen, und es scheint angemessen, der deutschen Ausgabe ein Kapitel anzufügen, das den aktuellen Forschungs- und Diskussionsstand aufzeigt. Dabei möchte ich nicht die Frage erörtern, ob Antonovskys Konzept der Salutogenese tatsächlich einen Paradigmenwechsel gegenüber Pathogenese-Modellen einläutet oder ob er letztlich nur ein altbekanntes Produkt, nämlich Gesundheit, in neuem Outfit verkauft.

Tatsache ist: das Konzept hat ungeheuer viel angestoßen. Das Buch *Unraveling the Mystery of Health* wurde in Polnisch und Schwedisch herausgegeben, der Fragebogen zur Lebensorientierung ist in mindestens 14 Sprachen übersetzt (Antonovsky 1991; Frenz et al. 1993). Bis 1993 waren nachweislich über 14.000 Personen in 20 Ländern im Rahmen von 113 Projekten mit dem Fragebogen untersucht (Antonovsky 1993 a); die Zahl dürfte inzwischen entsprechend dem international größeren Bekanntheitsgrad des Konzepts deutlich höher sein. Auch das Spektrum der Bereiche, in denen salutogenetisch geforscht wird, ist imponierend: somatische, psychosomatische Medizin und Psychotherapie, Klinische Psychologie, medizinische Soziologie, Public Health-Forschung, Gesundheits- und Rehabilitationsforschung, Arbeitswissenschaften, Sportwissenschaften und Agrarwissenschaften, um nur die häufigsten Anwendungsbereiche zu nennen.

Diese große Verbreitung bezeugt zumindest ein starkes Interesse an der Art der Fragestellung. Meiner persönlichen Überzeugung zufolge äußert sich hier jedoch mehr als ein wissenschaftliches Interesse. Ich glaube, daß es vielen Menschen ein elementares Bedürfnis ist herauszufinden, warum einige von uns gesund bleiben und was uns allen helfen kann, angesichts einer uns funktionalisierenden Umwelt unsere physische und psychische Gesundheit zu bewahren.

Man mag diesen Glauben als die Hoffnung auf einen Jungbrunnen belächeln oder ihn als Nicht-Akzeptanz der Schwächlichkeit unserer menschlichen Existenz abtun. Aber vielleicht ist er auch Zeichen eines ungebrochenen Willens von Menschen, ein gutes, gesundes Leben zu führen und damit all den Kräften zu trotzen, die uns krank machen und unserer Würde berauben wollen.

Als einen Beleg für meine Behauptung betrachte ich, daß Antonovskys Konzept nicht exklusiv ist. Dies wird ihm häufig zum Vorwurf gemacht, wobei bemängelt wird, daß der spezifische Beitrag seines Konzepts zu einer Erforschung von Gesundheit nicht hinreichend erkennbar bzw. empirisch abgesichert sei (vgl. etwa Hawley et al. 1992; Siegrist 1994). Ich halte diesen Vorwurf angesichts des derzeitigen Stands der Gesundheitswissenschaften nicht für stichhaltig. In vielen anderen weit etablierteren Bereichen – man denke nur einmal an die Streßforschung – gibt es zahlreiche Ansätze, die nebeneinander stehen, Theorien begrenzter Reichweite, die keineswegs alle relevanten Phänomene erklären können. Auch Antonovsky selbst hat niemals einen Anspruch auf Exklusivität erhoben – eher im Gegenteil: Gemäß seiner Einstellung, daß die Frage wichtiger ist als die Antwort, schätzte er es, daß er bei der Suche nach des Rätsels Lösung nicht allein war. Die Ansätze etwa von Bandura, Rotter und Kobasa betrachtete er als komplementäre Konzepte: für sich jeweils unvollständig, aber in Verfolgung des gleichen Ziels, das er im übrigen für „inhärent unerreichbar" (1991, S. 102) hielt.

Obwohl er grundsätzlich überzeugt war, niemals eine alle Fragen abschließend beantwortende Antwort finden zu können, hat Antonovsky eine vorläufige Antwort formuliert. Diese heißt Kohärenzgefühl. Konzepte, die dem Kohärenzgefühl verwandt sind, sind – ohne Anspruch auf Vollständigkeit – *Widerstandsfähigkeit* (Kobasa 1979, 1982), *Stamina* (Thomas 1981; Colerick 1995), *Kontrollüberzeugung* (Rotter 1966), *Selbstwirksamkeit* (Bandura 1977, 1982), *gelernter Einfallsreichtum* (Rosenbaum 1988), *Selbstorientierung* (Kohn und Schooler 1983). Sie haben drei Gemeinsamkeiten: Erstens versuchen sie zu beantworten, wie Menschen mit Streß umgehen, ohne dabei krank zu werden, und die Variablen zu identifizieren, die eher Gesundheit fördern als Krankheit verursachen. Zweitens bilden sie keine spezifischen Copingstile ab, sondern sie beanspruchen, zu Grunde liegende bzw. übergreifende Faktoren zu beschreiben, die mehr sind als einzelne, spezifische Reaktionsweisen zur angemessenen Situationsbewältigung. Und drittens handelt es sich bei allen um interaktionale Ansätze in der Tradition von Lazarus' transaktionalem Modell. Sie gehen davon aus, daß die Interaktion zwischen Charakteristika der Person, der sozialen und kulturellen Umgebung und der Streßsituation die gesundheitlichen Auswirkungen von Streß mediiert.

Sicherlich unterscheiden sich die Konzepte hinsichtlich des Stands ihrer theoretischen Entwicklung, ihrer empirischen Fundierung und ihrer praktischen, klinischen und politischen Relevanz. Nach Ansicht vieler Autorinnen und Autoren gehört Antonovskys Konzept in die Spitzengruppe der interessantesten und tragfähigsten Ansätzen, vielen gilt es als Spitzenreiter (vgl. Sack et al. 1997; Strumpfer 1990; Udris et al. 1992). Empirische Überprüfungen, in denen aus diversen Ansätzen abgeleitete Instrumente parallel eingesetzt werden (s.u.), bestätigen auch eine gewisse Übergeordnetheit des SOC-Konzeptes.

Soweit mir jedoch bekannt ist, hat bislang nur Williams (1990) Antonovskys Konzept direkt mit einem anderen, und zwar mit Kobasas Widerstandsfähigkeit, verglichen: Williams untersuchte 162 Krankenschwestern (Alter zwischen 21 und 64 Jahren) von Intensivstationen in fünf großen Krankenhäusern. Das Kohärenzgefühl wurde mit dem Fragebogen zur Lebensorientierung erfaßt, Widerstandsfähigkeit durch das 50 Items umfassende Personal View Survey (PVS). Ebenfalls mittels Fragebogen wurden folgende Variablen erfaßt: Ereignisstreß, globaler Streß und Chronizität diagnostizierter Erkrankungen. Es ergaben sich hochsignifikante negative Korrelationen sowohl zwischen Kohärenzgefühl als auch Widerstandsfähigkeit mit globalem Streß, Ereignisstreß und Krankheitsausmaß; die Korrelationen zwischen globalem Streß und Kohärenzgefühl waren dabei am höchsten. Eine pfadanalytische Auswertung erbrachte signifikante Pfade zwischen Ereignisstreß und Krankheit, globalem Streß und Widerstandsfähigkeit und globalem Streß und Kohärenzgefühl; der Pfad von Kohärenzgefühl zu Krankheit war kurz vor der Schwelle zur Signifikanz (p=.056). Pfadanalytischem Vorgehen entsprechend wurden zur weiteren Analyse die ursprünglich nichtsignifikanten Pfade mit Ausnahme des einen beinahe signifikanten zwischen Kohärenzgefühl und Krankheit herausgenommen. Das revidierte Pfadmodell zeigt Abbildung 1:

Abbildung 1: Revidiertes Pfadmodell in der Untersuchung von Williams (1990) zum Vergleich von Kohärenzgefühl und Widerstandsfähigkeit

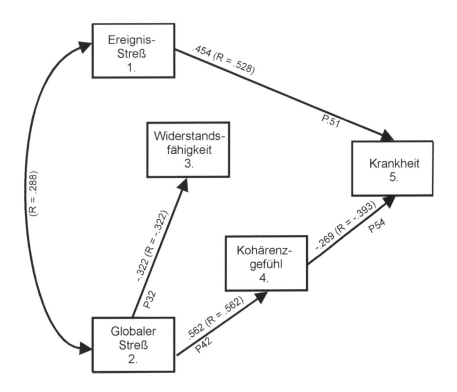

Es ergab sich somit ein direkter Effekt auf das Erkrankungsausmaß nur vom Ereignisstreß. Ein direkter Pfad von globalem Streß zur Erkrankungen war wegen Nicht-Signifikanz im ersten Modell eliminiert worden. Im revidierten Modell führt ein Pfad von globalem Streß zu Widerstandsfähigkeit, von dort gibt es jedoch keine Verbindung zur Erkrankung. Anders beim Kohärenzgefühl: dieses mediiert die Verbindung zwischen globalem Streß und Erkrankung. In einer schrittweisen multiplen Regression erklärten Kohärenzgefühl, Widerstandsfähigkeit, globaler Streß und Ereignisstreß 36 % der Varianz in der Variable „Erkrankungsausmaß"; der Ereignisstreß machte davon allein

28 % aus, das Kohärenzgefühl weitere 7 % (beides signifikant). Widerstandsfähigkeit mit nur 1% der Varianzaufklärung erwies sich als nicht signifikant.

Die Autorin interpretiert ihre Ergebnisse so, daß das Kohärenzgefühl einen signifikant größeren Einfluß auf Erkrankungen hat als Kobasas Widerstandsfähigkeit. Das Kohärenzgefühl, so Williams, ist ein potenteres Konzept zur Aufklärung der Varianz zwischen Streß und Krankheit respektive Gesundheit als Widerstandsfähigkeit.

Williams räumt allerdings auch eine mögliche Beeinflussung ihrer Ergebnisse durch methodische Artefakte ein: Zum einen erfasse Antonovskys Fragebogen zur Lebensorientierung das Kohärenzgefühl besser als Kobasas Personal View Survey (PVS) die Widerstandsfähigkeit. Darüber hinaus sei das Konzept Widerstandsfähigkeit möglicherweise für Frauen weniger valide als das Konzept Kohärenzgefühl, da Kobasa ihr Konzept ausschließlich bei Männern entwickelte, wohingegen Antonovsky sowohl in seinen konzeptionellen Überlegungen als auch in seinen Pilot- und Normierungsstichproben Männer und Frauen berücksichtigte.

Zum Stand der Konstruktvalidierung

In den verschiedensten Anwendungsbereichen wurden Untersuchungen durchgeführt, die das Kohärenzgefühl als abhängige Variable erfaßten. Sie hatten. nicht ausdrücklich die Validierung des Konzepts zum Ziel, erbrachten jedoch im Sinne dieser Aufgabe wesentliche Teilantworten und ermöglichen momentan folgende Aussagen zum Konzept des Kohärenzgefühls:

1. Es handelt sich beim SOC um ein konsistentes Konstrukt. Gemessen mit dem Fragebogen zur Lebensorientierung zeigen sich in allen Untersuchungen gute Werte interner Konsistenz mit Cronbachs von .85 und höher (Antonovsky 1990, 1991; Broda et al. 1996 a,b; Frenz et al. 1993; Hawley et al. 1992; Rimann und Udris 1997). Die interne Konsistenz der einzelnen Skalen ist naturgemäß niedriger, aber immer noch zufriedenstellend; es werden Werte zwischen .71 und .94 berichtet.
2. Es handelt sich beim SOC um ein vorwiegend kognitives Konstrukt. In diversen Faktorenanalysen ließen sich die Skalen Verstehbarkeit und Bedeutsamkeit, die die kognitiv-motivationalen Aspekte des Konstrukts abbilden, besser auffinden als die eher handlungsorientierte Skala Handhabbarkeit. In der Untersuchung von Broda et al. (1996 a,b) korrelierte das SOC zu .86 mit der Copingvariable Konstruktives Denken (gemessen mit dem Constructive Thinking Inventory in der deutschen Version von Lauterbach und Epstein, 1993), im Zürcher Salute-Projekt (Rimann und Udris 1997) ergaben sich negative Korrelationen mit dem ebenfalls kognitiven Bewältigungsstil Resignation. Beide Autorengruppen interpretieren ihre Ergebnisse dahingehend, daß es sich beim SOC um ein kognitives Konstrukt handelt.
3. Das Kohärenzgefühl korreliert hoch mit Maßen seelischer Gesundheit und weist eine große Nähe zu Konzepten wie Selbstwertgefühl, Optimismus, psychische Gesundheit, Kontrollüberzeugung auf. Entsprechende Zusammenhänge ließen sich sowohl bei Patienten und Patientinnen verschiedener Erkrankungsgruppen als auch bei unter Krankheitskriterien unauffälligen Gruppen, z.B. gewerblichen Arbeitneh-

mern, finden (Antonovsky 1993 a; Broda et al. 1996 a,b; Franke et al. 1997; Rimann und Udris 1997; Sack et al. 1997).
Die hohen Korrelationen zwischen verschiedenen Konzepten werden von einigen Autoren im Sinne einer Konstruktvalidierung als positiver Beleg für das Konstukt Kohärenzgefühl interpretiert. Rimann und Udris, die auf der Basis von Daten von 559 zufällig ausgesuchten Angestellten (265 Frauen, 294 Männer) aus Dienstleistungsbetrieben Zusammenhangsanalysen zwischen dem SOC und diversen anderen Konstrukten berechneten, kommen zu dem Schluß, „daß das Kohärenzerleben zwar erwartungsgemäß mit einigen psychologischen Konstrukten verknüpft, aber dennoch nicht identisch mit ihnen ist und somit ein eigenständiges Konstrukt darstellt. Dieser Befund stützt die konzeptionelle Annahme von SOC als Konstrukt mit „höherem" Abstraktionsniveau und ichzentralerer Stellung als verwandte Konstrukte." (1997, im Druck). Auch Antonovsky selbst interpretiert die Überschneidung mit anderen Konzepten im Sinne einer Konstruktvalidierung. Allerdings ist der Einwand, korrelative Verfahren leisteten keinen Beitrag zum Beleg des eigenständigen Erklärungswerts des Konstrukts, nicht ganz von der Hand zu weisen. Siegrist etwa bezeichnet das korrelative Vorgehen als eine „zumindest unübliche Verfahrensweise" (1994, S.87) und fordert die Anwendung multivariater Verfahren ein.
4. Das Kohärenzgefühl korreliert negativ mit Angst. In zahlreichen Studien (z.B. Carmel und Bernstein 1989; Frenz et al. 1993; McSherry und Holm 1994; Nyamathi 1991) zeigten sich negative Korrelationen zwischen Trait-Angst und SOC zwischen .60 und .85. Die von Siegrist aufgeworfene Frage nach der Eigenständigkeit des SOC steht somit auch gegenüber der Trait-Angst noch zur Beantwortung aus.
5. Das Kohärenzgefühl bildet keinen spezifischen Copingstil, kein bestimmtes Copingverhalten ab. Diesbezüglich handelt es sich um ein übergeordnetes Konzept.

Neben der bereits erwähnten negativen Korrelation des SOC mit Resignation zeigten Rimann und Udris (1997) für 265 weibliche und 294 männliche gewerbliche Arbeitnehmer positive Korrelationen mit Situationskontrollversuchen, positiver Selbstinstruktion und Bagatellisierung (erfaßt über den Streßverarbeitungs- Fragebogen von Janke et al. 1988). Unsere Arbeitsgruppe fand in einer Repräsentativerhebung von n= 766 Frauen zwischen 20 und 60 Jahren in Dortmund und Magdeburg hochsignifikante Zusammenhänge zwischen dem SOC und der Anzahl von angewandten Bewältigungsstrategien in den Bewältigungssituationen Ärger, Alleingelassensein und Streit mit dem Partner (Franke et al. 1997).

Messung des Kohärenzgefühls und Normwerte

Zur Erfassung des Kohärenzgefühls entwickelte Antonovsky den Fragebogen zur Lebensorientierung. Seine Konstruktion nach der Facettentheorie ist ausführlich in Kapitel Vier beschrieben.
Wie bereits erwähnt, hat sich die *interne Konsistenz* des Instruments in allen Veröffentlichungen als sehr hoch (Cronbachs a. 85 und höher) herausgestellt; die Reliabilität der einzelnen Skalen ist niedriger, aber immer noch äußerst zufriedenstellend.

Zur *Test-Retest-Reliabilität* liegen erstaunlich wenige Daten vor. Frenz et al. (1993) ermittelten bei 171 Studierenden im Retest-Intervall von einer Woche einen Pearson-Produkt-Moment-Koeffizienten von r = .92, bei einer Gruppe von 36 Angestellten im Intervall von 7 bis 30 Tagen einen Koeffizienten von r = .93. Sack et al. (1997) berichten ein r von .90 bei einer Gruppe von Patientinnen und Patienten einer psychosomatischen Poliklinik, die nach einem Erstgespräch nicht weiter behandelt wurden. Die Differenz zwischen den beiden Meßzeitpunkten betrug acht Wochen. Die Stichprobe ist allerdings klein und zudem vermutlich selektiv: von 80 zufällig ausgewählten Personen sandten 41 den Fragebogen zurück.

Viele Autorinnen und Autoren haben den Versuch unternommen, die drei *Komponenten* des SOC, also Verstehbarkeit, Bedeutsamkeit und Handhabbarkeit, *mittels Faktorenanalyse* aufzufinden. Dies gelang allenfalls im Ansatz. Die Ergebnisse deuten eher auf einen Generalfaktor hin:

Hawley et al. (1992) fanden auf Basis der Daten von 1333 Patientinnen und Patienten mit rheumatischen Erkrankungen keine unterscheidbaren Faktoren; sie kommen zu dem Schluß, daß alle Skalen das Gleiche zu messen scheinen. Sack et al. (1997) untersuchten 151 Patienten und 391 Patientinnen einer psychosomatischen Universitätsklinik; auch sie interpretieren den Verlauf der Eigenwerte und die große Varianzaufklärung durch einen Faktor im Sinne eines Generalfaktors. Frenz et al. (1993) fanden auf Basis der Daten von 374 Personen (217 Frauen, 156 Männer), von denen 98 (57 Frauen, 49 Männer) Patientinnen und Patienten in psychiatrischer und psychosomatischer Behandlung waren, eine 5 Faktorenlösung.

Die drei Skalen des SOC ließen sich nicht finden, eher bot sich eine Einfaktorlösung an. Rimann und Udris (1997) fanden für die Kurzform des Fragebogens zur Lebensorientierung mit 13 Items nach orthogonaler Rotation vier Faktoren, die zusammen 59,3 % der Gesamtvarianz aufklärten. Die Ladungsmuster deuteten auf einen Generalfaktor hin mit 31,6 % Varianzaufklärung; auf diesen Faktor luden Items aller drei Komponenten, vor allem Items zur Verstehbarkeit. Am ehesten ließ sich Bedeutsamkeit als eigenständiger Faktor abbilden, wohingegen die der Handhabbarkeit zugeordneten Items am meisten auf alle Faktoren verteilt waren.

Lediglich in zwei Studien ließen sich die drei Subskalen des SOC wiederfinden: Flannery et al. (1994) extrahierten auf Basis der Daten von 36 Männern und 69 Frauen, die eine Abendschule besuchten, (Alter M = 27 Jahre) mittels Hauptkomponentenanalyse drei Faktoren, die zusammen 53 % der Varianz aufklärten. Bedeutsamkeit hatte dabei mit 25 % den größten Anteil gegenüber den beiden anderen Faktoren mit jeweils 14 %. Broda et al. (1996) fanden auf der Basis der Daten von n = 831 Patientinnen und Patienten einer psychosomatischen Klinik eine Dreifaktorenlösung (Varimaxrotiert nach Scree-Test), die insgesamt 42,5 % der Varianz ausschöpfte. Allerdings zeichnete sich auch bei ihnen ein deutliches Ungleichgewicht unter den Faktoren ab: Faktor 1, der aus 15 Items bestand, von denen 8 der Skala Verstehbarkeit angehörten, erklärte bereits 28,4 % der ausgeschöpften Varianz, während Faktor 2, auf dem vor allem Items der Skala Bedeutsamkeit luden, nur noch 8,5 % und Faktor 3 mit Leititems zur Skala Handhabbarkeit nur noch 5,6% der Varianz aufklärte. Die Interkorrelation der Subskalen erwies sich als hoch: Verstehbarkeit mit Bedeutsamkeit .55, Verstehbarkeit mit Handhabbarkeit .72 und Bedeutsamkeit mit Handhabbarkeit .65.

Eine von Antonovsky selbst durchgeführte Faktorenanalyse erbrachte ebenfalls keine sinnvollen separaten Faktoren. Er interpretiert seine eigene und die ihm bekannt gewordenen Faktorenanalysen so, daß sie alle auf einen Generalfaktor hindeuten (1991). Dieses Ergebnis hält er jedoch für keineswegs überraschend.

Da der Fragebogen mittels der Facettentheorie konstruiert worden sei, gebe es wenig Grund zur Annahme, unterscheidbare Skalen für die drei Komponenten des Kohärenzgefühls finden zu können.

Normwerte im engeren Sinne liegen nicht vor, aber zahlreiche Vergleichswerte, die die von Antonovsky in diesem Buch in Kapitel Vier angegebenen bestätigen und ergänzen. Tabelle 1 gibt einen Überblick über SOC-Werte, die mittels 29-Item-Fragebogen zur Lebensorientierung an verschiedenen Populationen gewonnen wurden; der mögliche Range beträgt 29-203.

Tabelle 1: SOC-Werte in verschiedenen Untersuchungen, erhoben mit Fragebogen zur Lebensorientierung; 29 Items

Autoren / Autorinnen	Jahr	Land	Stichprobe			SOC	
			männl.	weibl.	M – Alter	M	SD
Broda et al.	1996/97	Deutschland	103	103	40; Patienten und Patientinnen in psychosomatischer Rehaklinik	123,6	7,3
Callahan & Pincus	1995	USA	646	646	57; Rheumapatienten/innen	146,5	29,4
Dahlin et al.	1990	Schweden	65	83	49; mindestens drei schwere Risiken als Kind	152,6	22,0
Frenz et al.	1993	USA	115	160	23; Studierende und Angestellte im Sozialwesen	142,4	21,9
Gallagher et al.	1994	Belgien	36	90	60; Pflegepersonen alter dementer und nicht-dementer Pat.	138,0	22,2

Autoren / Autorinnen	Jahr	Land	Stichprobe			SOC	
			männl.	weibl.	M – Alter	M	SD
Kaslow et al.	1994	Schweden	90	90	m. ca. 51, w. ca. 49; mehr als 20 Jahre verheiratete Paare	m 157,0 w 153,7	18,3 19,4
Langius & Björvell	1993	Schweden	70	75	48; Zufallsstichprobe	151,0	18,0
Langius et al.	1994	Schweden	25	17	58; Krebspatienten u. Krebspatientinnen	150,0	22,0
Sack et al.	1997	Deutschland	151	931	32; Patienten und Patientinnen in psychosomatischer Universitätsklinik	m 127,3 w 120,7	30,0 29,2
Sagy et al.	1990	Israel	428	368	m. ca. 65, w. ca. 60; Rentner und Rentnerinnen	m 152,2 w 145,0	22,8 23,4

In einigen Studien wurde auch die Kurzform des Fragebogens mit 13-Items verwendet. Einen Überblick über mit diesem Fragebogen erhobene Werte gibt Tabelle 2 ; der mögliche Range beträgt 13 bis 91.

Tabelle 2: SOC-Werte in verschiedenen Untersuchungen, erhoben mit Fragebogen zur Lebensorientierung; 13 Items

Autoren / Autorinnen	Jahr	Land	Stichprobe			SOC	
			männl.	weibl.	M – Alter	M	SD
Callahan & Pincus	1995	USA	182	646	57; Rheumapatienten/innen	65,3	14,8
Carmel et al.	1991	Israel	230		44,5; Kibbuzniks	67,6	9,9
Franke et al.	1997	Deutschland		766	38; Zufallsstichprobe von Frauen aus Dortmund und Magdeburg	64,0	12,1
Margalit & Eysenck	1990	Großbritannien	371	371	14; Schüler und Schülerinnen	m 58,6 w 59,2	10,4 11,0
Ryland & Greenfield	1991	USA	145	157	38; Universitätsassistenten/ assistentinnen	66,5	10,2

Die Mittelwerte des SOC weisen auf folgende Tendenzen hin:
➤ Das Kohärenzgefühl von Frauen ist niedriger als das von Männern.
➤ Das Kohärenzgefühl steigt mit dem Alter an.
➤ Das Kohärenzgefühl ist bei klinischen Gruppen niedriger als bei Zufallsstichproben.

Nur die letzte dieser drei Tendenzen ist in Übereinstimmung mit Antonovskys Annahmen. Gibt es Hinweise darauf, daß Antonovskys Anspruch der Globalität und Stabilität des SOC revidiert werden muß? Im folgenden werden Untersuchungen vorgestellt, die zur Auseinandersetzung mit dieser Frage beitragen können.

Kohärenzgefühl im soziodemographischen Kontext

In einer späten Veröffentlichungen formulierte Antonovsky sehr prägnant seinen eigenen Anspruch an das Konzept des Kohärenzgefühls: „Eine genaue Betrachtung der Definition ergibt, daß das SOC sich von solchen Konzepten wie Selbstwirksamkeit, internale Kontrollüberzeugung, problemorientiertes Coping, der Herausforderungskomponente von Widerstandsfähigkeit und von Beherrschung abhebt. Bei diesen handelt es sich um Strategien, die auf bestimmte Kulturen oder Subkulturen zugeschnitten sind, und sie mögen sehr wohl für bestimmte Stressoren zutreffen. Das SOC (und die Items, die seine Operationalisierung konstituieren) ist hoffentlich ein Konstrukt mit universeller Bedeutung, das die Grenzen von Geschlecht, sozialer Klasse, Region und Kultur überschreitet" (1993, S. 726).

Die empirischen Daten scheinen Antonovsky nur zum Teil zu bestätigen. Akzeptiert man den Fragebogen zur Lebensorientierung als valides Instrument zur Erfassung des Konstrukts, so läßt sich in Bezug auf die *Kulturabhängigkeit* folgendes festhalten: Der Fragebogen wurde in vielen Ländern eingesetzt, und zumindest per Augenschein unterscheiden sich die SOC-Werte weder deutlich noch in irgendeiner Form systematisch voneinander. Einschränkend muß jedoch gesagt werden, daß alle veröffentlichten Daten aus Ländern stammen, die kulturell ähnlich sind: Schweden, Deutschland, die USA und die Schweiz sind liberale, demokratische, kapitalistische Gesellschaften, die – bei sicherlich vorhandenen Unterschieden im Detail – doch der Mehrzahl ihrer Bürgerinnen und Bürger Rechtssicherheit, ökonomisches Auskommen und ein großes Ausmaß an individueller Freiheit garantieren. Die in Israel bisher untersuchten Stichproben dürften vergleichbare Lebensbedingungen haben, denn Israel ist – zumindest für die im Land lebenden jüdischen Bürgerinnen und Bürger – eine durch westliche Werte geprägte kapitalistische Demokratie. Die aus Israel veröffentlichten Studien beziehen zwar verschiedene Stichproben ein, doch handelt es sich, soweit ich die Literatur recherchieren konnte, ausnahmslos um Juden.

Um die transkulturelle Generalisierbarkeit des SOC zu überprüfen, böte sich gerade in diesem Land eine Untersuchung an anderen Bevölkerungsgruppen wie den Arabern oder Palästinensern an. Transkulturelle Verallgemeinbarkeit würde auch bedeuten, daß das Konstrukt in Japan, China, Afrika usw. überprüft würde, d.h. in Ländern und Kontinenten, in denen die Vorstellungen von Ich und sozialer Gruppe anders sind als in von Juden – und Christentum geprägten Kulturen.

Die Unabhängigkeit des SOC von *Geschlecht, Alter* und *Familienstand* kann auf Grund der bisherigen Datenlage nicht als zweifelsfrei bestätigt gelten. Die Ergebnisse geben ein noch heterogenes Bild mit vielen Lücken:

In zwei schwedischen Untersuchungen ergaben sich keine geschlechtsspezifischen Unterschiede: Dahlin et al. (1990) untersuchten Frauen und Männer, die als Kinder unter erheblichen psychosozialen Risikobedingungen aufgewachsen waren, Kaslow et al. (1994) Paare, die mehr als 20 Jahren verheiratet waren. In beiden Stichproben ließen sich keine Unterschiede zwischen Frauen und Männern bezüglich des SOC sichern. Ebenso fanden Callahan und Pincus (1995) bei Patientinnen und Patienten mit verschiedenen rheumatischen Erkrankungen und Margalit und Eysenck (1990) bei britischen Schülerinnen und Schülern keine Unterschiede zwischen den Geschlechtern. Broda et al. (1996 a) konnten für die von ihnen untersuchte Gruppe von Patientinnen und Patienten in einer psychosomatischen Rehabilitationsklinik nur geringe Einflüsse von Geschlecht und Bildung feststellen.

Eine zeitgleich stattfindende Untersuchung mit Patientinnen und Patienten einer psychosomatischen Poliklinik zeigte jedoch signifikant niedrigere SOC-Werte bei Frauen als bei Männern (Sack et al. 1997). Interessant waren darüber hinaus auch folgende Zusammenhänge: Bei den Frauen – und nur bei diesen – ergab sich eine hochsignifikante Korrelation zwischen Kinderzahl und SOC, wobei das SOC bei Frauen mit Kindern höher war. Bei beiden Geschlechtern fanden sich signifikant höhere SOC-Mittelwerte bei Verheirateten als bei Ledigen oder bei Geschiedenen. Die von Rimann und Udris (1997) untersuchten 265 weiblichen und 292 männlichen schweizerischen Arbeitnehmer unterschieden sich nicht hinsichtlich des Gesamtwertes des SOC, die Männer hatten jedoch signifikant höhere Werte in der Dimension Verstehbarkeit.

Deutliche Geschlechtsunterschiede fanden Anson et al. (1993) in einer Gruppe von 104 Männern und 134 Frauen, die wegen leichter Hypertonie (diastolischer Blutdruck zwischen 95 und 120 mmHg) in ambulanter ärztlicher Betreuung waren. Die Patientinnen hatten signifikant niedrigere SOC-Werte; doppelt so viele Frauen wie Männer beurteilten ihre eigene Gesundheit als schlecht, im Mittel berichteten sie 2,6 mal mehr Symptome als die Männer. Die Frauen beschrieben sich zudem als weniger glücklich, emotional stärker belastet, weniger zufrieden mit der familiären Situation, außerdem hatten sie einen geringeren Ausbildungs- und Beschäftigungsstand. Eine multivariate Analyse ergab, daß die Bewertung des Gesundheitsstatus und die Symptomschilderung entscheidend durch die emotionalen Parameter Unglücklichsein, Distreß und durch das Kohärenzgefühl beeinflußt waren. Ausbildungsstand, berufliche Situation und Zufriedenheit mit der familiären Situation beeinflußten die subjektive Gesundheitswahrnehmung dagegen nur geringfügig. Anson et al. interpretieren ihre Ergebnisse so, daß Frauen tatsächlich ein geringer ausgeprägtes Kohärenzgefühl haben als Männer. Sie argumentieren, daß die weibliche Sozialisation die Entwicklung einer globalen Lebensorientierung, die einem ermöglicht, den Stressoren im Leben erfolgreich zu begegnen, verhindert. Mindestens zwei der Komponenten des Kohärenzgefühls seien in der Sozialisation von Frauen behindert: so könne sich in einer Kultur, die den Gelderwerb durch eigene Tätigkeit als wesentlichen Wert betrachte, für Frauen aber nur die abhängige Rolle einer Hausfrau zur Verfügung stelle, kaum ein starkes Ausmaß von Verstehbarkeit ausbilden. Und ebensowenig könne ein hohes Ausmaß an Handhabbarkeit entstehen, wenn Frauen sozialisiert würden, abhängig und hilfesuchend zu sein.

Ähnlich argumentieren auch Carmel et al. (1991): Sie untersuchten 230 weibliche und männliche Kibbuzniks hinsichtlich der Zusammenhänge von kritischen Lebensereignissen, Kohärenzgefühl und subjektiv erlebter Gesundheit.

Weder in der Höhe des SOC noch in der berichteten Zahl von Lebensereignissen im vergangenen Jahr unterschieden sich die befragten Frauen und Männer. Unterschiede ergaben sich jedoch, wenn diese Variablen mit körperlichem und psychischem Wohlbefinden in Beziehung gesetzt wurden. Diese beiden Gesundheitsmaße korrelierten (positiv) mit Lebensereignissen nur bei Frauen und mit dem SOC nur bei Männern. In Bezug auf ihr physisches und psychisches Wohlbefinden unterschieden sich Frauen und Männer nicht. Die Autoren bieten verschiedene Interpretationsmöglichkeiten an: Zum einen halten sie es für möglich, daß bei gleich erlebter Zahl von kritischen Lebensereignissen die Belastung durch diese für die Frauen deshalb größer ist, weil sie permanent einem höheren Ausmaß an chronischem Streß ausgesetzt sind als Männer. Während Männer somit noch gleichsam freie Kapazität für einzelne belastende Ereignisse haben, überfordern diese Frauen, die ständig am Ende ihrer Kraft operieren. Möglich sei aber auch, daß Frauen in kritischen Situationen ihr Kohärenzgefühl nicht ausreichend mobilisieren könnten. Die vergleichbaren Werte in physischem und psychischem Wohlbefinden ließen sich eventuell dadurch erklären, daß Frauen in kritischen Belastungssituationen andere Ressourcen als ihr SOC mobilisieren könnten, insbesondere soziale Unterstützung.

Diese Untersuchung von Carmel et al. steht in einem interessanten Zusammenhang mit der eingangs berichteten von Williams (1990): Hier hatte sich bei einer Untersuchungsgruppe von Krankenschwestern auf Intensivstationen ein signifikanter mediierender Effekt des SOC im Zusammenhang zwischen globalem Streß und Krankheit insofern gezeigt, als die negativen gesundheitlichen Auswirkungen von globalem Streß um so geringer waren, je stärker das Kohärenzgefühl war.

Zwei weitere Untersuchungen weisen auf einen möglichen Einfluß des Geschlechts auf das Kohärenzgefühl hin: Langius et al. (1994) fanden in einer Gruppe von an Krebs Erkrankten signifikant niedrigere SOC-Werte bei Frauen (M = 137, SD = 22) als bei Männern (M = 158, SD = 17) ; in einer Vergleichsgruppe gesunder Frauen und Männer traten entsprechende Unterschiede nicht zu Tage. Ryland und Greenfield (1991) konnten eine ansteigendes SOC mit zunehmendem Alter bei 157 Universitätsprofessorinnen feststellen; bei 145 ebenfalls untersuchten männlichen Kollegen fand sich ein vergleichbarer Anstieg nicht. Als mögliche Erklärung bieten die Autorinnen die Spekulation an, daß die Tätigkeit als Professorin den Frauen eventuell Erfahrungen von Verstehbarkeit, Bedeutsamkeit und Handhabbarkeit verschafft, die Frauen im sonstigen Berufsleben nicht vermittelt werden. Im Vergleich mit der Mehrzahl von Frauen hätten Professorinnen mehr Freiheit, Status und Geld und damit mehr Chancen auf SOC-stärkende Erfahrungen[1].

Es kann wohl zusammenfassend gefolgert werden, daß die Frage des Zusammenhangs zwischen Geschlecht und Kohärenzgefühl noch nicht ausreichend untersucht wurde. Mehreren Untersuchungen zufolge ist das Kohärenzgefühl nicht geschlechtsabhängig. Da, wo sich Unterschiede zwischen Männern und Frauen sichern ließen, handelte es sich mehrfach um klinische Stichproben. Es ist denkbar, daß das Geschlecht in diesen Fällen nicht einen direkten Einfluß auf das SOC nimmt, sondern einen indirekten über die subjektive Wahrnehmung und Verarbeitung von Krankheit. Untersuchungen an psychosomatischer Klientel, die hohe Korrelationen zwischen erlebtem Beschwerdeausmaß und dem Kohärenzgefühl erbrachten, geben Hinweise auf diese Möglichkeit.

Interessant ist jedoch in jedem Fall, daß in allen Untersuchungen, in denen sich Geschlechtsunterschiede zeigten, die niedrigeren SOC-Werte bei den Frauen gefunden wurden. Mir ist keine Untersuchung bekannt, in der Männer niedrigere SOC-Werte haben. Die Interpretationen von Anson et al. (1993) scheinen nicht unplausibel – zumindest gälte es, sie an verschiedenen Gruppen von Frauen, die hinsichtlich Sozialstatus, Familienstand, Erwerbstätigkeit, Zahl der Kinder usw. differenziert werden müßten, zu untersuchen. Vielleicht müßte aber auch viel genereller gefragt werden, ob das Kohä-

---

1. Mir drängt sich als Universitätsprofessorin die andere, zugegebenermaßen etwas böse, Spekulation auf, daß eventuell nur Frauen mit einem für ihre Gruppe gänzlich untypisch hohen SOC in der Universität ein höheres Lebensalter erreichen.

renzgefühl ein Konstrukt ist, das eher den männlichen Vorstellungen von einem gesunden Leben entspricht. Und last but not least wären auch noch umfangreichere geschlechtsspezifische Validierungen des Instruments erforderlich.

Nun zur Frage des *Alters*. Es scheint sehr fraglich, ob sich Antonovskys Annahme der Stabilität des SOC etwa ab dem 30. Lebensjahr bestätigen läßt. Soweit mir bekannt ist, zeigt sich diese Stabilität nur in der Untersuchung von Hawley et al. (1992) an 1333 Patientinnen und Patienten mit rheumatischen Erkrankungen. In allen anderen Untersuchungen, die die Variable Alter kontrollierten, zeigten sich leichte bis deutliche Anstiege mit höherem Alter (Callahan & Pincus 1995; Rimann & Udris 1994; Sack et al. 1997).

Bisher gibt es keine Untersuchungen, in denen das Kohärenzgefühl über einen längeren Zeitraum hin untersucht wurde. Antonovsky berichtet 1991 von einer Untersuchung an israelischen MedizinstudentInnen, die insgesamt dreimal im Abstand von einem Jahr untersucht wurden: nach einem Jahr betrug die Test-Retest-Reliabilität .76, nach zwei Jahren .41. In einer anderen Untersuchung an US-amerikanischen Fabrikarbeitern zeigte sich ein Test-Retestkoeffizient nach einem Jahr von .78. Beide Untersuchungen sind meines Erachtens nicht geeignet, Antonovskys Annahme zu unterstützen; ein Abstand von einem Jahr ist sicherlich nicht die geeignete Zeitspanne, um lebenslange Stabilität nachzuweisen. Aussagen zur Stabilität des SOC machen auch Carmel et al. (1993), die bei 230 Kibbuzniks signifikante negative Korrelationen zwischen dem Kohärenzgefühl und kritischen Lebensereignissen im vergangenem Jahr feststellten. Für dieses Ergebnis bieten sie zwei Interpretationsmöglichkeiten an: entweder seien Personen mit einem starken SOC in der Lage, sich kritischen Lebensereignissen weniger auszusetzen, oder aber die kürzliche Erfahrung von zahlreichen streßhaften Lebensereignissen beeinflusse das SOC negativ. Diese zweite Interpretationsmöglichkeit bedeute – so Carmel et al. – eine Widerlegung der Stabilitätsannahme Antonovskys. Ich halte wiederum den Zeitraum von einem Jahr für eine nicht ausreichende Basis, um einen solchen Schluß zu zielen.

Bisher wurde auch nicht überprüft, ab welchem bzw. bis zu welchem Alter das SOC mit Hilfe des Fragebogens zur Lebensorientierung valide erfaßt werden kann. Eine Untersuchung von Helen Antonovsky und Sagy (1986) mit 418 Schülerinnen und Schülern zwischen 9 bis 12 Jahren erbrachte eindeutig, daß der Fragebogen für die Untersuchung dieser Gruppe nicht geeignet ist. Gemäß den Annahmen von Antonovsky, daß das SOC sich erst im frühen Erwachsenenalter stabil ausbildet, sollten vermutlich unter 20 jährige nicht mit dem Fragebogen untersucht werden.

Die Annahme der Stabilität des SOC wurde Antonovsky zufolge (vgl. Kapitel Fünf), besonders häufig und heftig von Professionellen in den sogenannten helfenden Berufen in Frage gestellt. Dies ist verständlich, müssen doch gerade diese, insbesondere Psychotherapeutinnen und Psychotherapeuten, davon überzeugt sein, daß Menschen sich auch noch jenseits des dreißigsten Lebensjahres weiterentwickeln und verändern können. Antonovsky jedoch hielt nur einschneidende, langfristige lebensverändernde Ereignisse für geeignet, Einfluß auf die Stärke des Kohärenzgefühls zu nehmen. Psychotherapie schien ihm weder langfristig noch einschneidend genug, solche Veränderungen zu bewirken.

Da das Kohärenzgefühl bisher noch kaum Eingang in die Therapieforschung gefunden hat, sind die empirischen Untermauerungen für oder gegen Antonovskys Annahme noch spärlich. Mir sind nur zwei deutsche Untersuchungen bekannt, beide an psychosomatischer Klientel:

Broda et al. (1996 b) konnten 60 Patientinnen und Patienten zu drei Meßzeitpunkten erfassen: vor Beginn einer stationären Therapie, ein halbes Jahr und ein Jahr nach deren Beendigung. Das mit dem Fragebogen zur Lebensorientierung gemessene Kohärenzgefühl veränderte sich über diese Zeit nicht. Es gab keine signifikanten Unterschiede über die Zeit, eine multivariate Varianzanalyse erbrachte keinen Einfluß des Faktors Zeit. Dies galt sowohl für den Gesamtwert des SOC als auch für die Subskalen des Fragebogens.

Sack et al. (1997) konnten hingegen für 81 Patientinnen und Patienten einer stationären psychosomatischen Behandlung eine signifikante Zunahme des SOC-Gesamtwerts beobachten. In der Halbjahreskatamnese war der SOC-Wert wieder gesunken; gegenüber dem Wert zu Beginn der Behandlung zeigte sich nun eine leichte Zunahme, die jedoch statistisch nicht abzusichern war. Eine differenzierte Betrachtung der Patientinnen und Patienten ergab zum Entlassungszeitpunkt drei Gruppen: Bei 35,7% hatte der SOC-Wert um mehr als 10 Punkte zugenommen, bei 42 % blieb er innerhalb eines Bereichs von +10/-10-Punkten stabil, bei 21,4 % sank er um mehr als 10 Punkte. Diese Dreiteilung ließ sich auch zum Katamnesezeitpunkt finden.

Zum Schluß dieses Abschnitts ist noch ein grundsätzliches kritisches Wort notwendig: Alle hier referierten Untersuchungen erfassen das Kohärenzgefühl mit Antonovskys Fragebogen zur Lebensorientierung, die meisten mit der langen, einige mit der kurzen Fassung. Antonovsky selbst betrachtete den Fragebogen zwar als brauchbares Instrument, aber keineswegs als Ultima ratio. Eine Weiterentwicklung des SOC-Konzepts wird notwendig auch mit einer Weiterentwicklung und Ausdifferenzierung von angemessenen Erfassungsmethoden verbunden sein. Hinweise darauf, daß an einer solchen Weiterentwicklung gearbeitet wird, habe ich in der Literatur nicht gefunden.

Kohärenzgefühl – Gesundheit – Krankheit

Vielleicht habe ich es übersehen: aber meines Wissens hat Antonovsky niemals definiert, was er unter Gesundheit und was er unter Krankheit versteht. 1979 beschrieb er als relevante Facetten zur Konzeptualisierung des Breakdowns, also des Punktes, an dem die gesunden Funktionen auf dem Gesundheits-Krankheits- Kontinuum zusammenbrechen und Krankheit beginnt, Schmerz, funktionale Einschränkung, prognostische und therapeutische Implikationen. Unter prognostischen Implikationen verstand er den sogenannten natürlichen Verlauf der Erkrankung, die nach medizinischer Prognose voraussichtliche Entwicklung der Erkrankung. Unter therapeutischen Implikationen faßte er all das zusammen, was in einer bestimmten Kultur getan wird, um die Krankheit einzudämmen bzw. zu beseitigen.

Diese Konzeptualisierung des Breakdown mutet recht organ- und schulmedizinisch an. Eingegangen wird weitgehend auf den Befund. Das Befinden der Person, ihr subjektives Erleben der Situation bleibt unberücksichtigt. Antonovsky hat später dieses Modell nicht weiter ausgearbeitet. Statt dessen konzeptualisierte er das Kohärenzgefühl als entscheidende Variable dafür, sich auf dem Gesundheits- Krankheits-Kontinuum möglichst weit in Richtung Gesundheit bewegen zu können. Dies ist zugegebenermaßen eine sehr griffige Formulierung – zur Klärung der Frage, was denn nun eigentlich unter Gesundheit zu verstehen ist, trägt sie aber wenig bei.

Stellt man die (korrelative) Frage, mit welchen „klassischen" diagnostischen Maßen das Kohärenzgefühl in Beziehung steht, so gilt es wohl als erstes festzuhalten, daß Patientinnen und Patienten verschiedener Krankheitsgruppen nicht ein niedrigeres SOC haben als sogenannte „Gesunde". In den Untersuchungen von Langius et al. (1994) mit Krebskranken und Callahan und Pincus (1995) mit Rheumakranken zeigten sich SOC-Mittelwerte im Normbereich.

Niedrigere Werte wurden dagegen in Untersuchungen mit psychosomatischer Klientel gefunden (Broda et al. 1996, Sack et al. 1997).

Hier deutet sich bereits an, daß das SOC in einem stärkerem Zusammenhang zu seelischen als zu körperlichen Beschwerden steht. In diese Richtung deuten auch Ergebnisse einer Untersuchung von Franke et al. 1997, in der substanzunauffällige Frauen mit solchen mit kritischem und abhängigem Gebrauch von Alkohol, Schmerzmitteln, Psychopharmaka und illegalen Drogen untersucht wurden. Das Kohärenzgefühl war bei den substanzunauffälligen Frauen (n = 571) signifikant höher als bei Frauen mit auffälligem Substanzkonsum (n = 357). Drogenkonsumentinnen hatten die niedrigsten SOC-Werte, gefolgt von den Frauen mit auffälligem Medikamentenkonsum. Beide Gruppen, also drogen- und medikamentenauffällige Frauen hatten signifikant niedrigere SOC-Werte als substanzunauffällige Frauen. Frauen mit auffälligem Alkoholkonsum (über 140g. Reinalkohol pro Woche) unterschieden sich nicht signifikant von substanzunauffälligen Frauen, alkoholabhängige Frauen hingegen hatten gegenüber den substanzunauffälligen ein signifikant niedrigeres Kohärenzgefühl.

Die mir bisher bekanntgewordenen niedrigsten Werte im SOC erreichte eine im Rahmen meiner Arbeitsgruppe untersuchte Gruppe von Heroinabhängigen (Klaffke 1997). Für 19 mit dem Fragebogen zur Lebensorientierung untersuchte Heroinkonsumenten (m = 14, w = 5) lag der mittlere SOC-Wert bei 109,1; 20 substituierte Heroinabhängige (m = 9, w = 11) erreichten ein SOC von 110,5. 19 Ex-User d.h. Personen, die mindestens ein Jahr lang intravenös Heroin konsumiert hatten und seit mindestens drei Jahren clean waren, (m = 9, w = 10) erreichten dagegen ein SOC von 133,4. Diese Ergebnisse sind noch sehr vorläufig. Im Zusammenhang mit der Studie an substanzunauffälligen und medikamenten-, alkohol- und drogenkonsumierenden Frauen jedoch deuten sie darauf hin, daß das SOC bei Menschen mit Abhängigkeitsproblemen erniedrigt ist.

In zahlreichen Studien wurde ein enger Zusammenhang zwischen psychischer Gesundheit respektive Krankheit und dem SOC festgestellt. Insbesondere haben sich in diversen Studien hohe negative Korrelationen mit Trait-Angst und Depression herausgestellt (Carmel und Bernstein 1989; Frenz et al. 1993; Hart et al. 1991; McSherry und Holm 1994; McSherry et al. 1991; Nyamathi 1991).

In all diesen Studien liegen die Korrelationswerte zwischen -.60 und -.85. Diese Werte sind hoch und eindrücklich, lassen jedoch die Frage berechtigt erscheinen, wozu man ein Konzept wie das Kohärenzgefühl braucht, wenn es sich offensichtlich weitgehend mit etablierten Konzepten überschneidet (Hawley et al. 1992; Siegrist 1994)

Dieser Kritik wird nur wirkungsvoll begegnet werden können, wenn methodisch die Ebene der Korrelationen und Kontrollgruppenvergleiche verlassen wird. Erste Ansätze hierzu sind meines Erachtens die bereits eingangs zitierte Untersuchung von Williams (1990) und eine zweite, ebenfalls pfadanalytische, von Becker et al. (1994). Sie überprüften zur Erklärung der habituellen körperlichen Gesundheit ein theoretisches Rahmenmodell, in das als latente Erklärungsvariablen interne psychische Ressourcen (seelische Gesundheit, Kohärenzgefühl, habituelles Bewältigungsverhalten und habituelles Gesundheitsverhalten), externe psychosoziale Ressourcen (soziale Unterstützung und Kontrolle über die Arbeit), externe physische Anforderungen (physisch belastende Arbeitsbedingungen) sowie die Lebenszufriedenheit eingingen. Dem Ausgangsmodell wurden mehrere Alternativmodelle gegenüber gestellt und pfadanalytisch (mittels LISREL) getestet. Im schließlich ausgewähltem Modell, das sich hinsichtlich Sparsamkeit und Anpassungsgüte als überlegen zeigte, führte entgegen der Erwartung kein direkter Pfad vom Kohärenzgefühl zur körperlichen Gesundheit. 60 % der Varianz im SOC-Konstrukt ließen sich mit Hilfe der seelischen Gesundheit, der Lebenszufriedenheit und der sozialen Unterstützung aufklären. Den Autoren zufolge bestätigt sich damit „lediglich die von Antonovsky berücksichtigte Abhängigkeit des Kohärenzsinns von generalisierten Widerstandsquellen, nicht jedoch sein Status als direkte Einflußvariable auf die Gesundheit" (1994, S.43).

Zur Wirkungsweise des Kohärenzgefühls

1990 beschrieb Antonovsky das Kohärenzgefühl als ein Charakteristikum einer Person, „das kausal mit ihrer Position auf dem Gesundheits-Krankheits-Kontinuum verbunden ist" (S. 164). Das Kohärenzgefühl als dispositionale Orientierung wirke dabei nicht im Sinne einer klassischen stabilen Persönlichkeitseigenschaft. Nach Antonovsky geht das Konzept der Persönlichkeitseigenschaften davon aus, daß Personen sowohl in streßfreien als auch in streßhaften Situationen zu bestimmten fixierten Verhaltenstendenzen neigen, sich somit in allen Situationen scheu, dominant, aggressiv oder zwanghaft verhalten. Das SOC-Konstrukt werde demgegenüber dann relevant, wenn es um Streßsituationen gehe: Je stärker das Kohärenzgefühl, desto mehr werde die Person dazu neigen, den Stressor und die von ihm gestellten Aufgaben genauestens zu untersuchen, Ressourcen zu seiner Bewältigung auszumachen und zu aktivieren und für Rückmeldungen, Zwischenbewertung und gegebenenfalls Neuorientierung offen zu sein. Je stärker ausgeprägt somit das Kohärenzgefühl, desto flexibler handle eine Person. Je niedriger das Kohärenzgefühl, desto wahrscheinlicher reagiere sie ohne Berücksichtigung der situativen Bedingungen ihren Persönlichkeitszügen entsprechend starr.

Wie aber nimmt das Kohärenzgefühl Einfluß auf den Gesundheitsstatus, also die Position auf dem Gesundheits-Krankheits-Kontinuum? Antonovsky selbst (1990) sieht fünf mögliche Kanäle:

Erstens direkt über das Gehirn als Gesundheitsversorgungssystem: Die Wahrnehmung der Welt als verstehbar, handhabbar und bedeutsam könne das Gehirn aktivieren, den anderen körperlichen Systemen direkt gesundheitsförderliche Informationen zukommen zu lassen.

Zweitens durch die Auswahl gesundheitsfördernden Verhaltens: Personen mit einem hohem Kohärenzgefühl definierten mehr Stimuli als nicht streßhaft und wichen Stressoren, mit denen schwer umzugehen sei, eher aus. Außerdem würden solche Personen rechtzeitige professionelle Hilfe aufsuchen und akzeptieren, für die Gesundheit relevante Informationen sammeln und gesundheitsschädliches Verhalten vermeiden.

Drittens seien Personen mit einem hohen SOC erfolgreicher im Umgang mit Stressoren. Antonovsky bezeichnet dies als einen zwar indirekten, aber in seinen Auswirkungen wichtigsten Verbindungskanal zwischen Kohärenzgefühl und Gesundheit. Erfolgreiches Coping führe nicht nur zu Spannungsreduktion und damit zur Vermeidung von Schädigung, sondern auch zu emotionaler und physiologischer Verstärkung, was bedeute, daß die Erfahrung selbst gesundheitsförderlich sei.

Zwei weitere Kanäle seien Einstellungen und das Aktivitätsniveau; diese beiden Aspekte scheinen mir jedoch wenig allgemeingültig zu sein, da er sie in sehr engem Zusammenhang mit einer Studie darstellt, die sich mit Männern und Frauen im ersten Jahr ihrer Berentung beschäftigt. In dieser Untersuchung (Antonovsky et al. 1990) fanden sich positive Korrelationen zwischen Kohärenzgefühl, Gesundheitsstatus der Rentnerinnen und Rentner, ihrer Einstellung zu ihrer neuen Lebenssituation und dem Aktivitätsniveau. Mir scheinen diese in nur einer Studie mit einer sehr spezifischen Gruppe überprüften Zusammenhänge nicht ausreichend, um einen kausalen Einfluß des Kohärenzgefühls via Aktivität auf den Gesundheitsstatus anzunehmen. Wie aber sieht es mit den übrigen „Kanälen" aus?

Um den ersten, neurologischen Aspekt zu beurteilen, fehlt mir die Kompetenz. Es scheint jedoch so zu sein, daß die neurologische, physiologische und/oder psychobiologische Streßforschung sich mehr mit der Frage beschäftigt hat, wie sich Belastung auswirkt als mit derjenigen, welche Faktoren für die Aufrechterhaltung von Gesundheit relevant sind. Hellhammer und Buske-Kirschbaum berichten 1994, daß sich in einer von ihnen durchgeführten Literaturrecherche in der Datenbank „Medline" zeigte, daß nur etwa 0,2–0,3 % aller Forschungsveröffentlichungen von 1989 bis 1994, die sich mit Streß beschäftigten, auch protektive oder regenerative Aspekte erwähnten. Aufgrund der wenigen ersten Ergebnisse kommen sie zu dem Schluß: „Im Bereich der psychobiologischen Grundlagenforschung zeichnen sich erste Befunde ab, welche dafür sprechen, daß der Organismus in der Lage ist, unter Streßbedingungen bestimmte protektive Faktoren zu mobilisieren, die vor einer Belastung resp. deren Folgen schützen" (1994, S.101).

Während Antonovsky 1990 noch keine empirischen Belege dafür anführen konnte, daß das Kohärenzgefühl den Gesundheitsstatus durch die Auswahl gesundheitsfördernder Verhaltensweisen beeinflußt, liegen heute einige Untersuchungen vor, die meines Erachtens vorsichtig als erste Hinweise in Richtung auf eine Bestätigung seiner Annahme interpretiert werden können: Methodisch sehr sorgfältig untersuchten Dangoor und Florian (1994) in Israel 88 verheiratete Frauen mit chronischen orthopädischen, neurologischen und internistischen Erkrankungen hinsichtlich ihrer körperlichen Einschränkung und psychosozialen Anpassung. Erfaßt wurden soziodemographische Parameter, Ausmaß der Behinderung, chronische physische Beeinträchtigungen, personale und familiale Adaptation und das Kohärenzgefühl. Im ersten Schritt einer Regressionsanalyse zeigte sich ein signifikanter Einfluß des sozioökonomischen Index auf das Ausmaß der Einschränkung im täglichem Leben, einen Index psychischer Gesundheit und die familiale Adaptation. Durch Addition des SOC konnte das Ausmaß der erklärten Varianz in den Bereichen psychische Gesundheit und familiale Adaptation signifikant erhöht werden, wohingegen der Beitrag aller anderen unabhängigen Variablen mit Ausnahme des sozioökonomischen Index unterhalb die Signifikanzgrenze fielen. Die Ergebnisse werden von den Autoren als Hinweis darauf gewertet, daß nicht die Variablen des Behinderungsstatus, sondern das Kohärenzgefühl und der sozioökonomische Index für die Erklärung der Varianz des Anpassungserfolgs entscheidend sind.

In einer belgischen Studie (Gallagher et al. 1994) wurde untersucht, ob das Kohärenzgefühl bei Betreuenden von dementen und nichtdementen alten Menschen eine Rolle spielt. Die Autoren wollten untersuchen, ob Betreuerinnen und Betreuer mit einem starken SOC mehr situationsangemessene Copingstrategien und weniger gesundheitsschädigende Verhaltensweisen (Trinken, Rauchen, zuviel Essen) zeigten als solche mit einem niedrigen SOC. Nach Ansicht der Autoren wurden ihre Hypothesen, daß Betreuerinnen und Betreuer mit hohem SOC den Belastungen eher gewachsen waren, ohne selbst gesundheitsschädigendes Verhalten zu zeigen, bestätigt.

DeBruyn (1995) untersuchte bei Studierenden die Verbindung zwischen Kohärenzgefühl, wahrgenommenem Streß, alltäglichen Widrigkeiten und Alkoholkonsum. Er meint nachgewiesen zu haben, daß das Kohärenzgefühl den StudentInnen einen Schutz insofern bietet, als es ihnen ermöglicht, die täglichen kleinen Ärgernisse, die mit dem universitären Leben verbunden sind, als weniger belastend anzusehen. Studierende mit einem starkem Kohärenzgefühl gaben weniger Alkoholprobleme an.

Schließlich kann an dieser Stelle noch einmal auf die bereits erwähnte Studie von Carmel et al. (1991) an Kibbuzniks hingewiesen werden, in der eine signifikante negative Korrelation zwischen kritischen Lebensereignissen und dem SOC gefunden wurde. Da die kritischen Lebensereignisse nicht objektiv von außen erfaßt sondern von den Befragten selbst berichtet wurden, könnte dieses Ergebnis auch in Antonovskys Sinne so interpretiert werden, daß Menschen mit einem starken Kohärenzgefühl weniger Ereignisse als streßhaft wahrnehmen oder aber, daß sie ihnen geschickter und frühzeitiger ausweichen als Personen mit niedrigerem SOC.

Die Annahme, daß das Kohärenzgefühl den Umgang mit Stressoren beeinflußt, überprüften McSherry und Holm (1994) an einer Gruppe von Studierenden. Sie gaben 1000 Psychologiestudierenden den Fragebogen zur Lebensorientierung und teilten die Gruppe anschließend nach der Höhe des SOC in drei Gruppen mit hohem (m = 168.30, SD = 5.70), mittlerem (m = 141.15, SD = 1.57) und niedrigem (m = 101.37, SD = 10.50) SOC auf. Aus diesen drei Gruppen wählten sie jeweils zufallsmäßig zehn Frauen und zehn Männer aus; es ergab sich somit eine Untersuchungsgruppe von n = 60. Diese füllten zunächst Fragebogen zur State-Trait-Angst und zum Streß-Arousal aus, anschließend wurden in einer Baselinephase Pulsfrequenz, Hauttemperatur und Hautwiderstand erfaßt. Hiernach erfolgte die Ankündigung einer Streßsituation (Sprechen vor einem Auditorium bei laufender Fernsehkamera); in einer vierminütigen Wartephase wurden wiederum die physiologischen Maße erfaßt. Nach Auflösung der Streßsituation erfolgte in der Erholungsphase eine nochmalige physiologische Messung, anschließend füllten die Probandinnen und Probanden noch verschiedene Fragebogen zum Coping und zur kognitiven Bewertung aus. Es zeigten sich zwischen den Gruppen signifikante Unterschiede für Streß, State-Angst und Ärger, nicht für Erregung. Bezüglich der kognitiven Bewertung[2] zeigten sich keine signifikanten Unterschiede für die erste Bewertungsstufe, aber signifikante Unterschiede in allen Items der zweiten Bewertung: Die Unterschiede umfaßten sowohl die Bereiche der sozialen, materiellen und psychologischen Ressourcen als auch das Vertrauen in die eigenen Copingmöglichkeiten. In einer Copingcheckliste[3] zeigten sich deutliche inhaltliche Unterschiede: die Gruppen mit hohem SOC nannten signifikant häufiger Copingverhaltensweisen, die eine aktive Auseinandersetzung und ein Herangehen an die Stressoren beinhaltete. Interessant waren auch die physiologischen Veränderungen: Alle Gruppen erlebten die Situation als Streßsituation, was sich in einem signifikantem Ansteigen der Pulsraten von Baselinephase zur ersten Minute der Streßphase zeigte. Die Unterschiede zwischen den Gruppen waren diesbezüglich nicht signifikant. Anschließend jedoch ergaben sich Veränderungen: Während es in der Gruppe mit hohem SOC zu einem Anstieg nur in der ersten Minute kam und danach zu einem Abfall, zeigte sich in der Gruppe mit mittlerem SOC ein Anstieg von Anfang der Antizipationsphase bis zum Ende der Streßphase. Diese Ergebnisse deuten nach McSherry und Holm darauf hin, daß Personen mit hohem Kohärenzgefühl in der ersten Bewertungsstufe die Situation als weniger bedrohlich einschätzen bzw. schneller den Eindruck gewinnen, daß ihnen Ressourcen zum Umgang mit dem Stressor zur Verfügung stehen. Hinzu komme, daß Personen mit einem niedrigen SOC sich auch in den kognitiven und psychologischen Maßen als stärker belastet darstellten: Bereits vor der Streßsituation befinden sie sich somit in einer schlechteren Ausgangsposition, bewerten die Situation dann als bedrohlicher und schätzen sich selbst als schlecht mit Ressourcen ausgestattet ein.

Die Autoren halten ihre Ergebnisse für einen direkten Beleg dafür, daß das Kohärenzgefühl signifikant das kognitive Appraisal beeinflußt, insbesondere auf der zweiten Bewertungsstufe. Außerdem scheint das SOC die Wahl der in Richtung auf mehr aktives Coping zu beeinflussen.

Auch in unserer eigenen bereits erwähnten Studie über Substanzkonsum von Frauen (Franke et al. 1997) zeigten sich in Zufallsstichproben von n = 766 Frauen in Dortmund und Magdeburg hochsignifikante Korrelationen des Kohärenzgefühls mit allen Subskalen eines Fragebogens zur Kompetenzerwartung: positive Korrelationen mit subjektiver Kompetenz und internaler Kontrollüberzeugung, negative mit sozialer Externalität und fatalistischer Externalität. Hochsignifikante Korrelationen ergaben sich auch mit der Anzahl von Bewältigungsstrategien für verschiedenste Streßsituationen, negative zu regressiven Bewältigungsformen wie emotionaler Betroffenheit, Aufgeben und Reagieren mit Aggressionen.

---

2. jeweils gemessen mit in der eigenen Arbeitsgruppe entwickelten Instrumenten
3. jeweils gemessen mit in der eigenen Arbeitsgruppe entwickelten Instrumenten

Ethische und gesellschaftspolitische Aspekte des Salutogenesekonzepts

In seinen letzten Lebensjahren äußerte sich Antonovsky mehrmals zu den ethischen Implikationen und Auswirkungen des Salutogenesekonzepts. So erfreut er über dessen zunehmende Verbreitung war, um so wichtiger schien es ihm auch, auf die mit diesem Konzept verbundenen Gefahren aufmerksam zu machen. Sein letzter Beitrag aus dem Jahre 1995 trägt den Titel: „Das Moralische und das Gesunde: identisch, überschneidend oder orthogonal?". Ich verstehe ihn im Sinne eines Vermächtnisses.

Antonovsky sieht vor allem zwei ethische Probleme:

Das erste entstehe aus der Notwendigkeit, Gesundheit zu definieren. Da es im pathogenetischen Paradigma vor allem darum gehe, Leiden, Schmerz und Krankheit zu verringern oder zu beseitigen, stelle sich diesem die definitorische Frage nicht in gleichem Maße. In dem Moment jedoch, in dem man sich der Frage stelle, was Gesundheit sei, sei man notwendigerweise mit zwei sehr komplexen ethischen Problemen, dem definitorischen und einem funktionalen, konfrontiert.

Alle Versuche, Gesundheit zu definieren, werfen nach Antonovsky unweigerlich die Gefahr auf, eigene Werte bzw. die Werte der Mächtigen, die Werte derer, die die Definitionsmacht innehaben, als gesund auszugeben. Ärzte in Nazideutschland, China, Rumänien, der Sowjetunion, Chile und Südafrika hätten Menschen im Namen der Gesundheit unsägliche Qualen zugefügt. Wie gingen wir – wobei er mit „wir" die israelischen Professionellen im Gesundheitssystem meint – im Geiste der WHO-Gesundheitsdefinition mit Personen um, die nicht heterosexuell seien, mit Frauen, die keine Kinder wollten, mit Menschen, die sich sozial nicht mobil verhalten wollten und mit Männern, die nicht aggressiv seien? Und für all die, die jetzt betroffen nicken, fügt er diese Vertragspassage in der kalifornischen Version bei: Was denken wir von der mentalen Gesundheit derer, die nicht bisexuell sind, von Frauen, die lieber Kinder als Karriere wollen, von Männern, die nicht empathisch sind? Als Kind habe er gelernt, an der psychischen Gesundheit derer zu zweifeln, die von sich sagten: „Di velt iz meshuge, nor ikh bin klor"[4]. Und mindestens zweimal in seinem Leben habe er sich gefragt, ob er psychisch noch gesund sei: Als er sich auf der Höhe der McCarthy-Ära offen in sozialistischen politischen Aktivitäten in Amerika engagiert habe und später „als Israeli während der sehr einsamen Jahre nach 1967 vor der Zeit von Peace now, als wir, die wir die fortgesetzte israelische Okkupation der Territorien verurteilten, an einer Hand abzuzählen waren" (1995, S. 8).

Der funktionale Aspekt ist mit dem definitorischen eng verknüpft: Denn er bedeutet, daß einerseits festgelegt werden kann, daß das, was funktional, nützlich und positiv für die Gesundheit ist, moralisch gut ist und vice versa, daß das, was moralisch gut ist, auch der Gesundheit dient.

---

4. Jiddisch: die Welt ist meschugge, nur ich bin in Ordnung.

Ethische und gesellschaftspolitische Aspekte 189

In seinem Beitrag von 1995 beantwortet Antonovsky die Frage, was für die Gesundheit gut ist, mit einem Ausschnitt aus seinem Vortrag, den er 1990 in Berlin gehalten hat. Da eine Zusammenfassung eine Verkürzung darstellen würde, sei diese Stelle hier in voller Länge zitiert:

„Im Hinblick auf das zweite Problem möchte ich deutlich machen, daß ich mich an keine Gelegenheit erinnern kann, in der ich das Gefühl hatte, daß es wichtiger sei auf diesen Punkt zu kommen, als angesichts eines breiten deutschsprachigen Publikums. Nur weil ich dies sagen kann, konnte ich in Berlin sprechen und es hier publizieren. Der Punkt heißt: Es gibt viele Wege, ein starkes Kohärenzgefühl zu erreichen. Ich würde gerne behaupten, daß ein starkes Kohärenzgefühl nur in einer Gesellschaft möglich ist, die Autonomie, Kreativität, Freiheit, Gleichheit, Wärme in menschlichen Beziehungen, Würde und Respekt für alle Menschen erlaubt. Dies sind Werte, an die ich glaube. Aber unglücklicherweise muß ich feststellen, daß ein starkes Kohärenzgefühl nicht nur unter verschiedenen sozialen und kulturellen Bedingungen entstehen, sondern auch aufrechterhalten werden kann. Es läßt sich vereinbaren mit vielen unterschiedlichen Arten des Lebens, auch mit solchen, die Werte verletzen, die mir bedeutsam sind. Wer sagt, daß Gesundheit der einzige Wert im menschlichen Leben ist oder auch nur der wichtigste?
Es wurde schon häufig die Frage gestellt, ob es möglich ist, in einer kranken Gesellschaft gesund zu sein. Ich weiß nicht, was unter einer kranken Gesellschaft verstanden wird. Ich glaube nicht, daß Nazideutschland und -österreich kranke Gesellschaften waren; ich glaube nicht, daß der überwiegende Großteil Ihrer Großeltern und Eltern krank waren; ich glaube nicht, daß Sie krank sind, solange sie nicht dieses Erbe aufgearbeitet haben. Die Konzepte von Gesundheit und Krankheit befinden sich auf einer anderen Ebene der Auseinandersetzung.
Die Nazigesellschaft und die meisten ihrer Mitglieder manifestierten die Spitze menschlicher Barbarei. Die Probleme, mit denen Sie bei der Beschäftigung mit diesem Erbe konfrontiert sind, sind enorm. Aber dies sagt wenig über Krankheit und Gesundheit aus. Schuld und Furcht mögen pathogen sein, aber nur zu einfach können sich Menschen von diesen unangenehmen Emotionen dadurch befreien, daß sie ihr Mäntelchen in den Wind der Mächtigen hängen.
Natürlich muß gesagt werden, daß das starke Kohärenzgefühl und die daraus resultierende gute Gesundheit von Nazis, von religiösen Fundamentalisten, patriarchalischen Männern, Kolonialisten, aristokratischen und kapitalistischen Unterdrückern nur auf Kosten ihrer Opfer erreicht werden kann. Und es gibt einen nicht unerheblichen Teil der Bevölkerung – die Yuppies von Reagan, Thatcher und Kohl – die, auch ohne Unterdrücker zu sein, in der Privatheit ihres vermögenden, gesellschaftlichen Lebens ein starkes Kohärenzgefühl haben. Eine salutogenetische Orientierung macht keine Vorschläge für ein gutes Leben im moralischen Sinne, sie kann nur das Verständnis von Krankheit und Gesundheit erleichtern." (Antonovsky 1993 S. 13–14).

Meines Erachtens werfen diese Überlegungen neben den ethischen auch wichtige theoretische Fragen auf, und zwar die zwischen den salutogenetischen Bedingungen in der Gesellschaft und den salutogenetischen Möglichkeiten und Chancen des Einzelnen. In der Metapher des Flusses geht es darum, Flußläufe so zu gestalten, daß auch schlechten Schwimmern ein sie nicht überforderndes Vorwärtskommen ermöglicht wird, und auf der anderen Seite natürlich darum, die je individuellen Fähigkeiten zum Schwimmen zu optimieren. Anders ausgedrückt: es geht sowohl um die gesellschaftlichen als auch um die individuellen Bedingungen zur Stärkung des Kohärenzgefühls. Der Ausgangspunkt der salutogenetischen Fragestellung war, wie es kommt, daß Menschen auch unter Bedingungen, unter denen viele erkranken, gesund bleiben. Daß diese Ausgangsfrage nicht dazu geführt hat, nun auf individualisierendem Wege Optimierungsstrategien für Einzelne zu entwickeln, ist positiv. Kritisch muß aber angemerkt werden, daß in Antonovskys Modell die Relation zwischen der gesellschaftlichen und der individuellen Ebene und die Fragen der Interaktion noch wenig ausgearbeitet sind.

Ich möchte dieses Kapitel mit einem Hinweis auf einen Aspekt beenden, den Antonovsky selbst meines Wissens nie erwähnt hat, der aus meiner Sicht aber ein ganz entscheidender Vorteil des salutogenetischen gegenüber dem patho-genetischen Paradigma ist. Dies ist die Tatsache, daß das salutogenetische Paradigma es möglich macht, den Tod mit einzubeziehen. Im pathogenetischen Paradigma geht es um die Beseitigung von Krankheit und Leid; der Tod wird ausgespart. Im salutogenetischen Modell jedoch wird nicht nur akzeptiert, daß niemand von uns trockenen Fußes am Ufer des Lebensflusses stehen bleiben kann, sondern auch, daß wir alle im Fluß sind und mit ihm ans Ende kommen. Der Tod ist damit nicht letztes Versagen von Reparaturmöglichkeiten, sondern Bestandteil des Lebens. Ich glaube, es kann lohnend sein, salutogenetische Gedanken auch in die derzeit aktuellen Diskussionen um neue Sterbehilferichtlinien, Bioethikkonvention und Transplantationsgesetzgebung einzubringen.

Anhang

A 1   Der Fragebogen zum Kohärenzgefühl
A 1-1 Fragebogen zur Lebensorientierung
A 1-2 Kodifizierung der Items
A 1-3 Auswertungsschema

A 2   Kopie des salutogenetischen Modells aus *Health, Stress and Coping* (Antonovsky 1979, S. 184/95)

A 3   Kopie des Zitats von Oliveri & Reiss, 1984; vgl. S. 63

A 1 Der Fragebogen zum Kohärenzgefühl

Anmerkung der Herausgeberin

Antonovsky bezeichnet den Fragebogen in seinen Texten zumeist als SOC-Fragebogen oder Fragebogen zum Kohärenzgefühl. Der 1987 veröffentlichte Bogen selbst trägt jedoch die Überschrift: Fragebogen zur Lebensorientierung. Dieser Name erscheint mir für die praktische Anwendung geeigneter und wurde daher hier übernommen.

A 1-1 Fragebogen zur Lebensorientierung

> **Fragebogen zur Lebensorientierung**
>
> Die folgenden Fragen beziehen sich auf verschiedene Aspekte Ihres Lebens. Auf jede Frage gibt es 7 mögliche Antworten. Bitte kreuzen Sie jeweils die Zahl an, die Ihre Antwort ausdrückt. Geben Sie auf jede Frage nur eine Antwort.

1. **Wenn Sie mit anderen Leuten sprechen, haben Sie das Gefühl, daß diese Sie nicht verstehen?**

habe nie dieses Gefühl | 1 | 2 | 3 | 4 | 5 | 6 | 7 | habe immer dieses Gefühl

2. **Wenn Sie in der Vergangenheit etwas machen mußten, das von der Zusammenarbeit mit anderen abhing, hatten Sie das Gefühl, daß die Sache**

keinesfalls erledigt werden würde | 1 | 2 | 3 | 4 | 5 | 6 | 7 | sicher erledigt werden würde

3. **Abgesehen von denjenigen, denen Sie sich am nächsten fühlen – wie gut kennen Sie die meisten Menschen, mit denen Sie täglich zu tun haben?**

sie sind Ihnen völlig fremd | 1 | 2 | 3 | 4 | 5 | 6 | 7 | Sie kennen sie sehr gut

4. **Haben Sie das Gefühl, daß es Ihnen ziemlich gleichgültig ist, was um Sie herum passiert?**

äußerst selten oder nie | 1 | 2 | 3 | 4 | 5 | 6 | 7 | sehr oft

5. **Waren Sie schon überrascht vom Verhalten von Menschen, die Sie gut zu kennen glaubten?**

das ist nie passiert | 1 | 2 | 3 | 4 | 5 | 6 | 7 | das kommt immer wieder vor

6. Haben Menschen, auf die Sie gezählt haben, Sie enttäuscht?

das ist nie passiert | 1 | 2 | 3 | 4 | 5 | 6 | 7 | das kommt immer wieder vor

7. Das Leben ist

ausgesprochen interessant | 1 | 2 | 3 | 4 | 5 | 6 | 7 | reine Routine

8. Bis jetzt hatte Ihr Leben

überhaupt keine klaren Ziele oder einen Zweck | 1 | 2 | 3 | 4 | 5 | 6 | 7 | sehr klare Ziele und einen Zweck

9. Haben Sie das Gefühl, ungerecht behandelt zu werden?

sehr oft | 1 | 2 | 3 | 4 | 5 | 6 | 7 | sehr selten oder nie

10. In den letzten zehn Jahren war Ihr Leben

voller Veränderungen, ohne daß Sie wußten, was als nächstes passiert | 1 | 2 | 3 | 4 | 5 | 6 | 7 | ganz beständig und klar

11. Das meiste, was Sie in Zukunft tun werden, wird wahrscheinlich

völlig faszinierend sein | 1 | 2 | 3 | 4 | 5 | 6 | 7 | todlangweilig sein

12. Haben Sie das Gefühl, in einer ungewohnten Situation zu sein und nicht zu wissen, was Sie tun sollen?

sehr oft | 1 | 2 | 3 | 4 | 5 | 6 | 7 | sehr selten oder nie

13. Was beschreibt am besten, wie Sie das Leben sehen?

man kann für
schmerzliche Dinge
im Leben immer
eine Lösung finden

⬜1 ⬜2 ⬜3 ⬜4 ⬜5 ⬜6 ⬜7

es gibt keine Lösung
für schmerzliche
Dinge im Leben

14. Wenn Sie über Ihr Leben nachdenken, passiert es sehr häufig, daß Sie

fühlen, wie schön
es ist zu leben

⬜1 ⬜2 ⬜3 ⬜4 ⬜5 ⬜6 ⬜7

sich fragen, warum
Sie überhaupt da sind

15. Wenn Sie vor einem schwierigen Problem stehen, ist die Wahl einer Lösung

immer verwirrend
und schwierig

⬜1 ⬜2 ⬜3 ⬜4 ⬜5 ⬜6 ⬜7

immer völlig klar

16. Das, was Sie täglich tun, ist für Sie eine Quelle

tiefer Freude und
Zufriedenheit

⬜1 ⬜2 ⬜3 ⬜4 ⬜5 ⬜6 ⬜7

von Schmerz und
Langeweile

17. Ihr Leben wird in Zukunft wahrscheinlich

voller Veränderungen
sein, ohne daß Sie wissen,
was als nächstes passiert

⬜1 ⬜2 ⬜3 ⬜4 ⬜5 ⬜6 ⬜7

ganz beständig
und klar sein

18. Wenn in der Vergangenheit etwas Unangenehmes geschah, neigten Sie dazu,

sich daran zu verzehren

⬜1 ⬜2 ⬜3 ⬜4 ⬜5 ⬜6 ⬜7

zu sagen: „Nun gut,
seis drum, ich muß
damit leben" und wei-
terzumachen

19. Wie oft sind Ihre Gefühle und Ideen ganz durcheinander?

sehr oft

⬜1 ⬜2 ⬜3 ⬜4 ⬜5 ⬜6 ⬜7

sehr selten oder nie

20. **Wenn Sie etwas machen, das Ihnen ein gutes Gefühl gibt,**

werden Sie sich sicher ⬜1 ⬜2 ⬜3 ⬜4 ⬜5 ⬜6 ⬜7 wird sicher etwas
auch weiterhin gut fühlen   geschehen, das
                                                       das Gefühl verdirbt

21. **Kommt es vor, daß Sie Gefühle haben, die Sie lieber nicht hätten?**

sehr oft ⬜1 ⬜2 ⬜3 ⬜4 ⬜5 ⬜6 ⬜7 sehr selten oder nie

22. **Sie nehmen an, daß Ihr zukünftiges Leben**

ohne jeden Sinn und ⬜1 ⬜2 ⬜3 ⬜4 ⬜5 ⬜6 ⬜7 voller Sinn und
Zweck sein wird   Zweck sein wird

23. **Glauben Sie, daß es in Zukunft *immer* Personen geben wird, auf die Sie zählen können?**

Sie sind sich dessen ⬜1 ⬜2 ⬜3 ⬜4 ⬜5 ⬜6 ⬜7 Sie zweifeln daran
ganz sicher

24. **Kommt es vor, daß Sie das Gefühl haben, nicht genau zu wissen, was gerade passiert?**

sehr oft ⬜1 ⬜2 ⬜3 ⬜4 ⬜5 ⬜6 ⬜7 sehr selten oder nie

25. **Viele Menschen – auch solche mit einem starken Charakter – fühlen sich in bestimmten Situationen wie ein Pechvogel oder Unglücksrabe. Wie oft haben Sie sich in der Vergangenheit so gefühlt?**

nie ⬜1 ⬜2 ⬜3 ⬜4 ⬜5 ⬜6 ⬜7 sehr oft

26. **Wenn etwas passierte, fanden Sie im allgemeinen, daß Sie dessen Bedeutung**

über- oder unterschätzen ⬜1 ⬜2 ⬜3 ⬜4 ⬜5 ⬜6 ⬜7 richtig einschätzten

27. Wenn Sie an Schwierigkeiten denken, mit denen Sie in wichtigen Lebensbereichen wahrscheinlich konfrontiert werden, haben Sie das Gefühl, daß

| es Ihnen immer gelingen wird, die Schwierigkeiten zu meistern | ☐1 ☐2 ☐3 ☐4 ☐5 ☐6 ☐7 | Sie die Schwierigkeiten nicht werden meistern können |

28. Wie oft haben Sie das Gefühl, daß die Dinge, die Sie täglich tun, wenig Sinn haben?

sehr oft   ☐1 ☐2 ☐3 ☐4 ☐5 ☐6 ☐7   sehr selten oder nie

29. Wie oft haben Sie Gefühle, bei denen Sie nicht sicher sind, ob Sie sie kontrollieren können?

sehr oft   ☐1 ☐2 ☐3 ☐4 ☐5 ☐6 ☐7   sehr selten oder nie

A 1-2 Kodifizierung der Items

Die Tabelle zeigt für jedes Item die Zuordnung zu den drei Komponenten des SOC: V = Verstehbarkeit, H = Handhabbarkeit, B = Bedeutsamkeit.

In der Spalte „Facettenelemente" ist die Profilstruktur der Items entsprechend der Ableitung aus dem Abbildungssatz (vgl. S. 81) angegeben. Die vier Ziffern repräsentieren die Elemente der Facetten A, B, C und D.

Die Werte in den einzelnen Komponenten des SOC und der SOC-Gesamtwert ergeben sich durch Addition der Skalenwerte, wobei die in der Spalte „Polung" gekennzeichnete Richtung (positiv/negativ) berücksichtigt werden muß: Bei positiv gepolten Items geht der jeweilige Skalenwert ein; wurde z.B. eine 2 angekreuzt, so beträgt der zu addierende Wert 2. Bei negativ gepolten Items dagegen erhält der niedrigste Skalenwert (also 1) den höchsten zu addierenden Wert (also 7); wurde auf einer negativ gepolten Skala eine 2 angekreuzt, so beträgt der zu addierende Wert somit 6, bei einer 3 wäre er 5 usw.

A 1 Der Fragebogen zum Kohärenzgefühl

Item-Nr.	SOC-Komponente	Facetten-Elemente	Richtung	Kurzform
1	V	1312	negativ	
2	H	1111	positiv	
3	V	1322	positiv	
4	B	1222	negativ	K
5	V	1221	negativ	K
6	H	1221	negativ	K
7	B	2332	negativ	
8	B	2331	positiv	K
9	H	1222	positiv	K
10	V	2331	positiv	
11	B	1313	negativ	
12	V	2232	positiv	K
13	H	2332	negativ	
14	B	2132	negativ	
15	V	1112	positiv	
16	B	1312	negativ	K
17	V	2333	positiv	
18	H	3211	positiv	
19	V	2122	positiv	K
20	H	1113	negativ	
21	V	3122	positiv	K
22	B	2333	positiv	
23	H	1223	negativ	
24	V	2233	positiv	
25	H	3131	negativ	K
26	V	1211	positiv	K
27	H	1313	negativ	
28	B	1212	positiv	K
29	H	3122	positiv	K

A 1-3 Auswertungsschema

Item-Nr	Polung	V
1	−	
3	+	
5	−	
10	+	
12	+	
15	+	
17	+	
19	+	
21	+	
24	+	
26	+	

Summe V: _____

Item-Nr	Polung	H
2	+	
6	−	
9	+	
13	−	
18	+	
20	−	
23	−	
25	−	
27	−	
29	+	

Summe H: _____

Item-Nr	Polung	B
4	−	
7	−	
8	+	
11	−	
14	−	
16	−	
22	+	
28	+	

Summe B: _____

SOC-Gesamt: _____

A 2 Kopie des salutogenetischen Modells aus:
Health, Stress and Coping (Antonovsky 1979, S.184/85)

Health, Stress and Coping

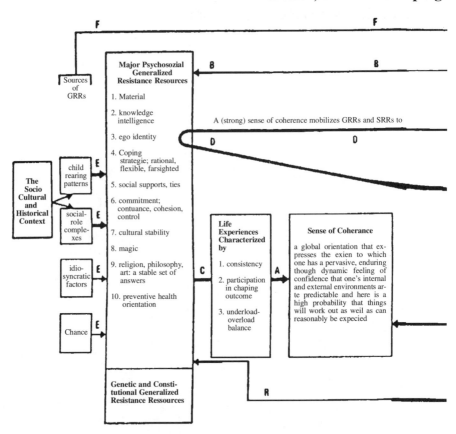

Arrow A: Life experience shape the sense of coherence.
Arrow B: Stressors affect the generalized resistance ressources at one's disposal.
Line C: By definition, a GRR provides one with sets of meaningful, coherent life experiences.
Arrow D: A strong sense of coherence mobilizes the GRRs and SRRs at one's disposal.
Arrow E: Childrearing patterns, social role complexes, idiosyncratic factors, and chance build up GRRs.
Arrow F: The sources of GRRs also create stressors.
Arrow G: Traumatic physicals and biochemical stressors affect health status directly; health status affects extent of exposure to psychosocial stressors.
Arrow H: Physicals and biochemical stressors interact with endogenic pathogens and „weak links" and with stress to affect health status.
Arrow I: Public and private health measure avoid or neutralize stressors.
Line J: A strong sense of coherence, mobilizing GRRs and SRRs, avoids stressors.

The Salutogenic Model of Health

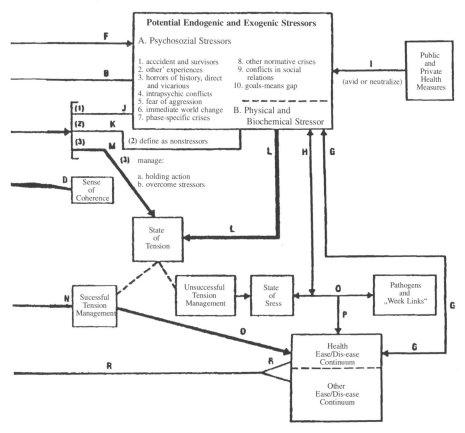

Linie K: A strong sense of coherence mobilizing the GRRs and SRRs, defines stimule as nonstressors.

Arrow L: Ubiquitous stressors crate a state of tension.

Arrow M: The mobilized GRRs (and SRRs) interact with the state of tension and manage a holding action and the evercoming of stressors.

Arrow N: Successfull tension management strengthens the sense of coherence.

Arrow O: Successfull tension management maintains one's place on the health ease/disease continuum.

Arrows P: Interaction between the state of stress and pathogens and „week links" negatively affects health status.

Arrow Q: Stress ist a general precursor that interacts with the existing potential endogenic and exogenic pathogens and „weak links".

Arrow R: Good health staturs facilitates the acquisition of other GRRs.

A3 Kopie des Zitats von Oliveri & Reiss, 1984; vgl. S. 63

First, the sense of mastery over the social environment implied in the CSP dimension of configuration bears an obvious resemblance to the FES dimension of independence and achievement orientation; the view of the environment as structured and orderly, also implicit in the configuration dimension, suggests a parallel wjth tile FES dirnension of organization. Second, two aspects of the CSP dimension of coordination – the view of the family as a unitary, bounded group and the collaborative approach to solving problems – are suggestive of associations with FES dimensions of cohesion, expressiveness, and (inversely) conflict. Finally, the flexibility and openness to environmental input implied in the CSP dimension of (delayed) closure would suggest a positive association with the FES dimensions of intellectual-cultural orientation and active-recreational orientation; closure might also be expected to be inversely associated with control and moral-religious emphasis, since these FES dimensions are plausible indicators of the rigidity and dependence on tradition attributed to early-closure factors.

Literatur

Zu den Kapiteln von Aaron Antonovsky

ADLER, P. T. (1982). An Analysis of the Concept of Competence in Individuals and Social Systems. *Community Mental Health Journal, 18,* 34–45.

ALBRECHT, T. L. & ADELMAN, M. B. (1984). Social Support and Life Stress: New Directions for Communication Research. *Human Communication Research, 11,* 3–32.

ALONZO, A. A. (1986). The Impact of the Family and Lay Others on Care-seeking During Life-threatening Episodes of Suspected Coronary Artery Disease. *Social Science and Medicine, 22,* 1297–1311.

ANTONOVSKY, A. (Ed.). (1961). *The Early Jewish Labor Movement in the United States.* New York: YIVO Institute for Jewish Research.

ANTONOVSKY, A. (1979). *Health, Stress, and Coping: New Perspectives an Mental and Physical Well-Being.* San Francisco: Jossey-Bass.

ANTONOVSKY, A. (1983). The Sense of Coherence: Development of a Research Instrument. *W.S. Schwartz Research Center for Behavioral Medicine, Tel Aviv University, Newsletter and Research Reports, 1,* 1–11.

ANTONOVSKY, A. (1984a). A Call for a New Question – Salutogenesis and a Proposed Answer – the Sense of Coherence. *Journal of Preventive Psychiatry, 2,* 1–13.

ANTONOVSKY, A. (1984b). The Sense of Coherence as a Determinant of Health. In J. D. MATARAZZO et al. (Eds.), *Behavioral Health: A Handbook of Health Enhancement and Disease Prevention.* New York: Wiley.

ANTONOVSKY, A. (1985). The Life Cycle, Mental Health, and the Sense of Coherence. *Israel Journal of Psychiatry and Related Sciences, 22,* 273–280.

ANTONOVSKY, A. (1986). Intergenerational Networks and Transmitting the Sense of Coherence. In N. DATAN, A. L. GREENE & H. W. HAYNES (Eds.), *Life-Span Developmental Psychology: Intergenerational Relations.* Hillsdale: Erlbaum.

ANTONOVSKY, A. & SOURANI, T. (1988). Family Sense of Coherence and Family Adaptation. *Journal of Marriage and the Familiy, 50,* 79–92.

ANTONOSKY, H. & ANTONOVSKY, A. (1974). Commitment in an Israeli Kibbutz. *Human Relations, 27,* 303–319.

ANTONOVSKY, H. & SAGY, S. (1986). The Development of a Sense of Coherence and Its Impact on Responses to Stress Situations. *Journal of Social Psychology, 126,* 213–225.

ANTZE, P. (1979). Role of Ideologies in Peer Psychotherapy Groups. In M. A. LIEBERMAN, L. D. BORMAN et al. *Self-Help Groups for Coping with Crisis.* San Francisco: Jossey-Bass.

BAILEY, K. D. (1984). Equilibrium, Entropy, and Homeostasis: A Multidisciplinary Legacy. *Systems Research, 1,* 25–43.
BANDURA, A. (1977). Self-Efficacy: Toward a Unifying Theory of Behavioral Change. *Psychological Review, 84,* 191–215.
BENEDICT, R. (1938). Continuities and Discontinuities in Cultural Conditioning. *Psychiatry, 1,* 167–177.
BERKMAN, L. F., & BRESLOW, L. (1983). *Health and Ways of Living: The Alameda County Study.* New York: Oxford University Press.
BCRLIN, I. (1981). *Against the Current: Essays in the History of Ideas.* Oxford: Oxford University Press.
BETZ, B. J. & THOMAS, C. B. (1979). Individual Temperament as a Predictor of Health or Premature Disease. *Johns Hopkins Medical Journal, 144,* 81–89.
BILLINGS, A. S. & MOOS, R. H. (1982). Work Stress and the Stress-Buffering Roles of Work and Family Resources. *Journal of Occupational Behaviour, 3,* 215–232.
BLALOCK, H. M. (1972). *Social Statistics.* (2nd ed.). New York: McGraw-Hill.
BLAU, Z. S. (1967). In Defense of the Jewish Mother. *Midstream, 13,* 42–49.
BORYSENKO, J. (1984). Stress, Coping, and the Immune System. In J.D. MATARAZZO et al. (Eds.), *Behavioral Health: A Handbook of Health Enhancement and Disease Prevention.* New York: Wiley.
BOWLBY, J. (1969). *Attachment and Loss.* New York: Basic Books.
BOYCE, W. T. (1985). Social Support, Family Relations, and Children. In S. COHEN & S. L. SYME (Eds.), *Social Support and Health.* Orlando: Academic Press.
BOYCE, W. T., SCHAEFER, C. & UITTI, C. (1985). Permanence and Change: Psychosocial Factors in the Outcome of Adolescent Pregnancy. *Social Science and Medicine, 21,* 1279–1287.
BOYCE, W. T. et al. (1977). Influence of Life Events and Family Routines on Childhood Respiratory Tract Illness. *Pediatrics, 60,* 609–615.
BOYCE, W. T. et al. (1983). The Family Routines Inventory: Theoretical Origins. *Social Science and Medicine, 17,* 193–200.
BROADHEAD, W. E. et al. (1983). The Epidemiologic Evidence for a Relationship Between Social Support and Health. *American Journal of Epidemiology 117,* 521–537.
CANNON, W. B. (1942). ‚Voodoo' Death. *American Anthropologist, 44,* 169–181.
CASSEL, J. (1974). Psychosocial Processes and ‚Stress': Theoretical Formulation. *International Journal of Health Services, 4,* 471–482.
Cassell, E. J. (1976). *The Healer's Art: A New Approach to the Doctor-Patient Relationship.* Philadelphia: Lippincott.
CASSELL, E. J. (1979). The Changing Ideas of Medicine. *Social Research, 46,* 728–743.
CIARANELLO, R. et al. (1982). Panel Report on Biological Substrates of Stress. In G. R. ELLIOTT & C. EISDORFER (Eds.), *Stress and Human Health: Analysis and Implications of Research.* New York: Springer.
COHEN, F. (1984). Coping. In J. D. MATARAZZO et al. (Eds.), *Behavioral Health: A Handbook of Health Enhancement and Disease Prevention.* New York: Wiley.
COLERICK, E. J. (1985). Stamina in Later Life. *Social Science andMedicine, 21, 997–1006.*

COLLEN, M. F. (1977). *A Case Study of Multiphasic Health Testing.* Oakland: Permanent Medical Group and Kaiser Foundation Research Institute.

CONDRY, J. C. (1984). Gender Identity and Social Competence. *Sex Roles, 11,* 485–511.

CORSON, S. A., & CORSON, E. O. (1983). Biopsychogenic Stress. In H. SELYE (Ed.), *Selye's Guide to Stress Research.* Vol. 2. New York: Van Nostrand Reinhold.

COSER, R. L. (1963). Alienation and the Social Structure. In E. FREIDSON (Ed.), *The Hospital in Modern Society.* New York: Free Press.

COSER, R. L. (1975). The Complexity of Roles as a Seedbed of Individual Autonomy. In: L. A. COSER (Ed.), *The Idea of Social Structure: Papers in Honor of Robert K. Merton.* San Diego: Harcourt Brace Jovanovich.

DANA, R. H. et al. (1985). *Sense of Coherence: Examination of the Construct.* Paper presented at the meetings of the Southwestem Psychological Association, Austin, Texas, April 1985.

DANISH, S. J. & D'AUGELLI, A. R. (1980). Promoting Competence and Enhancing Development Through Life Development Intervention. In: L. A. BOND & J. C. ROSEN (Eds.), *Competence and Coping During Adulthood.* Hanover: University Press of New England.

DATAN, N., ANTONOVSKY, A. & MAOZ, B. (1981). *A Time to Reap: The Middle Age of Women in Five Israeli Subcultures.* Baltimore: Johns Hopkins University Press.

DILLON, K. M., MINCHOFF, B. & BAKER, K. H. (1985/1986), Positive Emotional States and Enhancement of the Immune System. *International Journal of Psychiatry in Medicine, 15,* 13–18.

DIRKS, J. F., SCHRAA, J. C., & ROBINSON, S. K. (1982). Patient Mislabeling of Symptoms: Implications for Patient-Physician Communication and Medical Outcome. *International Journal of Psychiatry in Medicine, 12,* 15–17.

DOHRENWEND, B. S. & DOHRENWEND, B. P. (Eds.). (1974). *Stressful Life Events: Their Nature and Effects.* New York: Wiley.

DOHRENWEND, B. S. & DOHRENWEND, B. P. (Eds.). (1981). *Stressful Life Events and Their Contexts.* New York: Prodist.

DRESSLER, W. W. (1985). The Social and Cultural Context of Coping: Action, Gender, and Symptoms in a SouthernBlack Community. *Social Science and Medicine, 21,* 499–506.

DUBOS, R. J. (1960). *The Mirage of Health.* London: Allen & Unwin.

DURKHEIM, E. (1933). *The Division of Labor in Society.* London: Gollier-Macmillan. (Originally published 1893.)

ENGEL, G. L. & SCHMALE, A. H. (1972). Conservation-Withdrawal: A Primary Regulatory Process for Organismic Homeostasis. In Ciba Foundation, *Physiology, Emotion, and Psychosomatic Illness.* Symposium 8. Amsterdam: Elsevier, pp. 557–585.

ERIKSON, E. H. (1959). Growth and Crises of the Healthy Personality. *Psychological Issues, 1,* 50–100.

ERIKSON, E. H. (1963). *Childhood and Society.* (Rev. ed.) Harmondsworth: Penguin.

ERIKSON, E. H. (1982). *The Life Cycle Completed: A Review.* New York: Norton.

FAGIN, L. (1985). Stress and Unemployment. *Stress Medicine, 1,* 27–36.

FAIGIN, H. (1958). Social Behavior of Young Children in the Kibbutz. *Journal of Abnormal and Social Psychology, 56,* 117–124.

FELTON, B. J., REVENSON, T. A. & HINRICHSEN, G. A. (1984). Stress and Coping in the Explanation of Psychological Adjustment Among Chronically 111 Adults. *Social Science and Medicine, 18,* 889–898.

FEUER, L. S. (1969). *The Conflict of Generations.* New York: Basic Books.

FIELD, T. M. et al. (1982). Discrimination and Imitation of Facial Expressions in Neonates. *Science, 218,* 179–181.

FIORENTINO, L. M. (1985). Stressful Life Events, Generalized Resistance Resources, and the Sense of Coherence. Unpublished master's thesis, School of Nursing, State University of New York at Buffalo.

FIORENTINO, L. M. (1986). Stress: The High Cost to Industry. *Occupational Health Nursing, 34,* 217–220.

FRANKENHAEUSER, M. (1981). Coping with Stress at Work. *InternationalJournal of Health Services, 11,* 491–510.

FRANKL, V. (1975). *The Unconscious God.* New York: Simon & Schuster.

FRIED, M. (1982). Endemic Stress: The Psychology of Resignation and the Politics of Scarcity. *American Journal of Orthopsychiatry, 52,* 4–19.

FRIES, J. F. & CRAPO, L. M. (1981). *Vitality and Aging.* New York: W. H. Freeman.

GALDSTON, I. (Ed.). (1954). *Beyond the Germ Theory: The Roles of Deprivation and Stress in Health and Disease.* New York: Health Education Council.

GARDELL, B. & JOHANSSON, G. (Eds.). (1981). *Working Life.* New York: Wiley.

GARDNER, M. (1979). *The Ambidextrous Universe: Mirror Asymmetry and Time-Reversed Worlds.* (2nd rev. ed.) New York: Scribner's.

GATLIN, L. L (1972). *Information Theory and the Living System.* New York: Columbia University Press.

GENTRY, W. D. (Ed.). (1984). *Handbook of Behavioral Medicine.* New York: Guilford Press.

GLASER, B. G. (1978). *Theoretical Sensitivity.* Mill Valley: Sociology Press.

HAAN, N. (Ed.). (1977). *Coping and Defending: Processes of Self-Environment Organization.* Orlando: Academic Press.

HARRISON, B. G. (1978). *Visions of Glory.* New York: Simon & Schuster.

HEILBRUN, A. B. Jr. & PEPE, V. (1985). Awareness of Cognitive Defences and Stress Management. *British Journal of Medical Psychology, 58,* 9–17.

HENRY, J. P. (1982). The Relation of Social to Biological Processes in Disease. *Social Science and Medicine, 16,* 369–380.

HERZLICH, C. (1973). *Health and Illness: A Social Psychological Analysis.* London: Academic Press.

HOIBERG, A. (1982). Occupational Stress and Iliness Incidence. *Journal of OccupationalMedicine, 24,* 445–451.

HOLMES, O. W. (1984). *The Autocrat of the Breakfast Table.* (Rev. ed.) Boston: Houghton Mifflin.

HOLMES, T. H. & RAHE, R. H. (1967). The Social Readjustment Rating Scale. *Journal of Psychosomatic Research, 11,* 213–218.

ILLICH, I. (1985). *Gender.* New York: Pantheon.

INKELES, A. & LEVINSON, D. J. (1954). National Character: The Study of Modal Personality and Sociocultural Systems. In G. Lindzey (Ed.), *Handbook of Social Psychology.* Vol. 2. Reading: Addison-Wesley.
Investigations: A Bulletin of the Institute of Noetic Sciences, 1984, 1(2), 5.
JANIS, I. L. & RODIN, J. (1979). Attribution, Control, and Decision-Making: Social Psychology and Health Care. In G. C. STONE, F. COHEN, N. E. ADLER et al. *Health Psychology – a Handbook: Theories, Applications, and Challenges of a Psychological Approach to the Health Care System.* San Francisco: Jossey-Bass.
JEMMOTT, J. B. (1985). Psychoneuroimmunology: The New Frontier. *American Behavioral Scientist, 28,* 497–509.
JENSEN, E. W. et al. (1983). The Family Routines Inventory: Development and Validation. *Social Science and Medicine, 17,* 201–211.
KAPLAN, G. A. (1985). Psychosocial Aspects of Chronic Illness: Direct and Indirect Associations with Ischemic Heart Disease Mortality. In R. M. KAPLAN & M. H. CRIQUI (Eds.), *Behavioral Epidemiology and Disease Prevention.* New York: Plenum.
KAPLAN, R M. (1984). The Connection Between Clinical Health Promotion and Health Status: A Critical Overview. *American Psychologist, 39,* 755–765.
KIECOLT-GLASER, J. K. et al. (1985). Psychosocial Enhancement of Immunocompetence in a Geriatric Population. *Health Psychology, 4,* 25–41.
KOBASA, S. C. (1979). Stressful Life Events, Personality, and Health. *Journal of Personality and Social Psychology, 37,* 1–11.
KOBASA, S. C. (1982a). Commitment and Coping in Stress Resistance Among Lawyers. *Journal of Personality and Social Psychology, 42,* 707–717.
KOBASA, S. C. (1982b). The Hardy Personality: Toward a Social Psychology of Stress and Health. In G. S. SANDERS & J. SULS (Eds.), *Social Psychology of Health and Illness.* Hillsdale: Erlbaum.
KOBASA, S. C. (1985). *Personal Views Survey.* Department of Psychology, Graduate School and University Center, City University of New York.
KOBASA, S. C. & MADDI, S. R. (1982). Unpublished Methodological Memo on the Hardiness Scales (revised). Department of Behavioral Sciences, University of Chicago.
KOBASA, S. C., MADDI, S. R. & COURINGTON, S. (1981). Personality and Constitution as Mediators in the Stress-Iliness Relationship. *Journal of Health and Social Behavior, 22,* 368–378.
KOESTLER, A. (1967). *The Ghost in the Machine.* New York: Macmillan.
KOHN, M. L. (1977). *Class and Conformity: A Study in Values.* (2nd ed.). Chicago: University of Chicago Press.
KOHN, M. L. (1985). *Unresolved Interpretive Issues in the Relationship Between Work and Personality.* Address presented at the convention of the American Sociological Association, Washington, D.C., August 1985.
KOHN, M. L. & SCHOOLER, C. (1983). *Work and Personality: An Inquiry into the Impact of Social Stratification.* Norwood: Ablex.
KOHN, M. L., SLOMCZYNSKI, K. M. & SCHOENBACH, C. (1986). Social Stratification and the Transmission of Values in the Family: A Cross-National Assessment. *Sociological Forum, 1.*

KOHUT, H. (1982). *Advances in Self Psychology.* (A. Goldberg, ed.). New York: International Universities Press.

KOSA, J., ANTONOVSKY, A., & ZOLA, I. K. (Eds.). (1969). *Poverty and Health: A Sociological Analysis.* Cambridge: Harvard University Press.

KRANTZ, D. S. & DUREL, L. A. (1983). Psychobiological Substrates of the Type A Behavior Pattern. *Health Psychology, 2,* 393–411.

KROEBER, T. C. (1963). The Coping Functions of the Ego Mechanisms. In R. W. WHITE (Ed.), *The Study of Lives.* Hawthorne: Aldine.

LAUDENSLAGER, M. L. et al. (1983). Coping and Immunosuppression: Inescapable but Not Escapable Shock Suppresses Lymphocyte Proliferation. *Science, 221,* 568–570.

LAZARSFELD, P. F. & MENZEL, H. (1961). On the Relation Between Individual and Collective Properties. In A. ETZIONI (Ed.), *Complex Organizations: A Sociological Reader.* New York: Holt, Rinehart and Winston.

LAZARUS, R. S. (1981). The Costs and Benefits of Denial. In B. S. Dohrenwend & B. P. DOHRENWEND (Eds.), *Stressful Life Events and Their Contexts.* New York: Prodist.

LAZARUS, R. S. (1984a). On the Primacy of Cognition. *American Psychologist, 39,* 124–129.

LAZARUS, R. S. (1984b). Puzzles in the Study of Daily Hassles. *Journal of BehavioralMedicine, 7,* 375–389.

LAZARUS, R. S. & COHEN, J. B. (1977). Environmental Stress. In I. ALTMAN and J. E. WOHLWILL (Eds.), *Human Behavior and Environment.* Vol. 2. New York: Plenum.

LAZARUS, R. S. & FOLKMAN, S. (1984). *Stress, Appraisal, and Coping.* New York: Springer.

LEVI, L. (1979). Psychosocial Factors in Preventive Medicine. In background papers to *Healthy People: The Surgeon General's Report on Health Promotion and Disease Prevention.* Pub. No. 79–55071A. Washington, D.C.: U.S. Public Health Service.

LEVINSON, D. J. (1980). Toward a Conception of the Adult Life Course. In N. J. SMELSER & E. H. ERIKSON (Eds.), *Themes of Work and Love in Adulthood.* Cambridge: Harvard University Press.

LIN, N., WOELFEL, M. W. & LIGHT, S. C. (1985). The Buffering Effect of Social Support Subsequent to an Important Life Event. *Journal of Health and Social Behavior, 26,* 247–263.

LIPOWSKI, Z. J. (1975). Sensory and Information Inputs Overload: Behavioral Effects. *Comprehensive Psychiatry, 16,* 199–221.

LITTLE, B. R. (1987). Personality and the Environment. In D. STOKOLS and I. ALTMAN (Eds.), *Handbook of Environmental Psychology.* New York: Wiley.

LYON, J. L. et al. (1978). Cardiovascular Mortality in Mormons and Non-Mormons in Utah, 1969–1971. *American Journal of Epidemiology,* 357–366.

McKEOWN, T (1979). *The Role of Medicine: Dream, Mirage, or Nemesis?* (2nd ed.) Princeton: Princeton University Press.

MAJOR, E., MUELLER, P. & HILDEBRANDT, K. (1985). Attributions, Expectations, and Coping with Abortion. *Journal of Personality and Social Psychology, 48,* 585–599.

MARGALIT, M. (1985). Perception of Parents' Behavior, Familial Satisfaction, and Sense of Coherence in Hyperactive Children. *Journal of SchoolPsychology, 23,* 355–364.

MATARAZZO, J. D. (1984a). *Behavioral Health: A Handbook of Health Enhancement and Disease Prevention*. New York: Wiley.

MATARAZZO, J. D. (1984b). Behavioral Health: A 1990 Challenge for the Health Sciences Professions. In J. D. MATARAZZO et al. (Eds.), *Behavioral Health: A Handbook of Health Enhancement and Disease Prevention*. New York: Wiley.

MECHANIC, D. (1974). Social Structure and Personal Adaptation: Some Neglected Dimensions. In G. V. COELHO, D. A. HAMBURG, & J. E. ADAMS, (Eds.), *Coping and Adaptation*. New York: Basic Books.

MEICHENBAUM, D. & CAMERON, R. (1983). Stress-Inoculation Training: Toward a General Paradigm for Training Coping Skills. In D. MEICHENBAUM & M. JARENKO (Eds.), *Stress Prevention and Management*. New York: Plenum.

MEYERHOFF, B. (1978). *Number Our Days*. New York: Simon & Schuster.

MISCHEL, W. (1968). *Personality and Assessment*. Orlando: Academic Press.

MONAT, A. & LAZARUS, R. S. (Eds.). (1977). *Stress and Coping: An Anthology*. New York: Columbia University Press.

MOOS, R. H. (1984). Context and Coping: Toward a Unifying Conceptual Framework. *American Journal of Community Psychology, 12,* 5–25.

MOOS, R. H. (1985). Creating Healthy Human Contexts: Environmental and Individual Strategies. In J. C. ROSEN & L. J. SOLOMON (Eds.), *Prevention in Health Psychology*. Hanover: University Press of New England.

MOOS, R. H. & MOOS, B. S. (1981). *Family Environment Scale*. Palo Alto: Consulting Psychologists Press.

NUCKOLLS, K. B., CASSEL, J. & KAPLAN, B. H. (1972). Psychosocial Assets, Life Crisis, and the Prognosis of Pregnancy. *American Journal of Epidemiology, 95,* 431–441.

OLIVERI, M. E. & REISS, D. (1984). Family Concepts and Their Measurement: Things are Seldom What They Seem. *Family Process, 23,* 33–48.

ORR, E. (1983). Life with Cancer: Patterns of Behavior and Affective Reactions During the First Year After Mastectomy. Unpublished doctoral dissertation, Department of Psychology, Hebrew University, Jerusalem.

PARKES, C. M. (1971). Psychosocial Transitions: A Field for Study. *Social Science andMedicine, 5,* 101–115.

PAYNE, L. (1982). Sense of Coherence: A Measure of Health Status. Unpublished master's thesis, School of Nursing, University of Alberta.

PAYNE, R. (1980). Organizational Stress and Social Support. In C. L. COOPER & R. PAYNE (Eds.), *Current Concerns in Occupational Stress*. New York: Wiley.

PEARLIN, L. I. (1980). Life Strains and Psychological Distress Among Adults. In N. J. SMELSER & E. H. ERIKSON (Eds.), *Themes of Work and Love in Adulthood*. Cambridge: Harvard University Press.

PEARLIN, L. I., LIEBERMAN, M. A., MENAGHAN, E. G. & MULLAN, J. T. (1981). The Stress Process. *Journal of Health and Social Behavior, 22,* 337–356.

PEARLIN, L. I. & SCHOOLER, C. (1978). The Structure of Coping. *Journal of Health and Social Behavior, 19,* 2–21.

PRIGOGINE, I. & STENGERS, I. (1984). *Order out of Chaos: Man's New Dialogue with Nature*. Toronto: Bantam Books.

RABKIN, J. G. & STRUENING, E. L. (1976). Life Events, Stress, and Illness. *Science, 194,* 1013–1020.
RADIL-WEISS, T. (1983). Men in Extreme Conditions: Some Medical and Psychological Aspects of the Auschwitz Concentration Camp. *Psychiatry, 46,* 259–269.
REIS, H. T. (1984). Social Interaction and Well-Being. In S. DUCK (Ed.), *Personal Relationships V: Repairing Personal Relationships.* London: Academic Press.
REISS, D. (1981). *The Family's Construction of Reality.* Cambridge: Harvard University Press.
ROSENBAUM, M. (1983). Learned Resourcefulness as a Behavioral Repertoire for the Self-Regulation of Internal Events: Issues and Speculations. In M. ROSENBAUM, C. M. FRANKS & Y. JAFFE (Eds.), *Perspectives on Behavior Therapy in the Eighties.* New York: Springer.
RUMBAUT, R. G., ANDERSON, J. P. & KAPLAN, R. M. (forthcoming). Stress, Health, and the ‚Sense of Coherence'. In M. J. MAGENHEIM (Ed.), *Geriatric Medicine and the Social Sciences.* Philadelphia: Saunders.
RUTTER, M. (1981a). Attachment and the Development of Social Relationships. In M. RUTTER (Ed.), *Scientific Foundations of Developmental Psychiatry.* Baltimore: University Park Press.
RUTTER, M. (1981b) Stress, Coping, and Development: Some Issues and Some Questions. *Journal of Child Psychology and Psychiatry, 22,* 323–356.
SALTZER, E. B. (1982). The Relationship of Personal Efficacy Beliefs to Behaviour. *British Journal of Social Psychology, 21,* 213–221.
SAMPSON, E. E. (1985). The Decentralization of Identity: Toward a Revised Concept of Personal and Social Order. *American Psychologist, 40,* 1203–1211.
SCHRÖDINGER, E. (1968). What Is Life? Quoted in W. BUCKLEY (Ed.), *Modern Systems Research for the Behavioral Scientist* Hawthorne: Aldine.
SCHWARTZ, G. E. (1979). The Brain as a Health Care System. In G. C. STONE, F. COHEN, N. E. ADLER et al. *Health Psychology – a Handbook: Theories, Applications, and Challenges of a Psychological Approach to the Health Care System.* San Francisco: Jossey-Bass.
SCHWARTZ, G. E. (1980). Stress Management in Occupational Settings. *Public Health Reports, 95,* 99–101.
SEEMAN, M. (1983). Alienation Motifs in Contemporary Theorizing: The Hidden Continuity of the Classic Themes. *Social PsychologyOuarterly, 46,* 171–184.
SEEMAN, M., SEEMAN, T. & SAYLES, M. (1985). Social Networks and Health Status: A Longitudinal Study. *Social Psychology Ouarterly, 48,* 237–248.
SHALIT, B. (1982). The Prediction of Military Groups' Effectiveness by the Coherence of their Appraisal. FOA Report C 55053 – H3. Stockholm: Forsvarets Forskningsanstalt, 1982.
SHALIT, B. & CARLSTEDT, L. (1984). *The Perception of Enemy Threat: A Method for Assessing the Coping Potential.* FOA Report C 55063 – H3. Stockholm: Forsvarets Forskningsanstalt.
SHANAN, J. (1967). Active Coping. *Behavioral Science, 16,* 188–196.
SHEKELLE, R. B. et al. (1981). Psychological Depression and 17-Year Risk of Death from Cancer. *Psychosomatic Medicine, 43,* 117–125.

SHYE, S. (Ed.). (1978). *Theory Construction and Data Analysis in the Behavioral Sciences.* San Francisco: Jossey-Bass.
SILVER, R. L. & WORTMAN, C. B. (1980). Coping with Undesirable Life Events. In J. GARBER & M. E. P. SELIGMAN (Eds.), *Human Helplessness.* Orlando, Fla.: Academic Press, 1980.
SNAREY, J. (1982). The Social and Moral Development of Kibbutz Founders and Sabras. Unpublished doctoral dissertation, Graduate School of Education, Harvard University.
SNOW, J. (1936). On *the Mode of Communication of Cholera.* (2nd ed.). London: Churchill, 1855. Reproduced in *Snow on Cholera.* New York: Commonwealth Fund.
SOLOMON, G. F. (1985). The Emerging Field of Psychoneuroimmunology. *Advances: Journal of the Institute for the Advancement of Health, 2* (1), 6–19.
SOROKIN, P. A. (1959). *Social and Cultural Mobility.* New York: Free Press. (Originally published 1927.)
SOURANI, T. (1983). Sense of Coherence in the Family and its Effect on Family Adjustment. Unpublished master's thesis, School of Social Work, Haifa University.
SROLE, L. (1967). *Poverty and Mental Health: Conceptual and Taxonomic Problems.* Psychiatric Research Report 21. Washington, D.C.: American Psychiatric Association.
SROLE, L. & FISCHER, A. K. (1980). The Midtown Manhattan Longitudinal Study Versus ‚The Mental Paradise Lost' Doctrine. *Archives of General Psychiatry, 37,* 209–221.
STEINGLASS, P., DE-NOUR, A. K. & SHYE, S. (1985). Factors Influencing Psychosocial Adjustment to Forced Geographical Relocation: The Israeli Withdrawal from Sinai. *American Journal of Orthopsychiatry, 55,* 513–529.
STRAUSS, A. L. (1975). *Chronic Illness and the Quality of Life.* St. Louis: Mosby.
STRULl, W. M., LO, B. & CHARLES, G. (1982). Do Patients Want to Participate in Medical Decision Making? *Journal of the American Medical Association, 252,* 2990–2994.
THOITS, P. A. (1981). Undesirable Life Events and Psychophysiological Distress: A Problem of Operational Confounding. *American Sociological Review, 46,* 97–109.
THOMAS, C. B. (1982). Stamina: The Thread of Life. *Psychotherapy and Psychosomatics, 38,* 74–80. Reprinted *from Journal of Chronic Disease,* 1981, *34,* 41–44.
UNRUH, D. R. (1983). *Invisible Lives: Social Worlds of the Aged.* Beverly Hills: Sage.
VAILLANT, G. E. (1979). Health Consequences of Adaptation to Life. *American Journal of Medicine, 67,* 732–734.
WEISZ, J. R., ROTHBAUM, F. M. & BLACKBURN, T. C. (1984). Standing Qut and Standing In: The Psychology of Control in America and Japan. *American Psychologist, 39,* 955–969.
WERNER, E. E. & SMIDI, R. S. (1982). *Vulnerable but Invincible: A Study of Resilient Children.* New York: McGraw-Hill.
WOLFF, H. (Ed.). (1949). *Life Stress and Bodily Disease.* Proceedings of the Association for Research in Nervous and Mental Disease. Baltimore: Williams & Wilkins.
WOLMAN, B. B. (Ed.). (1973). *Dictionary of Behavioral Science.* New York: Van Nostrand Reinhold.

YABLONSKY, L. (1965). *Synanon: The Tunnel Bach.* New York: Macmillan.
ZAJONC, R. B. (1984). On the Primacy of Affect. *American Psychologist, 39,* 117–123.
ZAUTRA, A. & HEMPEL, A. (1984). Subjective Well-Being and Physical Health: A Narrative Literature Review with Suggestions for Future Research. *International Journal of Aging and Human Development, 19,* 95–110.
ZEITZ, G. (1983). Structural and Individual Determinants of Organization Morale and Satisfaction. *Social Forces, 61,* 1088–1108.
ZIMMERMAN, M. K. & HARTLEY, W. S. (1982). High Blood Pressure Among Employed Women: A Multi-Factor Discriminant Analysis. *Journal of Health and Social Behavior, 23,* 205–220.
ZOLA, I. K. (1972). Medicine as an Institution of Social Control. *Sociological Review, 20,* 487–504.

Zum Kapitel von Alexa Franke

ANSON, O.; PARAN, E.; NEUMANN, L. ; & CHERNICHOVSKY, D. : Gender differences in health perceptions and their predictors. *Soc. Sience and Medicine, 1993,* 4, 419–27.
ANTONOVSKY, A.: Personality and Health: Testing the Sense of Coherence Model. In: FRIEDMANN, H.S. (Ed.): Personality and disease. New York: Wiley, 1990, 155–177.
ANTONOVSKY, A.: The structural sources of salutogenetic strengths. In: COOPER,C. L. & PAYNE,R. (Eds.): *Personality and Stress: Individual Differences in the Stress Process.* New York: Wiley, 1991, 67–104.
ANTONOVSKY, A: The structure and properties of the sense of coherence scale. *Social Science in Medicine, 1993 a,* 36 (6), 725–733.
ANTONOVSKY, A: Gesundheitsforschung versus Krankheitsforschung. In: FRANKE, A. & BRODA, M. (Hrsg.): *Psychosomatische Gesundheit. Versuch einer Abkehr vom Pathogenese-Konzept.* Tübingen: DGVT, 1993 b, 3–14.
ANTONOVSKY, A: The Moral and the Healthy: Identical, Overlapping or Orthogonal? *Isr. J. Psychiatry Relat Sci, 1995,* 32(1), (P. 5–13).
ANTONOVSKY, A.; SAGY, Sh.; ADLER, I.; VISEL,R.: Attitudes toward retirement in an israeli cohort. *International Journal of Aging and Human Development. 1990,* 31 (1), 57–77.
ANTONOVSKY, H.; SAGY, Sh.: The development of sense of a coherence and it's impact on responses to stress situations. *The Journal of Social Psychology, 1986,* 126 (2), 213–225.
BANDURA, A: Self-efficacy: Toward a unifying theory of behavioral change. *Psychol. Review, 1977,* 84, 191–215.
BANDURA, A: Self-efficacy mechanism in human agency. *American Psychologist, 1982,* 37, 122–147.
BECKER,P.; BÖS, K.; Woll, A.: Ein Anforderungs-Ressourcen-Modell der körperlichen Gesundheit: Pfadanalytische Überprüfungen mit latenten Variablen. *Zeitschrift für Gesundheitspsychologie, 1994,* 2 (1), 25–48.

BRODA, M., DINGER-BRODA, A. & BÜRGER,W. : Selbstmanagement-Therapie und Gesundheitsressourcen .... Untersuchung zum Kohärenzgefühl bei verhaltensmedizinisch behandelten Patienten. In REINECKER, H.S. & SCHMELZER, D. (Hrsg.), *Verhaltenstherapie – Selbstregulation – Selbstmanagement.* Göttingen: Hogrefe, 1996a, S. 257–272.

BRODA, M., BÜRGER, W., DINGER-BRODA, A. & MASSING, H.: *Die Berus-Studie. Zur Ergebnisevaluation der Therapie psychosomatischer Störungen bei gewerblichen Arbeitnehmern.* Berlin / Bonn: Westkreuz Verlag 1996 b.

CALLAHAN, L. F., PINCUS,Th.: The sense of coherence scale in patients with rheumatoid arthritis. *Arthritis Care & Research, 1995,* 8 (1), 28–35.

CARMEL, S., ANSON, O., LEVENSON, A., BONNEH, D.Y., MAOZ,B.: Life events, sense of coherence and health: gender differences on the Kibbutz. *Social Science in Medicine, 1991,* 32 (10), 1089–1096.

CARMEL, S., BERNSTEIN, J.: Trait-Anxiety and sense of coherence: a longitudinal study. *Psychological Reports, 1989,* 65, 221–222.

COLERICK, E.J.: *Stamina in later life. Social Sience and Medicine,* 1985, 21, 997–1006.

DAHLIN, L., CEDERBLAD, M., ANTONOVSKY, A., HABNELL,O.: Childhood vulnerability and adult invincibility. *Acta Psychiatrica Scaninavia, 1990,* 82, 228–232.

DANGOOR, N., FLORIAN, V.: Women with chronic physical disabilities:correlates of their long-term psychosocial adaptation. *International Journal of Rehabilitation Research, 1994,* 17, 159–168.

DEBRUYN, J.C., WAGENFELD, M.O.: Salutogenesis: A New Perspective in Rural Mental Health Research. *Human Services in the Rural Environmental Summer, 1994,* 18 (1), 20–26.

FLANNERY, R.B., PERRY, W.E., FLANNERY, G.J.: Validating Antonovsky's Sense of coherence Scale. *Journal of Clinical Psychology, 1994,* 50 (4), 575–577.

FRANKE, A., ELSESSER, K., ALGERMISSEN, G & SITZLER, F.: *Gesundheit und Abhängigkeit bei Frauen. Eine Salutogenetische Verlaufsstudie.* Bonn: Bundesministerium für Gesundheit, 1997, im Druck.

FRENZ, A.W., CAREY, M.P., JORGENSEN, R.S.: Psychometric evaluation of Antonovsky's Sense of Coherence Scale. *Psychological Assessment, 1993,* 5 (2), 145–153.

GALLAGHER, T.J., WAGENFELD, M.O., BARO, F., HAESPERS,K.: Sense of Coherence, coping and caregiver role overload. *Social Science in Medicine, 1994,* 39 (12), 1615–1622.

HART, K.E., HITTNER, J.B., PARAS, K.C.: Sense of Coherence, Trait Anxiety, and the perceived availability of Social Support. *Journal of Research in Personality, 1991,* 25, 137–145.

HAWLEY, D.J., WOLFE, F. & CATHEY, M.A.: The Sense of Coherence Questionnaire in Patients with Rheumatic J. Disorders. *Rheumatology, 1992,* 19, 1912–1981.

HELLHAMMER, D.M., BUSKE-KIRSCHBAUM, A. : Psychologische Aspekte von Schutz- und Reparaturmechanismen. In LAMPRECHT, F., JOHNEN, R. (Hrsg): *Salutogenese. Ein neues Konzept in der Psychosomatik?* Frankfurt: Verlag für akademische Schriften 1994, 95–108.

KASLOW, F.W., HANSSON, K., LUNDBLAD, A.M.: Long term marriages in Sweden: and some comparisons with similar couples in the United States. *Contemporary Family Therapy, 1994,* 16 (6), 521–537.

KOBASA, S.C.: Stressful life events, personality, and health. J. *Personality Soc. Psychol. 1979,* 37, 1–11.

KOBASA, S.: The hardy personality: Toward a social psychology of stress and health. In SANDERS,G.S. & SULS,J. (Eds.): *Social Psychology of health and illness.* Hillsdale, NJ: Erlbaum, 1982, 3–32.

KOHN, M.L., SCHOOLER, C.: *Work and personality: An enquiry into the impact of social stratification.* Norwood, NJ: Ablex, 1983.

LANGIUS, A., BJÖRVELL, H.: Coping ability and functional status in a Swedish population sample. *Scand J. Caring Sciences, 1993,* 7, 3–10.

LANGIUS, A., BJÖRVELL, H., LIND, M.G.: Functional status and coping in patients with oral and pharyngeal cancer before and after urgery. Head & Neck, 1994, 559–568

LAUTERBACH, W., EPSTEIN, S.: *Fragebogen zum konstruktiven Denken (CTI).* Unveröffentliches Manuskript, Frankfurt, J.W.v. Goethe-Universität, 1993.

MARGALIT, M., EYSENCK, S.: Predicition of coherence in adolescence: gender differences in social skills, personality and family climate. *Journal of Research in Personality, 1990,* 24, 510–521.

McSHERRY, W.C., HOLM, J.E.: Sense of coherence: ist effects on psychological and physiological processes prior to, during and after a stressful situation. *Journal of Clinical Psychology, 1994,* 50 (4), 476–487.

NYAMATHI, A.: *Relationship of resources to emotional distress, somatic complaints, and high. risk behaviors in drug recovery and homeless minority women.* Research in Nursing and Health, 1991, 14, 269–277.

RIMANN, M., UDRIS, I.: „Kohärenzerleben" (Sense of Coherence): Zentraler Bestandteil von Gesundheit oder Gesundheitsressource? In: SCHÜFFEL, W. et al. (Hrsg.): *Handbuch zur Salutogenese.* Wiesbaden: Ullstein Mosby, 1997, Im Druck.

ROSENBAUM, M.: Learned resourcefulness, stress and self-regulation. In FISHER, S.; REASON, J. (Eds.): *Handbook of Lifestress, Cognition and Health.* Chichester: Wiley, 1988, 483–496.

ROTTER, J.B. : Generalized expectancies for internal versus external locus of control of reinforcement. *Psychological Monographs, 1966,* 80, (1, whole No. 609).

RYLAND, E., GREENFELD, S.: Work stress and well being: an investigation of Antonovsky's sense of coherence model. In: Perrewé, P.L. (Ed.): Handbook on job stress (special issue). *Journal of Social Behavior and Personality, 1991,* 6 (7), 35–54.

SACK, M., KÜNSEBECK, H.-W., LAMPRECHT, F.: Kohärenzgefühl und psychosomatischer Behandlungserfolg. *Psychother., Psychosom., med. Psychologie, 1997,* 47, 149–155.

SIEGRIST, J.: Selbstregulation, Emotion und Gesundheit – Versuch einer sozialwissenschaftlichen Grundlegung. In LAMPRECHT, F., JOHNEN, R. (Hrsg.): *Salutogenese. Ein neues Konzept in der Psychosomatik?* Frankfurt: Verlag für Akademische Schriften, 1994, 85–94.

STRUMPFER, D.J.W.: Salutogenesis: A new paradigma. *South African Journal of Psychology, 1990,* 20 (4), 265–276.

THOMAS, C.B.: Stamina: The thread of human life. *Journal of Chronic Diseases, 1981,* 34, 41–44.

UDRIS, I., KRAFT, U., MUHEIM, M., MUSSMANN, C., RIMANN, M.: Ressourcen der Salutogenese. In SCHRÖDER,H., RESCHKE, K.: *Psychosoziale Prävention und Gesundheitsförderung.* Regensburg: Roderer, 1992, 85–103.

WILLIAMS, Sh. J.: The relationship among stress, hardiness, sense of coherence and illness in critical care nurses. *Medical Psychotherapy, 1990,* 3, 171–186.

Glossar

Alphabetische Ordnung der englischen Begriffe

Englischer Begriff	Übersetzung
anxiety	Ängstlichkeit
appraisal	Bewertung
appraisal process	Bewertungsprozess
behavioral medicine	Verhaltensmedizin
buffer hypothesis	Pufferhypothese
cartesian space	kartesischer Raum
challenge	Herausforderung
commitment	Engagement
compliance	med. Fachterminus, nicht übersetzt; inhaltlich: Bereitschaft, ärztlichen Anweisungen Folge zu leisten
comprehensibility	Verstehbarkeit
control	Kontrolle
coping	Coping, Bewältigung
daily hassles	tägliche Widrigkeiten
disease	Krankheit
dis-ease	Ent-Gesundung
endangering	Herausforderung
external locus of control	externale Kontollüberzeugung
facet-theory	Facetten-Theorie
generalized resistance ressource (GRR)	generalisierte Widerstands-resource (GRR)
generalized resistance deficit (GRD)	generalisiertes Widerstands-defizit (GRD)
hardiness	Widerstandsfähigkeit
health	Gesundheit

Englischer Begriff	Übersetzung
health ease	Gesundheit, Gesundung
health ease / dis-ease continuum	Gesundheits-Krankheits-Kontinuum
high efficacy person	hoch wirksame Person
home-cage	Heim-Käfig
involvement	Beteiligung, Involviertheit
learned resourcefulness	gelernter Einfallsreichtum
life-event	Lebensereignis
life-events-scale	Skala zur Messung von Lebensereignissen
locus of control	Kontrollüberzeugung
magic bullet	Wunderwaffe (Wundermittel)
manageability	Handhabbarkeit
mapping sentence	Abbildungssatz
mastery	Beherrschung
meaning	Bedeutung
meaningfulness	Bedeutsamkeit (Sinnhaftigkeit)
meaninglessness	Bedeutungslosigkeit
mediator	Mediator
mislabeling	Fehlbenennung, Fehlinterpretation
negentropy	negative Entropie
panel	Fach, Feld
pattern of life experiences	Muster von Lebenserfahrungen
peer cohesion	Gruppenkohäsion
powerlessness	Machtlosigkeit
primary appraisal	erste Bewertung(sstufe)
readjustment	Wiederanpassung
reappraisal	erneute Bewertung
resilience	Resilienz
sense	Gefühl; Sinn, Empfindung, Verstand, Bedeutung
(to) sense	spüren, fühlen, empfinden

Englischer Begriff	Übersetzung
sense of coherence (SOC)	Kohärenzgefühl (SOC)
sense of permanence	Permanenzgefühl, -erleben
specific resistance resource (SRR)	spezifische Widerstandsressource (SRR)
stamina	Durchhaltevermögen
state	(momentaner) Zustand, Stimmungslage
story	Geschichte
stress inoculation	Streß-Impfung
stressor life event	streßhaftes Lebensereignis
support	Unterstützung
task orientation	Aufgabenorientierung
task performance	Aufgabenerfüllung
taxing	Herausforderung
tension	Spannung, Anspannung
trait	(überdauerndes) Merkmal, Eigenschaft
weak link	körperliche Schwachstelle
wheel questionaire	Fragebogen

Alphabetische Ordnung der deutschen Begriffe

Deutscher Begriff	Übersetzung
Abbildungssatz	mapping sentence
Ängstlichkeit	anxiety
Aufgabenorientierung	task orientation
Bedeutsamkeit, (Sinnhaftigkeit)	meaningfulness
Bedeutung, Sinn	meaning
Bedeutungslosigkeit	meaninglessness
Beherrschung	mastery
Bereitschaft, ärztlichen Anweisungen Folge zu leisten	compliance
Beteiligung, Involviertheit	involvement
Bewältigung, Coping	coping
Bewertung	appraisal
Bewertungsprozess	appraisal process
Durchhaltevermögen	stamina
Engagement	commitment
Ent-Gesundung	dis-ease
erneute Bewertung	reappraisal
erste Bewertung(sstufe)	primary appraisal
externale Kontollüberzeugung	external locus of control
Facetten-Theorie	facet-theory
Fach, Feld	panel
Fehlbenennung, Fehlinterpretation	mislabeling
Fragebogen	wheel questionaire
Gefühl, Sinn, Empfindung, Verstand, Bedeutung	sense
gelernter Einfallsreichtum	learned resourcefulness
generalisierte Widerstandsressource (GRR)	generalized resistance resource (GRR)
generalisiertes Widerstandsdefizit (GRD)	generalized resistance deficit (GRD)
Geschichte	story
Gesundheit	health

Alphabetische Ordnung der deutschen Begriffe

Deutscher Begriff	Übersetzung
Gesundheit, Gesundung	health ease
Gesundheits-Krankheits-Kontiuum	health ease / dis-ease continuum
Gruppenkohäsion	peer cohesion
Handhabbarkeit	manageability
Heim-Käfig	home-cage
Herausforderung	challenge
Herausforderung	endangering
Herausforderung	taxing
hoch wirksame Person	high efficacy person
kartesischer Raum	cartesian space
Kohärenzgefühl (SOC)	sense of coherence (SOC)
Kontrolle	control
Kontrollüberzeugung	locus of control
körperliche Schwachstelle	weak link
Krankheit	disease
Lebensereignis	life-event
Machtlosigkeit	powerlessness
Mediator	mediator
Muster von Lebenserfahrungen	pattern of life experiences
negative Entropie	negentropy
Permanenzgefühl, -erleben	sense of permanence
Pufferhypothese	buffer hypothesis
Resilienz	resilience
Skala zur Messung von Lebensereignissen	life-events-scale
Spannung, Anspannung	tension
spezifische Widerstandsressource (SRR)	specific resistance resource (SRR)
spüren, fühlen, empfinden	(to) sense
Streß-Impfung	stress inoculation
streßhaftes Lebensereignis	stressor life event
tägliche Widrigkeiten	daily hassles
überdauerndes Merkmal, Eigenschaft	trait

Deutscher Begriff	Übersetzung
Unterstützung	support
Verhaltensmedizin	behavioral medicine
Verstehbarkeit	comprehensibility
Widerstandsfähigkeit	hardiness
Wiederanpassung	readjustment
Wunderwaffe (Wundermittel)	magic bullet
(momentaner) Zustand, Stimmungslage	state

FGG 4, 1999, 460 Seiten
EUR 28,–
ISBN 3-87159-604-3

Bernd Röhrle & Gert Sommer (Hrsg.)
Prävention und Gesundheitsförderung

Nach langen publikationsarmen Jahren zum Thema Prävention und Gesundheitsförderung wird der Fachöffentlichkeit in Wissenschaft und Praxis endlich ein Buch vorgelegt, das den Beginn einer regen Forschungstätigkeit dokumentiert.

FGG 8, 2002, 500 Seiten
EUR 30,–
ISBN 3-87159-608-6

Bernd Röhrle (Hrsg.)
Prävention und Gesundheitsförderung Bd. II

„Prevention and health goes on" – schon zwei Jahre nach dem ersten Band „Prävention und Gesundheitsförderung" erscheint ein weiterer mit neuen und interessanten Themen, Diskussionsbeiträgen und auch Studien: Prävention von Essstörungen, Scheidungsbewältigung, Förderung von interpersonaler Kompetenz, Prävention im Umgang mit Arbeitslosigkeit, neue Vorgehensweisen und Ergebnisse zur Stressbewältigung und Gesundheitsförderung bei speziellen Gruppen und Settings.

FGG 9, 2001, 244 Seiten
EUR 17,–
ISBN 3-87159-609-4

Rolf Manz (Hrsg.)
Psychologische Programme für die Praxis
Prävention und Gesundheitsförderung Bd. III

Das Buch bietet einen Überblick über die vielfältigen Anwendungsmöglichkeiten kognitiv-behavioraler Techniken zur Prävention psychischer Störungen und zur Gesundheitsförderung bei Kindern und Jugendlichen sowie bei Rückenschmerzpatienten und in der Arbeitswelt. Es basiert auf dem neuesten Stand der Kenntnisse und Erfahrungen im Bereich der Prävention und gibt Anregungen für Forscher und Praktiker.

Bitte fordern Sie unser kostenloses Gesamtverzeichnis an!
dgvt-Verlag, Hechinger Str. 203, 72072 Tübingen
Tel.: 07071 – 79 28 50, Fax: 07071 – 79 28 51, E-Mail: dgvt-Verlag@dgvt.de

DIE FORUM-REIHE IM DGVT-VERLAG:

DGVT (Hrsg.):
VERHALTENSTHERAPIE: THEORIEN UND METHODEN
Forum 11, 1986, 8. Auflage 1996, 305 Seiten, EUR 17,80, ISBN 3-922686-76-1

Alexa Franke & Michael Broda (Hrsg.):
PSYCHOSOMATISCHE GESUNDHEIT
Versuch einer Abkehr vom Pathogenese-Konzept
Forum 20, 1993, 186 Seiten, EUR 17,80, ISBN 3-87159-120-3

Anton-Rupert Laireiter & Gabriele Elke (Hrsg.):
SELBSTERFAHRUNG in der Verhaltenstherapie – Konzepte, praktische Erfahrungen
Forum 22, 1994, 310 Seiten, EUR 24,80, ISBN 3-87159-122-X

Matthias Hermer:
DIE GESELLSCHAFT DER PATIENTEN
Gesellschaftliche Bedingungen und psychotherapeutische Praxis
Forum 26, 1995, 312 Seiten, EUR 24,80, ISBN 3-87159-126-2

Ute Sonntag, Jutta Haering et al. (Hrsg):
ÜBERGRIFFE UND MACHTMISSBRAUCH in psychosozialen Arbeitsfeldern
Forum 27, 1995, 332 Seiten, EUR 22,80, ISBN 3-87159-127-0

Hans-Peter Michels:
CHRONISCH KRANKE KINDER UND JUGENDLICHE
Forum 30, 1996, 38 Seiten, EUR 22,80, ISBN 3-87159-130-0

Karin Egidi & Marion Boxbücher:
SYSTEMISCHE KRISENINTERVENTION
Forum 31, 1996, 224 Seiten, EUR 18,80, ISBN 3-87159-131-9

Thomas Giernalczyk (Hrsg.)
SUIZIDGEFAHR – VERSTÄNDNIS UND HILFE
Forum 33, 1997, 176 Seiten, EUR 14,80, ISBN 3-87159-133-5

Otto Kruse:
KREATIVITÄT ALS RESSOURCE FÜR VERÄNDERUNG UND WACHSTUM
Forum 34, 1997, 352 Seiten, EUR 24,80, ISBN 3-87159-134-3

Heiner Keupp:
ERMUTIGUNG ZUM AUFRECHTEN GANG
Forum 35, 1997, 252 Seiten, EUR 19,80, ISBN 3-87159-135-1

Frank Nestmann:
BERATUNG – Bausteine für eine interdisziplinäre Wissenschaft und Praxis
Forum 37, 1997, 352 Seiten, EUR 24,80, ISBN 3-87159-137-8

Christof T. Eschenröder:
EMDR – Eine neue Methode zur Verarbeitung traumatischer Erinnerungen
Forum 38, 1997, 192 Seiten, EUR 18,80, ISBN 3-87159-138-6

Arnold Stark:
LEBEN MIT CHRONISCHER ERKRANKUNG des Zentralnervensystems
Forum 39, 1998, 304 Seiten, EUR 22,80, ISBN 3-87159-139-4

Maria del Mar Castro et al (Hrsg.):
SUCHBEWEGUNGEN – Interkulturelle Beratung und Therapie
Forum 40, 1998, 320 Seiten, EUR 22,80, ISBN 3-87159-140-8

Thomas Giernalczyk (Hrsg.):
ZUR THERAPIE DER PERSÖNLICHKEITSSTÖRUNG
Forum 41, 1999, 176 Seiten, EUR 14,80, ISBN 3-87159-141-6

Anton-Rupert Laireiter (Hrsg.):
SELBSTERFAHRUNG IN PSYCHOTHERAPIE UND VERHALTENSTHERAPIE
Forum 42, 2000, 608 Seiten, EUR 34,80, ISBN 3-87159-142-4

Matthias Hermer:
PSYCHOTHERAPEUTISCHE PERSPEKTIVEN am Ende des 21. Jahrhunderts
Forum 43, 1997, 352 Seiten, EUR 24,80, ISBN 3-87159-143-2